国家社科基金
GUOJIA SHEKE JIJIN HOUQI ZIZHU XIANGMU
后期资助项目

唐代秘书省研究

The Research of Mishusheng in Tang Dynasty

郭伟玲 著

WUHAN UNIVERSITY PRESS
武汉大学出版社

图书在版编目(CIP)数据

唐代秘书省研究/郭伟玲著.—武汉:武汉大学出版社,2021.11
国家社科基金后期资助项目
ISBN 978-7-307-22464-3

Ⅰ.唐… Ⅱ.郭… Ⅲ.藏书—图书史—研究—中国—唐代
Ⅳ.G259.294.2

中国版本图书馆 CIP 数据核字(2021)第 139462 号

责任编辑:刘小娟   责任校对:方竞男   装帧设计:吴 极

出版发行:**武汉大学出版社** (430072 武昌 珞珈山)
(电子邮箱:whu_publish@163.com 网址:www.stmpress.cn)
印刷:广东虎彩云印刷有限公司
开本:720×1000 1/16 印张:17.5 字数:380 千字 插页:1
版次:2021 年 11 月第 1 版 2021 年 11 月第 1 次印刷
ISBN 978-7-307-22464-3 定价:86.00 元

国家社科基金后期资助项目
出版说明

    后期资助项目是国家社科基金设立的一类重要项目，旨在鼓励广大社科研究者潜心治学，支持基础研究多出优秀成果。它是经过严格评审，从接近完成的科研成果中遴选立项的。为扩大后期资助项目的影响，更好地推动学术发展，促进成果转化，全国哲学社会科学工作办公室按照"统一设计、统一标识、统一版式、形成系列"的总体要求，组织出版国家社科基金后期资助项目成果。

全国哲学社会科学工作办公室

目　　录

绪　　论

本书是笔者在博士学位论文的基础上修改完成的，从机构设置、职官制度、藏书聚散、图书管理、历史表现与作用五个方面对唐代秘书省这一文化机构进行研究，并尝试将唐代秘书省及官方藏书的讨论置于社会学、历史学、政治学的理论范畴之中，将藏书史与其他研究领域进行融合，探索藏书史研究在跨学科意义上的运用维度，以期在藏书史研究与理论建构、学科依附之间寻求到可推进的研究方向。

一、唐之前秘书省（监）的历史发展维度

本部分以唐之前的秘书省（监）这一机构的产生、发展的历史为主要线索，围绕秘书省（监）的机构设置、职官建制、典藏方式、思想的产生及发展对唐之前的官方藏书制度进行线状总结。

"秘书省，是中国古代中央政府设立的图籍收藏、管理和发行的机构"①，是中国官方藏书的核心管理部门。秘书省其名出现于南朝梁初②，其产生可追溯到商周时期，其职则偶现于东汉末年。

《后汉书·孝桓帝本纪》载："延熹二年，……初置秘书监官。《汉官仪》云：'秘书监一人，秩六百石'。"③ 秘书监，作为专门负责禁中图书秘记的职官，时隶属于太常，秩石等级位于汉代高级官吏的分界点④。它的出现与命名是政治的余波，《后汉书·百官三》载："章和以下，中官稍广，加尝药、太官、御者、钩盾、尚方、考工、别作监，皆六百石，宦者为之"⑤，又延熹二年（159 年）八月丁丑，汉桓帝刘志依靠宦官的支持，

---

① 郭伟玲：《中国秘书省藏书史》，武汉：武汉大学出版社 2015 年版，第 1 页。
② （唐）李林甫等：《唐六典》卷十《秘书省》，陈仲夫点校，北京：中华书局 1992 年版，第 296 页。（秘书监）梁改为省，与尚书、中书、门下、集书为五省。
③ （南朝宋）范晔：《后汉书》卷七《孝桓帝本纪》，（唐）李贤等注，北京：中华书局 2000 年版，第 202 页。
④ 臧知非、沈华：《分职定位：历代职官制度》，长春：长春出版社 2005 年版，第 169 页。
⑤ （南朝宋）范晔：《后汉书》卷一一六《百官三》，（唐）李贤等注，北京：中华书局 2000 年版，第 2456 页。

尽诛大将军梁冀势力，一时"朝廷为空"，宦官掌权，各类中官监职出现，秘书监可能亦是其中之一，但因其隶属于太常，应非宦官任职，而属朝廷官职。这样看来，"秘书监"一职虽与图书紧密关联，但它的诞生与藏书关系甚远。其时，宫内藏书于东观之中，由少府之下的兰台令史职掌（《后汉书·百官三》：六百石。掌奏及印工文书①），秘书监虽有职，但无职掌事实，因此此官职设置后不久即被废除。

（一）秘书省机构设置几经改易，趋于定型

汉桓帝延熹二年（159 年），"秘书监"职位昙花一现，职掌图书保管及古今图书文字勘定；汉献帝建安二十一年（216 年），曹操于魏王府设置秘书令，掌国家尚书奏事，并兼掌图书秘籍。魏文帝曹丕黄初年间，设立中书监与秘书监对秘书令职能进行分离，中书监执掌中央中枢决策文书，秘书监则属少府，掌"艺文图籍之事"；魏明帝景初年间（237—239年）王肃任秘书监，上表曰：

> 魏之秘书即汉之东观，郡国称敢言之上东观，且自大魏分秘
> 书而为中书以来，传绪相继于今，三监未有隶名于少府者也。今
> 欲使臣编名于驺隶，言事于外府，不亦隳朝章而辱国典乎？②

自此，秘书监独立，"驱吏以上三百余人"③。西晋"武帝以秘书并中书省"④ 之后，晋惠帝永平元年（291 年）"复置秘书监，其属官有丞，有郎，并统著作省"⑤，强调了秘书监"掌三阁图书""别典文籍"的图书管理职责，并脱离中书省的治辖，成为独立的图籍机构，南北朝（其中南朝梁则改监为省）乃因之。至隋，秘书省辖太史、著作两曹，职掌国家图籍，唐高祖时期秘书省作为"六省"之一，从属于中书省，下设著作局、太史局。

---

① （南朝宋）范晔：《后汉书》卷一一六《百官三》，（唐）李贤等注，北京：中华书局 2000年版，第 2455 页。
② （宋）李昉等：《太平御览》卷二三三《职官部三一·秘书监》，北京：中华书局 1960 年版，第 1107 页。
③ 同上。
④ （唐）房玄龄等：《晋书》卷二四《职官志》，北京：中华书局 2000 年版，第 475 页。
⑤ 同上。

(二) 秘书省职官建制围绕藏书职能逐渐调整

官方藏书职官设置在继承中不断发展，秘书监职责不变，但名称、品秩多次改易。西晋惠帝时，秘书监品第五，南朝梁升至三品；北朝秘书省"监，初从第二品中；太和末，正第三品"①，北齐官职，多循北魏，"后周春官府置外史下大夫，掌书籍，此秘书监之任也"②，隋开皇三年（583年），"秘书监正第三品，炀帝三年降为从第三品，其后又改秘书监为秘书令"③，唐称秘书监，从三品。省内职位逐渐扩充，但职官品秩员额变化不定。晋惠帝元康二年（292年），诏令中书著作隶秘书省。隋著作郎品位从开皇年间的从五品上升为正五品，著作佐郎设定为从六品，名额多达十二员；唐著作郎重新降为从五品上，定额两员，著作佐郎为从六品上，定额四员。秘书省内明确设立"校书郎"一职时间为后魏④，《魏书·官氏志》曰："秘书校书郎，太和前制，从第六品上；太和后制，正第九品上。"⑤北齐则明确出现校书郎的官职："校书郎十二人。"⑥隋朝因之，隋文帝时期亦置校书郎十二人（不包括著作局两人），后隋炀帝改革官制，省二人，为十人，大业十一年（615年）又增置为四十人。唐代减员，置校书郎十人。"正字"一职明确出现在北齐时期，"北齐秘书省始置正字四人，从第九品上"⑦。隋文帝时置正字四人，从九品上。唐代则升为正九品下，员额六人。

(三) 官藏四部分类法定型，典藏方式逐渐完善

魏晋之际，官方藏书的分类体系、典藏方式逐步完善。在分类体系方面，知识分类与藏书分类殊途同归，曹魏正始中秘书郎郑默制《中经》，或首创图书分类四分法⑧，东晋著作郎李充调整藏书部类，"以类相从，

① （唐）李林甫等：《唐六典》卷十《秘书省》，陈仲夫点校，北京：中华书局1992年版，第296页。
② 同上。
③ 同上。
④ （宋）李昉等：《太平御览》卷二三三《职官部三一·秘书监》，北京：中华书局1960年版，第1107页。
⑤ （北齐）魏收：《魏书》卷一一三《官氏志》，北京：中华书局2000年版，第1989-1990页。
⑥ （唐）魏征等：《隋书》卷二七《百官志中》，北京：中华书局2000年版，第511页。
⑦ （唐）李林甫等：《唐六典》卷十《秘书省》，陈仲夫点校，北京：中华书局1992年版，第298页。
⑧ 郭伟玲：《中国秘书省藏书史》，武汉：武汉大学出版社2015年版，第15页。

分作四部，甚有条贯，秘阁以为永制"，对中国古代图书分类影响深远的经史子集四部分类法定型。图书分类体系与秦汉之时的"六艺""七略"等知识分类体系开始区分，"时虞松为中书令，谓默曰：'而今以后，朱紫别矣。'"① 之后西晋中书监荀勖依照《中经》，更撰《新簿》，采用四部分类的方法，并且各部之下分别包含数个子类，确立了晋时官方藏书的分类体系。魏文帝时，秘书监独立，原曹魏图书分别收藏于兰台、秘书两处，兰台原为外台，属御史中丞管辖，而秘书属内阁，属秘书监治下，且兰台官员以为其地位高于秘书，后秘书丞薛夏，对兰台、秘书两个藏书机构的地位重新进行了定位，《三国志》引《魏略》言：

> 太和中，（秘书丞薛夏）尝以公事移兰台。兰台自以台也，而秘书署耳，谓夏为不得移也，推使当有坐者。夏报之曰："兰台为外台，秘书为内阁，台、阁，一也，何不相移之有？"兰台屈无以折。自是之后，遂以为常。②

南北朝时期，秘书监为专掌艺文经籍的国家机构，国家藏书均为秘书监收藏。南朝梁时，国家藏书极大丰富，分别收藏于文德殿、尚书阁、东宫、秘阁、华林园等处，却一朝毁于战火，并未形成完善的藏书机构协作体系。隋时，藏书机构有内府、秘书内外阁、长安嘉则殿、洛阳观文殿等处，各处之间呈现初步的藏书协作态势，如内外、东西的位置补充和藏书的交流与补充，《隋书·经籍志》载："（隋文帝）召天下工书之士，京兆韦霈、南阳杜颙等，于秘书内补续残缺，为正副二本，藏于宫中，其余以实秘书内、外之阁，凡三万余卷。"③ 唐著作郎杜宝《大业杂记》载："（大业年间）初，欲迁都洛阳，移京师嘉则殿书三十七万卷，大业元年，敕柳顾言等入嘉则殿简次。令造观文殿……其所撰之书，……互相明发，乃抄写真正，文字之间无点窜之误，装褫华静，可谓冠绝今古，旷世之名宝。"④

---

① （唐）李林甫等：《唐六典》卷十《秘书省》，陈仲夫点校，北京：中华书局1992年版，第297页。

② （晋）陈寿：《三国志》卷一三《魏书·锺繇华歆王朗传》，（南朝宋）裴松之注，北京：中华书局2000年版，第317页。

③ （唐）魏征等：《隋书》卷三二《经籍一》，北京：中华书局2000年版，第616页。

④ （唐）韦述、杜宝：《两京新记辑校 大业杂记辑校》，辛德勇辑校，西安：三秦出版社2006年版，第46页。

（四）官方藏书思想开始形成

魏晋时期，国家动乱，朝代更迭，国家藏书随聚随失，但是政府和私人已经逐渐开始关注藏书建设，"对国家藏书的意义和价值都有一定的认识"①，在朝代初建或者朝局稳定时，多有藏书建设举措，南朝梁元帝萧绎所著的《金楼子·聚书》记录了自梁武帝天监十四年至太清三年（515—549 年）近三十五年的聚书经过，总结了梁元帝重新规划国家藏书的五种途径，"透露了其聚书行为的多样性和掠夺性"②。隋开皇三年（583 年）秘书监牛弘上表《请开献书之路》，从图书馆学意义上讲，该奏表从学术上条分缕析古今藏书之变迁，提出"五厄"说，从总结历史的角度阐明国家藏书在保存文化、提供经验、维护政权上所发挥的巨大作用，后人将牛弘这一藏书思想称为"国本论"，认为"弘之所言，在历史上有权威矣"③，这也标志着隋唐之际官方藏书思想开始形成。

滥觞于商周时期的中国官方藏书制度，西汉时期逐渐成形，官方藏书有专门的收集途径，官方也营建了功能各异的藏书处所，设置了系统的职官负责图书的校勘、编目、抄写等工作，并形成了严格的图书典藏制度。东汉末年，秘书监一职的出现，标志着中国官制中出现了专门职掌图书的官员，官方藏书进入了新的发展阶段。经过魏晋南北朝的制度革新，隋唐时期，伴随着官方藏书数量上的丰富，正所谓"收藏之量愈富，措理之术愈精"，秘书省所执行的官方藏书制度逐渐完善。

二、秘书省（监）研究的理论与实践的探索总结

本部分涉及的内容立足于秘书省（监）这一藏书机构，总结学者们所形成的研究路线和研究成果，叙述他们在研究过程中取得的成就，并在此基础上探索本书研究对象"唐代秘书省"所依托的学科领域与理论视野，从图书馆史理论、藏书史研究对象两个方面递进分割，梳理学者们在各个板块进行的拓展和探索。

（一）图书馆史理论视角从单一到多元，阶段性与层次性明显

由于图书馆学理论的支配性影响，学者们在进行史学视野下的藏书研

---

① 徐雁：《我国古代藏书实践和藏书思想的历史总结——中国古代藏书学述略》，《四川图书馆学报》1986 年第 1 期。

② 郭伟玲：《中国秘书省藏书史》，武汉：武汉大学出版社 2015 年版，第 128 页。

③ 陈登原：《古今典籍聚散考》，上海：上海书店 1983 年版，第 10 页。

究的同时，并没有故步自封，而是经常性地引入历史学、社会学、文化学等多个学科的理论去考察中国古代官方藏书历史的变迁，经过古今学者的努力，一种独特的历史叙述方法逐渐形成，与藏书研究相关的领域也受到越来越多的关注。

因文籍收藏与文字差不多同时发展，中国藏书活动历史悠久，历代亦有与藏书相关的著作诞生，如《麟台故事》《通志·校雠略》《澹生堂藏书约》《藏书纪要》《藏书十约》《藏书纪事诗》等，这些著作的内容划定了中国藏书史的研究范畴并不局限于藏书楼的物理空间，更包括图书的时间变迁。20世纪初，随着近代图书馆学的传入和发展，藏书史成为图书馆学的基础内容之一，学者们"在20世纪中国藏书史研究已经取得不可忽视的成就基础上，已可以把藏书学或藏书文化学作为独立的学科，梳理出中国藏书史及中国藏书文化的基本观念、学术范畴"①，如武汉大学图书馆学家谢灼华先生对图书馆史研究的数次反思和总结，反映了图书馆学人在此领域进行持续探索和修正的科研精神。

作为学术界公认的图书馆史研究的开创者，谢灼华先生对图书馆史的研究经历了从唯物史观到文化史观的转变，他认为"说明文化发展对人类社会发展的影响，就是研究中国图书和图书馆史的目的"②，并将图书馆史（藏书史）的研究视野从政治的阶级革命拓展至社会的文化影响。他还对自己的图书馆史研究进行了批判性反思，认为自己的研究过多地"受到当时思潮的影响"③，否定多，客观论述少，这些论断直接突破了当时图书馆史研究的视野局限；在唯物史观研究的前提下，学者李建中引入技术革命因素④，程焕文强调个人价值和作用⑤，来新夏等选择以图书为中心，用多种研究角度、研究理论拓展图书馆史的研究内涵，呈现出独立于意识形态之外的本体性意识⑥。进入21世纪以来，图书馆史的研究呈现出中西交汇、异彩纷呈的态势，知识考古学⑦、知识社会学⑧等社会科学领域的研究概念进入图书馆史的理论体系，为其提供了更多可能的解释方式。

---

① 傅璇琮、徐吉军：《论中国藏书史的内涵》，《阴山学刊》2001年第3期。
② 谢灼华：《从中国文化史的角度考察图书和图书馆的发展》，《图书情报知识》1987年第3期。
③ 谢灼华：《评建国以来中国图书馆史研究》，《图书与情报》1989年第3期。
④ 李建中：《技术革命与图书馆学基础理论》，《图书馆界》1984年第4期。
⑤ 程焕文：《图书馆人与图书馆精神》，《中国图书馆学报》1992年第2期。
⑥ 来新夏等：《中国古代图书事业史》，上海：上海人民出版社1990年版。
⑦ 袁月：《知识考古学视域下的图书馆史观》，《大学图书馆学报》2011年第6期。
⑧ 凌一鸣：《重新审视近代西方图书馆史——以知识社会学为视角》，《图书馆论坛》2018年第9期。

（二）藏书史研究对象兼顾抽象与具体，多元性与孤立性并存

一般说来，"藏书"是一项社会活动，与人、地、物、法等四方面相关，中国藏书史的研究对象基本与此相符，无论使用何种标准对古代藏书活动进行区分，文本的落脚点总是与藏书者、藏书地、藏书"物"、藏书法四个方面相关联，因此笔者拟将中国藏书史的研究成果分为四个方面，简要进行分析述评。

第一，藏书者研究。1909 年叶昌炽《藏书纪事诗》的撰写被认为是中国藏书史研究的开端，该书以藏书者为研究对象，并以"诗体＋史料"缀集的写作范式受到了研究者的推崇。一直到 20 世纪 80 年代，以藏书者为研究主题的成果层出不穷，对于这种类型的学术成果，徐雁在《中国历史藏书论著读本·代序》中总结道："这些著作殊少'旁通''会通'之作，几乎尽是私人藏书者的传记资料。"① 21 世纪以来，关于藏书者的研究，范围逐渐扩展，从性别、地域、身份等角度切入"人"的领域研究，或结合生平，或联系地域，或区分年代，对单个或者某一群体的藏书主体进行讨论，具体有哪些著作，或者他们研究了什么，曹培根《近百年来中国历史藏书研究述评》，徐雁《80 年代以来中国历史藏书的研讨成果概述》，刘娇娇、何朝晖《2000 年以来中国藏书史研究的新进展》三篇文章总结详尽，分析准确，笔者在此不再赘述。总结藏书者研究的目的是什么？藏书是个人的努力还是社会的推动？藏书的聚散是私人的悲欢还是社会的映射？我们在关注藏书者的研究时，想获得什么？我们需要回归本源还是要拓展理论？这些问题笔者未能获得答案，期望有一天能在某篇文献中得到答案。

第二，藏书地研究。在笔者看来，藏书地研究包含两种研究对象：一种研究对象是藏书的物理地点，如私人藏书楼、官方藏书机构等，研究对象较为具体，研究直接指向某对象，如在本书中研究直接指向唐代秘书省这一藏书机构，而《中国藏书楼》则将研究指向所有的古今公私的藏书地点。此种研究方式有一种"躲进小楼成一统"的孤立感，在进行这些研究的时候，时代、人物、社会等成为背景色，突出具体的研究对象，它的产生、发展、繁盛、结束等均成为文本描述的对象，这样的研究强调的是分割性的完整，即在某一板块中尽可能地进行"铺地式"探索，求全求大求通，研究成果最终构成一个核心点。另一种研究对象是以分类标准为参

① 徐雁：《为了一部历史教科书型的中国藏书史——〈中国历史藏书论著读本〉代序》，《武汉大学学报（社会科学版）》1988 年第 1 期。

照，为某类藏书地，如官府藏书、学院藏书、寺庙藏书、私人藏书或者地域藏书、年代藏书等，以及在这些概念囊括下的某一种，或以通史形式呈现，如《中国官府藏书》《中国藏书通史》等书，或以断代史、某地的藏书史形式呈现，如《明清宫廷藏书研究》《秦汉至五代官私藏书研究》等著作。此类研究不强调孤立，而是以某种联系为行文逻辑，如时间、地点、研究方式等，研究成果呈线状存在。在几何常识中，点构成线，线构成面，面构成体，我们的藏书活动中"地"的未来研究方向，毋庸置疑，肯定是多方位的，但究竟是哪一方位？深入点？汇通到线？拓展到面？还是最终成体？这些都是暂时无法解答的问题，只能由将来的成果验证。

第三，藏书"物"研究。之所以采用"物"的概念，是因为中国藏书史的研究，不仅包括藏书这一载体形态的研究，如版本、装裱、保管，还包括围绕着藏书的其他"物"（如场地、设备、藏书印等）的研究。这些研究对象不仅受到图书馆学领域学者的关注，相关领域的研究者也会因为种种契机而对其进行讨论，比如围绕着宁波天一阁的库房建设，浙江图书馆林祖藻①有自己的观点，浙江大学建筑工程学院、杭州绿城②、西南科技大学土木工程与建筑学院③等的多位建筑师也产出了相关成果。这些研究成果散见于图书情报学专业之外的期刊中，但对于中国藏书史的研究却大有裨益，因此在讨论古代藏书时，不仅要论及藏书的版本、内容、装帧、保存、修复、辨伪、辑佚等，还需要关注建筑、艺术、考古、档案等领域围绕古代藏书进行的探索。以上是笔者的一点愚见，在构思和写作《唐代秘书省研究》的时候，笔者也曾加入唐代各中央藏书机构的建筑结构图、藏书印等"物"的研究，成文之后，碍于篇幅和专家建议，均已删除，但笔者念念不忘，认为藏书史中"物"的研究不能仅仅围绕"图籍"这一标的物，而是应该围绕"藏书"这一活动，进行"物"的微观、深入研究。所幸，学术界一直存在这样的声音，认为对于藏书史研究，"除了建筑外，我们还可以从目录卡片、图书馆印章、书袋等微观视角切入研究我国的图书馆史，有时从这些角度更能考察出一些宏大研究范式下不能察

---

① 林祖藻：《天一阁、四库楼和浙图嘉业藏书楼的建筑特色》，《南方建筑》1997 年第 2 期。
② 胡慧峰、钱晨、姚冬晖：《设计中的起承转合——宁波天一阁博物馆古籍库房扩建设计》，《建筑学报》2012 年第 6 期。
③ 王金玉：《浅谈天一阁藏明代古籍的装帧与修复案例》，《文物保护与考古科学》2016 年第 2 期。

觉的内在东西"①。《明清著名藏书家·藏书印》② 《中国古代藏书印小史》③《中国古代的藏书印》④ 等著作以藏书印为中心,一书图文并茂,朱墨灿然;一书雅俗共赏,学理相称;一书论述充分,理论扎实。从藏书印的研究中可知,21 世纪藏书的研究可从微观史学的角度探索新的突破点。

第四,藏书法研究。"法"与藏书组合起来讨论,就意味着不仅包括藏书的分类、排架、著录、编目、聚集等具体之法,还包括藏书思想、藏书文化等抽象之法。自古以来,藏书的方法都受到学者们的关注,如源远流长的四部分类法,"邺侯家多书,插架三万轴"的邺架,郑樵的"访书八法"等,傅璇琮曾分十四个方面总结藏书史的含义,其中多为具体之法⑤。而对于抽象之法,学者们是进入 21 世纪后,才开始关注的。藏书思想以藏书家为知识单元,从其生平、藏书特色、藏书利用、藏书理论四个方面进行总结,多集中在明清时期,史料罗列多,总结对比稍显薄弱;而藏书文化则依托于文化学的发展,成为藏书史研究的热点,进而有了关于学科建设的呼吁,"已可以把藏书学或藏书文化学作为独立的学科,梳理出中国藏书史及中国藏书文化的基本观念、学术范畴"⑥。来新夏先生总结出藏书文化有两层含义:一是仁人爱物,将人与书,即"物",紧密联系;二是"藏"与"用"的辩证关系⑦。总结内容高屋建瓴,走在了时代的前沿,与此同时,藏书文化的研究十分活跃,硕果累累,值得称赞。也有学者认为藏书文化的研究在概念、组成部分、研究方法上还需要进一步规范⑧,但瑕不掩瑜,藏书文化学成为藏书史研究的领头雁。

三、《唐代秘书省研究》一书的探索之路

法国历史学家费尔南·布罗代尔认为:"历史学是时段的辩证法。通过时段,也因为有了时段,历史学才能研究社会,研究社会整体,从而研究过去,也研究现在,因为过去和现在密不可分。"⑨ 唐代秘书省的选题

---

① 庆海涛:《〈照管图书〉及其对图书馆史研究的启示——兼谈西方经典图书馆学著作的汉译》,《图书馆杂志》2017 年第 6 期。

② 林申清:《明清著名藏书家·藏书印》,北京:北京图书馆出版社 2000 年版。

③ 王玥琳:《中国古代藏书印小史》,北京:中国长安出版社 2015 年版。

④ 吴芹芳、谢泉:《中国古代的藏书印》,武汉:武汉大学出版社 2015 年版。

⑤ 傅璇琮、徐吉军:《论中国藏书史的内涵》,《阴山学刊》2001 年第 3 期。

⑥ 傅璇琮、谢灼华:《中国藏书通史(上)》,宁波:宁波出版社 2001 年版,第 2 页。

⑦ 朱晓梅:《来新夏藏书文化思想述略》,《高校图书馆工作》2015 年第 3 期。

⑧ 刘娇娇、何朝晖:《2000 年以来中国藏书史研究的新进展》,《济南大学学报(社会科学版)》2015 年第 6 期。

⑨ [法]费尔南·布罗代尔:《论历史》,刘北成、周立红译,北京:北京大学出版社 2008 年版,第 76 页。

亦是基于此。当中国藏书史或者藏书文化越来越受到学术界重视的时候，秘书省也受到了很多学者的关注，相应的学术成果层出不穷，其内容多以官制、文学、藏书为主，研究态势呈现点状分布，但点构成线、线形成面。

本书下笔伊始，曹之的《唐代秘书省群僚考略》① 一文让笔者看到了藏书之人，从人到官，再看到机构；日本学者池田温的《盛唐之集贤院》② 从前言开始叙述唐代文馆的兴衰，从沿革、省舍、储藏、修纂、故实、职掌、禄廪、关联八个方面对集贤院进行总结，对其机构定位、兴盛原因、藏书规模等方面联系政治、文化、历史人物等因素进行研究，展现了研究文化机构的不同方式；吴夏平的《唐代秘书省社会地位变迁考论》③ 一文呈现了从政治制度上对唐代秘书省进行讨论的可能性，《唐代秘书省研究》一书就是基于这样的研究背景完成的。

"唐代秘书省"的研究，从学科体系上来说，应归属于图书馆学之下图书馆史的断代藏书史中的机构研究，但从方法上来说，拙作更倾向于探索历史研究方法，正如法国哲学家福柯所言，重要的不是历史的本来面目，而是书写历史者的个人态度。唐代秘书省的研究本来应该呈现出的状态因为书写者的限制出现了偏差，在最先进行构思的时候，无论是架构还是行文都围绕藏书这一机构职责展开，对于秘书省的历史性并没有深入思考，这就导致了文本中"介绍性内容偏多，分析论证的内容偏少"（项目资助第一位专家的评审意见），尤其是最后一章的收尾，论证简单，挖掘深度不够，没有体现出学术研究应有的理论深度。

基于上文中所述的研究背景和理论短板，在修改的过程中，笔者主要从以下三个方面进行探索。

第一，回归历史，将秘书省研究置于社会文化坐标系中去思考。唐代秘书省作为中央文化机构，其历史作用不仅仅限于图籍的收藏、整理和出版。它是由机构、人员、职责等构成的一种历史存在，因此要跳出学科划分的专业归属，将秘书省置于历史的脉络中，不仅考虑其在藏书史中的存在，更要研究其在社会史、思想史方面的价值。作为唐代的中央藏书机构代表，秘书省的藏书勃兴与唐文化的繁荣同步，其地位沉浮与唐代历史密切相关，那么，我们是否可以提出疑问：是图书空前汇集于中央机构而促成唐代文化的进步，还是藏书机构作为文化繁荣的一种副产品而产生？如

① 曹之：《唐代秘书省群僚考略》，《图书与情报》2003 年第 5 期。
② ［日］池田温：《盛唐之集贤院》，载池田温著《唐研究论文选集》，孙晓林等译，北京：中国社会科学出版社 1999 年版，第 201 页。
③ 吴夏平：《唐代秘书省社会地位变迁考论》，《兰台世界》2008 年第 8 期。

果我们厘清了文化与藏书机构之间的关系，那么，我们还可以提出疑问：藏书活动是因为大家存在保存知识的意愿而产生，还是依靠某些人的努力而产生？在唐代秘书省发展的过程中，是大多数官员对于图籍的认可推动了其发展，还是少部分人的提倡和努力实现了藏书事业的昌盛？这些问题的答案，会推动唐代秘书省跳出纯粹的藏书史的研究，而与社会、政治、文化等历史因素产生关联，让其走入历史的洪流中。进一步来讨论，"所谓的'社会'与'文化'，事实上是在超越政权界限的广阔场景下展开的，如果孤立地着眼于某个政权，将原本融通的历史事实人为地拆解开来，这样的研究方法势必会造成种种忽略和遗漏"①。在研究唐代秘书省的时候，不能仅仅讨论唐代，而是要追根溯源，探讨之前的历史发展，要按图索骥，预测以后的历史走向。

第二，构建网络，打破藏书史研究的隐形限制。藏书是一项社会活动，当文明发展到一定程度时，藏书活动随之而发展，它也会因为社会的动荡而衰败，但藏书的观念却流传下来。因此，我们在关注藏书史研究的时候，如果单纯使用图书馆学、文献学等的纯粹知识分析系统，将其局限在某个学科发展框架下，就会使得藏书史的研究成为古代藏书楼中的一本典籍，虽然存在，但"养在深闺人未识"。当然，学术界多位前辈同人，在进行藏书史研究时，将其置于政治史、思想史等领域中进行观察，取得了诸多成果，但可惜的是，他们的研究或以藏书为主，或以他史为主，关注度有了，而其间关联性仍然有待深入探讨。正如《哲学家的休息》一书对文献提出的疑问，我们也可以对藏书提出同样的疑问，如：藏书的社会基础是什么？藏书为什么会被提倡？它的价值和功能是怎样的？藏书活动和政治因素是怎样相互影响的？藏书理念如何被传播和传承？它的典藏方式和演进路线会受到社会怎样的影响？这些疑问促使我们将藏书史置于历史发展演化的脉络中进行思考，使其展现出与社会史、思想史原本存在的关联，这是我们必须进行尝试的研究方向之一。

第三，分析理论，寻求恰当的话语体系。在进行藏书理论查找时，笔者面临中西话语体系的选择，即使用何种话语体系来组织藏书的历史。按照美国历史学家海登·怀特的观点"历史事实（fact）终归是以语言结构的形式出现"②，选择不同的语言工具，一个历史事实就会产生不同解释，也可能组合出内涵大为不同的历史图景。那么，藏书的理论探索是应该回

---

① 张希清、田浩、黄宽重、于建设：《10—13 世纪中国文化的碰撞与融合》，上海：上海人民出版社 2006 年版，第 2 页。

② 彭刚：《叙事的转向：当代西方史学理论的考察（第二版）》，北京：北京大学出版社2017 年版，第 169 页。

归传统儒学，还是寻找西方社会学理论的支持？在这个问题上，笔者的"掌门师兄"建议植根中国理论，并推荐了章学诚、程千帆等大家的著作，认为如果想完成本书研究，就需要将历史理论转化为问题意识，从中国文化史、史学史、制度史等领域进行史料对比、重建，笔者尝试从这个方向去努力，希望能够从中国历史典籍的传统表述中寻找到贴切的语言表达，通过重新阐释，支撑起唐代秘书省研究的理论基础。但是，笔者并没有放弃在西方史学中寻找合适的语言工具来对藏书进行分析，因为相对来说，"西方史学更善于概念的提炼和运用，也更倾向于对自身的学术立场进行反思"①，从另外的角度去思考中国历史，研究视角和工具的转变可能会带来不同的收获。借鉴西方学术研究方法，引入新的概念和工具，并不是一种创新，自近代以来中国的历史研究持续引入西方思想和模式，但合理进行中西结合，使藏书研究在借鉴西方社会科学的理论概念的基础上，融合中国传统的理论观念，使两种话语体系之间达成平衡，仍非易事。

最后，笔者感谢本书所引用或参考文献的研究者，有了你们的开拓，才有了本书的完成。图书的写作过程好像小老鼠的过冬储存过程，到处去找，到处去看，然后把找到的东西搬回自己的小窝。一只小老鼠的眼界受限于它的生活环境，笔者的写作亦是如此，因此难免会在评述中挂一漏万地忽略很多有价值的成果，敬请大家批评指教。

本书的出版获得国家社科基金后期资助项目的资助（项目号：16FTQ001），在此感谢五位评审专家深刻且详尽的修改意见。

---

①　陆扬：《清流文化与唐帝国》，北京：北京大学出版社 2016 年版，第 169 页。

第一章　唐代秘书省及其他中央藏书机构

自汉末至明初，秘书省（监）这一图籍职掌机构（官职）存在 1222 年的时间，而唐代近 300 年恰处于这一历史长河的中间。俯瞰它的整个历史事实，秘书省的行进可谓磕磕绊绊，即使在推行重书右文政策的唐代，秘书省在不同的时期也有着不同的生存状态，尤其是同类型中央文馆的职责重复和资源竞争，使其发展中的机遇与挑战并存。机遇在于，"唐朝诸帝把中华帝国的政府机器组织得更加匀称、更加有效率"①，唐代政治生态文明异常清明，官方藏书事业稳定发展，作为图籍职掌机构，唐代秘书省无论是在机构归属、人员建制还是在管理制度、职责履行方面，均有据可查，有典可依；挑战也同时存在，从唐朝建立开始，秘书省的制度和职责一直处于调整中，如统辖机构的设置与废止，史职和天文历法等职责的剥离，除此之外，唐代中央机构内部陆续出现了几个权责归属并不明确的图籍职掌机构，如内府、弘文馆、史馆、集贤院等，它们同样有藏书收集、典校和出版职责，与秘书省的职能存在很多交叉之处。"旧名不废，新职日加"②，新职官和新机构成立了，旧的职官和机构仍然存而不废。唐代中央官方藏书处于一种机构博弈的状态，秘书省和文馆之间的此起彼伏、相辅相成的关系，也是本章需要厘清和说明的内容。

第一节　秘　书　省

唐初秘书省多承隋制，领著作局与太史局两个机构，但初唐时期秘书省的机构调整持续进行，主要表现在两个方面：一方面，下辖机构的废置与归属关系改变，如秘书内省、秘书外省小学的新置和废止，以及太史局

---

① ［美］约翰·惠特尼·霍尔：《日本——从史前到现代》，邓懿、周一良译，北京：商务印书馆 1997 年版，第 33-34 页。
② （唐）杜佑：《通典》卷十九《职官一》，北京：中华书局 1988 年版，第 472 页。

的归属关系的几度改变；另一方面，职责逐渐剥离，如著作局所掌之史职和太史局所掌之天文历法两种职责逐渐剥离。

一、秘书内省

秘书内省之名确切出现于隋开皇年间，其"内"可能是"宫中"之意，本书认为隋朝秘书内省是秘书省在宫内的分设机构①，职责为典校藏书，《封氏闻见记》卷二载："隋开皇六年，（石经）又自邺载入长安，置于秘书内省"②，任职者多以他官③④兼任。

唐代秘书内省再次出现，"贞观三年，于中书置秘书内省以修五代史"⑤，虽以秘书内省为名，但设在中书省内，为临时修史机构，无典藏图书职责。

> 敬播，蒲州河东人也。贞观初，举进士。俄有诏诣秘书内省佐颜师古、孔颖达修《隋史》，寻授太子校书。⑥
>
> 武德五年，……（姚）思廉遂受诏为《陈书》，久之犹不就。贞观三年遂诏论撰于秘书内省，十年正月壬子始上之。⑦

唐武德年间修五代史历数年不能就而罢，后贞观三年（629年）"太宗复敕修撰"，于禁中设置秘书内省，"内"字是为了区分皇城的秘书省机构，同时也表明其地理位置。由于秘书内省的出现是为了编修五代史，因此它的命运与同年初设的史馆紧密关联。结合史馆设置的时间点，一为贞观三年（629年），初置于门下省北，与中书省内的秘书内省相对；二为贞观九年（635年），"及大明宫初成，置史馆于门下省之南"⑧，经考大明

---

① 郭伟玲：《中国秘书省藏书史》，武汉：武汉大学出版社 2015 年版，第 232-236 页。

② （唐）封演：《封氏闻见记校注》卷二《石经》，赵贞信校注，北京：中华书局 2005 年版，第 11 页。

③ （唐）李延寿：《北史》卷八三《文苑李文博传》，北京：中华书局 2000 年版，第 1860 页。

④ （宋）宋祁、欧阳修、范镇、吕夏卿：《新唐书》卷九八《王珪传》，北京：中华书局 2000 年版，第 3127 页。

⑤ （宋）王溥：《唐会要》卷六三《修前代史》，北京：中华书局 1955 年版，第 1091 页。

⑥ （后晋）刘昫等：《旧唐书》卷一八九上《儒学上》，北京：中华书局 2000 年版，第 3369 页。

⑦ （元）马端临：《文献通考》卷一九二《经籍考十九》，北京：中华书局 1986 年版，第 1626 页。

⑧ （宋）王溥：《唐会要》卷六三《史馆移置》，北京：中华书局 1955 年版，第 1089 页。

宫初成时间为贞观九年①（635年），贞观十年（636年）五代史修成，《长安志》载："又置史馆以编国史，寻废秘书内省。"② 一个"寻"字，充分说明史馆的设置与秘书内省的废止关系密切，贞观三年至十年（629—636年），朝廷主修五代史，之后才开始编修国史，贞观十五年（641年），太宗命房玄龄等撰修实录，官方修史重心发生转移，因此秘书内省也完成了其使命，于贞观九年（635年）左右退出历史舞台。

二、秘书外省小学

秘书外省小学设立于唐高祖初入长安之时，其作为皇族子弟和贵勋子弟的教育场所而短暂存在。秘书外省是宫内皇帝对位于皇城的秘书省的称呼，与隋时设置在宫内的秘书内省相对，以"外"字来区分宫门内外。唐高祖重视教育，即位后数天即"置国子、太学、四门生，合三百余员，郡县学亦各置生员"③，同时诏令秘书外省别立小学教育皇族子弟、贵勋子弟。

> 高祖初入长安，下令置生员，诏秘书外省别立小学，以教宗室子孙及功臣子弟。④
>
> 武德元年十一月四日，诏皇族子孙及功臣子弟，于秘书外省别立小学。⑤

唐秘书省作为图籍管理机构，职责无关教育，唐武德年间立小学于机构内，其原因有二：其一，唐初官制，因循隋制，另遵循"所重在合，而所轻在分"⑥ 的设置原则，于随时随意之外合理合并；其二，唐初秘书省延续了魏晋六朝一贯的清要形象，省内职位多由社会知名文儒学士充任，职责清闲，管理藏书。

---

① 龚静：《大明宫初建时日考》，《长安大学学报（社会科学版）》2012年第2期。
② （宋）宋敏求：《长安志》卷六《宫室四》，北京：中华书局1991年版，第66页。
③ （宋）司马光：《资治通鉴》卷一八五《唐纪一》，（元）胡三省音注，北京：中华书局1956年版，第5792页。
④ （宋）王应麟：《玉海（第四册）》卷一一二《学校》，台北：台湾"商务印书馆"影印文渊阁四库全书本，第4931页。
⑤ （后晋）刘昫等：《旧唐书》卷一八九上《儒学上》，北京：中华书局2000年版，第3359页。
⑥ （清）王夫之：《读通鉴论》卷二十《唐高祖》，北京：中华书局1975年版，第671页。

　　文懿者，贝州宗城人也。武德初，历国子助教。时高祖别于
秘书省置学，教授王公之子，时以文懿为博士。文懿尝开讲《毛
诗》，发题，公卿咸萃，更相问难，文懿发扬风雅，甚得诗人
之致。①

　　唐高祖设立秘书省小学来教育皇族子孙及功臣子弟，也借助了秘书省
内人力资源以及图书文献等物力，可谓两相得益。秘书外省废止时间不明
确，历史记载不可考，但最迟不会晚于武德七年（624 年），《资治通鉴》
"武德七年二月条"云"丁巳，上幸国子学，释奠；诏诸王公子弟各就
学"②，原属于秘书外省的生源——王公子弟被诏令进入国子监学习，附
属于秘书省内的教育临时机构，应该被取消。另外，从武德五年（622
年）起，秘书丞令狐德棻"奏请购募遗书"，并同时请修近代史，加上类
书《艺文类聚》的编撰，秘书省内图籍修撰职能得以全面展开，秘书省小
学这样一个临时教育机构的撤销，是理所当然的。

三、太史局

　　太史职掌"天地四时"，隋之前，太史有职官无机构，多隶属太常，
或由他官兼领，如东晋时"高莹以侍中、隙卓以义熙守、吴道欣以殿中侍
却史兼领太史"③；隋设置太史局，归入秘书省，虽名字几经变化④，但始
终隶属于秘书省；唐太史局不仅名称多次变化，隶属关系亦存反复。从名
称上来看，自唐高祖武德年间至唐肃宗乾元年间百余年的时间内，太史局
的机构名称变换了 15 次，与秘书省的隶属关系也在是与否之间反复了 10
次，其变化次数之多，频率之高，态度之随意，令人惊讶。
　　《唐会要·太史局》记载，太史局（太史监、浑天监、浑仪监、司天
台）与秘书省的隶属关系变化见表 1-1。

---

① （后晋）刘昫等：《旧唐书》卷一八九上《儒学上》，北京：中华书局 2000 年版，第
　3367 页。
② （宋）司马光：《资治通鉴》卷一九〇《武德七年》，（元）胡三省音注，北京：中华书局
　1956 年版，第 5977 页。
③ （唐）李林甫等：《唐六典》卷十《太史局》，陈仲夫点校，北京：中华书局 1992 年版，
　第 303 页。
④ 隋开皇年间为太史曹，其后又改为太史局。大业三年（607 年），改太史局为监，晋太史
　令阶为从五品，"又减丞为一人。置司辰师八人，增置监候为十人"。

表 1-1　　　　　　　太史局与秘书省隶属关系变化表

秘书省、太史局	武德元年（618 年）—久视元年（700 年）
秘书省	久视元年（700 年）五月十九日—久视元年（700 年）七月六日—长安二年（702 年）八月二十八日
浑天监、浑仪监	
秘书省、太史局	长安二年（702 年）八月二十八日—景龙二年（708 年）六月二十六日
秘书省	景龙二年（708 年）六月二十六日—景云元年（710 年）七月二十八日
太史监	
秘书省、太史局	景云元年（710 年）七月二十八日—八月十日
秘书省	景云元年（710 年）八月十日—十一月二十一日
太史监	
秘书省、太史局	景云元年（710 年）十一月二十一日—景云二年（711 年）闰九月十日
秘书省	景云二年（711 年）闰九月十日—开元二年（714 年）二月二十一日—开元十五年（727 年）正月二十七日
浑仪监、太史监	
秘书省、太史局	开元十五年（727 年）正月二十七日—天宝元年（742 年）十月三日
秘书省	天宝元年（742 年）十月三日—乾元元年（758 年）三月十九日
太史监	

注：本表以表格形式表示两者之间的关系，在一个单元格内，表示隶属关系；分割为两个单元格，表示非隶属关系。

唐太史局与秘书省隶属关系的变化，并非只是因为二者的职责差异，而是因为政治之手的推动。太史占候"日月星辰之变，风云气色之异"[1]，而中国古代天象变化向来被赋予重要的政治意义，"在帝王政治中，自然天象的变化不仅是帝王借以'参政'的重要依据，而且还是宫廷政变、政治革命以及朝臣攻讦的舆论工具"[2]。唐前期政治波谲云诡，但"几乎每次重大政治事件的背后，都隐约地存在着天文的影子或者天象的细微变化"[3]，太史局的职掌使得它顺理成章地成为政治的工具。但如果从秘书省角度来看，太史局的分割使得它在朝局中的话语权逐渐削弱，每一次的机构废置与职责剥离，都推动唐代秘书省逐步成为一个"清而不要"的图籍管理机构。

① （后晋）刘昫等：《旧唐书》卷四三《职官志二》，北京：中华书局 2000 年版，第 1266 页。
② 赵贞：《唐前期政治斗争中的天文背景》，《晋阳学刊》2011 年第 6 期。
③ 同上。

四、著作局

不同于其他三个机构的废置与分离，唐代著作局始终隶属于秘书省，但是它的修史职能则被剥除，成为一个仅仅职掌碑志、墓志和祭文的闲散机构。

隋制，秘书省领著作、太史两曹。唐承隋制，著作局职掌修史，隶属秘书省。唐武德四年（621年）十一月，起居舍人令狐德棻上书建议唐修五代史，一年后，令狐德棻迁转秘书丞，参修《周史》，并提议购募藏书。但武德年间的修史活动"绵历数载，竟不就而罢"①。贞观三年（629年），唐太宗再启五代史编修工程，一改武德年间秘书省负责的做法，设置临时修史机构秘书内省，"移史馆于门下省北，宰相监修，自是著作局始罢此职"②。太宗设置史馆，剥离了著作局的修史职能，终唐之世，著作局"掌修撰碑志、祝文、祭文"③，修史职能与著作局彻底分离，一种新的官修史书制度得以确立。

第二节　内　　府

一、"内府"的定义

在官府藏书机构方面，隋唐时期国家与皇室内外藏书泾渭分明，各成体系，内外有别的格局得以形成。唐皇宫内收藏精良图籍书画之所，被时人称为"内库"或者"内府"，亦可简称为"内"。《唐六典》言及西汉藏书："内有延阁、广内、石渠之藏。……刘向、杨雄典校，皆在禁中，谓之中书，犹今言内库书也。"④《唐六典》成书于开元末年，其文中所言的"今"字，当指唐开元年间的内库图书收藏。另《唐会要》卷三十五"经籍"言："开元三年，右散骑常侍褚无量、马怀素侍宴，言及内库及秘书坟籍。上曰：'内库书，皆是太宗高宗前代旧书。整比日，常令宫人主掌。

---

① （宋）王溥：《唐会要》卷六三《修前代史》，北京：中华书局1955年版，第1091页。
② （宋）王溥：《唐会要》卷六三《史馆移置》，北京：中华书局1955年版，第1089页。
③ （唐）李林甫等：《唐六典》卷十《著作局》，陈仲夫点校，北京：中华书局1992年版，第298页。
④ （唐）李林甫等：《唐六典》卷十《秘书省》，陈仲夫点校，北京：中华书局1992年版，第296页。

所有残缺，未能补缉，篇卷错乱，检阅甚难。卿试为朕整比之。'"① 开元
三年（715 年），褚无量、马怀素将内库图书与秘书省藏书并列，唐玄宗
更是明确指出唐内库图书多由皇帝主导收集，存在典藏制度混乱、图书利
用困难的问题，藏书权属与其他机构不同。

二、内府职掌

内府图书藏于宫城之中。唐设内府局，其宫廷职位分为宫官与内侍两
种，前者由进入宫廷的女性宫人担任，后者则主要是寺人。宫廷之中掌握
图书典籍的职官为司籍、典籍、掌籍，为一个官吏序列，职掌宫内四部经
籍，负责日常的维护：

> 《旧唐书·职官志三》："宫官六尚，如六尚书之职掌。尚仪
> 二人，正五品。司籍二人，正六品。典籍二人，正七品。掌籍二
> 人，正八品。……司籍掌四部经籍、笔札几案。……司宝掌瑞
> 宝、符契、图籍。"②
>
> 《新唐书·百官志二》："司籍、典籍、掌籍各二人，掌供御
> 经籍。分四部，部别为目，以时暴凉。教学则簿记课业，供奉几
> 案、纸笔，皆预侍焉。有女史十人。"③

该职官序列隶属于尚仪局，为女官序列，《全唐诗》中也有相应的记
载："贝州宋廷芬，……生一男五女，五女皆警慧，善属文。贞元中，并
召入宫。自贞元七年，秘禁图籍，诏若华总领。"④

三、内府图籍收藏

内府作为皇家仓库，所藏者均属君王私物，从图籍的收藏范围看，远
远超过秘书省、弘文馆等政府图籍机构；从管理措施看，呈现两极分化的
趋势；从藏品聚散看，与秘书省、集贤院等机构的路径相同，因此我们主
要关注内府图籍的收藏范围和管理制度。

---

① （宋）王溥：《唐会要》卷三五《经籍》，北京：中华书局 1955 年版，第 644 页。
② （后晋）刘昫等： 《旧唐书》卷四四《职官志三》，北京：中华书局 2000 年版，第
   1273 页。
③ （宋）宋祁、欧阳修、范镇、吕夏卿：《新唐书》卷四七《百官志二》，北京：中华书局
   2000 年版，第 806 页。
④ （清）彭定求：《全唐诗》卷七《女学士宋氏若华》，北京：中华书局 1960 年版，第
   67 页。

（一）收藏范围

内府因其服务对象为皇帝以及皇家人士，所以在图籍收藏范围上与秘书省及其他文馆稍有不同，它会更多地考虑帝王的喜好、藏品的价值以及内容的规定性等。

1. 帝王的喜好对内府收藏范围的影响

在收藏范围方面，内府与秘书省等机构存在相似之处，但也有不同之处，如内府图书可为皇家私藏，因此它的收藏更会受到皇帝个人因素的影响。"贞观开元之代，自古盛时，天子神圣而多才，士人精博而好艺，购求至宝，归之如云，故内府图书谓之大备。"① 唐太宗雅好二王法书，《少室山房笔丛》卷一"经籍会通"提出："文皇初年，亦似留意经籍。……以文皇总之于上，虞、魏董之于下，应者宜响。然迄贞观中，未闻增益，诸臣亦绝无目录之修，何也？盖太宗所骋志文词，所钟嗜翰墨，于经籍盖浮慕焉，……而秘府二王之迹独冠千古，当时君臣所用力者可见矣。"② 唐玄宗下令地方官员收集图籍书画，"萧令寻奏滑州人家藏右军扇上真书《宣示》及小王行书《白骑遂》等二卷，敕命滑州给驿赍书本赴京"③。

> 河阳从事李涿，性好奇古，与僧智增善，尝俱至此寺，观库中旧物。忽于破瓮中得物如被，幅裂污坌，触而尘起。涿徐视之，乃画也。……访于常侍柳公权，方知张萱所画《石桥图》也。……宣敕取之，即日进入。④
> 《历代名画记》卷三"东都寺观画壁"载："顾画《维摩诘》初置甘露寺中。……大中七年今上因访宰臣，此画遂诏寿州刺史卢简辞求以进，赐之金帛，以画示百寮，后收入内。"⑤

文宗尚古，所以对张萱《石桥图》入库，欣喜万分；宣宗尚佛，因此

---

① （唐）张彦远：《历代名画记》卷二《论鉴识购求阅玩》，沈阳：辽宁教育出版社 2001 年版，第 22 页。
② （明）胡应麟：《少室山房笔丛》，中华书局上海编辑所编辑，上海：中华书局 1958 年版，第 5 页。
③ （唐）张彦远：《法书要录》卷四《叙书录》，沈阳：辽宁教育出版社 1998 年版，第 134 页。
④ （宋）尤袤：《全唐诗话》卷四《段成式》，北京：中华书局 1985 年版，第 85 页。
⑤ （唐）张彦远：《历代名画记》卷三《记两京外州寺观画壁》，沈阳：辽宁教育出版社 2001 年版，第 41 页。

会要求臣下进《维摩诘》。内府会根据皇帝喜好的不同改变图籍书画的收集方向和重点。

2. 藏品的价值对内府收藏范围的影响

内府藏品乃皇帝私藏，其收藏原则以藏品价值为主导。首先，藏品甄别严格，保证名家真迹。入库前专家对书画进行甄别，入库后还会不定时查验，核验真假。

> 张怀瓘《二王等书录》："贞观十三年敕购求右军书，……敕起居郎褚遂良、校书郎王知敬等，于玄武门西，长波门外科简，内出右军书相共参校。"[1]
>
> 《谭宾录》："太宗尝以金帛购王羲之书迹，天下争赍古书，诣阙以献，时莫能辨其真伪。遂良备论所出，咸为证据，一无舛误。"[2]
>
> 裴孝源《贞观公私画史》序："又集新录官库画，总二百九十八卷，其间有二十三卷，恐非晋宋人真迹，多当时工人所作，后人强题名氏。时贞观十三年八月望日序。"[3]

其次，通过非常规，甚至权力手段，扩充库藏。"元和十三年，高平公镇太原，不能奉承中贵，为监军使内官魏宏简所忌，无以指其瑕，且骤言于宪宗曰：'张氏富有书画。'遂降宸翰，索其所珍。惶骇不敢缄藏科简，登时进献。乃以钟、张、卫、索真迹各一卷，二王真迹各五卷，魏、晋、宋、齐、梁、陈、隋杂迹各一卷，顾、陆、张、郑、田、杨、董、展洎国朝明手书合三十卷。表上曰：'前件书画，历代共宝，见称珍绝。……陛下旁求珍迹，以备石渠，祖宗之美，敢不献承。'其书画并收入内库，世不复见其余者。"[4]

3. 藏品内容的规定性对内府收藏范围的影响

内府藏品虽以价值为主导，但是出于皇家忌讳或政治因素，藏品在内

① （唐）张彦远：《法书要录》卷四《二王等书录》，沈阳：辽宁教育出版社1998年版，第118页。
② （唐）胡璩：《谭宾录》卷七《贞观十年太宗谓》，清抄本黑白影印本，第58页。
③ （唐）裴孝源：《贞观公私画史》，载安澜编《画品丛书》，上海：上海人民美术出版社1982年版，第217-218页。
④ （唐）张彦远：《历代名画记》卷一《叙画之兴废》，沈阳：辽宁教育出版社2001年版，第4-5页。

容上还需审核。第一，书画内容的审核。以法书为例，《梦溪笔谈》卷十七"书画"言："唐贞观中，购求前世墨迹，甚严，非吊丧问疾书迹，皆入内府。"① 第二，书籍内容的审核。图籍与政治紧密关联，但若非禁书，而是仅内容有争议的书籍，唐代统治者往往采取"藏于内"的冷处理方式，内即内府。唐高宗时期，"沙门佛陀波利。……北印度罽宾国人。……取得经来……天皇赏其精诚崇斯秘典，遂诏鸿胪寺典客令杜行顗及日照三藏于内共译，译讫……经留在内。波利因乃垂泣奏曰：'委弃身命志在利人，请布流行是所诚望。'帝愍其专至。遂留所译之经还其梵本任将流布"②。从沙门佛陀波利的例子可以看出，图书入藏内库，即意味着这本书不宜在社会上流传，即使波利再三恳求，唐高宗也仅仅允许梵本流通，限制该佛经的流通范围。开元十四年（726 年），元行冲受诏为魏征所撰《类礼》一书集义作疏，成《类礼义疏》五十卷，遭丞相张说反对，他认为魏征《类礼》一书曾遭诸儒非之，元行冲以魏征书所撰的义疏，恐不可用。《旧唐书·元行冲传》载："帝然之。于是赐行冲等绢二百匹，留其书贮于内府，竟不得立于学官。……行冲恚诸儒排己，退而著论以自释，名曰《释疑》。"③ 与众学者争相进献图书入藏秘书省不同，入藏内府的图书可以是一种内参图书，意味着不允许在社会上流通，国家因诸多考虑不便将其公开入藏秘书省，因此折中入藏内府，作为一种含有不同意见的图籍来保存。当然这样处理的图书不仅仅限于当代书，前代古籍也在限制流通的范围内，只在一定范围内开放，如段成式《酉阳杂俎》载："开成初，予职在集贤，颇获所未见书，始览王充《论衡》。"④《论衡》一书宣扬无神论，乃历代禁书，尚能藏入集贤书库，说明唐代某些图书处在限制流通的范围内。

（二）管理制度

内府图书的管理呈现两极分化的态势，有严格之处，更有疏忽之处，严格之处在于外，在于制度的规定；疏忽之处在于内，在于政策的执行，两者并不矛盾。

---

① （宋）沈括：《梦溪笔谈》卷十七《书画》，北京：中华书局 2005 年版，第 188 页。
② （唐）沙门智升：《开元释教录》卷九《总括群经录上之九大唐传译之余》，钦定四库全书本，子部十三·释家类，第 0442-0443 页。
③ （后晋）刘昫等：《旧唐书》卷一〇二《元行冲传》，北京：中华书局 2000 年版，第 2153 页。
④ （唐）段成式：《酉阳杂俎》续集卷四《贬误》，北京：中华书局 2000 年点校本，第 230 页。

1. 高规格的藏书管理制度

第一，图书校抄制度严格。《容斋随笔·五笔》载："唐太宗时，命秘书监魏征写四部群书，将藏内府，置雠正二十员，后又诏虞世南、颜师古踵领之"①，"唐选五品以上子孙工书者，手书缮写，藏于内库"②。唐开元年间，玄宗藏书抄写，"无量建议：御书以宰相宋璟、苏颋同署，如贞观故事"③。可见唐代对于收入内府的图书抄写典校十分讲究，专门置抄写人员、校正人员，并以鸿学大儒领衔，图书抄写要求严格，"李怀俨，……历兰台侍郎，受制检校写四部书进内，以书有汗，左授郓州刺史"④。

第二，藏品装帧严格。内府图书的装帧，远比唐代其他图书机构更加严谨，毕竟其异常珍贵且是御览之物。《历代名画记》卷三"论装背褾轴"载："国朝太宗皇帝使典仪王行真等装裱，起居郎褚遂良、校书郎王知敬等监领。……故贞观开元中内府图书，例用白檀身，紫檀首，紫罗褾织成带，以为官画之褾。"⑤ 开元十九年（731年）二月，"（徐浩）乃于滑州司法路琦家得羲之正书扇一卷，是贞观十五年五月五日扬州大都督、驸马都尉、安德郡开国公杨师道进，其褾是碧地织成，褾头一行阔一寸，黄色织成，云'晋右将军王羲之正书卷第四'，兼小王行书三纸……"⑥，贞观时，内府图书的形制多为紫檀轴首、白檀身，紫罗褾织成带，另外还有可能是碧丝织就的褾，褾头则为黄色，形制大抵如此。武后时内府书画整理多依照贞观旧制，"张易之奏召天下画工，修内库图画，因使工人各推所长，锐意模写，仍旧装背，一毫不差"⑦。开元初年开始的图书整理活动中，唐初可考的图书装订方式按照年号区分，有十八种之多，"贞观时，紫白二檀木轴；咸亨年，平头漆书轴、紫檀云花轴、紫檀杵头轴、白檀通身轴、仰心轴，轴一十七种；带则兼有红、紫、绿、绀肃、缝帛五色，凡

---

① （宋）洪迈：《容斋随笔》之《五笔》卷二《详正学士》，北京：中华书局2005年版，第853页。

② （清）顾炎武：《日知录校注》卷十八《秘书国史》，陈垣校注，合肥：安徽大学出版社2007年版，第994页。

③ （宋）宋祁、欧阳修、范镇、吕夏卿：《新唐书》卷五七《艺文一》，北京：中华书局2000年版，第935页。

④ （后晋）刘昫等：《旧唐书》卷五九《李怀俨传》，北京：中华书局2000年版，第1574页。

⑤ （唐）张彦远：《历代名画记》卷三《论装背褾轴》，沈阳：辽宁教育出版社2001年版，第30页。

⑥ （唐）张彦远：《法书要录》卷三徐浩《古迹记》，沈阳：辽宁教育出版社1998年版，第97页。

⑦ （唐）张彦远：《历代名画记》卷一《叙画之兴废》，沈阳：辽宁教育出版社2001年版，第3-4页。

十八种"①,装帧严格。

第三,藏品典藏制度严格。内府藏品日常保护严格,唐太宗《帝京篇》之二:"岩廊罢机务,崇文聊驻辇。玉匣启龙图,金绳披凤篆。"② 诗歌虽有修辞,但结合王建《宫词》"别收锁在玉函中"一句,可知内府珍贵藏品锁于玉匣内以便保护。《徐氏法书录》言及书函的具体形制:"平一……时见宫人出六十余函,……章草书多于其侧帖以真字楷书,每函可二十余卷,别有一小函,可有十余卷。"③ 可知内府玉函分为大函、小函,其所装的卷数不一,并且每卷图籍"襟首各题篇目、行、字等数",同时为了避免各种字体的混淆,"贞观时,其草迹,又令褚遂良真书小字,帖纸影之"④,用楷书将草书内容标出,以方便查检。由此可知,内府存在一定的图籍检索系统,如若不然,玄宗在论及内府图书时不会感慨:"内库书,皆是太宗高宗前代旧书。整比日,常令宫人主掌。所有残缺,未能补缉,篇卷错乱,检阅甚难。"⑤ 由"整比日"一词可知内府图书的整理有着固定的日子。内府图书的日常维护,包括书画曝晒和装帧,均有专人负责。《新唐书·百官志》载:"司籍、典籍、掌籍各二人,掌供御经籍。分四部,部别为目,以时暴凉。"⑥ 唐内府书画需要按照时节曝晒,主持者为尚宫宫人,《徐氏法书录》载:"洎大圣天后御极也,平一……见育宫中,时见宫人出六十余函,于亿岁殿曝之,……当时私访所主女学,问其函出尽否?答云:'尚有',未知几许。"⑦ 从中可知,内府书画的曝晒是有规章制度可循的,由专人职掌,有专门的场所,按照分类分批次曝晒。

第四,内府藏品目录制度严格。内府藏品浩如烟海,非私家可比,故编目之作,由来已久。关于书画编目的记载最早见于南北朝宋明帝时期(465—472 年),虞龢上明帝《论书表》,称"又旧书目帙无次第,诸帙中各有第一至于第十,脱落散乱,卷帙殊等。今各题其卷帙所在,与目相

---

① (宋)孙逢吉:《职官分纪》卷十五《集贤院》,北京:中华书局 1988 年版,第 378 页。
② (清)彭定求:《全唐诗》卷一《帝京篇》,北京:中华书局 1960 年版,第 2 页。
③ (唐)张彦远:《法书要录》卷三《徐氏法书录》,沈阳:辽宁教育出版社 1998 年版,第 90-91 页。
④ (宋)李昉等:《太平广记》卷二〇九《二王真迹》,北京:中华书局 1961 年版,第 1602 页。
⑤ (宋)王溥:《唐会要》卷三五《经籍》,北京:中华书局 1955 年版,第 644 页。
⑥ (宋)宋祁、欧阳修、范镇、吕夏卿:《新唐书》卷四七《百官志二》,北京:中华书局 2000 年版,第 806 页。
⑦ 同注③。

应"①。唐内府藏品承袭传统，开展了编目工作。史料中亦不乏关于贞观书画编目的记载，特别是宋朝以来的书画题跋、图书记载多有涉及。宋朝董逌的书画跋多见"存于贞观而入录""入贞观录也""唐贞观入录""唐贞观已入录邪"② 等语。贞观书画目录今存者，则有褚遂良《右军书目》，"贞观年，河南公褚遂良中禁西堂临写之际，便录出。唐初有史目，实此之标目，盖其类也"③。另外，唐元和三年（808 年）四月六日卢元卿《法书录》载："右前件卷是官府目录第三十，共四帖，都一百六十一字，玳瑁轴，古锦褾，有'贞观'印及'李氏'印，谨具跋尾如前。"④ 可知唐内府存有官方目录，其著录内容包括卷、字数、褾轴材质等内容，按照数字来排列，用于检阅查询。

　　2. 内府图书管理制度执行严谨程度不一，容易受到诸多因素影响

　　内府地理位置和权责归属具有特殊性，这种特殊性是一把双刃剑，在最大限度保障安全私密的同时，也使内府处于一种外紧内松的管理状态。宫墙既是一种保护，也是一种破坏。这种破坏表现出来的状态就是内府制度的执行严谨程度，与宫廷的主人有着直接的关联。

　　唐太宗锐情经术，耽意图籍，"贞观中，魏征、虞世南、颜师古继为秘书监，请购天下书，选五品以上子孙工书者为书手，缮写藏于内库，以宫人掌之"⑤，朝政之余，"辍膳玩三坟，晖灯披五典"⑥，思想和行为的双重保障使得唐贞观年间内府藏书制度有了好开端。

　　高宗武后时期，对于内府图籍的管理还是比较严谨的，包括刊正、缮写、曝晒、检阅等日常的维护，这些工作都有章可循，即使是在非常时期，也能很好地保护内府藏品。以法书为例，"从（贞观）十三年书更不出，外人莫见。直至大定中，……则天乃内出二王真迹二十卷，遣五品中

① （唐）张彦远：《法书要录》卷二《论书表》，沈阳：辽宁教育出版社 1998 年版，第 30 页。
② （宋）董逌：《广川书跋》卷六《画赞》，文渊阁四库全书本，上海：上海古籍出版社 2012 年版，第 132，136 页。
③ （唐）张彦远：《法书要录》卷三《右军书目》，沈阳：辽宁教育出版社 1998 年版，第 78 页。
④ （唐）张彦远：《法书要录》卷四卢元卿《法书录》，沈阳：辽宁教育出版社 1998 年版，第 138 页。
⑤ （宋）宋祁、欧阳修、范镇、吕夏卿：《新唐书》卷五七《艺文一》，北京：中华书局 2000 年版，第 935 页。
⑥ （清）彭定求：《全唐诗》卷一《帝京篇》，北京：中华书局 1960 年版，第 2 页。

使示诸宰相，看讫，表谢，登时将入"①。可见武后对于内府藏品出库非常慎重，令五品的内官拿给宰相观摩，观摩后立马归库，其态度与之后的中宗、睿宗形成鲜明对比。"至中宗神龙中，贵戚宠盛，宫禁不严，御府之珍，多入私室。先尽金璧，次及书法，嫔主之家，因此擅出。或有报安乐公主者，主于内出二十余函，……太平公主闻之，遣于内取数函及《乐毅》等小函以归。……（太平子薛）崇胤弟崇简，娶梁宣王女主家，王室之书，亦为其所有。……而朝士王公，亦往往有之。"②

唐开元天宝年间，玄宗耽于图籍，对内府图书的混乱情况多有体会，"内库书，皆是太宗高宗前代旧书。整比日，常令宫人主掌。所有残缺，未能补缉，篇卷错乱，检阅甚难"③。一场从内府开始的图书整理活动就此展开，集贤院以此为契机登上了历史舞台。肃宗对战后文籍的搜括无暇兼顾，加上其本人并不雅好图籍书画，"肃宗不甚保持，颁之贵戚，贵戚不好，鬻于不肖之徒"④。"既所不尚，散在人间，或有进献，多堆于翰林杂书中，玉石混居……久与瓦砾同也。"⑤ 可见肃宗时期内府藏品明珠蒙尘。

肃宗后，内府史料零落，不足以考证出中晚唐近一个半世纪的内府收藏情况，但有些许语言可以进行大概的勾勒。建中年间，"及德宗艰难以后，又经散失，甚可痛也"⑥；宪宗雅好书籍，元和三年（808 年）四月六日卢元卿所上《法书录》，记载了唐代自开元年间内府法书的整理活动；文宗勤于朝政，重典籍；宣宗李忱"嗜书，尝构一殿，每退朝，必独坐内观书"⑦；宣宗之后，唐王朝统治摇摇欲坠，"平时载籍，世莫得闻"⑧，内府藏书与李唐王朝同时湮没在历史洪流中。

内府图书的管理与帝王的重视程度和政治环境的变化紧密相关，虽然不能否认其他官方机构藏书同样会受到政治因素的影响，但内府的私人拥

---

① （唐）张彦远：《法书要录》卷三徐浩《古迹记》，沈阳：辽宁教育出版社 1998 年版，第 97 页。
② （唐）张彦远：《法书要录》卷三《徐氏法书录》，沈阳：辽宁教育出版社 1998 年版，第 90-91 页。
③ （宋）王溥：《唐会要》卷三五《经籍》，北京：中华书局 1955 年版，第 644 页。
④ （唐）张彦远：《历代名画记》卷一《叙画之兴废》，沈阳：辽宁教育出版社 2001 年版，第 4 页。
⑤ （唐）张彦远：《法书要录》卷四《二王等书录》，沈阳：辽宁教育出版社 1998 年版，第 119 页。
⑥ 同注④。
⑦ （唐）裴庭裕：《东观奏记》，北京：中华书局 1994 年版，第 195 页。
⑧ （后晋）刘昫等：《旧唐书》卷四六《经籍上》，北京：中华书局 2000 年版，第 1336 页。

有性和绝对封闭性导致了它的藏品再次聚集的难度远远大于其他藏书机构，这正是唐代内府藏书的主要特色，也是它区别于其他唐代机构藏书之处。

第三节　弘　文　馆

文馆制度开始于魏晋南北朝时期。

> 后汉有东观，魏有崇文馆，宋有玄、史二馆，南齐有总明馆，梁有士林馆，北齐有文林馆，后周有崇文馆，皆著撰文史，鸠聚学徒之所也。①

唐代承袭旧制并且对文馆制度进行了发展，设立了功能侧重不同的文馆，弘文馆、崇文馆、集贤院等文馆也成为唐代官藏体系中的成员。

一、弘文馆的建立

唐高祖武德四年（621年）正月，于门下省置修文馆；武德九年（626年）三月，改修文馆为弘文馆。

> （武德九年九月）太宗初即位，大阐文教，于宏文殿聚四部群书二十余万卷，于殿侧置宏文馆。精选天下贤良文学之士虞世南、褚亮、姚思廉、欧阳询、蔡允恭、萧德言等，以本官兼学士，令更宿直，听朝之隙，引入内殿，讲论文义，商量政事，或至夜分方罢。令褚遂良检校馆务，号为馆主。②

唐代弘文馆职责和建制初步形成。

---

① （后晋）刘昫等：《旧唐书》卷四三《职官志二》，北京：中华书局 2000 年版，第 1263 页。
② （宋）王溥：《唐会要》卷六四《弘文馆》，北京：中华书局 1955 年版，第 1114 页。

二、弘文馆的人员建制

（一）弘文馆馆主

贞观初，太宗"令褚遂良检校馆务，号为馆主"。之后高宗永徽等年间，"因为故事，其后得刘祎之、范履冰，并特敕相次为馆主"①。初，馆主职掌馆务，后由其他常任官员处理，"自垂拱已后，皆宰相兼领，号为馆主，常令给事中一人判馆事"②。随后，馆主又可称"弘文馆大学士"，由宰相兼领。

（二）弘文馆学士

弘文馆学士，以才识得以任职，根据官员本职官品区分学士与直学士，员额不定，具体可参见《旧唐书·职官志》：

> 学士无员数。自武德已来，皆妙简贤良为学士。故事，五品已上称学士，六品已下为直学士，又有文学直馆学士，不定员数。③

景龙之前，唐弘文馆学士只是由其他官员兼任的职衔，并不是常任官；景龙之后，弘文馆学士一职被赋予了其他的含义。弘文馆学士开始成为一种身份，地位清显，任命严谨，任官者的品行思端得到重视。有唐一代，弘文馆学士的清显地位得到整个朝野的认可，宣宗时著令三馆学士禁中行走，不用规避御史台、翰林院等行台官员，谓"三院连镳"。

> 侍御使冯缄与三院退朝入台，路遇集贤校理杨收，不为之却。缄为朝长，拉收仆台中笞之。……上两释之。始著令：三馆学士不避行台。④

---

① （宋）王溥：《唐会要》卷六四《弘文馆》，北京：中华书局 1955 年版，第 1114 页。
② （后晋）刘昫等：《旧唐书》卷四三《职官志二》，北京：中华书局 2000 年版，第 1261 页。
③ 同上。
④ （唐）裴庭裕：《东观奏记》，北京：中华书局 1994 年版，第 92 页。

（三）弘文馆其他人员

《新唐书·百官志》载：

> （弘文馆）校书郎二人，从九品上，掌校理典籍、刊正错谬。
> 凡学生教授、考试，如国子之制。有学生三十八人，令史二人，
> 楷书十二人，供进笔二人，典书二人，拓书手三人，笔匠三人，
> 熟纸装潢匠八人，亭长二人，掌固四人。①

弘文馆间或还有一些非常设置的职务，比如详正学士的设置，"仪凤
中，以馆中多图籍，置详正学士校理之"②。另外，馆内还有负责教学的
博士设置，满足弘文馆的教育职能的需要。

> 贞观元年，……敕虞世南、欧阳询教示楷法。黄门侍郎王珪
> 奏：学生学书之暇，请置博士，兼肄业焉。敕：太学助教侯孝
> 遵，授其经典；著作郎许敬宗，授以史汉。二年，王珪又奏：请
> 为学生置讲经博士，考试经业。准式贡举，兼学书法。③

三、弘文馆的图籍职责

《旧唐书·职官志》言：

> 弘文馆学士掌详正图籍，教授生徒。凡朝廷有制度沿革，礼
> 仪轻重，得参议焉。校书郎掌校理典籍，刊正错谬。其学生教授
> 考试，如国子学之制焉。④

《唐六典》则曰：

---

① （宋）宋祁、欧阳修、范镇、吕夏卿：《新唐书》卷四七《百官志二》，北京：中华书局
2000年版，第796页。
② （宋）王溥：《唐会要》卷六四《弘文馆》，北京：中华书局1955年版，第1114页。
③ （宋）王溥：《唐会要》卷六四《弘文馆》，北京：中华书局1955年版，第1115页。
④ （后晋）刘昫等：《旧唐书》卷四三《职官志二》，北京：中华书局2000年版，第
1261页。

"或典校理，或司撰著，或兼训生徒，若今弘文馆之
任也。"①

由此可知，弘文馆的职责有三：图籍管理、教育、参议朝典。其中图
籍职责可以概括为藏、校、修三个方面。

（一）弘文馆藏书建设

弘文馆的藏书建设开始于《唐会要·弘文馆》武德末设馆时所提及的
二十万卷藏书。但大量的藏书不会凭空出现，根据合理推测，弘文馆的藏
书应在贞观年间逐渐增置，唐太宗"命秘书监魏征写四部群书，将进内贮
库，别置雠校二十人、书手一百人。征改职之后，令虞世南、颜师古等续
其事，至高宗初，其功未毕"②。中宗、睿宗时期，政局变幻，弘文馆名
称多次改易，地位数次沉浮，藏书建设停滞。景龙初中宗开修文馆，景龙
三年（709 年）六月庚子下制："以经籍多残缺，令京官有学行者分行天
下，搜括图籍。"③ 睿宗景云初，刘宪由秘书监兼修文馆学士迁太子詹事
兼崇文馆学士④，玄宗李隆基时在东宫，留意书籍，刘宪有《上东宫劝学
启》言及其校理图书事："臣以今月二十二日侍从外参，亲奉令旨，令臣
勾当所进书，随了随进。"⑤ 开元五年（717 年）十一月，玄宗即敕"于秘
书省、昭文馆兼广召诸色能书者充"抄书手入乾元院抄写图书。"至七年
五月，降敕于秘书省、昭文馆、礼部、国子监、太常寺及诸司、并官及百
姓等，就借缮写之。"⑥ 可见当时弘文馆还是有图书收藏之功能的，从整
体上来看，盛唐时期的文馆藏书局势表现为集贤院一枝独秀，弘文馆的藏
书地位继续下降。"安史之乱"让唐代官府藏书遭遇致命打击，到了穆宗
长庆年间，弘文馆才有添造书楼的记载："（长庆）三年二月，弘文馆奏请
添修屋宇，及造书楼。……敕旨依奏。"⑦ 文宗以后，弘文馆藏书工作停

---

① （唐）李林甫等：《唐六典》卷八《弘文馆》，陈仲夫点校，北京：中华书局 1992 年版，
第 254 页。
② （后晋）刘昫等：《旧唐书》卷一九〇《崔行功传》，北京：中华书局 2000 年版，第
3399 页。
③ （宋）王钦若等：《册府元龟》卷五十《帝王部·崇儒术》，北京：中华书局 1960 年版，
第 558 页。
④ 毛阳光：《新出土唐刘宪墓志疏证》，《中原文物》2013 年第 1 期。
⑤ （清）董诰等：《全唐文》卷二三四《上东宫劝学启》，上海：上海古籍出版社 1990 年
版，第 1044 页。
⑥ （宋）王溥：《唐会要》卷三五《经籍》，北京：中华书局 1955 年版，第 644 页。
⑦ （宋）王溥：《唐会要》卷六四《弘文馆》，北京：中华书局 1955 年版，第 1116 页。

滞，逐渐消失在历史之中。

弘文馆设置有典书两人，每人各掌两库，负责藏书出纳记录，为日常的藏书管理人员。弘文馆与其他藏书机构不同，其是为教育和参政议政服务的，因此，藏书对馆内官员、学生开放，且鼓励利用。唐初裴行俭以门荫补弘文生，"累年在馆，唯闭门读书，馆司将加荐举，固辞。左仆射房玄龄问其故，对曰：'遭隋季乱离，私门书籍荡尽，冀在馆披阅，有所成耳。'"①武后时期，姚崇以孝敬挽郎身份进入修文殿读书，"姚崇初不悦学，年逾弱冠，……见修文殿御览，阅之，喜，遂耽玩坟史，以文华著名"②。弘文馆藏书强调在馆阅读，对身份亦有限制：

> 开元二年正月，宏文馆学士直学士学生，情愿夜读书，及写供奉书人、揭书人，愿在内宿者，亦听之。③

弘文馆藏书处于半开放状态，一部分或放置在弘文馆殿阁中，《玉海》卷九一"器用"引《景龙文馆集》载："中宗令诸学士入馆，其北壁列书架，架前有甘露殿银砚一，碧镂牙管十，银函盛纸数十种。"④弘文馆藏书是为了查考咨政而存在的，被放置在文馆之内的开放性书架上，对文馆内官员、学生开放，藏书利用已形成制度，因此才有长庆三年（823年）弘文馆请造书楼而非书库的奏章。

（二）弘文馆藏书校勘

弘文馆内藏书校勘分为两个层次：学士掌详正书籍，校书郎掌校理典籍、刊正错谬，且弘文馆的校勘活动由门下省给事中进行年度考课，"若弘文馆图书之缮写、雠校，亦课而察之"⑤。此外，弘文馆的校正工作还会根据任务情况设置临时岗位或者借调其他机构人员，高宗"仪凤中，以馆中多图籍，置详正学士校理之"⑥，同时秘书少监刘应道"奉敕于门下

① （宋）李昉等：《太平御览》卷六一九，北京：中华书局1960年版，第2779页。
② （唐）刘肃：《大唐新语》，北京：中华书局1984年版，第91页。
③ （宋）王溥：《唐会要》卷六四《弘文馆》，北京：中华书局1955年版，第1115页。
④ （宋）王应麟：《玉海（第三册）》卷九一《器用》，台北：台湾"商务印书馆"影印文渊阁四库全书本，第3988页。
⑤ （后晋）刘昫等：《旧唐书》卷四三《职官志二》，北京：中华书局2000年版，第1258页。
⑥ （宋）王溥：《唐会要》卷六四《弘文馆》，北京：中华书局1955年版，第1114页。

省检校四部群书，广召四方硕学之士，刊定讹舛而进御焉"①。自麟德元年至嗣圣元年（664—684 年），贺兰敏之、刘祎之、范履冰相继被任命为馆主，李嗣真、吴兢、刘献臣、徐昭、张昌龄、元万顷诸人都由贺兰敏之推荐入弘文馆充详正学士，负责馆内的图籍校正。玄宗后，弘文馆淡出历史舞台，图书典校活动成为校书郎正字官员的日常职能活动，鲜有记载。

（三）弘文馆图书编修

弘文馆学士有参议朝廷制度的职能，这也是弘文馆建立的初衷之一。贞观时期，唐太宗推行文治，首先从制度整合入手，弘文馆负责这一文化工程，其图书编修带有强烈的政治色彩，主要有以下三类官修。

第一，经典的定本和注疏。贞观四年（630 年），弘文馆学士孔颖达等参与制定《五礼》；贞观十二年（638 年），太宗组织弘文馆学士编撰《五经正义》，主要由国子祭酒、弘文馆学士孔颖达负责。

第二，类书编修。"（贞观十五年）十月二十五日，尚书左仆射申国公士廉等撰《文思博要》成，凡一千二百卷"②，参编者十余人任职弘文馆；高宗时，"显庆元年十月，诏礼部尚书、宏文馆学士许敬宗等，修东殿新书"③。

第三，史书的领衔或参与。太宗重视学士参与修史，如孔颖达、李延寿、房玄龄、李百药、岑文本、姚思廉、令狐德棻、上官仪、许敬宗、来济等人多以弘文馆学士的身份参与了贞观、永徽时期的官方修史活动，自此形成了"学士必与修史，修史必得学士"的传统，甚至高宗时期有"于志宁与修史，恨不得学士，来济为学士，恨不得修史"④ 的典故。开元之后弘文馆逐渐被边缘化，直至唐宣宗大中六年（852 年）弘文馆受命修撰《续会要》，尚书左仆射崔铉兼任弘文馆大学士，"七年十月，尚书、左仆射、门下侍郎平章事崔铉上《续会要》四十卷，修撰官杨绍复、崔瑑、薛逢、郑言等，赐物有差"⑤。

综上所述，弘文馆秉承了前代文馆之意旨，创建初期已然不是一个单纯的文化机构，而是一个政治挂帅的侍从顾问机构，它脱胎于刀光剑影的

---

① 吴钢：《全唐文补遗（第三辑）》，西安：三秦出版社 1994 年版，第 21-22 页。
② （宋）王溥：《唐会要》卷三六《修撰》，北京：中华书局 1955 年版，第 656 页。
③ 同上。
④ （宋）钱易：《南部新书》丁部，北京：中华书局 2001 年版，第 55 页。
⑤ （宋）王溥：《唐会要》卷三六《修撰》，北京：中华书局 1955 年版，第 662-663 页。

玄武门之变，以政治胜利者的姿态登上历史舞台，因此总结它在唐代中央藏书系统中的地位时，不可忽视政治因素。换句话说，它在唐代中央藏书系统中的主动性会受到其政治地位的影响，政治地位高，它的藏书吸纳量就高，比如唐太宗、唐高宗时期，秘书省所主持抄写进内的图书基本都进入了弘文馆内；政治地位下降，其藏书聚集能量就会减少，史料中鲜有相关记载，比如武后、中宗、睿宗时期；政治作用被替代，它的图书收藏能力就可以被忽略，比如玄宗时期集贤院的成立。由此可推断，弘文馆作为一个文化机构，藏书的出现亦是为其发挥政治作用而服务，会受到政治因素的影响，它在唐代中央藏书系统中的作用也是如此。

第四节　史　　馆

唐史馆制度脱胎于自周便存在的史官制度，是历史学发展到一定阶段的必然产物。史官职责发展至隋唐时已日臻明晰，武德年间，著作局掌修国史；贞观初史职独立，贞观三年（629 年）闰十二月于门下省专设史馆，掌修国史。

一、史馆的人员建制

唐史馆的人员建制不定，呈现不规范、随意性等特点。简单来说，唐史馆人员可分为监修国史、一般史官，以及流外人员和伎术官三种类型。

（一）监修国史

监修国史是朝廷任命的主管官方修史机构和修史活动的官员，在唐代多由宰相兼任。《春明退朝录》曰：

> 唐制：宰相四人，首相为太清宫使，次三相皆带馆职，弘文馆大学士、监修国史、集贤殿大学士，以此为序。①

太宗贞观时期实行的是一相监修制，只有房玄龄一人担任此职；开元以前，实行多相监修制，多位宰相同时担任监修国史；盛唐以后，监修国

---

① （宋）宋敏求：《春明退朝录》卷上，载《全宋笔记》第一编第六本，郑州：大象出版社 2008 年版，第 284 页。

史逐渐成为宰相的垄断性兼职，与弘文馆大学士、集贤院大学士一样，成为身份标志。

（二）一般史官

唐代"史官无常员，如有修撰大事，则召他官兼之，事毕日停"①。天宝以前，以他官兼任史官者被称为"史馆修撰"，刚进入史馆工作的其他官员先为直馆，后升为修撰；"元和六年，宰相裴垍奏：'登朝官领史职者，并为修撰，未登朝官入馆者，并为直馆。修撰中以一人官高者判馆事，其余名目，并请不置。'"② 这样史官的任职者就分为三个层次：第一层次为判馆事，选择标准为其本官品秩；第二层次为修撰，为朝官兼任史官者；第三层次为直馆，未任朝官就任史官者。唐代史职选任非常谨慎，"（长安）三年七月，朱敬则请择史官。上表曰：国之要者，在乎记事之官。……伏以陛下圣德鸿业，诚可垂范将来，倘不遇良史之才，则大典无由而就也"③。因此，参与修史颇受时人推崇，高宗时薛元超曾言："吾不才，富贵过人，平生有三恨：始不以进士擢第，不娶五姓女，不得修国史。"④ 清人赵翼认为唐"时史官本皆名手，故各传有极工者"，"如《郭子仪传》，乃裴垍所修，首尾整洁，无一酿词。因此可知唐史官之老于文学也"⑤。

（三）流外人员和伎术官

唐代史馆设置了辅佐修史流外人员和伎术官，如掌固、亭长、典书、楷书手、装潢直、熟纸匠等，其中掌固、亭长负责日常事务，典书负责图籍和档案管理，"馆中有经、史、子、集四部之分。使典之也"⑥，楷书手、装潢直等是专业技术官员。

二、史馆的图籍管理

自古以来，史官就有典藏职责，"唐虞三代，《诗》《书》所及，世有

---

① （后晋）刘昫等：《旧唐书》卷四三《职官志二》，北京：中华书局2000年，第1264页。
② 同上。
③ （宋）王溥：《唐会要》卷六三《修史官》，北京：中华书局1955年版，第1100页。
④ （宋）王谠：《唐语林校证（上）》，周勋初校，北京：中华书局1987年版，第318页。
⑤ （清）赵翼：《廿二史劄记》卷一六，北京：中华书局1982年版，第248页。
⑥ （唐）李林甫等：《唐六典》卷八《弘文馆》，陈仲夫点校，北京：中华书局1992年版，第254页。

史官，以司典籍"①。唐代史馆独立后，其馆内当有修史所需的图书档案。

（一）史馆文献的搜集

从图籍的类型来讲，史馆收藏史料和图书两类文献。史料即档案，主要是公文、诏令、制策，甚至是某种历史凭证、祥瑞记录。如武则天"引诸武及相王、太平公主誓明堂，告天地，为铁券使藏史馆"②。玄宗时，诏"瑞木表灵，奇文自现，……仍付史官"③。

从图籍的搜集渠道来讲，史馆与其他机构不同，它因文献类型不同而有多种搜集渠道。

第一，史馆自撰自藏。这部分藏书主要包括起居注、日历、时政记、实录等档案和图书。唐代除了有门下省起居郎和中书省起居舍人负责记录唐帝王的正式场合言行之外，还有另外一种史官记录的形式，就是"螭头之制"：皇帝上朝议政毕，仗下入阁与宰臣讨论军国大事，"左右史执笔立于螭头之下，宰相奏事，得以备录"④，写入起居注。中唐之后日历修撰逐渐成为史馆的日常任务，为此专门设置了"历官"，记述当时年月的国政大事；《旧唐书·职官志》明确提出本朝实录藏在史馆："凡天地日月之祥，山川封域之分，昭穆继代之序，礼乐师旅之事，诛赏废兴之政，皆本于起居注、时政记，以为实录，然后立编年之体，为褒贬焉。既终藏之于府。"⑤

第二，其他政府机构报送。《唐会要·诸司应送史馆事例》明确规定了各司负责报送史馆的条款，从时间、内容、权限等方面划定在京衙寺与地方政府、军队、皇家等部门职官负责的领域；除了按时报送，各司还必须按照史官要求随时报送，"如史官访知事由，堪入史者，虽不与前件色同，亦任直牒索；承牒之处，即依状勘，并限一月内报"⑥。除了各司直

---

① （南朝宋）范晔：《后汉书》卷四十上《班彪传》，（唐）李贤等注，北京：中华书局 2000 年版，第 890 页。
② （宋）司马光：《资治通鉴》卷二〇六《圣历二年六月条》，（元）胡三省音注，北京：中华书局 1956 年版，第 6540 页。
③ （清）董诰等：《全唐文》卷二六《宣示亳州瑞木诏》，上海：上海古籍出版社 1990 年版，第 125 页。
④ （后晋）刘昫等：《旧唐书》卷一二九《张延赏传》，北京：中华书局 2000 年版，第 2455 页。
⑤ （后晋）刘昫等：《旧唐书》卷四三《职官志二》，北京：中华书局 2000 年版，第 1264 页。
⑥ （宋）王溥：《唐会要》卷六三《诸司应送史馆事例》，北京：中华书局 1955 年版，第 1089-1090 页。

接送至史馆，还可将记录报送中书省、门下省，然后由中书省、门下省加工成起居注，每年报送史馆，如"太史令掌观察天文，稽定历数。……每季录所见灾祥送门下，中书省入起居注，岁终总录，封送史馆"①。

第三，社会征集。史馆单独因修史而要求进行图书搜访，明确记载于肃宗时期：

> 至德二载十一月二十七日，修史官太常少卿于休烈奏曰："国史一百六卷、开元实录四十七卷、起居注并余书三千六百八十二卷，在兴庆宫史馆，并被逆贼焚烧。且国史实录，圣朝大典，修撰多时，今并无本。望委御史台推勘史馆所由，并令府县搜访。有人收得国史实录，能送官司，重加购赏；若是官书，并舍其罪，得一部超授官，一卷赏绢十匹。"数月惟得一两卷。②

史馆的图书搜集与其他机构稍有不同，它不只依靠专门的京城使臣，还可通过御史台下制各地方政府，由地方进行专门的搜集，这是因为唐代严格管制国史的编撰与传播，私藏私修国史有罪。《四库全书总目》评价《周书》："德棻旁征简牍，意在撝实"③，在史学界看来，一部史书的成功编撰需要翔实、完备的材料的支持，因此广采文献对史馆来说，是日常工作：

> （贞观）二十年闰三月四日诏令修史所更撰晋书。……其所须可依修五代史故事，若少，学士量事追取。……以臧荣绪晋书为本，捃摭诸家，及晋代文集。④
>
> 长安三年正月一日敕：宜令特进梁王三思……修唐史，采四方之志，成一家之言，长悬楷则，以贻劝诫。⑤
>
> 大历三年，起居舍人兼修史令狐峘，修元宗实录一百卷。峘著述虽精，属丧乱之后，起居注亡失，纂开元天宝事，唯得诸家文集编，其诏册名臣传记，十无三四，后人以漏略讥之。⑥

---

① （唐）李林甫等：《唐六典》卷十《太史局》，陈仲夫点校，北京：中华书局1992年版，第298页。

② （宋）王溥：《唐会要》卷六三《修国史》，北京：中华书局1955年版，第1095页。

③ （清）永瑢等：《四库全书总目》卷四六《史类·正史类一》，北京：中华书局1965年版，第408页。

④ （宋）王溥：《唐会要》卷六三《修前代史》，北京：中华书局1955年版，第1091页。

⑤ （宋）王溥：《唐会要》卷六三《修国史》，北京：中华书局1955年版，第1094页。

⑥ 同注②。

第四，献书入库。唐代史学发达，文人们存在私下修史行为，之后为了获得官方的承认，进献于上，被收藏于史馆中。如吴兢上奏："别撰《唐书》九十八卷、《唐春秋》三十卷，……既将撰成此书于私家，不敢不奏，……当送上史馆。"① "（元和）十二年十二月，翰林学士沈传师等，奏《元和辩谤略》两部，各十卷，一部进上，一部请付史馆。从之。"② 《唐会要》卷三十六"修撰"虽然记载有许多地理、图志、典制、历史等图书进上，但没有明确指出它们的收藏地点，所以不便罗列于此。

（二）史馆藏书的利用

史馆藏书是围绕修史这一核心任务而存在的，因此提到史馆中所收藏图书的利用，首先应该提到其修史的辅助作用；其次，史馆藏书还可以在可控范围内供相关人员阅览和传播，比如御览；最后，史馆作为唐中央文化机构之一，在收藏上还可以与其他机构互通有无。

1. 修史的辅助作用

唐代在官修正史上的成绩斐然，修撰梁、陈、北齐、周、隋的五代史记传 241 卷，后又修撰《五代史志》。接着重修《晋书》130 卷，然后高宗显庆元年（656 年）呈进的李延寿的《南史》《北史》，其史料来源、文献参考多依赖于史馆的丰富馆藏。唐代史馆所藏唐实录 623 卷，以及大量的编年体史书《唐历》《唐春秋》等总数近千卷，多是依托史馆所藏的丰富的官方档案撰修而成，"国朝故事，以左右史参起居注，逐季送史馆，史馆别设参撰官。起居注外，又显日历。至参实录之日，取仪于日历，起居注，参而成之"③。

2. 有限范围内的阅览和传播

（1）御览。李唐君主重视史书，认为史书"事关理道"④。正史中多有唐代君王读史的记载：

高宗"显庆四年二月五日，中书令许敬宗……，受诏撰贞观二十三年已后至显庆三年实录，成二十卷，添成一百卷。……上以敬宗所纪，多非实录。"⑤

① （宋）王溥：《唐会要》卷六三《在外修史》，北京：中华书局 1955 年版，第 1098-1099 页。
② （宋）王溥：《唐会要》卷三六《修撰》，北京：中华书局 1955 年版，第 661 页。
③ （唐）裴庭裕：《东观奏记·序》，北京：中华书局 1994 年版，第 2 页。
④ （清）董诰等：《全唐文》卷二一《选菁儒侍读制》，上海：上海古籍出版社 1990 年版，第 103 页。
⑤ （宋）王溥：《唐会要》卷六三《修国史》，北京：中华书局 1955 年版，第 1093 页。

睿宗"及（岑）羲监修《中宗实录》，自书其事，睿宗览而大加赏叹。"①

开元三年（715年）冬十月甲寅，玄宗下《选耆儒侍读制》："朕听政之暇，常览史籍……宜选耆儒博学一人，每日入内侍读。"②

宪宗"（元和）七年六月，上读《肃宗实录》。见大臣传，多浮词虚美，因宣与史官，记事每要指实，不得虚饰。"③ "（元和十四年）九月乙巳，上顾谓宰臣曰：'朕读《玄宗实录》，见开元初锐意求理，至十六年以后，稍有所懈倦，开元末又不及中年，何也？'"④

（2）官员阅览。美国学者杨连生认为，"（唐朝史馆所收藏的）这些官方记录，从'起居注'到当朝编修的'国史'，都是大部头的著作。在通常的情况下，这些记录只有一个正本和一个副本。而且，只有那些被授权的人，才可以查阅这些材料"⑤。自隋朝起，朝廷禁止私人修国史，因此与国家历史相关的资料只有史官和修史的相关人员才能阅读。《唐会要》中记载的开元年间张说阅读《则天实录》一事则说明了唐代关于实录等材料阅读的控制，"后数年，（张）说拜黄门侍郎、同中书门下平章事，因至史馆，读《则天实录》"⑥。唐制，宰相兼任监修国史，因此张说拜中书门下平章事才有资格入史馆读《则天实录》，一个"因"字，说明非史官阅读史馆藏书，必须事出有因。

3. 机构间藏书的互补

唐代官修史书多藏于史馆中，其他机构如有需要，则须向史馆调请。"韦述知史馆，敕令述写燕公所撰《今上实录》廿卷，藏集贤史库。"⑦ 开元七年（719年）玄宗下令秘书省、昭文馆、国子监等诸司及公卿士庶之家，若有异本，官方出面借出缮写充藏集贤院，但史馆因其藏书内容的特殊性并不参与互相抄写活动。

从设立目的来看，史馆围绕其职责而收藏书，其规模不能与集贤院、

① （后晋）刘昫等：《旧唐书》卷七十《岑羲传》，北京：中华书局2000年版，第1713页。
② （清）董诰等：《全唐文》卷二一《选耆儒侍读制》，上海：上海古籍出版社1990年版，第103页。
③ （宋）王溥：《唐会要》卷六四《史馆杂录》，北京：中华书局1955年版，第1109页。
④ （后晋）刘昫等：《旧唐书》卷十五《宪宗本纪下》，北京：中华书局2000年版，第316页。
⑤ ［美］杨连生：《中国官方修史的组织：唐朝至明朝正史编修的原则和方法》，孙业山、王东编译，《历史教学问题》1995年第5期。
⑥ （宋）王溥：《唐会要》卷六四《史馆杂录》，北京：中华书局1955年版，第1106页。
⑦ （宋）王应麟：《玉海（第二册）》卷四八《艺文·实录》，台北：台湾"商务印书馆"影印文渊阁四库全书本，第2185页。

弘文馆、秘书省相比，为小型的专业图书馆；从人员配置来看，史馆人员无常置，因此藏书多由馆内吏员来维护和管理，藏书制度不可考；从史馆收藏来看，其藏品的来源与种类多样化，与其将其限定为藏书，不如说是兼顾图书与档案性质的资料汇集。因此，史馆在整个唐代中央藏书系统中的定位应该是专业性较强的图书馆，它一直存在，但是藏书建设则会根据国史修撰的需要，与当时的历史背景相结合。如果是政治平稳时期，藏书的搜集是有政策保障的；如果处于政治动乱时期，它就需要专门进行藏品征集，以保障国史修撰任务的顺利完成。

第五节　集　贤　院

集贤院全称为"集贤殿御书院"，产生于开元年间大规模的修书运动，脱胎于专职图书校理缮写编目的丽正院，一开始便具有典型的文化色彩。正如日本学者池田温所言：

> 集贤一院，概不干预教育。虽是文学之士任官捷径，其科第关系不甚密接。更不关于政治的机密，而专以斯文艺能为己任。有唐一朝，始终纯粹的文化机关也。集贤院之特色，盖在于兹也。①

一、集贤院的建立

集贤院的正式命名成立，以开元十三年（725 年）四月玄宗诏改丽正院为集贤院为标志：

> （开元）十三年四月五日，因奏《封禅仪注》，敕中书门下及礼官学士等，赐宴于集仙殿。上曰："今与卿等贤才，同宴于此，宜改集仙殿丽正书院为集贤院。"乃下诏曰："仙者，捕影之流，朕所不取；贤者，济治之具，当务其实。院内五品已上为学士，六品已下为直学士。"②

---

① ［日］池田温：《盛唐之集贤院》，载池田温著《唐研究论文选集》，孙晓林等译，北京：中国社会科学出版社 1999 年版，第 192 页。
② （宋）王溥：《唐会要》卷六四《集贤院》，北京：中华书局 1955 年版，第 1119 页。

该史料明确了集贤院的隶属、性质、官制等内容，至此集贤院登上历史舞台。从史实上来讲，集贤院经历了数次易名和地点转换，但为了行文需要，统称其为集贤院，借以替代乾元殿、丽正殿等名称。

二、集贤院的官职建制

集贤院的官职，可按照其职责不同分为两个部分：一是负责编撰、参议、藏书等职能的大学士、各类学士、校书郎、正字等官职；二是处理日常杂务、供给纸笔的中官、流外官、伎术官等吏员中官。唐代集贤院官职建制如表 1-2 所示。

表 1-2　　　　　　　　　　　　唐代集贤院官职建制

官职	时间	员额	来源
大学士	开元十三年（725 年）	一人	《唐六典》
学士	开元十三年（725 年）	无定员（五品以上）	《唐六典》
直学士	开元十三年（725 年）	无定员（六品以下）	《唐六典》
侍讲学士	开元十三年（725 年）	初置四人	《唐六典》《唐会要》
修撰官、校理官、留院官、检讨官等	开元年间	无常员，皆以学术敕留之	《唐会要》
	贞元四年（788 年）六月	留校理官，其余皆停	《唐会要》
押院中使	开元五年（717 年）	一人，中官任	《唐六典》
校书郎	贞元八年（792 年）六月十三日	四人	《唐会要》
正字	贞元八年（792 年）六月十三日	两人	《唐会要》
孔目官	开元五年（717 年）	一人	《唐六典》《旧唐书》
知书官	开元五年（717 年）	八人	《唐六典》
造书直及写御书	开元二十八年（740 年）	共一百人	《唐会要》
	贞元四年（788 年）四月	减写御书十人	《唐会要》
	元和二年（807 年）七月	减写御书十人	《唐会要》
	元和二年（807 年）闰十月	写御书两员	《唐会要》

续表

官职	时间	员额	来源
搨书手	开元五年（717 年）	两人	《唐六典》
	开元十四年（726 年）	六人	《唐六典》
造笔直	开元六年（718 年）	四人	《唐六典》
画直	开元七年（719 年）	两人	《唐六典》
	开元八年（720 年）	八人	《唐六典》
装书直	开元六年（718 年）	八人	《唐六典》
	开元七年（719 年）	十八人	《唐六典》
	开元十九年（731 年）八月	十四人	《唐六典》
典	开元五年（717 年）	两人	《唐六典》
	开元九年（721 年）	四人	《唐六典》

三、集贤院的图籍职责

《唐六典》卷九"集贤殿书院"开篇说"开元十三年置，……其职具秘书省"①。集贤院在盛唐时期承担了秘书省的图籍职责，成为当时主要的官方图籍文化机构，其所存所抄写的图书为御本，"秘书，御府也，天子犹以为外且远，不得朝夕视，始更聚书集贤殿"②。笔者在前文梳理内府、弘文馆、史馆等机构藏书的过程中，已对唐代官方藏书的收藏途径、收藏范围、聚散情况进行了叙述，这些情况与集贤院图籍职责多有重合之处，但集贤院也有自身的特色。比如，唐代官方藏书的搜集途径为募集、抄写、进献、编撰等，集贤院则更加依赖于对秘书省、弘文馆等原有机构的藏书聚合的复制；入藏类型以图书为主，间或有档案资料等，内容范围与内府类似，却代替内府成为盛唐"入内"的真正去处，因此集贤院图籍职责与其他机构大同小异。本节选择集贤院的图书管理、书目编撰、藏书规模三个方面来进行分析，其余可参见秘书省等机构的相似内容。

（一）图书管理

作为盛唐时期独占鳌头的文馆，集贤院又称"集贤殿御书院"，"御"

---

① （唐）李林甫等：《唐六典》卷九《集贤殿书院》，陈仲夫点校，北京：中华书局 1992 年版，第 279 页。

② （清）董诰等：《全唐文》卷五五六《送郑十校理序》，上海：上海古籍出版社 1990 年版，第 2492 页。

字充分说明其收藏地位，为其他藏书机构所不能比，因此它对入藏图书各个环节的管理都相当严格，在图书的制作、典藏等方面均存在不同于唐代其他藏书机构之处。

1. 图书制作

由于集贤院图书的御用性质，集贤院对于图书的制作相当讲究，从图书抄写、纸墨登记、装裱品质等各个环节彰显其尊崇地位。

第一，抄写人员选拔严格。"开元五年十一月，敕于秘书省、昭文馆，兼广召诸色能书者充，皆亲经御简。后又取前资，常选三卫散官五品已上子孙，各有年限，依资甄叙。"① 集贤院的抄写人员可以从已有的藏书机构书手中选任，也可以在社会上广招，但要经过唐玄宗亲自考核，才可以入选；另外还有门荫入选，按资甄别，进入集贤院任职。

第二，制作材料考究。集贤院图书有专贡的纸墨，"太府月给蜀郡麻纸五千番，季给上谷墨三百三十六丸，岁给河间、景城、清河、博平四郡兔千五百皮为笔材"②。《唐六典》记载："四库之书，两京各二本，共二万五千九百六十卷，皆以益州麻纸写。"③ 蜀地麻纸为当时高级用纸，例如宰相任命书就是采用白麻纸。集贤院图书的制作材料考究，符合其御书院的定位。

第三，图书装帧华丽有序。在装裱形制上，集贤院直接学习隋东都观文殿的图书装裱形式，以轴区分图书品质，但较隋朝更加详尽，不仅利用书轴的色泽，还以材质来区分，甚至推广到带、帙、签的颜色和材质，将材质的区分与图书四库分类相联系（表1-3）。韦述《集贤注记》中谈到集贤院图书"置院之后，新写书又多于前，皆分别部类，装饰华丽"④。

表1-3　　　　　　　　　　　　集贤院图书装帧

部类	《集贤注记》				《唐六典》卷九、《旧唐书》卷四七	清四库
	轴	带	帙	签		
经库副本	白牙木书轴、紫轴	赤黄晕带	黄牙锦花织竹书帙、绫绿草绿方丈绫为里	脱文	钿白牙轴、黄缥带、红牙签	草绿
史库	碧牙木书轴	青晕带	红晕锦花织竹帙	绿碧牙签	钿青牙轴、缥带、绿牙签	深红

---

① （宋）王溥：《唐会要》卷六四《集贤院》，北京：中华书局1955年版，第1118页。

② （宋）宋祁、欧阳修、范镇、吕夏卿：《新唐书》卷五七《艺文一》，北京：中华书局2000年版，第936页。

③ （唐）李林甫等：《唐六典》卷九《集贤殿书院》，陈仲夫点校，北京：中华书局1992年版，第279页。

④ （宋）孙逢吉：《职官分纪》卷十五《集贤院》，北京：中华书局1988年版，第378页。

续表

部类	《集贤注记》				《唐六典》卷九、《旧唐书》卷四七	清四库
	轴	带	帙	签		
子库	紫檀木书轴	紫晕带	脱文		雕紫檀轴、紫带、碧牙签	空青
集库缺本	绿牙木书轴、红色绿牙轴、白牙黄花轴	绯晕带、绿装	绯晕锦花织竹帙	白牙签	绿牙轴、朱带、白牙签	紫褐
图书	紫檀木书大轴	绿晕交心带				

2. 图书典藏

第一，图书典藏有序有据。王建《宫词》载："集贤殿里图书满，点勘头边御印同。真迹进来依数字，别收锁在玉函中。"[1] 王建为长庆年间秘书郎，其诗对中唐时期集贤院的藏书印、排架、收藏等方面进行了白描式叙述，如集贤院入藏图书须在天头页边加盖藏书御印，入藏书画作品按照数字排架，特别珍贵的要另外锁存在玉匣子内。集贤院图书首先按照图书四部进行排列，"书有四部：一曰甲，为经；二曰乙，为史；三曰景，为子；四曰丁，为集。故分为四库"[2]，库内图书再按照《隋书·经籍志》中的部类进行排架，其中经部分十个小类，史部分十三个小类，子部分十四个小类，集部分三个小类，共四十个小类；此外还有"道经"与"佛经"两个附录，共五十五个小类；于隋志部类之外的图书，按照刘歆目录排列，"其有与四库（书名）目不类者，依刘歆《七略》，排为七志"[3]。之后，每个部类之下所收录图书再依据时间、品秩按照先后顺序进行排架，"其经史子集及人文集，以时代为先后，以品秩为次第"[4]，部类中同类图书按照时代先后排列，同类同时代的图书按照编撰者的品秩由高到低排列。

第二，图书保护谨慎。入库图书保护措施严谨，"朱蜡染架，皆以油帕覆之。每朝去帕拂尘，灿然锦绣，夺人目矣"[5]。首先，对书架进行防

---

[1]（清）彭定求：《全唐诗》卷三〇二《宫词》，北京：中华书局1960年版，第3440页。

[2]（唐）李林甫等：《唐六典》卷九《集贤殿书院》，陈仲夫点校，北京：中华书局1992年版，第279页。

[3]（宋）王钦若等：《册府元龟》卷六〇八《学校部·目录》，北京：中华书局1960年版，第7298页。

[4] 同上。

[5]（宋）孙逢吉：《职官分纪》卷十五《集贤院》，北京：中华书局1988年版，第378页。

水的涂蜡处理，保持木制书架的干燥；其次，对书架上的图书覆盖丝帕进行防尘，并且每天要去除覆帕，用相应的工具拂拭浮尘，进行保洁工作。另外，对于特别珍贵的图书，集贤院有相应的函册进行保护，其材质多为木制，但个别真迹会采用玉制书匣，以示珍贵。

第三，图书标识明确。集贤院具有自己的藏书印，对入库图书印揿自己的藏书印。开元五年（717年），"上自书开元二字为号，以印记之"①，此印形制为二小字并排为一印，区别于贞观年间的藏书印。集贤院成立之后，也铸了自己的藏书印，其形制当为"集贤院"三字小印，在入库的图书的卷头和卷边缝处进行标记，以便判定图书所属的藏书机构，标示图书的归属。《容斋随笔》之《三笔》卷六《李卫公辋川图跋》记载唐李吉甫家藏书画，"前后五印，曰淮南节度使印……集贤院藏书印"②，可见当时集贤院的图书多有集贤院印鉴。开成元年（836年）四月，"集贤殿御书院请铸小印一面，以'御书'为印文。从之"③。

第四，藏书制度明确。集贤院图书设置正本、副本，且分别存放在东都洛阳和西都长安两地。

> 凡四部库书，两京各一本，共一十二万五千九百六十卷，皆以益州麻纸写。④
>
> 四库之书，两京各二本，共二万五千九百六十卷，皆以益州麻纸写。⑤
>
> 两都各聚书四部，……其本有正有副，轴带帙签皆异色以别之。⑥
>
> 二十四年，车驾还西京。集贤书籍三分留一贮在库者。⑦

一般来说，集贤院图书的正本用以存储，而副本供皇帝阅览。《北户

---

① （宋）王溥：《唐会要》卷三五《书法》，北京：中华书局1955年版，第648页。
② （宋）洪迈：《容斋随笔》之《三笔》卷六《李卫公辋川图跋》，北京：中华书局2005年版，第497页。
③ （宋）王溥：《唐会要》卷六四《集贤院》，北京：中华书局1955年版，第1121页。
④ （后晋）刘昫等：《旧唐书》卷四六《经籍上》，北京：中华书局2000年版，第1336页。
⑤ （唐）李林甫等：《唐六典》卷九《集贤殿书院》，陈仲夫点校，北京：中华书局1992年版，第279页。
⑥ （宋）宋祁、欧阳修、范镇、吕夏卿：《新唐书》卷五七《艺文一》，北京：中华书局2000年版，第936页。
⑦ （宋）王溥：《唐会要》卷六四《集贤院》，北京：中华书局1955年版，第1119页。

录》载："集贤故事，旧宣索书，皆进副本，无副本者，则促功写进。"①因此，在《集贤注记》中集贤院对无副本藏书进行装裱区分，如集库欠副本图书，绿轴、朱带、绯帙、白签，然后通过绿装的形式对欠副本的图书进行标记，以便抄书人员辨别抄写。但是制度越到后面，就越不能执行，"后亦不能守其事。如上官昭容旧无副本，因宣索便进正本。库内今阙此书矣"②。由于集贤院分布两京，馆藏不一定相同，因此有专员取书的史料，《全唐诗》中苏颋《送贾起居奉使入洛取图书因便拜觐》言："早持京副入，宣忙洛书刊。"③

　　第五，书库管理严格。集贤院在图书管理方面的设置比其他图籍收藏机构更加完备和具体。《唐六典》载，集贤院设置"知书官八人，开元五年置，……集贤所写，皆御本也。书有四部：……故分为四库，每库二人，知写书、出纳、名目、次序，以备检讨焉"④。《旧唐书·职官志》还提及"孔目官一人，典四人，并开元五年置"⑤，《新唐书·百官志》中增加了"专知御书检讨"这一职位，"有中使一人，孔目官一人，专知御书检讨八人，知书官八人，……典四人"⑥。由此看出，集贤院图书管理人员有数个层次，各司其职。押院中使职掌门禁，"押院中使一人，自乾元殿写书，则置掌出入，宣进奏，兼领中官，监守院门，掌同宫禁"⑦；知书官起初设置时当由院内学士充任，为临时性官职，"初，无量奏前闻喜县尉卢撰、前江阳县尉陆元泰、前左监门胄曹参军王择从、武陟县尉徐楚璧分库检校"⑧，后转为流内官，由学士、直学士兼任，品阶高于典书，为四库图书管理人员，其职责有三，即库内图书抄写补充、图书入库出库登记以及入库图书造册登记；专知御书检讨一职专门负责书库内图书勾检和复核，为书库管理的监督人员，"校理官，同直学士，无常员，以它官

① （唐）段公路：《北户录》卷三《鹤子草》，载《丛书集成新编》第九十一册《史地类》，台北：新文丰出版社1984年版，第47页。
② 同上。
③ （清）彭定求：《全唐诗》卷七三《送贾起居奉使入洛取图书因便拜觐》，北京：中华书局1960年版，第802页。
④ （唐）李林甫等：《唐六典》卷九《集贤殿书院》，陈仲夫点校，北京：中华书局1992年版，第280页。
⑤ （后晋）刘昫等：《旧唐书》卷四三《职官志二》，北京：中华书局2000年版，第1263页。
⑥ （宋）宋祁、欧阳修、范镇、吕夏卿：《新唐书》卷四七《百官志二》，北京：中华书局2000年版，第798页。
⑦ 同注⑤。
⑧ （宋）王溥：《唐会要》卷六四《集贤院》，北京：中华书局1955年版，第1118页。

兼之。又有留院官、检讨官，皆以学术，别敕留之"①；典书则为唐代职官序列中的胥吏系列，为流外伎术官员，其任职条件、迁转、考课不同于其他流内官员，其职责与知书官部分重合，掌四库图书的出纳记录，且为具体的操作人员。

（二）书目编撰

史料记载，由集贤院的图书整理形成的目录著作有五本，其中四本已经修成，一本未知。

1. 《群书四部录》

开元七年（719年），元行冲先后接手秘书省、集贤院两处的图书整理活动，在人员合并的基础上，提出广收异本，通撰书目。马怀素为秘书监时，奏请二十六人入省编目，数年无成，元行冲负责后另奏大儒负责编目。九月（《册府元龟》为七月），玄宗下令"丽正殿写四库书，各于本库，每部为目录"②。在此种情况下，玄宗因为"比来书籍缺亡，后多错乱者，良由籍（簿）历不明，纲维失序，或需披阅，难可简寻"③，深知目录对于图书收藏的重要性，下诏全盘委任元行冲处理诸多事宜。元行冲采取总-分编修目录的方法，首先安排毋煚、韦述、余钦总体负责四部的分类和序列，并由韦述撰写目录的序例，殷践猷、王惬编制经部目录，韦述、余钦负责史部，毋煚、刘彦直负责子部，王湾、刘仲丘负责集部。"开元九年十一月十三日丙辰④，左散骑常侍元行冲，上《群书四录》二百卷，藏之内府。凡二千六百五十五部，四万八千一百六十九卷。"⑤《群书四部录》因其著录文献丰富，在目录编撰中首次使用了辑录体提要之方法，后世学者对其评价不低，姚明达在《中国目录学史》中认为："自古目录未有钜于此书者，后世亦惟《四库全书总目提要》堪可比拟，余皆不及焉。"⑥

---

① （唐）李林甫等：《唐六典》卷九《集贤殿书院》，陈仲夫点校，北京：中华书局1992年版，第280页。

② （宋）王溥：《唐会要》卷三五《经籍》，北京：中华书局1955年版，第644页。

③ 同上。

④ 《旧唐书·玄宗本纪上》《旧唐书·经籍志·序》《资治通鉴》《唐会要》记载上书时间为开元九年（721年）十一月，而《新唐书·马怀素传》《集贤注记》记载时间为开元八年（720年）春，此书从《旧唐书》载。

⑤ （宋）王溥：《唐会要》卷三六《修撰》，北京：中华书局1955年版，第658页。

⑥ 姚明达：《中国目录学史》，上海：上海古籍出版社2002年版，第175页。

2. 《古今书录》《开元内外经录》

这两部目录的作者是曾参与丽正院目录编纂的毋煚，他认为《群书四部录》体例错误，"常有遗恨，窃思追雪"，因此他"审正旧疑，详开新制"①，在《群书四部录》的基础上修撰《古今书录》《开元内外经录》两部目录。毋煚的事迹在《新唐书》《旧唐书》中几近湮灭，正如姚明达先生所言："毋煚在目录学家中比较是不引人注意，然他却是目录学家中的无名英雄。"② 毋煚所著《古今书录》与《开元内外经录》在图书的分类和著录方面既有继承又有创新，姚明达曾给予其高度评价："故四分法在中国目录学史上影响之深远，归功于毋氏，亦未见为非。"③

3. 《集贤书目》

《集贤书目》收录于《新唐书》卷五八、志四八、艺文二中史部图书十一"目录类"一卷，著者韦述，已佚。韦述自开元五年（717 年）被马怀素引荐入秘书省校书之后，在秘书省、集贤院、史馆相继兼职，尤其是集贤院，从集贤院建院伊始至天宝中，他长期兼任集贤院直学士、学士，对其规章应该熟稔于心，于天宝末撰写了《集贤注记》三卷，并有《集贤书目》一卷，二者皆散佚。

4. 《历代书志》

《册府元龟》载："元载代宗朝为相，广德二年四月，诏集贤院撰《历代书志》。从载所请也。"④ 以"历代书志"为检索词来检索《旧唐书·经籍志》和《新唐书·艺文志》没有结果，可以推测这次图书目录的编纂没有完成。广德年间，得益于唐廷与藩镇的姑息妥协，唐朝政治进入了稳定发展时期，但形势依然严峻，财政困难，"顷年已来戎车屡架，天下转输公私匮竭"⑤，又集贤院"兵乱之后，图籍溷杂"⑥，在此等境况下编撰书目，宰相元载虽有心但无力。

---

① （清）董诰等：《全唐文》卷三七三《撰集四部经籍序略》，上海：上海古籍出版社 1990 年版，第 1677-1678 页。
② 姚明达：《中国目录学史》，上海：上海古籍出版社 2002 年版，第 126 页。
③ 姚明达：《中国目录学史》，上海：上海古籍出版社 2002 年版，第 130 页。
④ （宋）王钦若等：《册府元龟》卷五五六《国史部·采撰二》，北京：中华书局 1960 年版，第 6685 页。
⑤ （宋）宋敏求：《唐大诏令集》卷一〇三《选集贤学士诏》，北京：商务印书馆 1959 年版，第 539 页。
⑥ （宋）王钦若等：《册府元龟》卷六〇八《学校部·刊校》，北京：中华书局 1960 年版，第 7303 页。

（三）藏书规模

宋人王谠《唐语林》卷四"企羡"条载：

> 开元二十三年，加荣王已下官，敕宰臣入集贤院，分写告身
> 以赐之。侍中裴耀卿因入书库观书，既而谓人曰："圣上好文，
> 书籍之盛事，自古未有。"①

裴耀卿以"自古未有"盛赞集贤院书籍之盛，《旧唐书·经籍志》亦提出相应观点，"今录开元盛时四部诸书，以表艺文之盛"②。本部分要探讨的问题就是集贤院的藏书数量究竟有多少。

史料中谈及集贤院图书数量如表 1-4 所示。

表 1-4　　　　　　　　集贤院图书数量统计对比表

时间	藏书数量（卷）	数量性质	数字来源
开元九年（721 年）	81990	东都集贤院在库图书总量	《唐会要》
开元二十四年（736 年）	大于 27330	东都集贤院在库图书总量	
天宝三载（744 年）	54574	集贤院在库图书单本量	
天宝十四载（755 年）	71417	集贤院在库图书单本量	
开元二十六年（738 年）前	125961	两京集贤院在库图书总量	《唐六典》
开元八年（720 年）	48169	著录图书总量	《群书四部录》
开元九年（721 年）	61352（51852＋9500）	著录图书总量	《古今书录》《开元内外经录》
开元年间	大于 70000	后世记载图书单本量	《龙城录》

解读上述数字前，必须分清三种概念：在库图书总量、在库图书单本量、著录图书总量。在库图书总量，反映的是集贤院书库内收藏的图书总量，包括正本和副本，《唐六典》所记载的 125961 卷，应为开元二十六年（738 年）之前，两京集贤院所收藏的图书总量，即《唐六典》编撰成功之前的图书总体数字，正本、副本以及不同藏书地点的图书总卷数。在库图书单本量指的是在库图书的单本卷数量，不包括为了收藏和阅览需要而抄写的副本，《唐会要》所提及的天宝三载（744 年）的图书卷数，应该

---

① （宋）王谠：《唐语林》卷四《企羡》，北京：中华书局 1987 年版，第 385-386 页。
② （后晋）刘昫等：《旧唐书》卷四六《经籍上》，北京：中华书局 2000 年版，第 1336 页。

是单本的总数记载。而《群书四部录》《古今书录》《开元内外经录》所提及的数字应为当时可著录图书的数量，但并非完全是集贤院所收藏的，也包含了其他藏书机构所收藏的图书，因此其数量远远大于集贤院所收藏的图书数量。

根据史料，我们可以采取排除法，推测出最合理的集贤院藏书规模。表中数字首先应该排除《龙城录》的记载，柳宗元的表达是略数，偏差较大；《唐六典》明确表明开元末两京集贤院的图书总量为 125961 卷，那么图书单本量应该不少于 62980 卷，其原因在于集贤院书库内存在许多还没有来得及抄写副本的图书，以此排除《群书四部录》《古今书录》和《开元内外经录》的数字，因此我们可采信的数字，是集贤院在天宝十四载（755 年）图书单本卷数为 71417 卷。

第六节　小　　结

本书以唐代秘书省这一藏书机构为研究对象，但第一章却不限于此，而是同时选择了唐代其他中央文化机构，如内府、弘文馆、史馆、集贤院，作为图书撰写的开端，从机构设置、职官体系、藏书职责、收藏特色等方面对唐代中央藏书体系中较为突出的数个机构进行叙述。其原因在于，笔者试图通过勾勒唐代中央藏书轮廓，将秘书省置于唐代官方藏书场域中，揭示唐代官方藏书管理一直处于一种开放的状态。这种开放的表现形式就是话语权在数个机构之间转移，在这场无声的战役中，秘书省并没有占据天然的优势，反而成为一名被剥夺者。唐代中央藏书一直处于各文化机构的占据性竞争中，这不仅仅是一种竞争，更是一种进步，它推动唐代图书事业向前发展，也引发和孕育了五代宋时的馆阁制度。

一、藏书流向

唐代统治者修文重书（当然这是部分史实），积极推动国家藏书建设，推动知识的聚集和传播，让分散于各地、各家的知识载体聚集在一起，通过赏赐、出版等一系列措施鼓励知识从一个域向另一个域流动，无论是在时间上还是在空间上，都促进了知识的有效传播。

基于上述认识，笔者借用"流量"这一概念做出假设，即假设唐代的某个时刻，政府所能控制的图书流量是一定的。基于这个假设，我们可以分析流通总量一定的图书在唐代各中央文化机构间的流向以及分布，进而分析唐代各个时期官方藏书建设的侧重点。笔者选择秘书省、内府、弘文馆、史馆、集贤院五个机构作为变量，以它们的建立为时间节点，采用混沌理论①分析方法对唐代中央藏书流向进行整体的、连续的分析。

（一）秘书省单一机构时期（唐高祖武德年间）

在这一时期，唐代具有藏书职能的机构为秘书省与内府，但武德年间，内府图书收藏少见于史籍，因此默认秘书省在这一时期获得了所有的官藏流量，主导接收隋朝旧藏、武德五年（622年）开始的图书购募等图书汇集行动，这种"一枝独秀"的状态持续到武德九年（626年），唐太宗即位，弘文馆建立。

（二）弘文馆、史馆、内府等多头分流时期（唐太宗贞观年间至唐玄宗开元初）

武德九年（626年）九月，唐太宗即位后下令于弘文殿侧设置弘文馆，藏书的目标为二十万卷，时秘书监魏征、虞世南、颜师古相继负责图书的抄写工作，抄写的图书多数进入弘文馆内，这项抄写图书供给弘文馆收藏的工作到了显庆年间还在持续。贞观三年（629年）闰十二月，唐太宗于门下省北设置史馆，史职从秘书省分割，史馆藏书围绕着修史职能而建设，搜集途径、搜集范围等专业性较强，除去史馆独立时为保障五代史的修撰从秘书省中获得了部分与修史相关的图书，此后史馆有自己的文献保障体系，基本可以实现专项供给。内府的首个盛期出现在贞观年间，唐太宗雅好二王法书，重赏并出高价收集，书画作品持续入藏内府，贞观年间是内府藏品数量大幅增长的时期，后以管理不善、收藏混乱、无法利用等形象出现在武后、中宗、睿宗时期和玄宗开元初。

自贞观年间至开元初，唐代官藏主要流向：首先，社会征集图书和社会呈献图书、官方修书，大部分入藏秘书省，少数入藏内府，秘书省和内府成为官藏源头；其次，太宗、高宗时期秘书省抄写之复本多充实弘文馆，造就"二十万卷"的藏书神话；再次，史馆除却建馆时接收部分藏书外，其余文献入藏专业性强且为独立建设；最后，内府主要接收"珍藏"图书以及书法、绘画作品等，管理独立。

---

① 混沌理论是一种兼具质性思考与量化分析的方法，用以探讨动态系统中无法用单一的数据关系，而必须用整体、连续的数据关系才能加以解释及预测的行为。

（三）汇集一处的集贤院（开元天宝年间）

开元三年（715 年），唐玄宗启动对内府和秘书省图书的整理活动。起初，秘书省与东都乾元殿齐头并进，一方面，由褚无量负责内府图书抄写、典校、排架工作；另一方面，由秘书监马怀素延引他官进入秘书省对藏书进行书目编撰。这一时期内府图书、秘书省图书泾渭分明，各自为政。开元六年（718 年），内府图书整理完毕，上架东都乾元殿东廊下；次年五月，唐玄宗下令"丽正殿写四库书。敕秘书、昭文、礼部、国子监、太常寺及诸司官人百姓等，所有异书，就借写之"①，以丽正殿（集贤院）为核心的唐代官藏模式建立。短短四年时间，丽正院藏书从零发展至"凡二千六百五十五部，四万八千一百六十九卷"②，开元末集贤院已替代秘书省，《唐六典》言"其职具秘书省"③。开元天宝年间，《唐会要》对秘书省的记载就是秘书郎减员、校书郎省员、正字减少、著作郎减少，而同本书"经籍"条的主角几乎全是集贤院。基于史实合理推测，我们可以认为这一时期，唐代官方藏书主要流向集贤院，秘书省、弘文馆等其他机构可忽略不计。秘书省管理松懈，天宝十二载（753 年）十二月二十二日，唐玄宗下诏任命陈希烈为秘书省图书使以整治省内秩序。

（四）秘书省图书职责的回归（中晚唐期）

"安史之乱"后，图籍损失殆尽，所有的机构再次站在了同一起跑线上。唐德宗即位伊始，就加强了对秘书省书库的管理，"大历十四年九月二十七日敕：秘书省书阁内书，自今后不得辄供诸司及官人等，每月两衙及雨风，委秘书郎典书等同检校，递相搜出，仍旧封闭"④。中唐时期，朝廷财政无力支撑数个藏书中心的建设，只好舍弃其他，专心经营秘书省。

唐德宗建中年间，集贤院"兵乱之后，图籍溷杂"⑤。中唐以后集贤院难以恢复开元盛况，如唐宣宗大中四年（850 年）二月，集贤院对大中

---

① （宋）王钦若等：《册府元龟》卷五十《帝王部·崇儒术二》，北京：中华书局 1960 年版，第 560 页。
② （宋）王溥：《唐会要》卷三六《修撰》，北京：中华书局 1955 年版，第 658 页。
③ （唐）李林甫：《唐六典》卷九《集贤殿书院》，陈仲夫点校，北京：中华书局 1992 年版，第 279 页。
④ （宋）王溥：《唐会要》卷六五《秘书省》，北京：中华书局 1955 年版，第 1124 页。
⑤ （宋）王钦若等：《册府元龟》卷六〇八《学校部·刊校》，北京：中华书局 1960 年版，第 7303 页。

三年（849 年）正月至大中四年（850 年）正月一年的工作量进行统计，计图书抄写并填缺书籍三百六十五卷，一并贮库，这与其最盛期年抄写三千余卷不可比拟。弘文馆的境遇应与集贤院类似，只不过它没落的时间更早一些，大约开元以后就逐渐被边缘化了。相较而言，秘书省的图书职责完全回归，成为唐代官方藏书中心。

二、分工与合作

从职责上来看，唐代中央各藏书机构的职责都不仅限于藏书，甚至秘书省本身也不能说是一个完全的藏书机构，时人认为官方图书收藏是途径，而发挥资治、储才等功能才是目的，这就使得秘书省、内府、弘文馆、史馆、集贤院等藏书机构各自依托设置愿景，形成了可勾勒的分工合作与关系。

（一）机构分工

秘书省"掌邦国经籍图书之事"，辖著作、太史两局，并掌修撰与天文历法，这是《旧唐书·职官志》所言机构职责，但事实上不止如此。中唐白居易提道："秘著之宦，不独以校勘之用取之，其所责望者，乃丞郎之椎轮，公卿之滥觞也，则选用之际，宜得其人"①，秘书省所承担的图书收藏、典校等职责并不孤立职官的专业化，而是通过这些图书阅读和校勘活动更多地为国家培养高级行政人才。另《隋书·经籍志》序中说到"经籍"是"王者之所以树风声，流显号，美教化，移风俗"的手段，因此图书收藏的目的不仅仅是利用和保存，而更多的是彰显美名、教化风俗，官方藏书是为政治服务的。职官与藏书的双重属性影响了秘书省在中央藏书系统中的分工，当政治性突出的时候，秘省的图书受到重视，图书趋向封闭保藏，如中唐以后；当政治性退却或者职能被替代后，藏书会回归本源，秘书省成为一个单纯的藏书中心，甚至可为其他机构、职官提供图书资源，如贞观年间、开元天宝年间。

内府的藏书属性向来很明确，属皇家私有，更符合"秘书"属性，这一职能少有改变，甚至被弘文馆、集贤院短暂替代过后，御览图书还是内府藏书。内府由于私有秘藏性质，收录了部分其他机构没有的图书，因而在某些情况下，内府藏书可以供给其他机构，用以补充藏书或者达到其他目的等，如开元六年（718 年），内府出张王古迹书法，交予集贤院拓印，

---

① （清）董诰等：《全唐文》卷六七〇《大官乏人，由不慎选小官也》，上海：上海古籍出版社 1990 年版，第 3026 页。

分赐诸王；天宝十四载（755 年）四月，内出御撰韵英五卷付集贤院
行用。

史馆在整个中央藏书体系中相当于专业的历史档案图书资料馆，藏书
并不对外开放。唐代史馆职掌修国史，"凡天地日月之祥，山川封域之分，
昭穆继代之序，礼乐师旅之事，诛赏废兴之政；皆本于起居注以为实录，
然后立编年之体，为褒贬焉"①。史馆所编撰的实录、起居注等书"既终
藏之于府"，但并不对外开放，当然皇帝与修史人员可以查阅。

集贤院的分工可以分为两个阶段，一是开元天宝年间，如开元十三年
（725 年）四月唐玄宗改集仙殿丽正书院为集贤院，秘书省的图籍职能、
弘文馆的侍从咨询职能、内府的御览职能等一并归入集贤院，集贤院成为
唐代诸多文馆之集大成者。二是中唐以后，集贤院失去了原来的尊崇地
位，降至与弘文馆相似的地位，其他如咨询、承旨、推荐等职能被翰林学
士院等新设机构接替。大中六年（852 年）六月"宏文馆奏：伏以三馆制
置既同，事例宜等"②，"同""等"两字说明中唐集贤院与史馆、弘文馆
地位相等，待遇同级，分工各有侧重。

（二）机构合作

各机构之间的合作关系主要体现在图书编撰、藏书建设、官藏体系三
个方面，合作相对集中，发生在秘书省、弘文馆、史馆、集贤院之间，四
者应时匹配、应事而生。这种合作或出于资源的调配和共享，或出于机构
间有意识的合作建设。

1. 图书编撰

秘书省职掌图书，弘文馆职责涉及图籍校勘、授教生徒并参议朝典，
史馆修国史，集贤院刊辑古今图籍、辨明邦国大典，这些职责存在重合
点，合作进行官方修书理所当然。图书编撰上的合作主要体现在两个方
面：人员与资源。

第一，人员合作。武德初，令狐德棻上书建议修前代史，多以秘书省
官员和其他朝官兼任编撰，数年无功；贞观初唐太宗重启修五代史，中书
省内设秘书内省，秘书省官员与弘文馆学士、史馆史官亦参与其中，再加
上兼职的朝官，四方人员合作编撰了唐初官修五史。太宗朝继续采用这一

---

① （唐）李林甫等：《唐六典》卷九《史馆》，陈仲夫点校，北京：中华书局 1992 年版，第
281 页。

② （宋）王溥：《唐会要》卷六四《弘文馆》，北京：中华书局 1955 年版，第 1116 页。

合作模式，修成《群书理要》《五经正义》《文思博要》《武德实录》《贞观实录》《氏族志》等书，高宗朝《文馆词林》、武后时期《三教珠英》等亦是多方合作产物。

第二，资源合作，体现在编纂地点和文献资源方面。除了史书的编撰地点固定在史馆，对于其他类目图书，弘文馆、秘书省、集贤院都有可能成为编撰地点，甚至还可能在宫内编撰。高宗时期许敬宗等人编撰《瑶山玉彩》的地点是文思殿，位于东都洛阳皇城东南角，左毗邻门下省与弘文馆，右边为东宫，非常适合修书官员兼顾政务和修书。"龙朔元年，命中书令太子宾客许敬宗、侍中兼太子右庶子许圉师、中书侍郎上官仪、太子中舍人杨思俭等于文思殿博彩古今文集，摘其英词丽句，以类相从，名曰《瑶山玉彩》。"① 武后令麟台监张昌宗领衔众人编撰《三教珠英》，地点确实在秘书省内，参与者沈佺期曾写《黄口赞·序》曰："圣历中，余时任通事舍人，有敕于东观修书。"② 开元年间，图书编撰多发生在东都，天宝年间的图书编撰多在大明宫内，以集贤学士为主要修撰人员，秘书省官员及其他专业官员参与其中，如开元十三年（725 年）四月，"诏中书令张说、右散骑常侍徐坚、太常少卿韦绦、秘书少监康子元、国子博士侯行果等，与礼官于集贤书院刊撰仪注"③。《唐六典》自开元六年至二十六年（718—738 年），历时近二十年，经张说、萧嵩、张九龄、李林甫等四任知院主持，由汇集于集贤院的秘书省、中书省等部门的官员修撰而成，可以说是开元年间诸机构与集贤院合作修书的典范。

2. 藏书建设

前文的藏书流向，体现的是藏书机构间的竞争关系，而本部分所讨论的是诸多机构之间围绕藏书建立的互利互惠的合作关系。

秘书省与史馆之间的合作。首先是由武德年间的修史活动引起的唐代第一次大规模图书购募活动，武德五年（622 年）令狐德棻上书请修前代史，同时建议唐高祖重金购募图书，增加秘书省书手名额，抄写整理图书。贞观初，五代史修撰工作重新开始，秘书省设置秘书内省提供资料保障，后史馆成立，图书或有分割，史馆从秘书省藏书中获得原始的馆藏积累。

---

① （后晋）刘昫等：《旧唐书》卷八六《高宗中宗诸子孝敬皇帝弘传》，北京：中华书局2000 年版，第 1914 页。
② （唐）沈佺期、宋之问：《沈佺期宋之问集校注》，北京：中华书局 2001 年版，第 292 页。
③ （后晋）刘昫等：《旧唐书》卷二三《礼仪三》，北京：中华书局 2000 年版，第 602-603 页。

　　弘文馆与秘书省之间的合作。弘文馆的二十万卷藏书，无疑是秘书监魏征、虞世南、颜师古相继带领数百名秘书省书手抄写而成的，秘书省成就了弘文馆的丰富馆藏。当然大规模的抄写活动也促进了秘书省的藏书建设，魏征依据唐初秘书省藏书成就而作《隋书·经籍志》，四部分类法因此被进一步确定，秘书省的书库管理在实践中有所进步。

　　集贤院与秘书省、史馆、弘文馆等之间的合作。开元年间诸多机构之间的藏书建设合作，是唐代藏书机构之间规模最大的一次合作，起始于开元七年（719 年）。时内府图书已经整理上架完毕，但唐玄宗并不满足于对图书的简单整理，于是下诏秘书省、史馆、弘文馆等机构与丽正院（集贤院）异本借抄，同时还把眼光瞄向了诸多官员和庶民家中私藏，半强制性地进行图书异本的征集和抄写，虽然这次活动以集贤院为核心，但最终的结果是丰富了唐代官方藏书。开元天宝年间，机构之间的藏书建设合作一直在持续，有从史馆借抄至集贤院史库者："韦述知史馆，敕令述写燕公所撰《今上实录》廿卷，藏集贤史库"[1]。有集贤院和秘书省的合作，天宝十一载（752 年）十月，"敕秘书省检覆四库书，与集贤院计会填写"[2]，两处藏书对比登记，互相补充。

　　3. 官藏体系

　　国家藏书体系，面临着数个藏书机构同时并存的问题，那么官藏体系建设该如何进行？唐代秘书省、弘文馆、集贤院三者接替告诉我们，古代官制中有一个重要特色，即皇帝私人身侧的机构更加容易获得权力，如弘文馆之于唐太宗，集贤院之于唐玄宗。新的机构产生后，原有机构的部分职能就被替代，原来供皇帝御览的图书可能出自内府或者秘书省，之后就会被转移至新的机构，原来图书编撰地点多在资料丰富的秘书省，之后可能就会转移至资料更为丰富的新机构，如开元天宝年间，图书编撰的主要活动场所基本在集贤院内。正如学者郑钦仁总结的中国官制的特色，"新官与新机构设立之后，旧的仍然存而不废"[3]。弘文馆、集贤院等机构出现后，秘书省的部分职能虽被替代，但秘书省仍然在默默地发挥其他职能，它会在合适的时候重新获得机会发展壮大。

---

[1]　（宋）王应麟：《玉海（第二册）》卷四八《艺文·实录》，台北：台湾"商务印书馆"影印文渊阁四库全书本，第 2185 页。

[2]　（宋）王溥：《唐会要》卷六五《秘书省》，北京：中华书局 1955 年版，第 1125 页。

[3]　郑钦仁：《帝国遗规两千年——中国政治制度的特色》，载郑钦仁主编《立国的宏规》，台北：联经出版事业公司 1982 年版，第 18 页。

三、地位沉浮

　　学者吴夏平的《唐代秘书省社会地位变迁考论》[①] 一文勾勒出唐代秘书省地位的波形图，秘书省的地位从贞观年间开始下降，开元天宝年间跌至谷底，中唐时期升至波峰，其地位的变化基本上可以断定与唐代弘文馆、集贤院、史馆等诸多文馆的成立与兴盛有直接的关系，该文中已然全面论述，本书不再赘述。但笔者认为唐代秘书省在整个官藏体系中始终处于核心保障地位，虽然秘书省的入藏情况、整体地位会因多重因素的影响而发生变化，但是它在唐代官藏体系中的地位从未动摇，即使到了晚唐时期，局势动荡，秘书省的藏书仍然是当局关心的焦点。唐昭宗时政局颠覆在即，却仍在天复三年（903 年）批复罗衮的《请置官买书疏》，利用私库钱帛购募图书，其中蕴含着唐代近三百年所秉持的"经籍之道"的治国理念。唐太宗对于图籍资治的认知深深地影响了李唐皇室，唐代大多数皇帝均有在闲暇之余御览书籍的言语和行为记载，这是一种治国理念的姿态，也是一种精神文明的传承。虽然唐昭宗即位后数年，王朝覆灭，图籍无存，唐代官方藏书毁于一旦，但经历了五代十国的混乱，藏书事业在宋朝重新获得了更深远广阔的发展。无论在制度上还是在理念上、实践上，唐宋之际的官方藏书都存在丝丝缕缕的关联。

---

　　① 吴夏平：《唐代秘书省社会地位变迁考论》，《兰台世界》2008 年第 8 期。

第二章 秘书省职官研究

隋朝官制，"多依前代之法"①，王寿南先生认为，"隋唐政治制度是混合和承袭了南北朝的制度"②。唐承隋制，"高祖发迹太原，官名称位，皆依隋旧。及登极之初，未遑改作，随时署置，务从简便。"③ 自武德至天宝年间，唐代官制一直处于微调的状态，最终形成了"各统其属""分职定位"④ 的职官体系。本章从秘书省职官建制与官员管理两个方面探寻唐代官方藏书事业中"人"的因素。

第一节 秘书省职官建制

一、秘书监

(一) 渊源

秘书监一职最早出现在东汉桓帝延熹二年 (159 年)，"后汉图书在东观，桓帝延熹二年，始置秘书监一人，掌典图书古今文字，考合同异，属太常，以其掌图书秘记，故曰秘书。后省"⑤。东汉建安二十一年 (216年)，"魏武为魏王，置秘书令，典尚书奏事，即中书之任也，兼掌图书秘

---

① （唐）魏征等：《隋书》卷二八《百官志下》，北京：中华书局 2000 年版，第 525 页。
② 王寿南：《隋唐史》，台北：三民秘书社 1986 年版，第 407 页。
③ （后晋）刘昫等：《旧唐书》卷四二《职官志一》，北京：中华书局 2000 年版，第 1217 页。
④ 同上。
⑤ （唐）杜佑：《通典》卷二六《职官八·秘书监》，北京：中华书局 1988 年版，第 732 页。

记"①。魏文帝曹丕黄初年间,将秘书令掌奏事和图书的职责分离,分别形成中书令和秘书监两个官职,任命散骑常侍王象为秘书监。初,秘书监隶属少府,魏明帝景初年间(237—239 年),王肃任秘书监,上表曰:

> 魏之秘书即汉之东观,郡国称敢言之上东观,且自大魏分秘书而为中书以来,传绪相继于今,三监未有隶名于少府者也。今欲使臣编名于驺隶,言事于外府,不亦隳朝章而辱国典乎?②

自此,秘书监独立,"驺吏以上三百余人"③。西晋惠帝永平元年(291 年)诏:

> 秘书典综经籍,考校古今,中书自有职务,远相统摄,于事不专。宜令复别置秘书寺,掌中外三阁图书。④

秘书寺作为专掌内外图书的机构独立于其他机构之外,长官为秘书监,其服饰为"铜印墨绶,进贤两梁冠,绛朝服,佩水苍玉"⑤,南朝宋、齐与东晋前后相因,秘书监设置相同,为第五品,掌图书之事。梁则改为秘书省,其长官名称为秘书监,"秘书监增秩中两千石,品第三;后制十八班,秘书监班第十一"⑥。陈则因梁。

西晋永嘉之乱以后的一百多年的历史中,北朝政权更迭频繁,十六国内,有秘书监官职的国家包括后赵、前燕、后燕、先秦、赫连夏。"后魏亦以秘书为五省之数。监,初从第二品中;太和末,正第三品。"⑦ 北齐官职,多循北魏;而西魏、北周则是一脉相承,周太祖宇文泰于魏恭帝三年(556 年)依照周礼,建立天、地、春、夏、秋、冬六官府,《唐六典》载北周秘书监制度曰:"后周春官府置外史下大夫,掌书籍,此秘书监之

---

① (唐)李林甫等:《唐六典》卷十《秘书省》,陈仲夫点校,北京:中华书局 1992 年版,第 296 页。
② (宋)李昉等:《太平御览》卷二三三《职官部三一·秘书监》,北京:中华书局 1960 年版,第 1107 页。
③ 同上。
④ 同注①。
⑤ (唐)杜佑:《通典》卷二六《职官八·秘书监》。《唐六典》卷十引《晋令》曰:"品第五,绛朝服,铜印墨绶,进贤两梁冠,佩水苍玉。"
⑥ 同注①。
⑦ 同注①。

任也。"①

陈寅恪认为，"隋唐之制度虽极广博纷杂，然究析其因素，不出三源：一曰（北）魏、（北）齐，二曰梁、陈，三曰（西）魏、周"②。隋唐秘书省制度同样如此，隋开皇三年（583 年），"隋秘书与尚书、门下、内史、殿内为五省，秘书监正第三品，炀帝三年降为从第三品，其后又改秘书监为秘书令"③。唐初秘书省作为六省之一，从属于中书省下，设秘书监一人，品秩为从三品上，同品班位第一，属唐代的清望官。

（二）任职

秘书监任官的慎重，自三国两晋时期已初见端倪，如曹魏要求任职秘书监者"非但学问义理当闻，有威严能检下者"④，晋代华峤为秘书监，诏曰："尚书峤体素弘简，文雅该通，经览古今，博闻多识，属书实录，有良史之志，故转为秘书监。"⑤ 自曹魏秘书监制度形成发展之日起，秘书监一职就与藏书、编撰、政治等元素交融在一起，这就造就了秘书监就任者不仅学识、才能、修养出众，而且具备政治驭下能力，可谓学问与能力并存。唐太宗重视国家藏书建设，认为"君臣父子，政教之道，共在书内"⑥，将典籍与为政紧密地联系起来，先后任命魏征、虞世南、颜师古为秘书监，号为得人。元和年间秘书监任命制书中仍然称赞："国朝以来，……有魏征、虞世南、颜师古为秘书监，设官之重，得贤之盛，人到于今称之。"⑦贞观年间秘书监的恰当任命甚至成为后来秘书监不能妄授的依据，唐中宗将授郑普思为秘书监，桓彦范反对："昔贞观中尝以魏征、虞世南、颜师古为秘书监，……至如普思等是方伎庸流，岂足以比踪前烈？"⑧

《唐六典》载："秘书监之职，掌邦国经籍图书之事。有两局，一曰著

---

① （唐）李林甫等：《唐六典》卷十《秘书省》，陈仲夫点校，北京：中华书局 1992 年版，第 296 页。

② 陈寅恪：《隋唐制度渊源略论稿（外二种）》，石家庄：河北教育出版社 2002 年版，第 5-6 页。

③ 同注①。

④ （宋）李昉等：《太平御览》卷二三三《职官部三一·秘书监》，北京：中华书局 1960 年版，第 1107 页。

⑤ 同上。

⑥ （唐）吴兢：《贞观政要集校》卷六《悔过第二十四》，谢保成集校，北京：中华书局 2003 年版，第 349 页。

⑦ （清）董诰等：《全唐文》卷六六二《许季同可秘书监制》，上海：上海古籍出版社 1990 年版，第 2982 页。

⑧ （后晋）刘昫等：《旧唐书》卷九一《桓彦范传》，北京：中华书局 2000 年版，第 1983 页。

作，二曰太史，皆率其属而修其职。"① 除掌艺文经籍，秘书监还负责撰
写祭文、祝词等，甚至诗赋；带领秘书省官员参与官方编撰；负责秘书省
内官员的历年考课，忧心省内诸多杂事如厨料、纸张等供应之类的筹划奏
请，又须参政议政。秘书监履职具有两面性，一方面需要强调其学术性；
另一方面作为唐代高级官员之一，需要处理政务，具备政治才能。唐太宗
《授颜师古秘书监制》载：

> 秘书望华，史官任重，选众而举，历代攸难。守秘书监颜师
> 古，体业淹和，器用详敏，学资流略，词兼典丽，职司图书，亟
> 经岁序。朱紫既辨，著述有成。宜正名器，允兹望实。可秘
> 书监。②

这份由唐太宗撰写的秘书监任命标准制书，提及了唐代秘书监的任职
条件。第一，品德高尚，即"体业淹和，器用详敏"。第二，有卓越的学
术修养，即"学资流略，词兼典丽"，由于秘书监的职位具有鲜明的学术
性质，没有卓越的学识不堪此任，这一点已成共识，《全唐诗》收录了嘲
讽诗《嘲张祜》："白在东都元已薨，兰台凤阁少人登。冬瓜堰下逢张祜，
牛屎堆边说我能。"③ 唐文宗时，诗人张祜有意入秘书省任官，遭到嘲讽，
可见学识卓越于群这一任职条件从未改变。第三，任职经历丰富，颜师古
于贞观七年（633 年）就任秘书少监，至贞观十九年（645 年）被唐太宗
任命为秘书监，已经在秘书省任职近 12 年，其丰富的任职经历是其得到
秘书监任命的重要基础。第四，工作业绩突出，唐太宗高度评价了颜师古
作为秘书少监的业绩，认为其书库管理、图书编纂成绩显著，堪当秘书监
之任。唐太宗任命秘书监倾向于从德行、才识、资历、能力等诸多方面进
行考察，强调学术修养和政治修养的统一。

---

① （唐）李林甫等：《唐六典》卷十《秘书省》，陈仲夫点校，北京：中华书局 1992 年版，
　　第 297 页。
② （清）董诰等：《全唐文》卷四《授颜师古秘书监制》，上海：上海古籍出版社 1990 年
　　版，第 16 页。
③ （清）彭定求：《全唐诗》卷八七〇《嘲张祜》，北京：中华书局 1960 年版，第 9858 页。

二、秘书少监

秘书少监，从四品上，为秘书省副职，位列从四品上官职①序列内的第一位，属于清望官。武后时期，名臣李峤有《让麟台少监表》：

> 臣一经莫守，五技不成，……岂足以比肩良史，参领秘文，犹陪二子之行，尚忝四郎之末？纲罗帝籍，既伫英才；出纳王言，宁容妄处？……伏愿特回鉴揆，俯察愚蒙，……臣峤诚惶诚恐顿首顿首死罪死罪。谨言。②

李峤认为秘书少监职在"纲罗帝籍""出纳王言"，属于贤才入居之地，可见当时秘书少监也属于众多士子向往的官职之一。

（一）渊源

秘书少监一职由隋炀帝增置，"隋炀帝三年，置秘书少监一人，从四品，掌贰秘书监之职"③，隋大业十一年（615 年），隋炀帝"又改监、少监为令、少令"④。唐因隋制，"武德四年改少令曰少监"⑤，武德"七年省"⑥；后唐太宗为了挽留致仕的虞世南，"贞观四年十一月，复置一员，以虞世南为之"⑦；唐睿宗太极元年（712 年）二月增设少监一员，以崔琳为之。自此后唐代秘书省内秘书少监定额两员，从四品上，辅佐秘书监掌管省事，为秘书省副职。

---

① 按唐开元二十五年（737 年）所定的官品，与秘书少监位于同一品阶的官职有：八寺少卿、殿中少监、太子家令、太子亲勋翊卫中郎将、太子左右卫、司御、清道、内率、监门副率、太子率更令、太子仆、内侍、大都护府、亲王府长史、太中大夫文散、宣威将军武散、轻车都尉勋。

② （清）董诰等：《全唐文》卷二四四《让麟台少监表》，上海：上海古籍出版社 1990 年版，第 1092 页。

③ （唐）李林甫等：《唐六典》卷十《秘书省》，陈仲夫点校，北京：中华书局 1992 年版，第 296 页。

④ （唐）魏征等：《隋书》卷二八《百官志下》，北京：中华书局 2000 年版，第 540 页。

⑤ （宋）宋祁、欧阳修、范镇、吕夏卿：《新唐书》卷四七《百官志二》，北京：中华书局 2000 年版，第 799 页。

⑥ （宋）王溥：《唐会要》卷六五《秘书省》，北京：中华书局 1955 年版，第 1123 页。

⑦ 同上。

（二）任职

隋唐秘书少监是秘书监的副手，但它的任命与秘书监不同，始终注重官员能否胜任，未曾出现"妄授"的行为。武后时期，张氏兄弟（张昌宗、张易之）相继为秘书监，但是其副手秘书少监的任职者李峤、邓玄挺、王绍宗、韦方直、阎朝隐等人皆善诗文；中宗、睿宗时期，秘书少监岑羲、刘子玄、韦承庆、卢元福等人或出身名门，有文史之才，或以诗词著称于世，皆为才识高远之士，与同时期秘书监任命的混乱情况，形成了鲜明的对比。

任职条件的严格源于秘书少监职掌的宽泛，《唐六典》载秘书少监"掌贰秘书监之职"①，但对少监具体的职务行为并没有明确表述，笔者以高宗时期一名秘书少监的职责记录为例，说明秘书少监的任职与其职掌之间的关系。《大唐故秘书少监刘府君墓志铭并序》：

> 府君讳应道，字玄寿，广平易阳人，……上元三年，迁秘书少监，又奉敕兼知国史事。府君兄之子给事中景先，姊之子左史李仁宝，俱荷朝恩，与府君同预修史。……寻又奉敕掌御集。朝廷以府君文章高绝，仪凤中降敕与中书令薛令君及当时文匠数人，制郊庙乐章。……俄又奉敕于门下省检校四部群书，广召四方硕学之士，刊定讹舛而进御焉。府君性勤愿，公家之事无大小，莫不专精竭思，或忘寝与食。每朝谒，常以夜过半便饬装整服，坐待晓漏。……留意丹青及丝竹，并略尽其能。围棋居第二品已上，草隶亦为时人所贵。……暮年逾见优重，遍委以文场书府之任。凡所启奏，必有粹天容，无往而不纳。……调露二年……七月四日奄垂孤放，春秋六十八。②

这篇由刘祎之撰写的唐代秘书少监的墓志铭并序，详细地记录了刘应道任秘书少监期间所履行的职责，其一，撰修国史；其二，参与郊庙乐章的制定；其三，率领众儒典校、整理图籍，并抄写呈进；其四，负责御集的编撰；其五，参与朝政。这些职责的完美履行需要官员既有文才修养，

① （唐）李林甫等：《唐六典》卷十《秘书省》，陈仲夫点校，北京：中华书局1992年版，第296页。
② 吴钢：《全唐文补遗（第三辑）》，西安：三秦出版社1994年版，第21-22页。

如善琴棋书画、诗赋策文，又具备较强的政务处理能力，这样官员才有可能领导和管理秘书省的图籍校勘、抄写、呈进，才有能力承担国史的修撰、乐章的制定、御集的编撰等一系列兼顾学术与庶务的职务工作。

秘书少监由于职掌比秘书监更加稳定，因而实际上在唐代秘书省起到了更加重要的作用。尤其在中晚唐时期，秘书监成为一种迁转途径，秘书监的任职者在任时间越来越短，秘书监也会作为致仕官、闲散官职被授予需要休养的官员，而得授秘书监的官员，多人曾于东都分司，如崔群、刘禹锡等；或消极任官，如白居易。在这样的情况下，秘书省的大部分运作由秘书少监负责，因此可以说唐代秘书少监成为中晚唐时期掌秘书省省务的重要官员。

三、秘书丞

秘书丞，定员一名，官品从五品上，属于唐五品清官序列，紧随"尚书省诸司郎中"之后，位于第二顺位。唐代五品官职的就任是重要的仕进门槛，在五品序列内得授名望清贵的官职，对于日后的仕进大有裨益。

（一）渊源

秘书丞一职产生于汉献帝建安年间，"魏武为魏王，置秘书令及二丞，典尚书奏事，并中书之任也"[1]。魏文帝曹丕黄初中，分秘书而立中书，于秘书监内另外设置秘书丞一职，专掌图籍之事，品秩四百石。晋武帝并秘书于中书，号为中书秘书丞。晋惠帝重新设置为两员，多以才识高远之人充任，嵇绍、庾峻、司马彪、傅畅、石绥、王谧等并为此官。南朝宋改秘书丞墨绶为黄绶，定员额一人；南朝齐因宋，但改黄绶为墨绶；南朝梁尤其重秘书丞一职，增其品为第五，秩为六百石。后魏设置秘书丞一人，正五品上，齐官制因魏，设秘书丞一人。而西魏、北周官制前后相承，"后周春官府有小外史上士之职，盖比秘书丞之任也"[2]。隋时秘书省内设秘书丞一人，正五品。唐代因隋，同样设置正五品上的秘书丞一人，后永徽年间改为从五品上。秘书丞自北朝起，开始掌判省事，逐渐远离秘书省内的图籍职责，至中唐时期，完全成为日常庶务的管理人员。杜佑《通

---

[1] （唐）李林甫等：《唐六典》卷十《秘书省》，陈仲夫点校，北京：中华书局 1992 年版，第 296 页。

[2] （唐）李林甫等：《唐六典》卷十《秘书省》，陈仲夫点校，北京：中华书局 1992 年版，第 297 页。

典·职官八》载秘书丞的职责为："掌府事，勾稽省署抄目。"①

（二）任职

唐高祖至武后时期，唐代对于秘书丞的授官要求比较严格，任职人员在家世、出身、品德、才识等诸多方面都要符合秘书丞这一职掌图书的清官职位的要求，如令狐德棻、殷仲容。令狐德棻出身右族，博贯文史，"尤勤于著述，国家凡有修撰，无不参与"②，被称为唐初史学的开山之人；殷仲容，出身世家，其家族"累叶皆以德行、名义、儒学、翰墨闻于前朝"③。

初唐时期秘书丞参与图书编撰、整理的事宜。如令狐德棻多次参与国史修撰，魏征亦以前秘书丞的身份参与武德五年（622年）《齐书》的编撰，秘书丞李淳风参与《文思博要》的编撰，朝散大夫、检校秘书丞、昭文馆学士胡皓亦参与道教经义《一切道经音义》的辑佚和注释，秘书丞殷承业参与马怀素领导的秘书省图书整理编目工作。但是这样的记载自天宝年间之后，消失殆尽。

进入盛唐之后，秘书丞较少参与图籍事业，但仍然属于从五品上的清官，多由权臣子弟担任：

> 韦坚，字子全，京兆万年人。姊为惠宣太子妃，妹为皇太子妃，中表贵盛，故仕最早。由秘书丞历奉先、长安令，有干名。④
> 王忠嗣，……子震，天宝中秘书丞。⑤

除去魏征在武德初以义军降将的身份得授秘书丞之外，唐秘书丞的任职者多家世显贵。中晚唐时期秘书丞更是高官子弟的任职途径，如王忠嗣之子震、韦见素之子谔、杜佑之子丛郁、于頔之子于方。秘书丞作为从五

---

① （唐）杜佑：《通典》卷二六《职官八·秘书丞》，北京：中华书局1988年版，第734页。
② （后晋）刘昫等：《旧唐书》卷七三《令狐德棻传》，北京：中华书局2000年版，第1755页。
③ （清）董诰等：《全唐文》卷三四四《曹州司法参军秘书省丽正殿二学士殷君墓碣铭》，上海：上海古籍出版社1990年版，第1546-1547页。
④ （宋）宋祁、欧阳修、范镇、吕夏卿：《新唐书》卷一三四《韦坚传》，北京：中华书局2000年版，第3587页。
⑤ （后晋）刘昫等：《旧唐书》卷一〇三《王忠嗣传》，北京：中华书局2000年版，第2168页。

品的清官，职掌秘书省事务，对才识、能力的要求低于与其同品阶的诸司郎中，并官望清显，为高门子弟仕进的好门径，因此多被授予高门子弟，高门子弟多通过此任官，向尚书诸司官职迁转，以获取更好的仕途。

四、秘书郎

秘书郎，从六品上，唐初定员四人，开元末减为三人，为六品清官，相比于其同官阶的起居郎、起居舍人、尚书省诸司员外郎、八寺丞等官职，秘书郎实属于"清而不要"的官职。

（一）渊源

秘书郎正式出现是在汉献帝建安年间，《魏志》言"刘劭，建安末，自秘书郎迁秘书丞"，亦有史料表明与魏国鼎立的蜀国、吴国亦有秘书郎的官职设置。晋代秘书郎亦谓秘书郎中，而至南朝宋时，去"中"字，定员四人，成为众多高门起家之良选。北魏秘书郎，定员四人，正七品上；北齐又改秘书郎为郎中，正七品下，四人。隋朝因之，易名为秘书郎，升为正七品上，大业三年（607 年）又升为从五品。唐制仍然沿袭隋朝，设秘书郎四人，但降官品为从六品上，开元二十八年（740 年）改为三人，职掌"四部之图籍，分库以藏之"①，《通典·职官八》则言其职责为"分掌四部经籍图书，分判校写功程事"②，掌管秘书省图书典藏与抄写考核等。

（二）任职

秘书郎作为从六品的官职，属于吏部铨选的范围。唐代众多选人只要具有相应的出身，如进士、明经、制科、门荫等，任官满一定的年限和资历，并且其任官属于清官序列，便可迁入秘书郎。权德舆《秘书郎厅壁记》载：

> 今年春，荥阳郑君具瞻，自泾阳尉承诏授任，郑君质重而有敏行，坦夷而含明识，且今中书相君之令弟也。方以结绶满岁，调于选部，言吏资者，积三迁而后至。今超居之，有以见择贤审官，与怡怡绰绰之道，为尽美矣。③

① （唐）李林甫等：《唐六典》卷十《秘书省》，陈仲夫点校，北京：中华书局 1992 年版，第 298 页。
② （唐）杜佑：《通典》卷二六《职官八·秘书郎》，北京：中华书局 1988 年版，第 735 页。
③ （清）董诰等：《全唐文》卷四九四《秘书郎厅壁记》，上海：上海古籍出版社 1990 年版，第 2232 页。

　　文中强调郑君家世显赫，经由吏部考资而被授予秘书郎，看重的是其官历和家世，但对其个人文学修养和才华轻描淡写，因此可以说，秘书郎的任命经由吏部的铨选使得其任职条件不易总结，但是任职秘书郎成为由普通文官转入重要文官的途径之一，则确定无疑。孙国栋先生统计：“两《唐书》列传中见十六人，其中载明迁官情形十三人，而迁入台省要官的六人，占百分之四十五。虽然资料仍嫌不足，但与清浊分途的原则吻合，所以认为秘书郎为迁入重要职官的途径之一大致不误。”①中唐时期权德舆谈及唐代秘书郎任职的条件是“彬彬多文学之士”“学与仕皆优”②，秘书郎掌管四部藏书，一方面需要具备文学才能，参与图书的典校与编撰，还需要精通法制训典，且“九流百氏”的知识都能“如贯珠然”融会贯通，才能管理各类藏书；另一方面，秘书郎、著作郎还需要具备一定的政治才能，因“秘著之宦，不独以校勘之用取之，其所责望者，乃丞郎之椎轮，公卿之滥觞也”③。在这样的储才要求下，如何履行岗位职责，是个人的选择，正如权德舆所言：“诸父诸兄，或解巾以司雠校，或功次而奉朝请，含章筮仕，多在于斯，犹桓公武公之代为卿士，盖善于其职而宜之之义也。”④

五、校书郎、正字

　　唐制，秘书省校书郎正九品上，正字正九品下，《唐六典》卷十载：“校书郎、正字掌雠校典籍，刊正文字，皆辨其纰缪，以正四库之图史焉”⑤，《通典·职官八》载：“（正字）掌刊正文字，其官资轻重与校书郎同”⑥。唐人任官并不拘泥于官品的大小，而是更多地注重官职的名望和前途，在这一点上，校书郎与正字前途一致，不分上下，得授校书郎、正字对于唐代士子来说是起家之良选。

---

①　孙国栋：《唐代中央重要文官迁转途径研究》，上海：上海古籍出版社 2009 年版，第 9 页。

②　（清）董诰等：《全唐文》卷四九四《秘书郎厅壁记》，上海：上海古籍出版社 1990 年版，第 2232 页。

③　（清）董诰等：《全唐文》卷六七〇《大官乏人，由不慎选小官也》，上海：上海古籍出版社 1990 年版，第 3026 页。

④　同注②。

⑤　（唐）李林甫等：《唐六典》卷十《秘书省》，陈仲夫点校，北京：中华书局 1992 年版，第 300 页。

⑥　（唐）杜佑：《通典》卷二六《职官八·秘书正字》，北京：中华书局 1988 年版，第 736 页。

（一）渊源

校书郎官职出现之前，处于"有其任而未置其官"的状态。杜佑《通典·职官八》将汉时兰台令史与校书郎官职联系了起来。

> 汉之兰台及后汉东观，皆藏书之室，亦著述之所。多当时文学之士，使雠校于其中，故有校书之职，……盖有校书之任，而未为官也，……①

东汉时期校书郎以他官兼任，以郎官兼，曰校书郎；以郎中兼曰校书郎中，《唐六典》在"校书郎"下叙述清晰：

> 汉御史中丞掌殿中兰台秘书图籍，因置兰台令史典校其书，班固、傅毅初并为兰台令史。王充云："通人官兰台令史。"比校书郎中。东观有校书部，置校书郎中典其事。时，通儒达学亦多以它官领之。自汉、魏历宋、齐、梁、陈，博学之士往往以它官典校秘书。②

从文献中可以看出校书郎任官方式多有不同，但是掌图书的校勘、文字的刊正的职责是没有变化的。秘书省内明确设立校书郎一职是在北魏，《魏书·官氏志》载："秘书校书郎，太和前制，从第六品上；太和后制，正第九品上"③。隋文帝置校书郎十二人（不包括著作局两人），隋炀帝省二人，大业十一年（615 年）又增置为四十人。唐代减员，置校书郎十人（秘书省八人，著作局④两人），掌校雠典籍。

《通典·职官八》载："今之正字，盖令、监之遗职，校书之通制。"⑤

---

① （唐）杜佑：《通典》卷二六《职官八·秘书校书郎》，北京：中华书局 1988 年版，第 735 页。

② （唐）李林甫等：《唐六典》卷十《秘书省》，陈仲夫点校，北京：中华书局 1992 年版，第 298 页。

③ （北齐）魏收：《魏书》卷一一三《官氏志》，北京：中华书局 2000 年版，第 1989 页。

④ 关于著作局的校书郎，《通典》与《唐六典》有相同的记载，起源于北魏时期，《通典》载："后魏著作省置校书郎，北齐著作亦置校书郎二人，隋亦同，掌雠校书籍，若本局无书，兼校本省典籍。"

⑤ （唐）杜佑：《通典》卷二六《职官八·秘书正字》，北京：中华书局 1988 年版，第 736 页。

正字一职明确出现在北齐时期，"北齐秘书省始置正字四人，从第九品上。"① 唐代则升正字为正九品下。唐代秘书省、著作局内校书郎、正字员额几经改易（表 2-1），每一次改变均与当时的文化、政治、经济等因素密切关联。

表 2-1　　　**唐代秘书省、著作局校书郎、正字的员额变化表**

	秘书省校书郎（人）		秘书省正字（人）		著作局校书郎（人）		著作局正字（人）	
武德至开元年间	8	10②	4	2③	2	2	2	2
开元二十六年（738 年）	4	6	3	1	1④	2	2	2
天宝十三载（754 年）	8	10	4	2	1	2	2	1
贞元六年（790 年）	4	6	2	0	1	2	2	1⑤
元和二年（807 年）	8	10	4	2	1	2	2	2
资料来源	《唐会要》	《新唐书》	《唐六典》	《唐会要》	《唐六典》	《唐会要》	《唐六典》	《通典》

（二）任职

唐人多看重校书郎、正字的任职，"时辈皆以校书、正字为荣"⑥，杜佑《通典·职官八》称其"为文士起家之良选"⑦，在诸多设置校书郎、

---

① （唐）李林甫等：《唐六典》卷十《秘书省》，陈仲夫点校，北京：中华书局 1992 年版，第 298 页。
② 《新唐书·百官志》载："校书郎十人，正九品上。"
③ 《唐会要》卷六五《秘书省》载："正字本二员，开元二十六年减一员，天宝十三载正月十三日却置。贞元八年六月十三日割校书四员、正字二员属集贤院。"
④ 《唐六典》载："（著作局）校书郎两人，正九品上，……开元二十六年减置一人。"
⑤ 《通典·职官八》载："隋著作曹置正字二人，今减一人，掌同校书。"文内所认为的"今"，指代不明，如果说唐朝建立之初即减著作局正字一员，《唐六典》就不会记载著作局正字两员，因此"今"当为杜佑撰写《通典》一书时的贞元年间前后，最晚不会超过《通典》的呈上时间贞元十七年（801 年）。
⑥ （清）董诰等：《全唐文》卷二三三《兵部尚书代国公赠少保郭公行状》，上海：上海古籍出版社 1990 年版，第 1039 页。
⑦ （唐）杜佑：《通典》卷二六《职官八·秘书校书郎》，北京：中华书局 1988 年版，第 736 页。

正字人员的机构中，秘书省的校书郎、正字是最为抢手的，"校书之官，皆为美职，而秘书省为最"①。

唐人以释褐就任校书郎、正字为荣，符载在《送袁校书归秘书省·序》中说："国朝以进士擢第为入官者千仞之梯，以兰台校书为黄绶者九品之英。……不十数岁，公卿之府，缓步而登之。"② 孙国栋先生认为释褐就任校书郎、正字的益处在于可很快入职京官，"惟由校书郎（正字）入仕的，有成绩多出为畿尉，复入即拾遗或监察御史"③。因此唐人封演将进士、制策出身，后起家校书郎、正字，迁畿尉、赤尉，入监察御史、殿中侍御史等一系列的迁官佳境列出，言："仕宦自进士而历清贯，有八隽者……言此八者尤加隽捷，直登宰相，不要历缩余官也。朋僚迁拜，或以此更相讥弄。"④

唐人任官讲究"清浊分途"，并看重官员的出身，以进士、制科等出身为尊，而轻流外、视品等出身。因此唐神功元年（697 年）规定从流外、视品官出身的官员，不能就任校书郎、正字、主簿、长史等流内官："……校书，正字，……等，出身入仕，既有殊途，望秩常班，须从甄异。其有从流外及视品官出身者，不得任前官。"⑤ 大和（一作太和）四年（830 年）十一月，左庶子孙革奏："当司有司经局校书、正字，品秩至卑，而文学之人，竞趋求者，盖以必取其人，无有杂尘故也。"⑥ 所谓的杂尘者即流外出身者，为保持职位的清流地位，唐人不将流内官职授予流外出身者，亦阻止流内官员出任流外官职，这样保障了清浊分流、任官秩序。

唐代校书郎、正字人员职掌清闲，名望优越，进士科中"志行贞退艺学精通者"⑦ 才得注拟校书郎、正字，因此得中进士后出任校书郎、正字是优中选优的再次认可。若某科进士得授校书郎者多，亦称为当时主贡举者得人的象征，颜真卿《刑部侍郎赠右仆射孙文公集序》中记载，开元二十三年（735 年）孙逖为考功员外郎时一榜进士中多有才俊，"精核进士，

① （唐）杜佑：《通典》卷二六《职官八·秘书校书郎》，北京：中华书局 1988 年版，第 736 页。
② （清）董诰等：《全唐文》卷六九〇《送袁校书归秘书省·序》，上海：上海古籍出版社 1990 年版，第 3132 页。
③ 孙国栋：《从〈梦游录〉看唐代文人迁官的最优途径》，载孙国栋著《唐宋史论丛》，上海：上海古籍出版社 2010 年版，第 77 页。
④ （唐）封演：《封氏闻见记校注》卷三《制科》，赵贞信校注，北京：中华书局 2005 年版，第 18-19 页。
⑤ （宋）王溥：《唐会要》卷七五《选限》，北京：中华书局 1955 年版，第 1359 页。
⑥ （宋）王溥：《唐会要》卷六七《左春坊》，北京：中华书局 1955 年版，第 1169 页。
⑦ （宋）王溥：《唐会要》卷六五《秘书省》，北京：中华书局 1955 年版，第 1125 页。

虽权要不能逼，所奖擢者二十七人，数年间宏词判等，入甲第者一十六人，授校书郎九人，其余咸著名当世，已而多至显官"①。

六、著作郎、著作佐郎

唐著作郎领秘书省所属的著作局，与著作佐郎分判局事，员额两人，官阶从五品上；著作佐郎四人，从六品上。在同一官阶中著作郎、著作佐郎的官职并不显要，却胜在官望清贵，唐人甚至有"仕宦不为著作，无以成门户"②的说法。

（一）渊源

著作郎出现于三国魏明帝太和年间（227—232年），《初学记》卷十二"著作郎"条云："著作郎，魏置，常贰著作，佐郎修国史，初俱隶中书，谓之中书著作佐郎。"③曹魏时期著作郎官与秘书监同样隶属于中书。西晋时期秘书寺独立建署，"晋惠帝元康二年，诏曰：'著作旧属中书，而秘书既别典文籍，宜改中书著作为秘书著作。'后又别自名省，曰著作省。而犹隶秘书"④。自此著作省隶属于秘书监之下，南朝宋、齐、梁、陈前后因之。北魏"于秘书置著作局，设正郎二人，佐郎四人"；北齐秘书省内亦同样设有著作省，设著作郎两人、著作佐郎八人；后周时期置著作上士两人，职同著作郎，秘书官员与著作官员同属于春官府；隋朝建立秘书省，于省内设立著作曹；唐代因之，改曹为局，著作局同样归于秘书省属下。自唐贞观年间，著作郎去除修史的职责，掌修撰碑志、祝文、祭文，虽然在职责上有所消减，但是同样要求著作郎具有文史之才。

（二）任职

著作郎职掌国史，充任者多有名臣，"魏则王沈以侍中兼之，卫凯以尚书带之。至于有晋，若史材之美，陈寿自佐郎迁；元舅之尊，庾亮以中书领。宋则徐爰、何承天，齐则沈约、裴子野，梁则陆云、公姚察，陈则

① （宋）李昉等：《文苑英华》卷七〇五《刑部侍郎赠右仆射孙文公集序》，北京：中华书局1966年版，第3620页。
② （宋）宋祁、欧阳修、范镇、吕夏卿：《新唐书》卷二二三《许敬宗传》，北京：中华书局2000年版，第4801页。
③ （唐）徐坚等：《初学记》卷十二《职官部下》，北京：中华书局1962年版，第299页。
④ （唐）李林甫等：《唐六典》卷十《秘书省》，陈仲夫点校，北京：中华书局1992年版，第301页。

顾野王、张正见，后魏则崔光、高允，北齐则邢子才、魏收，周则苏亮、柳虬，隋则虞绰、王劭，皆一朝名选也"①。《太平御览》卷二三四引陶氏《职官要录》载："著作郎，视通直郎，史才富博者为之。"②唐代著作郎官虽罢史职，但始终是一个具有文史著述之才的群体，如《授吴兢著作郎制》言吴兢"贯穿典籍，蕴良史之才，擅巨儒之义……宜著书于麟阁"③，《旧唐书·经籍志》《新唐书·艺文志》对曾任著作郎者多有记载，如虞世南、萧德言、邓世隆、敬播、姚思廉、许敬宗、刘炜之、崔融等人，秘书省与著作郎之间互相成就，使"纳文东观"成为创作佳话。

第二节　秘书省官员管理

一、官员的任命

"官为国之本，治国图治首在吏"，官员的任命与免职，是国家政治机制的重要组成部分。唐代官员选任严格遵循官员任命制度，形成了以尚书省吏部为中心的官员任免程序。

（一）唐代官员的任命

唐代官员的任命程序可以简化为三个步骤：首先通过各种途径获得出身，然后按时去吏部参加铨选，最后获取官职。

第一，出身。获得出身，即获得参加吏部官员铨选的资格。在唐代获取出身的途径有多种，主要包括科举、门荫、举荐、入流、伎术等，其中科举至中唐时期科目逐渐稳定，体制逐渐完善，成为中晚唐时期官吏获得出身的重要途径。

第二，铨选。唐代文官选拔，由中书门下、吏部分别负责，每年五月即开始一年的铨选工作，"先时五月，颁格于郡县示人，科限而集之"④。

---

① （清）董诰等：《全唐文》卷三一六《著作郎厅壁记》，上海：上海古籍出版社 1990 年版，第 1732 页。

② （宋）李昉等：《太平御览》卷二三四《职官部三十二》，北京：中华书局 1960 年版，第 1110 页。

③ （清）董诰等：《全唐文》卷二五一《授吴兢著作郎制》，上海：上海古籍出版社 1990 年版，第 1123 页。

④ （宋）王钦若等：《册府元龟》卷六二九《铨选部·条例一》，北京：中华书局 1960 年版，第 7545 页。

所谓"格",即张示铨选的时限而发出的召集令,之后每个郡县应选之人或者其他推荐之人,到本地州县或者上任官所领取解状,然后赴京城吏部参加铨选。至京城后,首先到吏部选院,即南曹上交解状、资历、簿历、考课等文件,接受资格审查,通过吏部选院的资格审查后,才能正式进入三铨的程序。其铨选的标准包括"四事""三类""其优者擢而升之,否则量以退焉"①,根据成绩进入注拟官职的环节。

第三,注拟。"凡注官皆对面唱示。若官、资未相当及以为非便者,听至三注。"② 如果选人三注之后,仍然不满意③,则需要等候冬集,而那些同意拟官的选人,则由吏部铨注,之后吏部需要将其名及注官列单以呈进门下省进行"过官",《唐六典》载:"凡三铨注拟讫,皆当铨团甲以过左、右丞相。"④ 门下省审核通过,则造册进呈皇帝,由皇帝下旨进行任命,尚书省吏部依旨进行"告身"的书写,并盖上"尚书吏部告身之印",发给选人。至此,吏部的一轮铨选结束,官吏的任命完毕。

(二)秘书省官员的任命

唐制:

> 五品以上皆制授,六品以下守五品以上及视五品以上皆敕授,凡制敕授及册拜皆宰司拟进。自六品以下皆旨授,其视品及流外官皆判补之,凡旨授官,悉由于尚书:文官属吏部,武官属兵部。⑤

---

① (唐)李林甫等:《唐六典》卷二《吏部尚书》,陈仲夫点校,北京:中华书局1992年版,第27页。

② (唐)李林甫等:《唐六典》卷二《吏部尚书》,陈仲夫点校,北京:中华书局1992年版,第28页。

③ 唐人赵自勤《定命录》载:"员外郎樊系……自校书郎调选。吏部侍郎达奚珣深器之,一注金城县尉。系不受,达奚公云:'校书得金城县尉不作,更作何官?'系曰:'不敢嫌畿尉,但此官不是系官。'经月余,本铨更无阙与换,亦令入甲,系又不伏。其时崔异于东铨注泾阳尉,缘是优缺,不授。异,尚书崔翘之子,遂自求换一缺,适遇系此官不定,当日榜引,达奚谓云:'不做金城那,与公改注了。'公自云合得何官耶?系云:'梦官合带阳字。'达奚叹云:'是命也。'因令唱示,乃泾阳县令。"该文反映了两种吏部铨注官员的事例,其一即樊系对吏部官员拟注官职并不满意,导致其授官出现问题,而吏部官员虽愿意将樊系注官编入甲,但因樊系反对再次作罢,而后樊系阴差阳错得到自己满意的官职;其二就是反映了东铨所铨注的官可以因吏部尚书的反对而作罢,崔翘因父子关系反对授予其子优缺,因此负责东铨的吏部侍郎就必须重新拟定官职,与樊系所授官正好相换,两相满意。

④ 同注②。

⑤ (唐)杜佑:《通典》卷十五《选举三》,北京:中华书局1988年版,第359页。

秘书省官员任命有两种方式：一是专门任命秘书监、秘书少监、秘书丞等五品以上官员的制授、敕授，二是六品（含）以下官员的吏部铨选注拟之后的旨授。

1. 五品以上任官程序

从品秩来看，秘书监、秘书少监、秘书丞、著作郎均属于五品以上官职，唐制："其五品以上及清望官，吏部不注，送名中书门下者，各量资次临时敕除。"①

秘书监、秘书少监为四品以上高级文官，品秩崇要，其任命以临时任命为主，"文武官三品已上，缘品秩已崇，不可限以此例，须有进改，并临时奏听进止"②。《旧唐书》本纪中多见秘书监、秘书少监的任命，说明皇帝在秘书省长官的任命中起到了重要的作用。著作郎职掌秘书省著作局，官阶从五品上，虽属闲司，却因"以其能综群言，且居百乘，出典下国，转为郎官，经纬斯文，昭宣有政，或上迁秘书少监，或擢拜中书舍人"③，因此，唐代官员十分看重著作郎一职的任命。《全唐文》卷一七三有文《著作郎杨安期学艺浅钝，文词疏野，凡修书不堪行用，御史弹才不称，职官失其人，掌选侍郎崔彦既亏清鉴，并请贬退》④，此文言辞犀利，语气激愤，对于才疏学浅的杨安期能够就任秘书省著作郎一职表现出强烈的愤慨。唐代著作郎的任命方式或是以科举授官，或是由他官贬迁，或是由朝廷征辟，或是由高官举荐，或是由帝王敕增，在这几种方式中，由科举、举荐而获任著作郎者须经由吏部铨选，其他方式则可以绕过吏部的铨选，因此著作郎的任命呈现出一种不确定性。

2. 六品（含）以下任官程序

从品秩来看，秘书郎、著作佐郎官阶从六品上，秘书省校书郎正九品上，正字正九品下，均属于唐代低级官吏。唐制，五品以下官吏的任命由吏部进行铨选。因此，秘书省此四种官职必须经过吏部的铨选，然后注拟任官（图 2-1）。

① （唐）封演：《封氏闻见记校注》卷三《铨曹》，赵贞信校注，北京：中华书局 2005 年版，第 23 页。

② （宋）王溥：《唐会要》卷八一《考上》，北京：中华书局 1955 年版，第 1506 页。

③ （清）董诰等：《全唐文》卷三一六《著作郎厅壁记》，上海：上海古籍出版社 1990 年版，第 1732 页。

④ （清）董诰等：《全唐文》卷一七三《著作郎杨安期学艺浅钝，文词疏野，凡修书不堪行用，御史弹才不称，职官失其人，掌选侍郎崔彦既亏清鉴，并请贬退》，上海：上海古籍出版社 1990 年版，第 777 页。

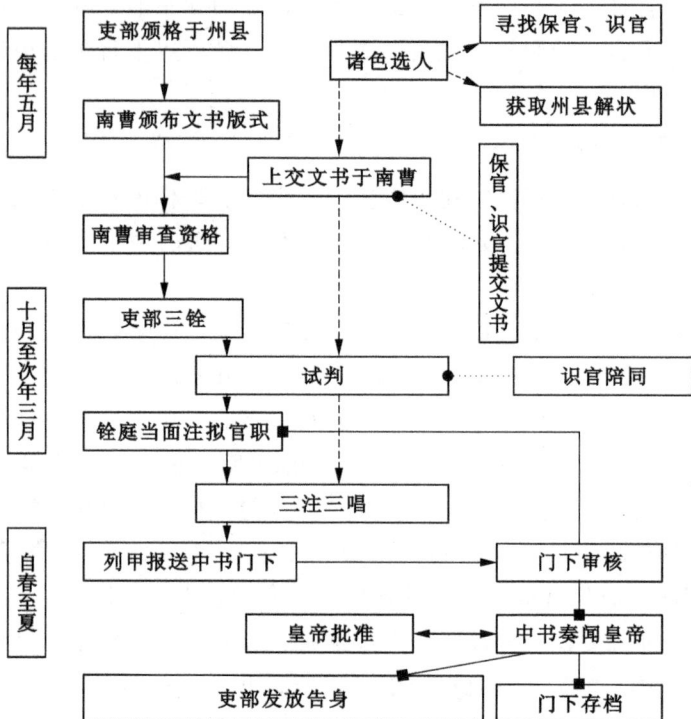

图 2-1   秘书省六品（含）以下官任职流程图

秘书郎、著作佐郎、校书郎、正字四种官职在授官时都具有自己的特色。

秘书郎，秘书省员额四人，从六品上，属于清官序列。唐代的五品职事官是诸官上进的一条明显的分水岭，凡其他官序升任五品官员者，首先须经吏部进行铨选注拟，接着上交中书门下进行审核，然后呈皇帝进行批准，最后下制任命。因此，唐代对于五品官员的就任资格的审查非常严格，如果就任五品清官，就必须先就任六品清官，且必须满一定的年限。六品秘书郎的就职是官历上升的前奏，其注拟就相当重要了。

著作佐郎，官阶从六品上，员额四人，非才识卓越者不能担当此职，因此《旧唐书》内多记载唐人以文采擢授此官①。

秘书省校书郎、正字，并称校正。在唐代的官宦系统中，校书郎、正

---

① 《旧唐书·刘孝孙传》："贞观六年，迁著作佐郎。尝采历代文集，为王撰《古今类序诗苑》四十卷。"

《旧唐书·邓世隆传》："贞观初，擢授著作佐郎，……撰《东都记》三十卷。"

《旧唐书·郝处俊传》："贞观中，本州进士举，吏部尚书高士廉甚奇之，解褐授著作佐郎。"

《旧唐书·崔融传》："……自魏州司功参军擢授著作佐郎。"

字虽官阶低，但作用巨大，其原因在于校书郎、正字虽为九品官阶中一员，但其任官意义远大于本身。孙国栋先生亦强调校书郎在整个唐代迁官途径中的基础作用：

> 校书郎虽是九品官，但它是唐代由贡举出身甚优的位置，非贡举高第，或书判高绝，或志行艳洁的不轻授，当时的人以得校书郎为荣，如由校书郎再应制科考试，亦可直擢拾遗或监察御史，否则多出任畿县尉，或由诸使辟为从事，再经推荐为拾遗或监察御史。①

可见，唐代校书郎、正字属于官员"养望"的职位，朝廷有意让才卓识高的士子出任此类职务，并严格限制其他出身的选人获得校书郎、正字职位。赖瑞和先生总结认为：

> 从官制演变的角度看，校书即作为高资历子弟释褐之职位，实源于魏晋南北朝士族子弟"门地二品"之遗绪。魏晋南北朝秘书郎、著作佐郎之职，即为"贵游年少"起家之职，……唐代校书郎和正字的道理正与魏晋南北朝相同，只是唐代释褐之职降至第九品，制度较前朝合理完善……②

二、官员的考课

（一）唐代考课制度

在政治体系中，考课是官僚管理必不可少的一项内容，而中国古代的考课最早可以追溯到上古时代，唐人杜佑《通典·选举》记载："周制，三载考绩，三考黜陟。"③ 官吏制度经历了漫长的发展，至隋唐时期开始了"大小之官，悉由吏部，纤介之迹，皆属考功"④ 的官员任命和考核制度。

唐代考课的对象为各级官吏，包括京官与地方官、文官与武官、流内

---

① 孙国栋：《唐代中央重要文官迁转途径研究》，上海：上海古籍出版社 2009 年版，第 7 页。
② 赖瑞和：《唐代基层文官》，北京：中华书局 2008 年版，第 63-64 页。
③ （唐）杜佑：《通典》卷十五《选举三》，北京：中华书局 1988 年版，第 366 页。
④ （唐）魏征等：《隋书》卷七五《刘炫传》，北京：中华书局 2000 年版，第 1158 页。

官与流外官。唐代《考课令》规定，亲王、三品以上京官、中书门下、外官五大都督的考课，不经由吏部的考功司，必须奏请皇帝裁决，是为"内考"；所有官阶正四品以下的官僚，由台、省、寺、监等诸多官司长官负责考核，然后上报吏部考功司进行复审，称为"外考"，年度考课由吏部考功司来负责，按《唐六典》，吏部考功司"掌内外文武官吏之考课"①。

　　唐代的考课年限分为岁考和大考，岁考为一年，由本司进行，所在衙司长官当面对众评议其当年的功、过、行、能，按员额定等后报与吏部，因此称为岁考；大考则与官位的升降紧密相关，其年限为四年（大多是未满四年），综合官员历次岁考情况，给定任官考绩。唐代考核注重德行、器识、经术与文艺才能的兼美，文官考第标准为"四善"与"二十七最"。"四善"考核的是官员的道德修养，"二十七最"是依照不同官职的不同职掌提出的要求。两种标准结合起来，给出上上、上中、上下、中上、中中、中下、下上、下中、下下九个等级的评定。

　　京内诸司的首轮评定必须在每年的九月三十日之前完成，于十月一日报送入省。诸司将初步考核结果报送尚书省吏部之后，由考功司进行复审，复审的工作一般会持续三个月之久，复审的结果即形成"单名"。次年一月三十日之前，考功司将"单名"送予监考官、校考官进行核定。《旧唐书·职官志》载："每年别敕定京官位望高者二人，其中一人校京官考，一人校外官考。又定给事中、中书舍人各一人，其中一人监京官考，一人监外官考。"② 监考官、校考官审核确定"单名"，形成"挟名"，经过皇帝批示后，公布考绩，吏部发放考牒，作为将来任官考满之后改授他官时的政绩考量。

　　（二）秘书省官员的考课

　　唐代秘书省官员同其他京内诸司官员一样，在参与官员考课方面按照唐代《考课令》的规定，参与官员的例行考核。

　　每年九月前，秘书省按例进行官员的考核，秘书省内四品以下官，包括秘书少监、秘书丞、秘书郎、著作郎、著作佐郎、校书郎、正字在内的所有流内官员，开始对一年之内的功、过、行、能等内容进行自我总结，

---

① （唐）李林甫等：《唐六典》卷二《考功郎中》，陈仲夫点校，北京：中华书局1992年版，第41-43页。
② （后晋）刘昫等：《旧唐书》卷四三，北京：中华书局2000年版，第1244页。

提交秘书监进行年度汇报。之后秘书监①会当众对个人的年度工作总结进行宣读审定，众人议定每个官员的九等考绩，按照"四善""二十七最"的考第标准，确定每个人该年度的考核等级。在唐代按照官员职责分别限定的"二十七最"的考课标准中，与秘书省相关的标准分别为："六曰决断不滞，与夺合理，为判事之最""十曰雠校精审，明于刊定，为校正之最""十五曰详录典正，词理兼举，为文史之最""二十一曰谨于盖藏，名誉出纳，为仓库之最"。秘书少监作为秘书省的副长官，协助秘书监掌邦国经籍图书之事，因此多以"判事"之官的标准来要求；秘书丞、秘书郎作为掌判秘书省日常庶务的官员，其职责的评价当遵从"判事之最"的评价标准；著作郎、著作佐郎一方面掌修撰碑志、祝文、祭文，另一方面分判局事，考察的时候要兼顾文史与判事两种职官特点；校书郎、正字作为校雠图籍、刊正文字的职位，其评判标准按照"校正之最"来对照。

对于秘书省诸官如何总结年度功与过，秘书省资料鲜有记载，但是与秘书省性质相同的集贤院，却存在关于书院官员考课过程的资料，"凡承旨撰集文章，校理经籍，月终则进课于内，岁终则考最于外"②。由此推断，秘书省官员的考核应该也是以月为汇报单位，岁末由上司进行当众考订后，报送尚书省吏部考功司，之后形成"单名""挟名"，经过皇帝批示后，形成考牒，然后将经过吏部认可的考牒分派给各司，至此一年一度的唐代秘书省考课工作结束（流程见图2-2）。

史料中关于秘书省官员的考课情况很少流传于今，只在《新唐书》卷一九五"孝友传"中有少许涉及：

> （任希古）迁秘书郎。监虞世南器其人，岁终，书上考，固辞。③

秘书监虞世南器重秘书郎任希古，于秘书省本司内进行当众评定之时，将其考为上第，这就意味着对任希古工作的高度认可。有史料表明贞观年间考课严厉，"每年选天下政术尤最者一二人为上上，其次为上中，

---

①　《唐令拾遗》长春出版社1989年版第240页《考课令》载："诸内外文武官九品已上，定九等考第。每年当司长官考其属官应考者，皆具录一年功过行能，对众读，议其优劣。无长官，次官考。"

②　（唐）李林甫等：《唐六典》卷九《集贤殿书院》，陈仲夫点校，北京：中华书局1992年版，第281页。

③　（宋）宋祁、欧阳修、范镇、吕夏卿：《新唐书》卷一九五《孝友传》，北京：中华书局2000年版，第4290页。

皇帝

二月三十日

批示同意

挟名（最终版）

挟名

监考官　　　监考　　　单名　　　校考　　　校考官

门下省给事中　中书省中书舍人　次年一月三十日

注定

刑部尚书、侍郎　吏部尚书、侍郎　御史台御史大夫

考功司考功郎中

十月一日前

对读　秘书监　发放考牒

九月三十日

秘书省四品以下官员

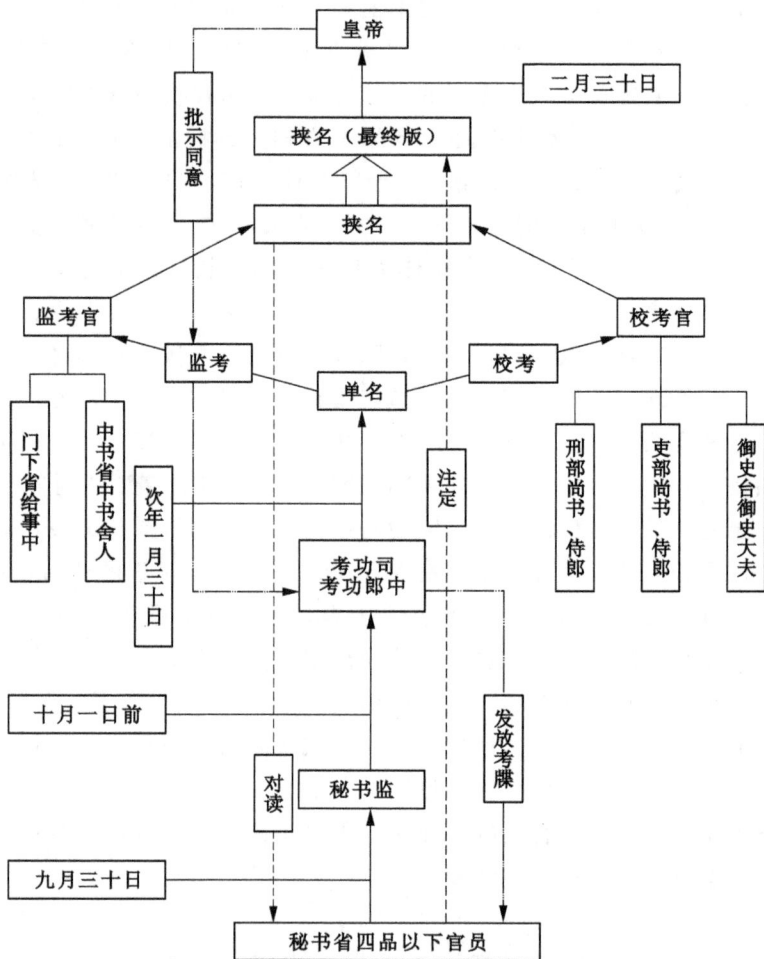

图 2-2　秘书省四品以下官员考课流程图

其次为上下，次为中上，则中人以上，可以自劝"①。贞观年间获得考课等第中的上考，实为艰难，任希古能得到虞世南的高度认可，足以说明其才华卓越。秘书省官员的考课成绩与官职的升降、禄米的给定等存在联系：

> 凡入仕之后，迁代则以四考为限，四考中中，进年劳一阶；每一考上中，进一阶；一考上上，进二阶。②

---

① （宋）王溥：《唐会要》卷八一《考上》，北京：中华书局 1955 年版，第 1500 页。
② （宋）王溥：《唐会要》卷八一《考上》，北京：中华书局 1955 年版，第 1501 页。

诸食禄之官，考在中上已上，每进一等，加禄一季；中上以下，每退一等，夺禄一季。①

三、官员的俸禄

唐代官员的俸禄发放有一套完备却又复杂的体系，以开元年间为界，前期继承了隋朝的众多规章制度，包括官员的俸禄体制，而中晚唐时期则形成了自己的鲜明特色。

（一）唐代官员的俸禄

唐代官员的俸禄大约有四种形式：禄、俸、职田与禄力诸项，其中禄是以年或者以季度为单位，以粟米的形式发放；俸是以钱币的形式按月发放；职田是按照官员品级给予一定的田地作为官员报酬；禄力诸项是按照品级配备一定的力役。这四种形式构成了唐代官员的主要俸禄，隋末唐初人王梵志有诗《仕人作官职》云："仕人作官职，人中第一好。行即食天厨，坐时请月料。得禄四季领，家口寻常饱。职田佃人送，牛马足料草。"②

第一，禄。《新唐书·食货志》载："武德元年，文武官给禄，颇减隋制，……皆以岁给之，外官则否。"③ 之后唐代的禄制经历了数次改革，如贞观二年（628年）之后，外官逐渐给禄，并改变了年给制，改为"春夏二季春给，秋冬二季秋给"④。这样的制度一直持续到玄宗朝前期，并且给禄多按照本品（散品），而非职事官品定额，原则上以"石"为单位，以米为计额，因此禄又可以称为"禄米"。"安史之乱"后，唐代官员的禄米保障出现了些许问题，但是两税法的实施重新使禄米的发放得到了保障，中晚唐时期官员禄米除去在数量上随着物价的增长有所增加之外，其发放依据和方式并没有太多的变化。

第二，俸料钱与禄力诸项。俸料钱大体上包括月俸钱、食料、杂用三个部分，其中月俸钱用于购买粮食之外的生活必需品，食料用于工作餐和个人生活，杂用则用于自备工作所需的物品。禄力诸项是指官给力役一

---

① （唐）李林甫等：《唐六典》卷二《考功郎中》，陈仲夫点校，北京：中华书局1992年版，第44页。

② （唐）王梵志：《王梵志诗校注》卷五，项楚校注，上海：上海古籍出版社1991年版，第662页。

③ （宋）宋祁、欧阳修、范镇、吕夏卿：《新唐书》卷五五《食货五》，北京：中华书局2000年版，第915页。

④ （唐）杜佑：《通典》卷三五《禄秩》，北京：中华书局1988年版，第962页。

项，包括防阁、庶仆等力役，掌官员护卫、服务之职。唐代的文武官员按照品级高低，分配员额不等的防阁、庶仆。《通典》卷三五载："防阁、庶仆，旧制季分。月俸、食料、杂用，即有分诸官，应月给。"① 玄宗开元年间，京官的俸料与禄力杂项并为一体，以月俸为名按月发放。

第三，职田。唐代俸禄制度中变化最少的莫过于职田，其支给方式、标准、经营方式大体相同。唐代官员俸禄中的职田采用租佃经营方式，且其租佃额曾有一定的规定，只是随着俸料钱在官员俸禄中所占的比例逐渐增加，职田收入在中晚唐时期，已逐渐趋于无足轻重的地位。

（二）秘书省官员的俸禄

1. 秘书省官员俸禄数额

唐代官员的整体俸禄，在武德贞观年间多是依据散官品发放，即同一职位因其担任的人员不同，身负的散官等级不同，俸禄数额会产生很大的差别。可以说在唐初，官员的俸禄与其所担任的官职没有必然的联系。这种状况至唐高宗乾封元年（666 年）开始改变，官员的俸禄开始依照其职事官品发放，尤其是京官系列，各个官品的俸禄是相似的；这样的发俸原则至大历十二年（777 年）又开始改变，官员的俸禄开始与其担任的官职的闲剧程度密切相关，任同一品阶官职的官员因闲剧程度的差别，其俸禄可以相差很多。这样的情况就给秘书省官员俸禄的统计造成了很大的困难，笔者参考众多学者关于唐代俸禄的总结，将秘书省官员的俸禄分为三个时期来进行对比，见表 2-2。

表 2-2　　　　　　　　　　　唐代秘书省官员俸禄表

	官名	秘书监	秘书少监	秘书丞	秘书郎	著作郎	著作佐郎	校书郎	正字
	品阶	从三品	从四品	从五品	从六品	从五品	从六品	正九品	正九品
初唐	禄（石）	360	260	160	90	160	90	57	57
	俸（钱）	7100	5800	4200	4100	4200	4100	1500	1500
	田（亩）	900	700	600	400	600	400	200	200
	役（人）	48	32	24	12	24	12	2	2

---

① （唐）杜佑：《通典》卷三五《职官十七·禄秩·大唐禄秩》，北京：中华书局 1988 年版，第 966 页。

续表

官名		秘书监	秘书少监	秘书丞	秘书郎	著作郎	著作佐郎	校书郎	正字
品阶		从三品	从四品	从五品	从六品	从五品	从六品	正九品	正九品
中唐	禄（石）	360	260	160	90	160	90	57	57
	俸①（钱）	60000	45000	25000	18000	25000	18000	7900②	7900
	田（亩）	900	700	600	400	600	400	200	200
会昌年间	俸（钱）	70000③	65000	40000	25000	40000	25000	16000	16000

注：晚唐时期，官员的禄米、职田没有发生明显的变化，故默认其在整个唐代处于稳定状态。

　　以表 2-2 中初唐的俸钱数据与会昌年间（841—846 年）的俸钱数据进行对比，就可以看出，唐代秘书省官员的俸禄在近两百年的时间内，平均增长了将近 9 倍。然后将中唐的数据考虑在内，可以发现 7 世纪中叶至 8 世纪中叶，这段时间内秘书省官员俸禄的增长速度远远高于 8 世纪中叶至 9 世纪中叶的增长速度，这与当时的社会发展紧密相关，也与中唐以后，秘书省为唐代杰出士子起家之良选有着紧密联系。这样一个单纯的文化图书机构，却在中唐的官吏迁转途径上扮演了一个重要的起点角色，因此在中唐时期的朝局中，秘书省除却其原有的职责性质外，还被赋予了独特的政治色彩。另外，唐代推行"清浊分途"，《旧唐书》卷四二载："职事官

① 关于中唐时期俸钱的记载散见于《通典》《唐会要》《新唐书》等书，但记载混乱，表 2-2 中所采用的中唐时期秘书省的俸料钱数据来源于阎守诚先生《唐代官吏的俸料钱》一文中唐代各个时期的整理数据，采用的是大历十二年（777 年）的数据。但是根据《唐会要》卷九一"内外官料钱上"，"大历十二年四月二十日，度支奏：加给京百司文武官及京兆府县官每月料钱等：……秘书监，各四十五贯钱；诸司少府少监，各三十五贯钱；秘书，各二十五贯文；著作郎，各二十贯文；秘书著作佐郎，各十贯文；诸校正，各六贯文……"综合这样的加钱数量，阎先生所统计的大历十二年（777 年）的数据就出现了一个明显的偏差，笔者才疏学浅，暂且服从阎先生的统计数据，只是提出问题存疑。

② 根据校注的说法，关于大历十二年（777 年）唐代官吏的加薪数额，其他官员的俸钱在数量上尚可计算，独秘书省校书郎、正字在大历十二年（777 年）的俸钱为 1900 文。从常理上推断，不可能经历了大历十二年（777 年）6000 文的加薪，校正的俸钱仍为 1900 文，这样的数字不符合常理。所以作者斗胆加上 6000 文的额度，虽然鲁莽，但也是权宜之计。

③ 按《唐会要》卷九一"内外官料钱上"载：贞元四年（788 年），秘书监，八十贯文俸钱；会昌年间反而少了十贯，其他秘书省官员的俸钱多与贞元四年（788 年）持平。

资，则清浊区分。"① 在整个唐代官吏序列中，秘书监、秘书少监属于清望官，秘书丞、秘书郎、著作郎、著作佐郎处于清官系列，亦是诸多官员倾向于就任的官职之一，虽然高于同品阶的国子监、太常寺等诸司、王府佐官、参军、判司，但远远低于御史台、中书省、尚书省、殿中等显要部门的官职，而且秘书省官员的闲剧程度在整个唐代官序中处于中等偏下的位置，因此，秘书省的俸禄水平在整个唐代的官员俸禄体系中与其地位相符合，也处于一种中等偏下的位置。

2. 秘书省机构收入

秘书省作为一个机构，尚有其他的收入来源，即公廨田和诸司诸色本钱。唐代公廨田的配给标准为诸司的多少及官品人数，秘书省的公廨田处于中间偏下的位置。《唐六典》卷七"屯田郎中"条载："凡在京诸司有公廨田。皆视其品命，而审其分给。"句下注："工部、光禄寺、太仆寺、秘书省各九顷。……其有管署、局、子府，各备官品、人数均配。"② 公廨田的经营与职田相似，采取租佃方式，其收入分为公用与私用两个部分，《册府元龟》言："京司及州县又各公廨田，课其营种，以供公私之费。"黄惠贤先生主编的《中国俸禄制度史》载："公用部分为诸司、诸州县司官厨、粮料外的杂食用及相关开支，私用部分应即官员俸食外的收入补充。"③ 唐代官员，包括秘书省官员，于正常的俸禄体系外尚有公廨田的额外收益。

诸司诸色本钱，又称公廨本钱，唐代京内"诸司设公廨本钱，以番官贸易取息，计员多少为月料"④。可见唐初公廨本钱的设立是为了解决京司官员的月俸钱问题，其目的非常明确。之后唐代官员的月俸钱来源改变，而公廨本钱亦经历了数次废止，最终在中唐时期，唐代京内各司的公廨本钱形成了自己的特色。公廨本钱的来源依赖朝廷，由指定人员经营纳息，以补官员和机构经济上的不足。

　　　　元和十年正月，御史台奏：秘书省等三十二司，除疏理外，

---

① （后晋）刘昫等：《旧唐书》卷四二《职官志一》，北京：中华书局 2000 年版，第 1232 页。

② （唐）李林甫等：《唐六典》卷七《尚书工部》，陈仲夫点校，北京：中华书局 1992 年版，第 224 页。

③ 黄惠贤、陈锋：《中国俸禄制度史（修订版）》，武汉：武汉大学出版社 2005 年版，第 202 页。

④ （宋）宋祁、欧阳修、范镇、吕夏卿：《新唐书》卷五五《食货五》，北京：中华书局 2000 年版，第 916 页。

见在食利本钱，应见征纳及续举放，所收利钱，准敕并充添当司廨宇什物及令史驱使、官厨料等用，……①

中晚唐时期各司公廨本钱的收益，主要用于满足诸司的诸色杂用和官员福利。如贞元末陈京任秘书少监，改革了官员的本钱余息的分配方案，采取平均分配的方式保障福利公平。

始御府有食本钱，月权其赢以为膳，有余，则学士与校理官分之，学士常受三倍，由公而杀其二。②

3. 秘书省官员收入水平

中唐诗人白居易在任秘书省校书郎期间，曾写诗说明其校书郎的俸禄情况："小才难大用，典校在秘书。……月俸万六千，月给亦有余。"③ 可见在贞元十九年（803 年）白居易任正九品秘书省校书郎时，其月俸是16000 钱，足够其日常生活。唐代于秘书省内任官，虽并非显要，但胜在职掌清闲，俸禄足可养家。但是这种情况在太平时期尚可，如果在非常时期，秘书省职掌图籍等，无关国计民生，其官员的俸禄可能难以满足家累较重的情况。上元年间任秘书少监的宗室李皋为了养家而故意犯错，从而求得外官以养家，"皋为秘书少监。上元中京城饥，斗米值数千。皋乞外官，不允，仍故抵微法，贬温州长史"④。

四、官员的办公时间与宿直

（一）办公时间

唐代官员有固定的办公时间，《唐六典》载："凡内外官，日出视事，午而退"⑤。唐代官员的办公时间只有半天，即除去常参官的例行觐见之外，每天太阳升起时为坐衙时刻，太阳升至中天之时，即可退衙归家，之

---

① （宋）王溥：《唐会要》卷九三《诸司诸色本钱下》，北京：中华书局 1955 年版，第 1682 页。
② （唐）柳宗元：《柳河东全集》卷八，北京：燕山出版社 2009 年版，第 151 页。
③ （唐）白居易：《白居易诗集校注》卷五《常乐里闲居》，谢思炜校注，北京：中华书局 2006 年版，第 447 页。
④ （清）赵翼：《陔余丛考》，栾保群、吕宗力校点，石家庄：河北人民出版社 1990 年版，第 314 页。
⑤ （唐）李林甫等：《唐六典》卷一《尚书都省》，陈仲夫点校，北京：中华书局 1992 年版，第 13 页。

后安排一定的宿直官进行官署值班。唐代常参官的早朝时间应该开始于凌晨四五点左右，散朝之后，便各自归入自己的府衙办公，处理庶务，《集贤注记》"兴庆宫集贤院"条曰："每日初晓，宰相入省，及仗下后，百僚有向中书，就执政咨决事者，皆由于此。"①

　　唐代官员的视事时间大约为凌晨至中午，其他时间非值班者均可归家。但是州县和中唐之后兴起的幕府的上班时间与此有很大的区别，分为早衙与暮衙两个时间段，以鼓为号，通知吏民。日本僧人圆仁《入唐求法巡礼行记》载："唐国风法，官人政理，一日两衙，朝衙晚衙。须听鼓声，方知坐衙，公私宾客候衙时，即得见官人也。"② 白居易亦有诗句记载："城上咚咚鼓，朝衙复晚衙。"③ "白头老尹府中坐，早衙才退暮衙催。"④

　　秘书省官员的办公时间，当与京内百司官员一样，官员日出而视事，日中而归家，并听从鼓声的召唤，古代官府卯刻击鼓，召集僚属，午时击鼓下班⑤。元稹与诸人晚上留宿于静坊，早起入衙则需要"逃席出门去，归倡借马骑"⑥，可见其听到时辰鼓声的匆忙和慌乱；而李商隐的《无题》同样诉说通宵宴乐之余，听从官府鼓声召唤，入省办公的眷恋："嗟余听鼓应官去，走马兰台类转蓬。"⑦ 但是秘书省官员对于入省办公并不严格，因此白居易才有"日高头为梳"⑧ "而我常晏起，虚住长安城"⑨ 的诗句，其时白居易为九品校书郎，是低级官员，不用早起觐见。亦有文献表明，即使属于常参官序列的秘书省官员，办公时间也很机动，姚合《送王建秘书前往渭南庄》："白须芸阁吏，……官闲易出城。"⑩ 王建时任从五品上的秘书丞，属于要参与早朝觐见的官序，却可以贪夜出城前往田庄，可见

①　(唐) 韦述：《景龙文馆记·集贤注记》卷上《置院始末》，北京：中华书局 2015 年版，第 220 页。

②　[日] 圆仁：《入唐求法巡礼行记》，顾承甫、何泉达点校，上海：上海古籍出版社 1986 年版，第 83 页。

③　(唐) 白居易：《白居易集》卷二十《城上》，北京：中华书局 1979 年版，第 440 页。

④　(唐) 白居易：《白居易集》卷二二《舒员外游香山寺数日不归兼辱尺书大夸胜事时正值坐衙虑囚之际走笔题长句以赠之》，北京：中华书局 1979 年版，第 500 页。

⑤　(唐) 李商隐：《李商隐选集》，周振甫注，南京：江苏教育出版社 2006 年版，第 149 页。

⑥　(唐) 元稹：《元稹集编年笺注·诗歌卷》，杨军笺注，西安：三秦出版社 2002 年版，第 307 页。

⑦　(唐) 李商隐：《李商隐选集》，周振甫注，南京：江苏教育出版社 2006 年版，第 51 页。

⑧　(唐) 白居易：《白居易诗集校注》卷五《常乐里闲居》，谢思炜校注，北京：中华书局 2006 年版，第 447 页。

⑨　(唐) 白居易：《白居易诗集校注》卷五《早送举人入试》，谢思炜校注，北京：中华书局 2006 年版，第 449 页。

⑩　(清) 彭定求：《全唐诗》卷四九六《送王建秘书前往渭南庄》，北京：中华书局 1998 年版，第 5621 页。

当时秘书省官员管理较为松散。姚合《和秘书崔少监春日游青龙寺僧院》："官清书府足闲时，晓起攀花折柳枝。九陌城中寻不尽，千峰寺里看相宜。"① 秘书少监从四品上属于常参官，却能早晨起来出城游玩，可见其办公时间并不严格按规定执行。从时间上看，秘书省官员有晚起的也有晚归的，并不严格遵守中午归家的规定，如张籍任秘书郎时，有诗《赠王秘书》："独从书阁归时晚，春水渠过看柳条。"② 除了办公时间灵活，中唐时期对于秘书省内官员的上班次数要求也不严格，如白居易"三旬两入省"③，身为校书郎一个月才上班两次，足见其闲散。

（二）宿直

"宿直"又称"寓直""当直"，指官员退衙后在夜间值守官舍，为中国古代传统政治生活的重要组成部分。宿直制度形成于先秦，完善并确定于西汉，发展至隋唐时期，已经完全成熟，成为诸司官员必须履行的一项职责，"文官宿直制度的出现是行政事务日益繁琐、官僚体系逐渐复杂的必然结果，是官僚体制发展到一定阶段的产物"④。

1. 唐代的宿直制度

唐代对参与宿直的人员有特殊的规定，《唐六典》卷二"吏部郎中"条载："每日以六品已上清官两人待制于衙内"⑤，宿直人员以六品及以上文官为主：

> 故事：尚书左右丞、及秘书监、九寺卿、少府监、将作监、御史大夫、国子祭酒、太子詹事、国子司业、少监、御史中丞、大理正、外官二佐已上及县令，准开元式，并不宿直。⑥

唐代官员宿直的地点在其各自的官署，但是中书舍人、起居郎、殿中

---

① （清）彭定求：《全唐诗》卷五〇一《和秘书崔少监春日游青龙寺僧院》，北京：中华书局 1998 年版，第 5693 页。

② （清）彭定求：《全唐诗》卷三八五《赠王秘书》，北京：中华书局 1998 年版，第 4331 页。

③ （唐）白居易：《白居易诗集校注》卷五《常乐里闲居》，谢思炜校注，北京：中华书局 2006 年版，第 447 页。

④ 张景平：《汉唐文官宿直制度管见》，清华青年史学论坛，2007 年。

⑤ （唐）李林甫等：《唐六典》卷二《尚书吏部》，陈仲夫点校，北京：中华书局 1992 年版，第 34 页。

⑥ （宋）王溥：《唐会要》卷八二《当值》，北京：中华书局 1955 年版，第 1516 页。

侍御史等供奉官宿直的地点却追随着銮驾所在。唐代官员的宿直并没有假期，也就是说，即使在唐代所规定无须入衙朝集的假日里，各个衙门内仍然需要留守当日的值班官员。按照特定的轮次形成值班名单，《唐六典》载："凡尚书省官，每日一人宿直，都司执直簿一转以为次。"① 宿直的频率根据官员的职位决定，职位越高连续宿直的频率就越低，而新进官员则须"僝直"，就是连续值班，杨钜《翰林学士院旧规》"初入僝直例"条载：

> 诸行尚书三十五，左右丞侍郎四十，常侍、谏议、给事、舍人四十五，诸官知制诰五十，如谏议、知郎四十五，太常少卿、诸行郎中五十五，诸行员外、起居、侍御史六十，殿中、补阙六十五，监察、拾遗、太常博士七十五，四赤令杂人人一百，未升朝一百二十，白身一百四十。②

唐代官员的宿直形式有三种：早入，即官员从早朝后入衙，一直要持续上班至第二天中午退衙，此种宿直形式要通宵达旦，下直后还要参加早朝，杜甫《春宿左省》诗"明朝有封事，数问夜如何"，李嘉祐《和张舍人中书宿直》诗"裁诏催添烛，将朝欲更衣"；晚入，即直宿官员只负责晚上的夜宿值班，而中午之后的值班由另外一个官员负责；伴入，指值班的时候并非一人单独值班，而是与他人一起值班，白居易《冬夜与钱员外同直禁中》、韦庄《南省伴直》、林宽《陪郑诚郎中假日省中寓直》、晚唐诗人郑谷《秘阁伴直》等诗文中都有体现。唐代官员的宿直非常辛苦漫长，唐代诗人在描写宿直生活时多表达寂寞、孤寂、思念之情。元稹于宝历二年（826年）所写诗言："吏穿开锁契，神撼引铃条。"句下自注："（翰林）院有悬铃，以备夜直。警急文书出入，皆引之以代传呼。每用兵，铃辄有声，如人引。声耗缓急具如之，曾莫之差。"③因为值班生活艰苦，唐代对于宿直管理严格，值班人数、值班制度、交接方式等都有专人勘察，如中唐时期贞元年间，郎官缺值情况严重，右司郎中杨于陵意欲纠察此事：

---

① （唐）李林甫等：《唐六典》卷一《尚书都省》，陈仲夫点校，北京：中华书局1992年版，第13页。

② 傅璇琮、施纯德：《翰学三书·翰苑群书》，沈阳：辽宁教育出版社2003年版，第20页。

③ （唐）元稹：《元稹集编年笺注·诗歌卷》，杨军笺注，西安：三秦出版社2002年版，第915页。

郎官惰于宿直，临值多以假免，公（杨于陵）白右丞，建立
条例。郎官不悦，为作口语，宰相有知其事者，遽以公为吏部
郎中。①

2. 秘书省官员宿直

秘书省官员与其他官司的官员一样，同样遵守宿直制度，每晚有宿直
安排。开元之前，秘书省各级官员都参与宿直，如虞世南担任秘书监时，
多次宿直禁中，《贞观政要》载："（虞世南）累拜秘书监，太宗重其博物，
每机务之隙，独引世南与之谈论，共观史籍。"② 开元之后，秘书监、秘
书少监属于免予宿直的官员，其余职官照常轮流宿直。

根据众多唐代诗人宿直诗歌的记载，秘书省的宿直多为单人制。如初
唐时期诗人宋之问在《冬夜寓直麟阁》中言："直事披三省，重关闭七
门。"封闭秘书省门户后，宋之问深坐屋内炉火边，赏玩风花雪琴，没有
任何与同事共同宿直交流的意思。中唐时期，白居易多有诗歌言及他与秘
书省诸多校书郎、正字在长安游玩的情形，鲜少提及秘书省校书郎、正字
有宿直的任务，可以看出中唐时期，随着唐王朝政治局势的变化，其官员
的宿直活动亦受到影响。但这并不是说校书郎不宿直，同时期任御史台侍
御史的王起在与任秘书省校书郎的李德裕的唱和诗中言："忆昨谬官在乌
府，喜君对门讨鱼鲁。直庐相望夜每阑，高阁遥临月时吐。"③ 可见当时
李德裕曾与王起分别宿直秘书省、御史台，因御史台与秘书省隔街相对，
所以才有直庐相望，才有高阁遥临。而晚唐时期则有了秘书郎、秘书丞、
校书郎宿直的诗篇，如李频《冬夜和范秘书宿秘省中作》、喻坦之《与范
秘书宿省中作》、林宽《和周繇校书先辈省中寓直》，从这些诗作中可见晚
唐时期虽然有秘书省官员宿直的记录，但是管理松散；甚至有非秘书省官
员省内伴直的记载，如张乔《秘省伴直》、郑谷《秘阁伴直》，于秘书省伴
直的两人官职不清，尚无秘书省任职的记录。

因为秘书省官员职掌图书，而皇帝亦有内府图书可以参阅，鲜有传
召，故其只需要巡回关注书库的安全，或者执行宿直的制度，因此涉及秘

---

① （清）董诰等：《全唐文》卷六三九《唐故紫金光禄大夫尚书右仆射致仕赠司空杨公墓志
铭》，上海：上海古籍出版社 1990 年版，第 2857 页。

② （唐）吴兢：《贞观政要集校》卷二《任贤》，谢保成集校，北京：中华书局 2003 年版，
第 74 页。

③ （清）彭定求：《全唐诗》卷四六四《和李校书雨中自秘省见访，知早入朝，便入集贤不
遇诗并序》，北京：中华书局 1960 年版，第 5271 页。

书省官员的宿直活动的记载中，多是表现闲散的情绪。以初唐诗人宋之问的《冬夜寓直麟阁》一诗为例："直事披三省，重关闭七门。广庭怜雪净，深屋喜炉温。月幌花虚馥，风窗竹暗喧。东山白云意，兹夕寄琴尊。"①这首诗清晰地展现了初唐时期秘书省官员的宿直情况，首先需要将宿直的名单报至尚书门下，然后对诸多书库、院门进行下锁。因为秘书省职掌图书，很少会有夤夜传召，所以宿直官员多呈现一种闲适的状态，或弹琴消遣，如宋之问；或吟诗，即喻坦之所言："清省宜寒夜，仙才称独吟"②；或参禅，"伴直僧谈静"③；或看书，"待月当秋直，看书废夜吟"④。可以说秘书省官员的宿直活动，与其他郎官、翰林学士的宿直活动相比，轻松很多。在宋之问的诗中，我们需要关注火的因素，晚唐诗人张乔的《秘省伴直》中亦提到"残薪留火细"⑤，从中可以看出，唐代秘书省的防火意识并不强，唐代秘书省官员宿直时是允许用火炉取暖的，这一点与宋代馆阁的严格防火管理有所不同。

---

① （清）彭定求：《全唐诗》卷五二《冬夜寓直麟阁》，北京：中华书局 1960 年版，第634 页。
② （清）彭定求：《全唐诗》卷七一三《与范秘书宿省中作》，北京：中华书局 1960 年版，第8201 页。
③ （清）彭定求：《全唐诗》卷六〇八《和周繇校书先辈省中寓直》，北京：中华书局 1960 年版，第 7004 页。
④ （清）彭定求：《全唐诗》卷六三八《秘省伴直》，北京：中华书局 1960 年版，第 7313 页。
⑤ 同上。

第三章　秘书省图书收藏

自东汉桓帝延熹二年（159 年）秘书监一职出现，其职责就与图书紧密相连，其职掌图书保管及古今图书文字勘定，因其负责的图书属于禁中图书，所以称为"秘书"。至曹丕建魏，另立秘书监，属少府，掌"艺文图籍之事"，负责搜集经籍、文书、奏章等文献资料。西晋惠帝永平中，秘书监脱离中书省的治辖。自此，南北朝乃至隋唐的秘书监（省）成为一个独立的机构，掌国家藏书的收集、管理、校勘等活动，职掌明确。

第一节　唐代官方藏书的背景

唐代文化的勃兴和图书事业的发展，是经历了南北朝的分裂、隋朝的统一、隋炀帝的改革等历史发展时期，在唐代统治者的大力倡导下而形成的一种现象。曹之教授认为"图书是一个动态的概念，是一环紧接一环的锁链式运动过程，……每个环节的发展又与社会生态文化密切相关"[①]，并初步提出了"图书生态"这一概念。由此，结合本书的研究对象，借鉴媒介生态学的概念，笔者提出"藏书生态学"这一概念，借助生态学方法分析官方藏书与社会环境、社会各阶层之间进行的知识与能量的传递，以及三者之间构成的关联互动、制约平衡的历史状态，其中社会环境包括经济、政治、统治、思想四个方面，而社会阶层则可简单归类为文士、帝王两个阶层。

一、经济背景

正如恩格斯所言："每一历史时代的经济生产以及必然由此产生的社

---

① 曹之：《〈中国图书文化史丛书〉总序》，《出版科学》2011 年第 4 期。

会结构，是该时代政治的和精神的历史基础。"① 唐初的经济形势异常严峻。隋末的动乱，其危害程度远远超过前代动乱，魏征曾言：

> 前代虽逢丧乱，皆有牧宰，割据不过数岁，即有所归。至于隋末，天下鼎沸，百姓涂炭，经十余年。②

在这种"覆巢之下"的战乱中，隋朝大业初的经济繁荣消失殆尽，取而代之的是千里荒野：

> 自伊洛之东，暨乎海岱，萑莽巨泽，茫茫千里，人烟断绝，鸡犬不闻，道路萧条，进退艰阻。③

往日繁盛的中原之地，成为千里荒废的无人区，"今百姓承丧乱之后，比于隋时才十分之一"④，社会充满了不安定因素。恩格斯指出："在阶级社会里，统治阶级可以运用权力，使社会经济的发展沿着同一方向作用，在这种情况下，就会发展得比较快些。"⑤ 因此，唐代统治者实行了休养生息政策，比如为了维持国内安定的局面，"称臣于颉利"⑥，以避免大规模的民族纷争。唐初统治者重视民众的生存问题，将恢复社会生产作为第一要务，"国以人为本，人以衣食为本，凡营衣食，以不失时为本"⑦，重视农业，大赦天下，减免百姓税赋，力图恢复社会生产。休养生息政策起到了重要的作用，杜佑《通典·食货七》载："自贞观以后，太宗励精为理，至八年、九年，频至丰稔，米斗四五钱。马牛布野，外户动则数月不闭。十五年，米每斗值两钱。"⑧ 米价的低廉说明唐高祖、唐太宗两任帝王为政举措产生了效果，唐代的经济发展动力逐渐开始发挥作用，国家统

---

① 中共中央马克思恩格斯列宁斯大林著作编译局：《马克思恩格斯选集（第一卷）》，北京：人民出版社1972年版，第232页。

② （唐）王方庆：《魏郑公谏录》，北京：中华书局1985年版，第32页。

③ （唐）吴兢：《贞观政要集校》卷二《论纳谏》，谢保成集校，北京：中华书局2003年版，第126页。

④ （后晋）刘昫等：《旧唐书》卷七四《马周传》，北京：中华书局2000年版，第1767页。

⑤ 中共中央马克思恩格斯列宁斯大林著作编译局：《马克思恩格斯选集（第一卷）》，北京：人民出版社1972年版，第483页。

⑥ 同注③。

⑦ （唐）吴兢：《贞观政要集校》卷八《务农》，谢保成集校，北京：中华书局2003年版，第423页。

⑧ （唐）杜佑：《通典》卷七《食货七》，北京：中华书局1988年版，第149页。

治进入正轨。而后又经历了百余年的休养生息，户数在盛唐天宝末年超隋大业年间户数，"计户九百六万九千一百五十四"①。

二、政治体制

唐朝的建立直接受益于隋朝大业年间的统治。隋炀帝即位后就开始了全面改革，意大利政治思想家马基雅维里曾说："再没有比着手率先采取新的制度更困难的了，再没有比此事的成败更加不确定，执行起来更加危险的了。这是因为革新者使所有在旧制度下顺利的人们都成为敌人了，……当那些敌人一旦有机会进攻的时候，他们就结党成帮地干起来……君主同他们在一起是危险重重的。"②隋炀帝以激进的手段构建的融合多种统治因素的具有宏阔包容特征的政治模式，虽成为隋朝灭亡的导火索，但"以立法而施及唐宋，盖隋亡而法不亡也"③，这些改革措施均为唐朝统治者所继承，推动了唐初政治的成熟。

> 人们通常认为太宗之治（626—649）是唐代"理想制度"的形成时期，是一个以良好和井井有条的施政著称的统治期。八世纪后期和九世纪的作者在怀旧时当然把它说成是黄金时代。但事实上太宗在执政时并没有制定新制度，政府的政策也没有大变化。政府的基本结构、行政的细节以及政府干预的限度这一十分重要的问题早在隋代已被建立和解决，只是在高祖时稍加修改之后又被采用……④

基于这样的"拿来主义"，唐建立之初就形成了完善的三省六部政治体制，建立了符合新统治者需要的政治体制。唐太宗执政期间，进一步强化了隋炀帝关于中央和地方的机构和人员精简、官员考课等方面的改革，并予以推进，使得唐朝贞观年间的吏治在历史上备受称赞。这样的措施从制度上保证了唐朝建立伊始的顺利、平稳发展。

---

① （宋）王溥：《唐会要》卷八四《户口数》，北京：中华书局1955年版，第1551页。
② ［意］尼科洛·马基雅维里：《君主论》，潘汉典译，北京：商务印书馆1985年版，第26-27页。
③ （清）王夫之：《读通鉴论》卷十九《隋文帝》，北京：中华书局1975年版，第630页。
④ ［英］崔瑞德：《剑桥中国隋唐史（589—906年）》，中国社会科学院历史研究所、西方汉学研究课题组译，北京：中国社会科学出版社1990年版，第13页。

三、统治思想

　　唐代统治者经历了数年的探索之后，至唐太宗贞观年间，形成了具有唐代特色的统治思想，以经学统一、官方教育、科举取士等执政方式为思想的承载体，利用国家权力来促使统治思想成为社会共识，从而在思想上巩固政权。

　　儒学"自夫子丧后，儒分为八，各有专长，门户遂立"①，学出多门，今文与古文之争，以及南北朝时期的"北学"与"南学"对立。双方虽不是完全对立，仍可"通过论难、朝聘等形式不断交流影响，推动彼此不断发展"②，但学术之争波及政治思想领域，造成国家意识形态的分割。因此，隋唐时期持续努力融合南北经学。在这一过程中，南学由于内容更加合理和富有吸引力，同时随着王朝的统一，大批南士北迁，影响逐渐扩大。延续至唐代，儒学的南派逐渐成为主体。至贞观年间，正如钱穆所指出的，"唐人造五经义疏，一仍隋旧，行南废北，至是益定"。自南北朝以来分流的儒学思想，统一于南学之下，儒学最终完成了从分裂到统一的演变，为统一的国家意识形态的形成提供了基本思想基础。

　　东汉末年中央学术话语权的式微导致学术文化"分散于各地之明都大邑"③，经学逐渐地方化与家门化，国家政权中心失去了对经典的最终解释权，中央集权弱化。隋唐两朝均以教育为突破口，力图重新掌握经典解释权。但隋朝国祚短暂，未能将此文化政策贯彻。李唐王朝则延续了这一政策，重建了官学系统，奠定了政治中心在经典解释中的强势地位。

　　　　教育再生产通过文化再生产实现了社会再生产的功能，也就是说，再生产了社会阶级关系，强化了而不是消除了文化资本的不平等分配。由此，教育系统将现存秩序合法化。④

　　中央通过教育和科举制度掌握取士的标准，是君主专制统治形成的标志之一，君主控制了入仕的标准，成为社会话语权的最终拥有者。隋唐时期，科举制度的出现和确立，使得士子听从国家权力的指挥，研习国家认

---

① 刘顺：《初盛唐的儒学与文学》，博士学位论文，上海：华东师范大学，2008年，第14页。
② 陈磊：《试析隋及唐初的儒学统一》，《孔子研究》2001年第6期。
③ 陈寅恪：《金明馆丛稿初编》，上海：上海古籍出版社1980年版，第131页。
④ 朱国华：《权力的文化逻辑》，上海：三联书店2004年版，第8页。

可的经典，进而形成了有利于国家集权统治的意识，保证了专制的合法性。

> 夫教化在乎设职官，设职官在乎审官才，审官才在乎精选举，制礼以端其俗，立乐以和其心，此先哲王致治之大力一也。①

科举制度与教育在唐代的兴盛，在一定程度上也促进了唐代社会图书事业的发展，为唐代的官方藏书事业提供了思想基础。科举制度的一个重要功能，"就是把读书、考试、做官三件事情紧密地联系在一起。读书可以做官，做官必须读书"②，民众可以通过研读图籍、提升自身修养参与科举考试，进入士的阶层；而教育制度是科举制度持续运行的人才保障机制，系统的教育体系为科举提供了人才的来源。且教育与科举双管齐下，规定了士子的学习和考核内容：

> 开元以来，省司将试举人，皆先纳所习之本；文字差互，辄以习本为定。义或可通，虽与官本不合，上司务于收奖，即放过。③

学习内容的同一造就了士阶层意识的同一，唐代民众对于图书的重视达到了一种前所未有的高度。阅读大量的书籍，占有更多的图书，以求知识的渊博，通过学识上的精益求精来获得优先入仕的资格，这样的内在精神动力推动了社会上图书的流通和传播，图书在唐代的广泛传播以及唐人对于读书的实用主义思考，在一定程度上支持了唐代官方藏书的昌盛。

四、社会思想

广大中下层人民作为构成一个国家的基础，其思想的变化轨迹在无形中影响了一个时代的文化底色。因此，政府采用自上而下的方式，通过诏令、奖惩、宣扬等诸多手段，对社会思潮进行引导，显得至关重要。

---

① （唐）杜佑：《通典》，北京：中华书局 1988 年版，序。
② 曹之：《中国印刷术的起源》，武汉：武汉大学出版社 1994 年版，第 57 页。
③ （唐）封演：《封氏闻见记校注》卷二《贡举》，赵贞信校注，北京：中华书局 2005 年版，第 12 页。

三国两晋南北朝政权频繁更迭，战争频发，使得佛教有了广阔的传播土壤，佛教思想逐渐从一种外来的神圣信仰演变为一种充满世俗性的思考形式，渗透至普通民众的心灵世界和日常生活中。普通民众对于佛教的信仰更加务实和世俗，依靠佛教因果业报的思想自我麻醉，在煎熬中期盼现世安稳。中国民众对于道教的信仰很微妙。鲁迅曾说中国人"往往憎和尚、憎尼姑……，而不憎道士"，南北朝时期僧侣依仗政治特权占有大量的土地，成为剥削阶层，他们的言行不一导致民众批判僧尼，而普遍宽容道士。面对这样的民众思想，如何通过上层意识的引导使民众认可新政权，进而巩固新政权统治，成为李唐政权需要面对的隐性问题。

> 太宗与秘书监魏徵从容论自古理政得失，因曰："当今大乱之后，造次不可致化。"徵曰："不然，凡人在危困，则忧死亡；忧死亡，则思化；思化，则易教。然则乱后易教，饥人易食也。"①

因此，唐太宗提出了"以文德绥海内"的治国教化总纲，通过诏书强调民本思想，"诏书就是这样解释治民之本在于为政者的心态。然而仅仅心态端正，仍不过是无形的状态。还必须以行为示于民。……继之以不懈努力，加之以明察，训导人民，是以民畏而敬之，则自然而然效法之"②。李世民采用言传身教的方式，以三代之治为目标，以人性本善为理论支撑，博采众法而加以变通，形成了鲜明的唐代文化体系，引导了整个社会对于新王朝的认同，从而提高和完善社会全体成员的德行、文化修养，进而形成有序的社会秩序，为唐代的文化政策的实行奠定了广泛的群众基础。

五、文士阶层

秦汉以来，国家统治体系日益复杂，为官者面对纷繁复杂的庶政事务，不仅要明经修行还要善政，庶务与文学的交融催生了新的群体的出现，而大规模的具有相应标准的选官制度则促进这一群体登上政治舞台，其身份同样位于中间，成为联结皇室贵族的统治阶级和人民大众的被统治

---

① （唐）吴兢：《贞观政要集校》卷一《政体》，谢保成集校，北京：中华书局 2003 年版，第 36-37 页。

② [日]谷川道雄：《中国中世社会与共同体》，马彪译，北京：中华书局 2004 年版，第 220 页。

阶级之间的阶层，即"士"。这一阶层源于社会的中下层，他们借助选官制度得以从政入仕，"本身亦文亦宦、亦官亦民的双重身份又使得他们足以成为各时代审美风尚变迁的实际载体"①，他们成为上层统治阶层和下层普通民众之间的过渡阶层，并以独特的影响力引导整个社会意识的发展。

中国典籍文化源远流长，伴随着典籍的扩充，藏书也随之出现。而在其中充当主要角色的当属"士"这一阶层，他们一方面有藏书的需要，通过图书来学习知识；另一方面也有能力进行私人藏书，其学识、财力等因素都足以支撑藏书的进行。此外，科举制度的勃兴使得文士阶层进一步壮大，并为社会树立了通过读书而晋升仕途的理念，因而更多的读书人倾向于收藏图书和研习经典，试图通过苦读借由科举一途而入仕，提高自己的社会地位。因此，科举的选官制度与文士阶层形成了一种相互的作用关系，而这种关系更加强化了社会重视学问的风尚，将对利益的追逐化为对学问及其载体的崇尚，进而增强了整个社会的图书收藏和阅读的意识，读书爱书成为一种品德判定标准。唐人赵璘《因话录》载：

> "李公选有故人子弟来投，落拓不事。李公遍问旧时别墅，及家童有技者，图书有名者，悉云卖却。李责曰：'郎君未官家贫，产业从卖，何至卖及书籍古画？'惆怅久之。复问曰：'有一本虞永兴手写《尚书》，此犹在否？'此人惭惧，不敢言卖，云：'暂将典钱。'李公怒……"②

六、帝王因素

李唐王朝接续昙花一现的隋王朝，从家风、教育等方面来看，李氏与杨氏并没有太大的差别，但是隋亡的教训如一把"达摩克利斯之剑"时刻悬在唐初统治者头上。这样的心理使得唐初的统治者从根本上来思考隋朝治国的教训，并且以强盛的隋朝作为参照，意识到纯粹依靠强盛的国力和武力并不能使得王朝国祚绵长，必须借助潜移默化的精神力量，才能够真正获得民心。唐代统治者将精神文化的力量应用得得心应手，并取得了不错的效果。

---

① 庞飞：《中国古代选官制度与审美风尚的变迁》，博士学位论文，济南：山东大学，2005年，第13页。

② （唐）赵璘：《因话录》卷四，载上海古籍出版社编《唐五代笔记小说大观（上）》，上海：上海古籍出版社2000年版，第858-859页。

　　唐高祖李渊积极适应王朝建立后政治重心由武略转向文治的改变，"解戎衣而开学校，饰贲帛而礼儒生"的崇圣重教思想悄然确立，武功贵族政治体制逐渐走向文人政治，正如柳诒徵所言："无论武人崛起，裔族勃兴，苟欲经世保邦，必倚史以成文治，此其利与得也。"① 在这一转变的过程中，唐太宗所起的作用尤为重要。武德四年（621 年），秦王李世民树立"文武之道，各随其时"② 的文治思想核心；李世民即位后，于宫中设置弘文馆，精选天下文儒之士充任学士，闲暇之余，与之讨论图书，商讨政治，彰显了文教以兴国的基本国策，验证了贞观年间国家图书文化政策所包含的浓郁的政治因子的存在，为唐代的图书文化政策树立了制度上的范式。唐玄宗雅好文籍，依贞观制度在文化政策上更加深入，将文化政策与国家兴衰联系起来，提出"国之载籍，政之本源"，对贞观以来形成的典制、礼制、乐制、历制等文化制度进行总结和塑造，并组织编撰了多部集大成之作，如《唐六典》《开元礼》《大衍历》，最终促进唐文化的升华。

　　与唐代前期君王相比，中晚唐时期的君王成为一个各种力量博弈的攻略点。藩镇、宦官、官僚等各种势力相继影响君王的统治理念，政治与文化结构逐渐不稳定，"出现了一个以制度化皇帝权威为核心的新的政治秩序"③，这样的政治秩序形成于内外势力的平衡与博弈。因此，在某些政治举措上，皇帝的个人因素所占据的比例逐渐减少。图书文化政策呈现出一种集体性的选择，即各方均强调图籍的重要性，而在实际作为上，却呈现出不同的结果。唐肃宗、唐代宗"崇重儒术，屡诏购募"④；"文宗时，郑覃侍讲禁中，以经籍道丧，屡以为言。诏令秘阁搜访遗文，日令添写"⑤；"宣宗嗜书，尝构一殿，每退朝，必独坐内观书"⑥；唐昭宗李晔丧乱之余"岁下明诏，旁求四海"⑦，锐意典籍。

七、结语

　　六朝分裂与隋末动乱使得唐初经济萧条，唐高祖、唐太宗、唐高宗几任帝王通过休养生息和政治革新政策，让社会经济重新焕发出活力，进入

---

① 柳诒徵：《国史要义》，北京：中国人民大学出版社 2007 年版，第 47 页。
② （后晋）刘昫等：《旧唐书》卷二八《音乐一》，北京：中华书局 2000 年版，第 705 页。
③ 陆扬：《清流文化与唐帝国》，北京：北京大学出版社 2016 年版，第 7 页。
④ （后晋）刘昫等：《旧唐书》卷四六《经籍上》，北京：中华书局 2000 年版，第 1336 页。
⑤ 同上。
⑥ （唐）裴庭裕：《东观奏记》，北京：中华书局 1994 年版，第 195 页。
⑦ （清）董诰等：《全唐文》卷八二四《请置官买书疏》，上海：上海古籍出版社 1990 年版，第 3867 页。

一个新的发展阶段。唐初政治体制虽承自隋制，然根据时务随时改易，人才来源、选官标准、吏治措施在继承中有发展，逐渐形成适应朝代统治的政治制度。在思想上，唐代承接了汉代以来的儒家意识形态，融入道教、佛教思想，以教育和科举为手段，采用统一经典的方法，将思想的解释权收归中央，进而完成了王朝的统治理念的构建。在社会思想的形成过程中，唐代统治者通过对"德"的提倡，引入"人性本善"这一基础概念，训导民众认同并敬畏新政权统治，以形成统一的社会思想。"文"与"士"这种特定素质和特定阶层的结合，推动了唐代阶层之间的流动，使得唐王朝在打造新阶级成员上具备了新的活力。从君权上来说，李姓皇室仍然具有个人意志上的专断性，但是在立朝初期他们有意识地通过君民制衡思想、制度化的约束机制等对君权进行限制，削弱君王的绝对意志，而以有形的制度和无形的思想来平衡，借助文治制度的确立，保障李姓统治的长远发展。

正如《中国文化通志·典籍志》所指出的那样："我国典籍的生聚和流散，与政治动向有着十分密切的关系。政治稳定，经济繁荣，政策开明，文化发达，典籍就生就聚；相反，政治动荡，经济萧条，政策偏狭，文化萎顿，典籍就流散就消亡。"① 典籍的繁盛建立在社会经济的复苏与民众对社会思想的认可上，经济基础对典籍的影响毋庸置疑，经济的发展为知识的生产、图书的传播提供了基础，而民众对整个社会思想的认可则是唐代图籍繁荣的根本原因。帝王认识到了君权的相对性，有意识地遵从儒家经典中的各种政治调节理论和君主规范，通过锐情典籍这一学习行为，迎合臣民对君主完美人格的期待，官方藏书建设是最明显也是最容易的一种重文途径。教育和科举的并行，使得唐代士阶层的开放程度进一步提高，社会民众对受过教育、通过科举考试的官员的认可度逐步提高，"古代的文书记录被认为是具有巫术性的，精通它们的人即被认为具有巫术性的卡里斯马"②，精通文献成为一个阶层的判断标准，学而优则仕，典籍的重要性和神圣性在这个时代不言而喻，重视典籍的学习、收藏和流传成为进入士阶层的主要途径。"文"成为一个阶层，甚至是政治官宦阶层择取的新准绳，在唐代，书写与权威之间产生了绝对的对应关系，"（李瀚）天宝中擢进士，调太子校书。当时海内无事，缙绅之徒，以能赋为

---

① 李致忠、周少川、张木早：《中华文化通志·典籍志》，上海：上海人民出版社 1998 年版，第 443 页。

② ［德］马克斯·韦伯：《中国的宗教：儒教与道教》，康乐、简惠美译，桂林：广西师范大学出版社 2010 年版，第 160 页。

贤，及门为贵。其望登朝也，如天之不可阶而升。而言语侍从主文典宪之
列，充其选者必第一流"①。在这样的社会主流意识的支配下，不仅原有
的士阶层会"运用他自己以及家族的财富来获取典籍的教养，并接受训练
以应付考试"②，普通民众也会借助典籍学习这一途径来实现自己的阶级
提升愿望。典籍尤其是儒家经典成为一种社会追求和信仰，因而无论是自
上而下还是自下而上，藏书都成为一种必然的选择，官方藏书获得了蓬勃
发展的生态环境。不仅仅在唐代，甚至于现在，图籍以及它们所包含的知
识信息仍然承担着阶层标准判断的任务。

第二节　唐代秘书省图书收藏

藏书之兴盛，在于数年的坚持，经历了一卷又一卷的搜访、抄写、典
校，微小的积累成就藏书的丰富。而图书的散佚却很迅速，或是由于管理
松散，被人盗取，或是由于兵燹，辛苦收集的藏书在顷刻间便能被毁灭，
"正如祖宗积蓄于累世，子孙倾覆于一时"③。唐秘书省近三百年藏书几经
兴衰，与政治动荡、战争爆发有着莫大的关系，因此以一省之聚散，管中
窥豹，勾勒一幅唐代官方藏书聚散图，可明了藏书的收聚之不易，散佚之
顷刻，可明了古代藏书事业的循环往复，明藏实铜。官方藏书的收集并不
意味着对古代图书的保存，而是传播的阻断，破坏了图书在社会上的自然
流通，增加了单本图书的散佚风险。

一、秘书省藏品的搜集

唐代秘书省作为"掌邦国经籍之事"的专门的图书机构，代表着唐王
朝所倡导的国家意识，其入藏的图籍与王朝的政治动向有着明显的联系，
官方藏书有着明显的政治要素，在搜集环节主要体现在范围、途径、人员
三个方面。

（一）秘书省藏品搜集的范围

本章节所指的范围具有两重意义，既指秘书省搜括图籍的地理范围，

---

① （清）董诰等：《全唐文》，北京：中华书局1983年版，第8197页。
② ［德］马克斯·韦伯：《中国的宗教：儒教与道教》，康乐、简惠美译，桂林：广西师范
　　大学出版社2010年版，第323页。
③ 陈登原：《古今典籍聚散考》，上海：华东师范大学出版社2010年版，第122页。

又指秘书省内藏品所包含的内容范围。

1. 地理范围

第一，全国性的图书搜括行为。

武德五年（622 年），唐王朝军事平乱工作基本结束，秘书丞令狐德棻上言购募天下图籍；贞观年间，魏征、虞世南、颜师古相继任秘书监，"请购天下书"；唐中宗景龙三年（709 年）六月，"以经籍多缺，令京官有学行者，分行天下，搜检图籍"①；唐玄宗开元初对已有藏书进行整理后开始全国性的图书抄写，"敕秘书、昭文、礼部、国子监、太常寺及诸司官人百姓等，所有异书，就借写之"②。另外，唐玄宗还针对特定图书，如道经，"发求道之使，远令搜访"③。

唐肃宗战乱之余也曾"发求书之使，置写书之官"④；唐代宗"元载为相，奏以千钱购书一卷"⑤；唐文宗"诏令秘阁搜访遗文，日令添写"⑥；唐昭宗展开了唐代最后一次全国性的图书搜括活动，"命监察御史韦昌范等诸道求购"⑦，但收效甚微。

第二，区域性的图书搜括行为。

唐高宗时期，"西域平，高宗遣使分往康国、吐火罗，访其风俗、物产、书画以闻，诏史官撰次，许敬宗领之。显庆三年上。"⑧《历代郡县地名考》载："康国，西域国，原祁连北，为突厥所破，散居依葱岭，计有九国。"⑨ 即今青海西部、西藏北部、新疆大部。吐火罗，"又曰土豁罗，居葱岭西、乌浒河南，即古元夏地"⑩，在今吉尔吉斯斯坦境内。

唐玄宗开元初，左千牛卫何延之前往越地搜书，"吾尝为左千牛时，

① （宋）王溥：《唐会要》卷三五《经籍》，北京：中华书局 1955 年版，第 644 页。
② （宋）王钦若等：《册府元龟》卷五十《帝王部·崇儒术》，北京：中华书局 1960 年版，第 560 页。
③ （宋）谢守灏：《混元圣纪》卷九，上海：上海商务印书馆 1923—1926 年道藏版，第 9（1-2）页。
④ （清）董诰等：《全唐文》卷三二四《谢御书集贤院额表》，上海：上海古籍出版社 1990 年版，第 1453 页。
⑤ （宋）宋祁、欧阳修、范镇、吕夏卿：《新唐书》卷五七《艺文一》，北京：中华书局 2000 年版，第 936 页。
⑥ （后晋）刘昫等：《旧唐书》卷四六《经籍上》，北京：中华书局 2000 年，第 1336 页。
⑦ 同注⑤。
⑧ （宋）王应麟：《玉海》卷十六《地理异域图书》，南京：江苏古籍出版社 1987 年版，第 301 页。
⑨ 韩湘亭：《历代郡县地名考》，北京：北京图书馆出版社 2002 年版，第 701 页。
⑩ 韩湘亭：《历代郡县地名考》，北京：北京图书馆出版社 2002 年版，第 251 页。

随牒适越，航巨海，登会稽，探禹穴，访奇书"①；天宝年间，前往各地搜集图书的记载多见于诗文中，《新唐书·文艺中》记载：萧颖士"奉使括遗书赵、卫间，淹久不报，为有司劾免，留客濮阳"②。萧颖士《登临河城赋并序》言："天宝元年秋八月，奉使求遗书于人间，越来月……"③《新唐书·文艺中》所载"赵、卫间"，今属于河北、山西④、河南北部（具体的范围为濮阳以西至卫辉，包括今濮阳、焦作）⑤。《全唐诗》卷一三九储光羲有诗《送沈校书吴中搜书》："秦阁多遗典，吴台访阙文。君王思校理，莫滞清江濆。"⑥ 根据储光羲仕宦经历，此诗写作时间可以限定为天宝五载（746 年）之后，沈校书或为秘书省校书郎，前往吴中搜书，吴中⑦之地，今属江苏、浙江、安徽南部。司空曙有诗《送李嘉祐正字括图书兼往扬州觐省》："不事兰台贵，全多韦带风。儒官比刘向，使者得陈农。"⑧ 考李嘉祐"字从一，赵州人，天宝七载杨誉榜进士，为秘书正字"⑨。按唐代进士释褐授官的时间推测，李嘉祐应该在天宝十载（751 年）得授秘书省正字，在任期间被派往南方搜括图书的同时兼休了年度探亲假，顺路前往扬州省亲，搜书地理范围应该是包括扬州在内的江南地区，或者江苏、浙江一带。

唐代宗大历年间［大历五年（770 年）—大历十二年（777）年］，宰相元载"命拾遗苗发等使江淮括访"⑩。苗发⑪应该属于第一批派遣者，崔峒是第二批，据《中国文学编年史·隋唐五代卷（中）》考证，"大历八年

---

① （唐）张彦远：《法书要录》，上海：上海书画出版社 1986 年版，第 103 页。
② （宋）宋祁、欧阳修、范镇、吕夏卿：《新唐书》卷二〇二《萧颖士传》，北京：中华书局 2000 年版，第 4414 页。
③ （唐）萧颖士：《萧茂挺文集》，台北：台湾"商务印书馆"影印文渊阁四库全书本，第 8 页。
④ 韩湘亭：《历代郡县地名考》，北京：北京图书馆出版社 2002 年版，第 929 页。
⑤ 韩湘亭：《历代郡县地名考》，北京：北京图书馆出版社 2002 年版，第 1059 页。
⑥ （清）彭定求：《全唐诗》卷一三九《送沈校书吴中搜书》，北京：中华书局 1960 年版，第 1411 页。
⑦ 韩湘亭：《历代郡县地名考》，北京：北京图书馆出版社 2002 年版，第 263 页。
⑧ （清）彭定求：《全唐诗》卷二九三《送李嘉祐正字括图书兼往扬州觐省》，北京：中华书局 1960 年版，第 3332 页。
⑨ 傅璇琮：《唐才子传校笺》，北京：中华书局 2002 年版，第 467 页。
⑩ （宋）宋祁、欧阳修、范镇、吕夏卿：《新唐书》卷五七《艺文一》，北京：中华书局 2000 年版，第 936 页。
⑪ 蒋寅：《大历诗人研究》，北京：北京大学出版社 2007 年版，第 698 页。苗发于永泰元年（765 年）四月以丁父忧离秘书丞任，按照唐代丁忧规定，苗发当于大历三年（768 年）参与吏部的铨选，之后任官时间为大历四年（769 年），任官拾遗，然后出使江淮一带进行括书。

秋，崔峒在京官拾遗、集贤直学士，奉使江淮访图书"①。钱起《送集贤崔八叔承恩括图书》②和戴叔伦《送崔拾遗峒江淮访图书》③，这两篇诗文透露崔峒此次出使江淮的时间为大历八年（773 年）秋。大历九年（774年）秋，"耿湋在长安官左拾遗，秋，充括图书使赴江南，有《之江淮留别京中亲故》"④。卢纶、李端同为秘书省校书郎，有诗《送耿拾遗湋充括图书使往江淮》⑤，耿湋自大历九年（774 年）秋从长安出发，前往江南搜括图书，沿路有诗载其行程，从《奉和第五相公登鄱阳郡城西楼》《春日洪州即事》《发南康夜泊灉石中》《晚登虔州即事寄李侍御》《发绵津驿》《登钟山馆》《常州留别》《宣城逢张南使》等诗中可以看出其行程：秋天自京城出发，冬天到达江西境内（鄱阳郡⑥今为江西鄱阳县），在江西停留至次年春天（洪州⑦今为江西南昌县，南康⑧今为江西赣州南康区，虔州⑨今为江西赣州），春末夏初前往浙江（严州⑩今为浙江建德，越州⑪今为浙江绍兴，湖州⑫今为浙江湖州吴兴区），停留至七月间，后经南京（钟山今为江苏南京），至常州⑬（常州今为江苏常州）时，梁肃有诗送，其《送耿拾遗归朝廷序》曰："国家方偃武事、行文道，命有司修图籍；且虑有阙文遗编，逸诗坠礼，分命史臣，求之天下。……拾遗耿君，于是乎拥轻轩，奉明诏，有江湖之役。黾勉已事，将复命阙下。七月乙未，改辕而西。"⑭最后转道安徽（宣城今为安徽宣城⑮）返回。可见耿湋这次经过了四

---

① 熊礼汇、闵泽平：《中国文学编年史·隋唐五代卷（中）》，长沙：湖南人民出版社 2006 年版，第 121 页。

② （清）彭定求：《全唐诗》卷二三八《送集贤崔八叔承恩括图书》，北京：中华书局 1960 年版，第 2649 页。

③ （清）彭定求：《全唐诗》卷二七三《送崔拾遗峒江淮访图书》，北京：中华书局 1960 年版，第 3090 页。

④ 熊礼汇、闵泽平：《中国文学编年史·隋唐五代卷（中）》，长沙：湖南人民出版社 2006 年版，第 128 页。

⑤ （清）彭定求：《全唐诗》卷二八○《送耿拾遗湋充括图书使往江淮》，北京：中华书局 1960 年版，第 3184 页。

⑥ 韩湘亭：《历代郡县地名考》，北京：北京图书馆出版社 2002 年版，第 763 页。

⑦ 韩湘亭：《历代郡县地名考》，北京：北京图书馆出版社 2002 年版，第 488 页。

⑧ 韩湘亭：《历代郡县地名考》，北京：北京图书馆出版社 2002 年版，第 451 页。

⑨ 韩湘亭：《历代郡县地名考》，北京：北京图书馆出版社 2002 年版，第 568 页。

⑩ 韩湘亭：《历代郡县地名考》，北京：北京图书馆出版社 2002 年版，第 1160 页。

⑪ 韩湘亭：《历代郡县地名考》，北京：北京图书馆出版社 2002 年版，第 718 页。

⑫ 韩湘亭：《历代郡县地名考》，北京：北京图书馆出版社 2002 年版，第 736 页。

⑬ 韩湘亭：《历代郡县地名考》，北京：北京图书馆出版社 2002 年版，第 699 页。

⑭ （宋）李昉等：《文苑英华》卷七二五《送耿拾遗归朝廷序》，北京：中华书局 1966 年版，第 3762 页。

⑮ 韩湘亭：《历代郡县地名考》，北京：北京图书馆出版社 2002 年版，第 508 页。

个省区——江西、浙江、江苏、安徽，其中，江西、浙江两地是其搜括图书的重点区域，停留时间最长。耿湋的这次出使有专门的轩车相随，出使时间将近一年，自大历九年（774 年）秋出发，至大历十年（775 年）秋天返京，梁肃"黾勉已事"之语，说明耿湋这次出使任务完成得比较圆满。

唐德宗时期，韦应物在建中初有诗《送颜司仪使蜀访图书》："轺架一封急，蜀门千岭曛。……无为久留滞，圣主待遗文。"[1] 蜀代指川中地区，即颜司仪前往四川腹地进行图书的搜集。

中和五年（885 年）三月至十二月间，唐僖宗返回长安，秘书省官员曾趁机购募图书，"省司购募，尚及两万余卷"[2]。当是时，虽然黄巢已死，"时朝廷号令所行，惟河西、山南、剑南、岭南数十州而已"[3]，因此其购书范围不会扩大，应在京畿附近。

第三，唐图书搜括所涉及地理范围分析。

首先，地理范围逐渐缩小。以"安史之乱"为界，唐代图书搜括的范围逐步缩小。唐高祖、唐中宗、唐睿宗、唐玄宗时期均以"天下书"为目标，唐太宗、唐高宗甚至扩大至西域各地。"安史之乱"以后的中晚唐时期，唐廷图书搜括的范围就只是限于京畿、江淮、蜀地三个地区。这一变化发生的原因有二：其一，"安史之乱"削弱了中央对某些地区的控制力，北部疆域均在数位节度使辖下；其二，唐前期国家统一，"稳定的社会环境、浓郁的文化风尚、富足的经济生活，是滋长私人藏书的肥沃土壤"[4]，社会上图书的传播和流通处于一种良性的循环中，因此大江南北笼罩在一种"尚文"的风气下。

其次，括书中心由北向南转移。唐前期，国家政治、文化、军事重心居北，因此唐代的冀、魏、卫、赵一带经济逐步发展，成为唐京都所依赖的经济中心，当时北方藏书家的数量亦不少于南方；自"安史之乱"后北方藩镇割据，小规模战争频发，但军事动乱并没有波及蜀地、江南地区，导致中唐时期，数次图书的搜括，范围均为蜀中、江南地区。

最后，战争因素对于图书搜括活动影响巨大。天宝末至广德初期的"安史之乱"，其涉及的地理范围主要包括今陕西、河南、河北、山西、山东一带，多属于黄河流域，江淮、江南、蜀中等地并没有被战火波及，因

---

① （清）彭定求：《全唐诗》卷一八九《送颜司仪使蜀访图书》，北京：中华书局 1960 年版，第 1933 页。

② （后晋）刘昫等：《旧唐书》卷四六《经籍上》，北京：中华书局 2000 年版，第 2156 页。

③ （宋）司马光：《资治通鉴》卷二五六《唐纪七十二》，（元）胡三省音注，北京：中华书局 1956 年版，第 8320 页。

④ 傅璇琮、谢灼华：《中国藏书通史（上）》，宁波：宁波出版社 2001 年版，第 227 页。

此中唐官藏在搜访图书的基础上开始重建；唐懿宗、唐僖宗统治期间的农民战争，加上北方军事重镇的参与，使得从南到北整个唐朝版图都处于兵火战争之中，因此唐昭宗即位之后，虽然任命图书使前往诸道进行图书搜括，"然而一编一简，未闻奏御"①。原因在于战火波及的区域范围过大，民间鲜有图书留存，即使朝廷出重金购求，效果也甚微。

2. 内容范围

作为唐代自始至终的官藏机构，秘书省藏书不仅仅是一卷又一卷的简单叠加，而是充满了王朝统治的政治色彩，承载着李氏皇族的执政理念。

> 盖政治上之野心家，其所以迁怒典籍，摧之毁之而使之散佚者，原以典籍之不利于己，不利于其野心之发展与赓续耳。若典籍之内容，于彼有利，则且托为好古右文之美名，收罗之，保护之，发为聚书之事业矣。②

以这样的视角来观察唐代秘书省藏书内容的限定，其藏书的政治性彰明较著。

以"兼收并蓄""有容乃大"的独有气质而闻名于世的唐文化，追究其源头，与唐代统治者所推行的儒、释、道三教并用的开放文化政策相关，但李唐王朝在宽容开放的表象下，仍然通过"禁书""献书""购书"等措施对藏书活动进行着细微而又谨慎的引导。

"禁书"，古来有之。唐代法律条文中亦有相关的禁书规定，《唐律疏议》载："诸玄象器物、天文、图书、谶书、兵书、《七曜历》、《太一雷公式》，私家不得有，违者徒两年。私习天文者亦同。其纬、候及《论语谶》不在禁限。"③

民间禁止学习、撰写、传播、收藏律例规定的禁书，唐太宗曾明确拒绝谶纬图书：

> 贞观五年，有人上注解图谶。太宗曰："此诚不经之事，不能爱好。朕仗德履义，救天下苍生，蒙上天眷命，为四海主，安用图谶。"命焚之。④

---

① （清）董诰等：《全唐文》卷八二八《请置官买书疏》，上海：上海古籍出版社1990年版，第3867页。

② 陈登原：《古今典籍聚散考》，上海：华东师范大学出版社2010年版，第121页。

③ （唐）长孙无忌等：《唐律疏议》，刘俊文点校，北京：中华书局1983年版，第196页。

④ （唐）吴兢：《贞观政要集校》卷六《慎所好第二十一》，谢保成集校，北京：中华书局2003年版，第334页。

那唐代秘书省是否藏有谶纬之书呢？笔者利用《隋书·经籍志》内收录的唐初尚存的十三部图书对《旧唐书·经籍志》《新唐书·艺文志》进行对比检索。《旧唐书·经籍志》内收录的谶纬之书有："《书纬》三卷郑玄注；《诗纬》三卷郑玄注，又十卷宋均注；《礼纬》三卷宋均注；《乐纬》三卷宋均注；《春秋纬》三十八宋均注；《六经纬》五卷宋均注。"①《新唐书·艺文志》内收录的谶纬之书有："注《礼纬》三卷；注《乐纬》三卷；注《春秋纬》三十八卷；注《孝经纬》五卷；郑玄注《书纬》三卷；注《诗纬》三卷。"② 唐初十三部谶纬图书仅存六部，其余皆废，而且无新书著录，可见唐朝对此类图籍的排斥态度影响了其研究与收藏。

唐人希望著述入藏国家藏书机构而向上进献，这一行为称为"献书"，其作用有二：一是得以传世，"以示来裔"③；二是可以"因圣君以发明"④，通过国家的力量推动著述的传播，因此唐代献书事例不胜枚举。

> 一般来说，献书程序是这样的：第一步由献书人提出申请；第二步交由专家审定，决定收否；第三步将专家认可的著作入藏秘阁。专家没有认可的著作，不得入藏秘阁。⑤

并不是所有进献的图书都可入藏，唐朝会针对献书内容进行审核，但审核标准不一。

贞观十五年（641 年），校书郎王玄度上《尚书》《毛诗》注，唐太宗"诏礼部集诸儒详议"⑥。

王元感，濮城鄄城人，"所撰《书纠谬》《春秋振滞》《礼绳愆》等凡

① （后晋）刘昫等：《旧唐书》卷四六《经籍上》，北京：中华书局 2000 年版，第 1347 页。
② （宋）宋祁、欧阳修、范镇、吕夏卿：《新唐书》卷五八《艺文一》，北京：中华书局 2000 年版，第 948 页。
③ （清）董诰等：《全唐文》卷二九五《唐金紫光禄大夫礼部尚书上柱国赠尚书右丞相许国文宪公苏颋文集序》，上海：上海古籍出版社 1990 年版，第 1321 页。
④ （清）董诰等：《全唐文》卷二八八《为何给事进亡父所著书表》，上海：上海古籍出版社 1990 年版，第 1292 页。
⑤ 曹之：《中国出版通史·隋唐五代卷》，北京：中国书籍出版社 2008 年版，第 326 页。
⑥ （后晋）刘昫等：《旧唐书》卷七四《崔仁师传》，北京：中华书局 2000 年版，第 1770 页。

数十百篇。长安时上之，丐官笔楮写藏秘书。有诏两馆学士、成均博士议可否。"①

　　封演《封氏闻见记》卷一载："王臣源采《庄子·庚桑楚篇》义，补葺为九篇，……奏上之。敕付学士详议，疑不实，竟不实行。"②

　　《旧唐书·宪宗本纪上》载："（元和四年）夏四月，……丙申，抚州山人张洪骑牛冠履，献书于光顺门，书不足采，遣之。"③

　　唐文宗开成三年（838 年）八月史馆奏《论韦筹进书史解表奏》："……今韦筹所著，……臣等参酌古今，须归的当。……伏请以筹所进之书，藏于史馆，待其著述功毕，令与旧史兼行。"④

　　唐武宗会昌年间，"太子詹事韦宗卿撰《涅盘经疏》廿卷进，今上览已，焚烧经疏，敕中书门下，令就宅追索草本烧焚，其敕文如左，'敕：……韦宗卿，忝列崇班，合遵儒业，溺于邪说，是扇妖风，既开炫惑之端，全戾典坟之旨，……况非圣之言，尚宜禁斥，外方之教，安可流传。……宜从左官，犹为宽恩。任成都府尹，驰骤发遣。……其所进经，内中已焚烧讫。其草本委中书门下追索焚烧，不得传之于外。'"⑤

　　历次官方藏书搜访活动，并非应收尽收，而是有所取舍，唐末官方图书搜集困难，罗衮因此上《请置官买书疏》建议扩大购书的范围，提出此次政府购书应"不限经史之集，列圣实录，古今传记，公私著述，凡可取者，一皆市下"⑥。这就说明以往的图书购募活动，对图书内容限定在经史之类，集部和子部的图书相对较少。

（二）秘书省藏品搜集的途径

　　唐代秘书省是国家图籍文献的收藏机构，唐廷利用各种方法来扩充秘书省藏品规模。

---

① （宋）宋祁、欧阳修、范镇、吕夏卿：《新唐书》卷一九九《王元感传》，北京：中华书局 2000 年版，第 4347-4348 页。
② （唐）封演：《封氏闻见记校注》卷一《道教》，赵贞信校注，北京：中华书局 2005 年版，第 3 页。
③ （后晋）刘昫等：《旧唐书》卷十四《宪宗本纪上》，北京：中华书局 2000 年版，第 289 页。
④ （清）董诰等：《全唐文》卷九六七《论韦筹进书史解表奏》，上海：上海古籍出版社 1990 年版，第 4452-4453 页。
⑤ ［日］圆仁：《入唐求法巡礼行记》，顾承甫、何泉达点校，上海：上海古籍出版社 1986 年版，第 92 页。
⑥ （清）董诰：《全唐文》卷八二八《请置官买书疏》，上海：上海古籍出版社 1990 年版，第 3867 页。

1. 隋朝旧藏

大业末，隋朝的官方收藏分为三个部分：一部分为大业初由隋炀帝挑拣之后，留在原京都长安的图书①；一部分为大业末由隋炀帝再次挑拣留在东都的图书②；还有一部分为隋炀帝带往江都的图书。

留在旧都长安的图籍，由唐高祖李渊全盘接收，《玉海》载："大业十三年十一月丙辰，（李渊）克长安，命主符郎宋公弼收图籍。"③ 留存在东都洛阳的书籍先被王世充占有，武德四年（621年）五月"太宗入据宫城，令萧瑀、窦轨等封守府库，一无所取，令记室房玄龄收隋图籍"④。《隋书·经籍志》序所载更加详细，"大唐武德五年，克平伪郑，尽收其图书及古迹焉。命司农少卿宋遵贵载之以船，溯河西上，将致京师。行经底柱，多被漂没，其所存者，十不一二"⑤。可杜宝《大业杂记》则明确李世民所运藏书是东都嘉则殿图书："武德四年，东都平后，观文殿宝厨新书八千许卷将载还京师，……按宝厨新书者，并大业所秘之书也。"⑥ 隋朝官藏尚有精华在前往扬州的隋炀帝手中，宇文化及造反弒帝，江都形势混乱，唐著作郎杜宝《大业幸江都记》云："隋炀帝聚书至三十七万卷，

---

① 杨广登基后，仁寿四年（604年）十一月即决定由长安迁都洛阳，因此"移京师嘉则殿书三十七万卷，大业元年（605年），敕秘书监柳顾言等入嘉则殿简次。（于洛阳）令造观文殿，前后两厢为书堂，各十二间，……每一间十二宝厨，……帝幸书堂，或观书。"

② 大业十二年（616年），隋炀帝前往扬州时，收集其所宝惜的图籍字画，装船运往扬州。明代胡应麟在《少室山房笔丛》卷一"经籍会通一"中就猜测隋炀帝前往扬州时，一定携带了一定数量的图籍："盖隋炀酷嗜经典，既欲徙都广陵，必尽载诸书自从。"唐人张彦远《历代名画记》卷一《叙画之兴废》一文中解说了大业末隋炀帝所收藏的"妙楷台"和"宝台"的书画的去向，"炀帝东幸扬州，尽将随驾，中道船覆，大半沦弃。炀帝崩，并归宇文化及，化及至聊城，为窦建德所取；留东都者，为王世充所取。圣唐武德五年（622年），克平凶逆，擒二伪主，两都秘藏之迹，维扬扈从之珍，归我国家焉"。

③ （宋）王应麟：《玉海》卷六六《律令下》，南京：江苏古籍出版社1987年版，第1244页。

④ （宋）司马光：《资治通鉴》卷一九〇，（元）胡三省音注，北京：中华书局1956年版，第2282页载："（武德四年夏四月）丁卯，世民入宫城，命记室房玄龄先入中书、门下省，收隋图籍制诏，已为世充所毁，无所获。"另柳宗元《龙城录》"太宗沉书于潓池"载："太宗文皇帝，平王世充，于国籍有交关语言，构怨连结，文书数百事。太宗命杜如晦掌之，如晦复禀上当何如？太宗曰：付诸曹吏行。顷闻于外，有大臣将自尽者，上乃复取文书，背裹一物，拟石重。上亲裹石重，命中使沉潓沱中，更不复者。此与光武帝焚交谤数千章何异！"两种不同的说法，当以《资治通鉴》为是，但是《资治通鉴》言被王世充烧毁的图籍乃是中书、门下两省的行政档案，而不是图书，东都的图书仍然为唐所取。

⑤ （唐）魏征等：《隋书》卷三二《经籍一》，北京：中华书局2000年版，第616页。

⑥ （唐）韦述、杜宝：《两京新记辑校大业杂记辑校》，辛德勇辑校，西安：三秦出版社2006年版，第57页。

皆焚于广陵；其目中盖无一帙传于后代。"①

2. 社会购募

唐代统治者继承隋朝的重书政策，将图书视为邦国之大事，并将这一思想贯穿于整个唐代，曾多次下诏进行图书的搜括，以民间的藏书来扩充国家的图书规模，使得唐代官方藏书发展到了一个新的高度。唐代近三百年间，有多位帝王下诏搜括天下图书，或是派专使前往各个地方搜括图书，这样的行动使唐官方藏书事业得到发展，图书搜访更是成为晚唐秘书省图书增加的主要途径之一。

唐代政府的图书搜括行为中，免费征集与有偿购买相互交错，关于有偿购买行为统计如下。

唐高祖武德五年（622年），秘书丞令狐德棻"奏请购募遗书，重加钱帛"②。

唐太宗时期，"贞观中，魏征、虞世南、颜师古继为秘书监，请购天下书"③。

"安史之乱"后，"肃宗、代宗崇重儒术，屡诏购募"④。

唐肃宗至德二载（757年），"侍御史、集贤直学士史惟则奉使晋州，推事所在，博访书画，悬爵赏待之"⑤。同年十一月二十七日，修史官太常少卿于休烈奏请："……有人收得国史实录，能送官司，重加购赏；若是官书，并舍其罪，得一部超授官，一卷赏绢十匹。"⑥

唐代宗大历年间，"元载为相，奏以千钱购书一卷"⑦。

唐僖宗中和五年（885年），黄巢撤出长安，唐僖宗"诏尚书右仆射裴璩修复宫省，购辇辂、仗卫、旧章、秘籍"⑧。秘书省藏书经过"省司购募，尚及二万余卷"⑨。

---

① （宋）王明清：《挥麈录后录》卷七，北京：中华书局1961年，第137页。
② （后晋）刘昫等：《旧唐书》卷七三《令狐德棻传》，北京：中华书局2000年版，第1753页。
③ （宋）宋祁、欧阳修、范镇、吕夏卿：《新唐书》卷五七《艺文一》，北京：中华书局2000年版，第936页。
④ （后晋）刘昫等：《旧唐书》卷四六《经籍上》，北京：中华书局2000年版，第1336页。
⑤ （唐）张彦远：《法书要录》卷三《古迹记》，上海：上海书画出版社1986年版，第97页。
⑥ （宋）王溥：《唐会要》卷六三《修国史》，北京：中华书局1955年版，第1095页。
⑦ 同注③。
⑧ （宋）宋祁、欧阳修、范镇、吕夏卿：《新唐书》卷二二五《黄巢传》，北京：中华书局2000年版，第4888页。
⑨ （后晋）刘昫等：《旧唐书》卷四六《经籍上》，北京：中华书局2000年版，第1336页。

唐昭宗即位后,"命监察御史韦昌范等诸道求购"①。

唐代的购募图书行为多发生于战争之后,如隋末战乱之后唐高祖、唐太宗的购募,"安史之乱"后唐肃宗、唐代宗的购募,黄巢起义和广明之乱后唐僖宗、唐昭宗的购募。当时社会动荡,国家政权失去了民众的信任,发诏借书缮写,不合时宜,因此多采用丰厚的物质回报以刺激。唐代在政治平和年代亦有官方求购行为,购买对象是价值受到社会公认的书法、绘画真迹,如唐太宗"贞观十三年敕购求右军书,并贵价酬之","开元中玄宗购求天下图书"②。

3. 臣民献书

唐代帝王广开献书之路,鼓励臣民著书、献书,从而引导社会尚文的群体意识,使臣民崇仰官方主流思想,同时也保存了部分唐人著作。

> 《新唐书·艺文志》所载录得唐人著作至少有二万八千余卷,今依《中国丛书综录》等有关目录工具,尚能见到唐人著述存于世者约有一千一百余种(包含后人辑佚的一百余种)。这些唐人著述如非当时被官府藏书所收藏,仅凭私家传世,恐已不能历经千年而为后人所目睹。③

因史籍中唐人献书的例子不胜枚举,故按照献书者的身份、所献著作的不同,进行分类讨论:

第一,臣子献自己的著述,这一类记载最为丰富。

> 贞观十三年十一月三日,扬州长史李袭誉撰《忠孝图》二十卷,奏之。
>
> 仪凤元年十二月二日,皇太子(李)贤上所注《后汉书》,……诏付秘书省。
>
> 永隆元年十二月,太史李淳风进注释五曹、孙子等十部算经二十卷。
>
> 大历十二年十一月二十五日,刑部尚书颜真卿撰《韵海镜

---

① (宋)宋祁、欧阳修、范镇、吕夏卿:《新唐书》卷五七《艺文一》,北京:中华书局 2000 年版,第 936 页。

② (唐)张彦远:《法书要录》卷四《二王等书录》,上海:上海书画出版社 1986 年版,第 118-119 页。

③ 傅璇琮、谢灼华:《中国藏书通史(上)》,宁波:宁波出版社 2001 年版,第 195-196 页。

原》三百六十卷，表上之，诏付集贤院。

建中元年十月，濠州刺史张镒撰《五经微旨》十四卷，《孟子音义》三卷，上之。

贞元十二年二月，夏州节度使韩潭进《统载》四十卷。

十月，昭义节度判官贺兰正九进《用人权衡佐记》十卷、《举选衡镜》三卷。

贞元十四年十一月，西川节度使韦皋进《开复西南夷事状》十卷。

贞元十九年二月，淮南节度使杜佑撰《通典》二百卷，上之。

元和九年四月，检校左拾遗李渤撰《戎新录》二十卷，上之。

元和十三年六月，宰臣袁滋撰《云南纪》五卷，上之。

八月，洛阳尉、礼院检讨官王彦威撰《元和曲台新礼》三十卷。

十二月，秘书少监史馆修撰马宇撰《凤池录》五十卷，上之。

长庆元年十一月，商州刺史王公亮进新撰公书一十八卷。

宝历二年五月，秘书省著作郎韦公肃注《太宗文皇帝帝范》一十二篇，上之。

太和八年九月，宰相李德裕进《御臣要略》《柳氏旧史》。

太和九年，宰臣李宗闵等撰《五常传》二十卷，并目录一卷，上之。①

第二，臣子献他人著述，或是自己长辈的著述，或是编辑他人著述而进上。

永徽三年三月三日，符玺郎颜扬庭上其父颜师古所撰《匡谬正俗》八卷，令付秘阁。②

唐睿宗景云二年，张说上《唐昭容上官氏文集》。③

唐开元年间，张九龄作《为何给事进亡父所著书表》：

臣父某官某名，……因著十篇，名曰《帝图秘》，将欲献纳，

---

① （宋）王溥：《唐会要》卷三六《修撰》，北京：中华书局1955年版，第651-663页。

② （宋）王溥：《唐会要》卷三六《修撰》，北京：中华书局1955年版，第656页。

③ （清）董诰等：《全唐文》卷二二五《唐昭容上官氏文集序》，北京：中华书局1992年版，第1004页。

才加撰次。寻属臣私门殃衅，……遂未奏御，……下藏秘府，因
圣君以发明；……谨缮写封进以闻。谨言。①

唐天宝年间，韩休作《唐金紫光禄大夫礼部尚书上柱国赠尚书右丞相
许国文宪公苏颋文集·序》言：

> 谨撰缉文诰，成一家之言，凡四十卷，列之如左，请藏于秘
> 府，以示来裔。②

唐玄宗、唐肃宗之际，韦縚有《孟浩然集·序》：

> 余今缮写，增其条目，复贵士源之清才，敢重述于卷首。谨
> 将此本，送上秘府，庶久而不泯，传芳无穷。③

唐肃宗时期，高适有文《为东平薛太守进王氏瑞诗表》④，载东平太
守上诗人王瑞诗集。
唐代宗宝应二年（763年，广德元年）正月初七，王缙上《王维集》，
并有《进王维集表》：

> 臣缙言：中使王承华奉宣进旨，令臣进亡兄故尚书右丞维文
> 章，……应二年正月七日，银青光禄大夫尚书兵部侍郎兼御史大
> 夫臣缙表上。⑤

唐德宗时期，罗好心有文《沙门般剌若翻译经成进上表》：

> 臣表弟沙门般剌若，先进《大乘理趣六波罗密》梵本经。伏

---

① （清）董诰等：《全唐文》卷二八八《为何给事进亡父所著书表》，北京：中华书局 1992
　年版，第 1293 页。
② （清）董诰等：《全唐文》卷二九五《唐金紫光禄大夫礼部尚书上柱国赠尚书右丞相许国
　文宪公苏颋文集序》，北京：中华书局 1992 年版，第 1320-1321 页。
③ （清）董诰等：《全唐文》卷三〇七《孟浩然集序》，北京：中华书局 1992 年版，第
　1381 页。
④ （清）董诰等：《全唐文》卷三五七《为东平薛太守进王氏瑞诗表》，北京：中华书局
　1992 年版，第 1604 页。
⑤ （清）董诰等：《全唐文》卷三七〇《进王维集表》，北京：中华书局 1992 年版，第
　1662 页。

奉今年四月十九日敕，令王希迁精选有道行僧，於西明寺翻译。今经帙已终，同诣光顺门进上。①

唐宪宗元和年间，令狐楚有《进张祜诗册表》：

> 前件人久在江湖，早工篇什；研几甚苦，搜象颇深；辈流所推，风格罕及。②

唐懿宗咸通年间，

> "李群玉，不知何许人，诗篇妍丽，才力遒健。咸通中，宰相修行杨公为奥主，进诗三百篇，授麟台校雠。"③

臣子同样有为了响应皇帝搜括图书的要求而进献藏书的。
唐人裴孝源《贞观公私画史·序》：

> "……集新录官库尽总二百九十八卷，二百三十卷是隋室官，十三卷是左仆射萧瑀进，二十卷杨素家得，三卷许善心进，十卷高平县行书佐张氏所献，四卷褚安福进，……时贞观十三年八月望日序。"④

唐宪宗元和十三年（818 年），李德裕撰《代高平公进书画状》，进呈书画作品数卷，其目录为："钟、张、卫、索真迹各一卷，二王真迹各五卷，晋、魏、宋、齐、梁、陈、隋真迹各一卷，顾、陆、张、郑、田、杨、董泊国朝名画各一卷。"⑤ 同时献《玄宗马射图》：

---

① （清）董诰等：《全唐文》卷六二一《沙门般剌若翻译经成进上表》，北京：中华书局1992 年版，第 2777 页。

② （清）董诰等：《全唐文》卷五三九《进张祜诗册表》，北京：中华书局1992 年版，第2425 页。

③ （五代）王定保：《唐摭言》卷十，西安：三秦出版社 2011 年版，第 159 页。

④ （清）董诰等：《全唐文》卷一五九《贞观公私画史·序》，北京：中华书局 1992 年版，第 717 页。

⑤ （清）董诰等：《全唐文》卷七〇五《代高平公进书画状》，上海：上海古籍出版社 1990年版，第 3208 页。

……陛下旁求珍迹，以备石渠，祖宗之美，敢不呈献？①

唐宪宗时期，"彦远家传法书名画，……悉购图书古来名迹……元和十三年，宪宗累访珍迹，当时不敢缄藏，遂皆进献。"②

唐文宗太和（一作太和）中，唐贞观名臣李靖之孙李彦芳任凤翔府司录参军，"诣阙进高祖、太祖所赐卫国公（李）靖官告、敕书、手诏等十余卷，内四卷太宗文皇帝笔迹，文宗宝惜，不能释手。"③

唐僖宗时期，杜光庭④上《进女孝经表》⑤。郑氏所撰《女孝经》的时间为唐玄宗时期，杜光庭活跃于唐僖宗时期，因此进此表的目的在于献藏书《女孝经》。

《新唐书·逆臣传》中提到逆臣董昌为获得朝廷认可，"僖宗还京师，昌取越民裴氏藏书献之，补秘书之亡，授兼诸道图籍采访使。"⑥"唐昭宗天祐元年八月，前曲沃令高沃纳史馆书籍三百六十卷，授监察，赐绯。"⑦

第三，士子献自己著述于朝廷，期望获得认可或者入仕资格。

王元感，濮城鄄城人，撰《书纠谬》《春秋振滞》《礼绳愆》等书凡数十百篇，

"长安时上之，丐官笔楮写藏秘书。"⑧

开元中，有唐颎上《启典》一百三十卷，穆元休上《洪范外传》十卷，李镇上《注史记》一百三十卷、《史记义林》二十卷，辛之谔上《叙训》两卷，长福上《续文选》三十卷，冯中庸上

① （清）董诰等：《全唐文》卷七〇五《代高平公进书画状》，上海：上海古籍出版社1990年版，第3208页。

② （唐）张彦远：《法书要录》，上海：上海书画出版社1986年版，自序。

③ （后晋）刘昫等：《旧唐书》卷六七《李彦芳传》，北京：中华书局2000年版，第1674页。

④ 谭正璧：《中国文学家大辞典》，上海：上海书店1981年版，第496页载："杜光庭（850—933年），字圣宾，处州缙云人。进士不中，入天台山为道士，僖宗至蜀，召见，赐紫服，麟德殿文章应制。"

⑤ （清）董诰等：《全唐文》卷九四五《进女孝经表》，上海：上海古籍出版社1990年版，第4352页。《历代妇女著作考》上海古籍出版社1985年版，第32页载："《女孝经》作者郑氏，朝散郎侯莫陈邈之妻，其献表中言，本书是为了教导成为永王妃的侄女所撰，考永王为唐玄宗之子李璘，其妃侯莫陈氏于至德元年（756年）为安史逆贼害于京都长安。"

⑥ （宋）宋祁、欧阳修、范镇、吕夏卿：《新唐书》卷二二三《董昌传》，北京：中华书局2000年版，第4891页。

⑦ （宋）钱易：《南部新书》丁部，北京：中华书局2002年版，第54页。

⑧ （宋）宋祁、欧阳修、范镇、吕夏卿：《新唐书》卷一九九《王元感传》，北京：中华书局2000版，第4348页。

《政事录》十卷，裴傑上《史汉异议》，高峤上《注后汉书》九十五卷。如此者并量事授官，或霈赏赉，亦一时之美。①

开元二十一年（733 年），岑参于长安献书阙下。《岑嘉州诗笺注》附录一《感旧赋并序》云："参，相门子。五岁读书，九岁属文，十五隐于嵩阳，二十献书阙下。"②

唐肃宗乾元二年（759 年）十一月，四明山人沈若进《广孝经》十卷。③

唐穆宗长庆中，"陈磻叟者，父名岵，富有辞学，尤溺于内典。长庆中，尝注维摩经进上，有中旨令与好官。"④

唐僖宗广明二年（881 年），"唐高测，彭州人。……僖皇帝幸蜀，因所进著书，除秘校，卒于威胜节度判官。"⑤

4. 官方修书

唐代官方修书活动异常活跃，曹之先生《中国出版通史·隋唐五代卷》统计，约有 106 种，远轶前代。唐代诸多官司都参与了官方修书，除秘书省、史馆、集贤院、翰林学士院、弘文馆、国子监等图籍文化机构参与图书的编撰之外，刑部、大理寺、太常寺、户部等机构均有修书活动，如：

> 贞元十七年七月，太常寺进《大唐贞元新集》、《开元复礼》二十卷。⑥
>
> 元和初，吕温为户部员外郎，有《代百寮进农书表》。⑦
>
> （元和）十年十月，刑部尚书权德舆奏：自开元二十五年，修《格式律令事类》三十卷、《处分长行敕》等，……其元和五年已后，续有敕文合长行者，望令诸司录送刑部。臣请与本司侍

① （唐）封演：《封氏闻见记校注》卷三《制科》，赵贞信校注，北京：中华书局 2005 年版，第 19-20 页。
② 林宜青：《盛唐文编年》，博士学位论文，厦门：厦门大学，2008 年，第 53 页。
③ （宋）王溥：《唐会要》卷三六《修撰》，北京：中华书局 1955 年版，第 659 页。
④ （五代）王定保：《唐摭言》卷九，西安：三秦出版社 2011 年版，第 141 页。
⑤ （清）陈鸿墀：《全唐文纪事》卷四一，北京：中华书局 1959 年版，第 531 页。
⑥ （宋）王溥：《唐会要》卷三六《修撰》，北京：中华书局 1955 年版，第 659 页。
⑦ （清）董诰等：《全唐文》卷六二六《代百寮进农书表》，上海：上海古籍出版社 1990 年版，第 2801 页。

郎、郎官，参详错综，同编入本续，……从之。①

宝历二年十月，大理卿裴向，进前本寺丞所撰《刑法要录》
十卷。②

（大和七年）十二月乙亥，刑部详定大理丞谢登新编《格后
敕》，令删落详定为五十卷。③

从唐代官方修书的时间来看，太宗、高宗、武后、玄宗四朝修书最
多；就修书内容而言，实录、法律、类书等最多，以卷帙最为庞大的类书
为例，列于表 3-1 中④。

表 3-1　　　　　　　　　唐开元之前官方修类书表

书名	卷数	预修者	成书时间
《艺文类聚》	100	欧阳询等	约武德七年（624 年）
《文思博要》	1200（目录 12 卷）	高士廉等	贞观十五年（641 年）
《文馆词林》	1000	许敬宗等	显庆三年（658 年）
《东殿新书》	200	许敬宗等	龙朔元年（661 年）
《累璧》	400（目录 4 卷）	许敬宗等	龙朔元年（661 年）
《瑶山玉彩》	500	许敬宗等	龙朔二年（662 年）
《碧玉芳林》	450	孟利贞等	
《芳林要览》	300	许敬宗等	
《策府》	582	张大素	
《玄览》	100	武后等	
《三教珠英》	1300（目录 13 卷）	张昌宗等	大足元年（701 年）
《玄宗事类》	130		
《初学记》	30	徐坚等	开元十五年（727 年）
《十九部书类语》	10	是光又	开元末
《文府》	20	徐坚，贺知章，赵冬曦	开元年间

对于这些卷帙庞大的图书如《艺文类聚》《文思博要》《瑶山玉彩》，
明确诏令藏入秘书省。

5. 秘书省图书抄写

"唐代官府抄书活动不是一个独立的过程，往往伴有图书的搜集、整

---

① （宋）王溥：《唐会要》卷三九《定格式》，北京：中华书局 1955 年版，第 704 页。
② 同上。
③ （后晋）刘昫等：《旧唐书》卷十七《文宗本纪》，北京：中华书局 2000 年版，第 376 页。
④ 曹之：《中国出版通史·隋唐五代卷》，北京：中国书籍出版社 2008 年版，第 114-115 页。

理、校勘等工作。抄写图书只是最终的结果。……从文献记载的情况来看，有唐一代，除战乱年代以外，高祖、太宗、高宗、中宗、睿宗、武后、玄宗、肃宗、代宗、德宗、文宗、宣宗等朝，唐政府日常的图书整理工作一直就没有停顿过。"① 秘书省所设置的楷书手近百人，抄写不辍，并计入其年度考核中，因此可以说整个唐代，秘书省内的图书抄写活动几乎一直在进行。从唐代的日常抄书速度来看，唐玄宗时期，集贤院"从天宝三载至十四载，四库续写书又一万六千八百四十三卷"②，平均每年的图书抄写卷数为 1700 卷左右，开元年间，集贤院的图书抄写人员数量大约为 90~100 人，与秘书省 90 员的楷书手设置大致相当（秘书省 80 人、著作局 5 人、太史局 5 人），因此秘书省在开元年间的抄书数量应该也在一年 1500 卷上下。唐宣宗大中三年（849 年）三月秘书省校写四库书 490卷，次年抄写四库书 365 卷。按照统计学的估计，唐代秘书省每年的总体抄写数量应该在 1000 卷左右，当然这样的抄写数量是经历了典校、抄写、装裱、入藏等一系列程序，最后增加的绝对数量。依照秘书省近百名抄写人员的抄写能力估算，其实际抄写数量应该远远高于这个数量，因此唐秘书省的抄写活动除了增加本省收藏之外，还能负责官方赐书的抄写。魏征编撰《类礼》二十卷成，唐太宗下诏褒扬的同时，命令"（录数本以）赐太子及诸王，仍藏之秘府"③，史料中一个"仍"字表明秘书省承担了这次赐书的抄写任务。唐玄宗时期推广《洞灵真经》《南华真经》《通玄真经》，"其《洞灵》等三经望付有司，各写十本，校订讫，付诸道采访使颁行。其贡举司及两京崇玄学生，亦望各付一本"④。"（玄宗开元十四年，吐蕃）又请《五经》，敕秘书写……"⑤，"又"字表明吐蕃之前已经申请了其他的图书，秘书省同样已经写付。

　　唐朝时期，由于皇帝对于图籍事业的重视，秘书省有四次大型的图书抄写活动。第一次开始于武德五年（622 年），由令狐德棻奏请于秘书省内置书手进行抄写，经数年的征募抄写，秘书省"群书略备"。

　　第二次开始于贞观初，结束于唐高宗显庆年间，长达三十多年。

① 全根先：《唐代官府的写书活动》，《学理论》2010 年第 13 期。
② （宋）王溥：《唐会要》卷六四《集贤院》，北京：中华书局 1955 年版，第 1119 页。
③ （宋）王溥：《唐会要》卷三六《修撰》，北京：中华书局 1955 年版，第 651 页。
④ （清）董诰等：《全唐文》卷九六四《请颁赐〈洞灵〉三经奏》，上海：上海古籍出版社1990 年版，第 4440 页。
⑤ （宋）宋祁、欧阳修、范镇、吕夏卿：《新唐书》卷二一六上《吐蕃上》，北京：中华书局 2000 年版，第 4630 页。

太宗命秘书监魏征写四部群书，将进内贮库，别置雠校二十人、书手一百人。征改职之后，令虞世南、颜师古等续其事，至高宗初，其功未毕。显庆中，罢雠校及御书手，令工书人缮写，计直酬佣，择散官随番雠校。①

第三次是伴随着开元年间的图书整理活动开始的，姑且将时间确定为开元五年至九年（717—721 年）之间。

（褚无量）以内库旧书自高宗代即藏在宫中，渐致遗逸，奏请缮写刊校，以弘经籍之道。玄宗令于东都乾元殿前施架排次，大加搜写，广采天下异本。②

五月丽正殿写四库书。敕秘书、昭文、礼部、国子监、太常寺及诸司官人百姓等，所有异书，就借写之。③

第四次开始于唐文宗大和（一作太和）年间。

文宗时，郑覃侍讲禁中，以经籍道丧，屡以为言。诏令秘阁搜访遗文，日令添写。④

开成元年七月，敕秘书省、集贤院，应欠书四万五千二百六十一卷，配诸道缮写。⑤

这次图书抄写活动，引入了地方抄写人员。唐代地方政府在书手的人才培养、俸禄待遇、岗位分配、奖惩管理等方面已然非常成熟，完全可以胜任中央机构所下达的抄写任务。文宗时期图书抄写由于引入了新的力量，成效显著，"四库之书复完，分藏于十二库"⑥。

---

① （后晋）刘昫等：《旧唐书》卷一九〇《崔行功传》，北京：中华书局 2000 年版，第 3399 页。
② （后晋）刘昫等：《旧唐书》卷一〇二《褚无量传》，北京：中华书局 2000 年版，第 2146 页。
③ （宋）王钦若等：《册府元龟》卷五十《帝王部·崇儒术》，北京：中华书局 1960 年版，第 560 页。
④ （后晋）刘昫等：《旧唐书》卷四六《经籍上》，北京：中华书局 2000 年，第 1336 页。
⑤ （宋）王溥：《唐会要》卷六五《秘书省》，北京：中华书局 1955 年版，第 1125 页。
⑥ （宋）宋祁、欧阳修、范镇、吕夏卿：《新唐书》卷五七《艺文一》，北京：中华书局 2000 年版，第 936 页。

6. 获罪大臣家藏

古代帝王在大臣获罪之后，处理的措施之一为没收家产收归国库。武后、中宗、睿宗三朝，朝局风云变幻，多位大臣因参与政治斗争失败，其所收藏的图书即归朝廷所有。"（太平子薛）崇胤弟崇简，娶梁宣王女主家，王室之书，亦为其所有。后获罪，谪五溪，书归御府，而朝士王公，亦往往有之。"① 张彦远《历代名画记》载："时薛少保、歧王（李）范、石泉公王方庆（《旧唐书·王方庆传》称：其家"聚书甚多，不减秘阁，至于图画，亦多异本"）家所蓄图画皆归于天府。"②

7. 各藏书机构之间相互补充

唐玄宗为了增加集贤院的图书收藏量，令各个图书机构相互检校，取异本缮写，充实集贤院的藏书，使集贤院成为玄宗一朝最昌盛的文化机构，群贤毕至，图书编撰活动不断，成果丰厚。"天宝十一载十月，敕秘书省检覆四库书，与集贤院计会填写。"③可见开元天宝年间，各藏书机构之间的图书目录是开放性的，可以相互对比填写，互通有无。秘书省在这个过程中，通过与集贤院、史馆、弘文馆、崇文馆等机构的相互对比抄写，逐渐增加其图书收藏量。

8. 非书资料的入藏

唐代秘书省虽然主要职责为收藏图书，但是书法作品、绘画作品等非书文献亦有收藏。

《贞观公私画史》：

起于高贵乡公，终于大唐贞观十三年，秘府及佛寺并私家所蓄，共二百九十八卷，……近十八卷先在秘府，……时贞观十三年八月望日序。④

《旧唐书》：

① （唐）张彦远：《法书要录》卷三《徐氏法书录》，上海：上海书画出版社 1986 年版，第91 页。
② （唐）张彦远：《历代名画记》卷一《叙画之兴废》，俞剑华注释，上海：上海人民美术出版社 1964 年版，第 5 页。
③ （宋）王溥：《唐会要》卷三五《经籍》，北京：中华书局 1955 年版，第 645 页。
④ （清）董诰等：《全唐文》卷一五九《贞观公私画史·序》，上海：上海古籍出版社 1990 年版，第 1629 页。

　　景云二年，……子玄进议曰："……今议者皆云秘阁有《梁武帝南郊图》，多有危冠骑马者，此则近代故事，不得谓无其文。"①

　　秘书省除保藏图书之外，还承担了一部分档案管理的职责，《新唐书·刑法志》载："天下疑狱谳，大理寺不能决，尚书省众议之，录可法者送秘书省。"② 秘书省这一档案保存功能，至中唐时期尚且存在，"至德宗时，诏中书门下选律学之士，取至德以来制、敕、奏、谳，掇其可以法者藏之"③。

　　秘书省除了收藏纸质或者帛书文献以外，还有一些其他载体的文献。如魏正始《石经》，"贞观初，魏征为秘书监，始收聚之，十不存一。其相承传揭之本犹存秘府，而石经自此亡矣"④。又如汉蔡邕所书《熹平石经》，"贞观中，秘书省魏征考验蔡邕三字石经凡十数段，请于九成宫秘书监内置之，后天后（武则天）移于著作院"⑤。秘书省内还存有实物，"大历十二年五月甲子，成都人郭远获瑞木一茎。有文曰：'天下太平'四字，献之。宰臣奏贺曰：'至德之化，先赉草木，太平之时，遂形文字，望藏秘阁，付史馆。'"⑥ 另外，秘书省内还存有落星石，落星石位于秘书省厅前，与"薛少保画鹤、贺监草书、郎余令画凤，被称为'四绝'"⑦。

（三）唐代官方藏书图书搜括人员

　　唐代的图书搜括任务多由官员承担，分为四种情况：其一，由国家统一下诏进行图籍的征集、购买，可以通过地方官员进行征集，然后经由驿馆传送至京师；其二，由国家任命专使前往四方进行图书搜括；其三，由文化机构的任职人员前往地方进行搜括；其四，任命图书商贾人员为直

---

① （后晋）刘昫等：《旧唐书》卷一〇二《刘子玄传》，北京：中华书局 2000 年版，第 2149 页。
② （宋）宋祁、欧阳修、范镇、吕夏卿：《新唐书》卷五六《刑法》，北京：中华书局 2000 年版，第 927 页。
③ 同上。
④ （唐）封演：《封氏闻见记校注》卷二《石经》，赵贞信校注，北京：中华书局 2005 年版，第 11-12 页。
⑤ （唐）韦述：《两京新记辑校》卷一《秘书省》，辛德勇辑校，西安：三秦出版社 2006 年版，第 10 页。
⑥ （清）陈鸿墀：《全唐文纪事》卷二十，北京：中华书局 1959 年版，第 249 页。
⑦ （唐）赵璘：《因话录》卷五，载上海古籍出版社编《唐五代笔记小说大观（上）》，上海：上海古籍出版社 2000 年版，第 861 页。

官，命其在行商的同时代表国家进行图书搜括。①唐代图书搜括人员情况
如表 3-2 所示。

表 3-2　　　　　　　　　**唐代图书搜括人员情况表**

时间	人物	职务	来源
唐高宗时期	遣使分往康国、吐火罗	访其风俗、书画	《玉海》卷十六
唐中宗景龙年间	京官有学行者	分行天下搜检图籍	《唐会要》卷三五
唐玄宗开元初	何延之	左千牛	《法书要录》
开元十年（722 年）	张怀	知图书搜访异书使	《玉海》卷五二
开元十九年（731 年）	萧嵩	中书令，大学士	《法书要录》
天宝元年（742 年）	萧颖士	秘书省正字	《萧茂挺文集》
天宝五载（746 年）	沈（校书）	校书郎	《全唐诗》卷一三九
天宝中	徐浩	采访书画使	《历代名画记》
天宝七载（748 年）	求玄宗妙本，道书	诸道采访使	《混元圣迹》卷九
天宝十载（751 年）	李嘉祐	秘书省正字	《全唐诗》卷二九三
唐肃宗至德二载（757 年）	徐浩	采访图书使	《法书要录》
至德二载（757 年）	史惟则	侍御史，集贤学士	《法书要录》
至德二载（757 年）	府县搜访国史实录	地方官员	《唐会要》卷六三
唐代宗大历五年（770 年）	苗发	拾遗	《新唐书·艺文志》
大历八年（773 年）	崔峒	拾遗，集贤直学士	《全唐诗》卷二三八、二七三
大历九年（774 年）	耿湋	拾遗	《全唐诗》卷二八〇
唐德宗建中初	颜（司仪）	太子司仪郎	《全唐诗》卷一八九
唐文宗大和年间	秘阁	秘书省职官	《旧唐书·经籍志》
唐僖宗中和五年（885 年）	裴璩	尚书右仆射	《新唐书》卷二二五
中和年间	秘阁	秘书省官员	《旧唐书·经籍志》
唐昭宗大顺年间	韦昌范等	监察御史	《旧唐书·经籍志》

除去官员充当图书搜括人员外，尚有其他人员承担图书搜括的任务，
如商人、内官充当图书搜括人员。唐玄宗时期，众多书画商凭借书画鉴赏
才能得以晋身直官，承担一部分图书搜括任务，唐人张彦远《历代名画
记》卷二"论鉴识收藏购求赏玩"中记载此类人员有：胡商穆聿（至德中

① （唐）张彦远：《法书要录》卷三《古迹记》，上海：上海书画出版社 1986 年版，第 96 页。

白身受金吾长史，改名详)、潘淑善、辽东人王昌、括州人叶丰、长安人田颖、洛阳人杜福、刘翌、河内人齐光。唐宪宗时期，宦官同样承担了搜罗图书的任务。

> 元和十三年，高平公镇太原，不能奉承中贵，为监军使内官魏宏简所忌，无以指其瑕，且骤言于宪宗曰："张氏富有书画。"遂降宸翰，索其所珍。惶骇不敢缄藏科简，登时进献。①

唐文宗时期，亦有宦官、鬻画人同时参与图画搜括的记载：

> 河阳从事李涿，性好奇古，与僧智增善，尝俱至此寺，观库中旧物。忽于破瓮中得物如被，幅裂污尘，触而尘起。涿徐视之，乃画也。……访于常侍柳公权，方知张萱所画《石桥图》也。……后为鬻画人宗牧言于左军，寻有小使领军卒数十人至宅，宣敕取之，即日进入。②

除了世俗之人参与图书搜括活动以外，尚有和尚、道士参与到佛道图书搜括活动中。武后时期，太清观主史崇上《妙门由起序》言：

> 我国家承宗李树，……欲使普天率土，广识灵音，故敕金紫光禄大夫鸿胪卿员外置同正员上柱国、河内郡开国公、太清观主臣史崇为大使，……其所散逸，伫别搜求，续冀修缮，用补遗缺。③

《太上黄箓斋仪》卷五十三载：

> 玄宗着《琼纲经目》凡七千三百卷，复有《玉纬别目记传疏论》，相兼九千余卷。寻值二胡猾夏，正教凌迟，两京秘藏，多遇焚烧。上元年中，所收经箓六千余卷，至大历年申甫先生海内搜扬，京师缮写，又及七千卷。④

---

① (唐) 张彦远：《历代名画记》卷一《叙画之兴废》，俞剑华注释，上海：上海人民美术出版社1964年版，第14页。
② (宋) 尤袤：《全唐诗话》卷四《段成式》，北京：中华书局1985年版，第85页。
③ (清) 董诰等：《全唐文》卷九二三《妙门由起序》，上海：上海古籍出版社1990年版，第4265-4266页。
④ (五代) 杜光庭：《太上黄箓斋仪》卷五三《赞导斋坛赞唱仪轨》，明正统道藏本。

唐不空和尚，曾上《进翻译佛经表》，叙述了图书搜集活动，以及在朝廷的支持下进行翻译的过程：

> 凡得梵本瑜伽真言经论五百余部，奉为国家详译圣言，广崇福。天宝五载，却至上都，奉元宗皇帝恩命，于宫内建立灌顶道场，所脐梵经，尽许翻译。及肃宗皇帝配天继圣，特奉纶音，于内道场建立护摩及灌顶法，又为国译经，助宣皇化。……自开元至今，凡一百一卷七部以闻。①

二、秘书省藏品的聚散

典籍作为社会知识的承载体，其消散意味着文化传播的受限，使得通畅的知识传播渠道遭到外力的破坏，形成断链，从而导致典籍内所承载的知识消亡。隋末唐初，兵祸严重，隋朝的官方和私人收藏损失严重，以致唐初私家无书可读，"裴行俭以门荫补弘文生，累年在馆，唯闭门读书，馆司将加荐举，固辞。左仆射房玄龄问其故，对曰：'遭隋季乱离，私门书籍荡尽，冀在馆披阅，有所成耳。'"② 可见当时的战争动乱对典籍的破坏，阻碍了社会知识的传播，导致士子无书可读，社会文化也无法传承。战争对文化传承的破坏，学者们多有深刻认识，但是对承载文化的载体——典籍的破坏，却缺少广泛的关注。陈登原先生则直接对兵事—典籍—文化这一因果链条导致的最终文化的消亡做出了精确的总结："近世史人，多能侈谈兵事与文化之关系，以为足以阻碍文明之进步，以为战争之发生，足以败坏人间之富力，足以制造民生之凋敝，而鲜有道及兵戈与典藏之关系。然就国史所指示之事实而言，如古代经师之传说，多亡于西晋末年的永嘉之乱，然则经学之所以混淆，固由于秦始皇政治上的焚书；而汉儒经说之失传，实由于西晋末年五胡之乱华。执两者以相衡，其损失非大相径庭也。"③ 战争对社会藏书的破坏是显而易见的，战后君主又很快重新采取了收聚图书的措施，图书聚散之间顺畅的衔接导致学者们在认识上产生了一种断层，认为图书正如聚散在各地的珠子一般，战争只是毁灭了部分

---

① （清）董诰等：《全唐文》卷九一六《进翻译佛经表》，上海：上海古籍出版社 1990 年版，第 4229 页。
② （宋）李昉等：《太平御览》卷六一九《学校十三·借书》，北京：中华书局 1960 年版，第 2779 页。
③ 陈登原：《古今典籍聚散考》，上海：华东师范大学出版社 2010 年版，第 122 页。

珠子，相应地，其他非战争区域仍保存着相同的珠子，在社会安稳之后，可以通过诸多努力重新收聚，然后复制、传播，损坏的典籍只是部分，而非全部。事实并非如此，《隋书·经籍志·序》对唐之前图书亡佚的情况进行了著录，见存与亡佚的图书数据如表 3-3、图 3-1、图 3-2 所示①。

表 3-3　　　　　　　　《隋书·经籍志·序》存亡图书对照表

存亡书	四部							
	经部		史部		子部		集部	
	部数	卷数	部数	卷数	部数	卷数	部数	卷数
存书	645	5544	802	13184	1177	11797	610	6791
亡书	970	7434	649	13858	1647	15120	1300	12593

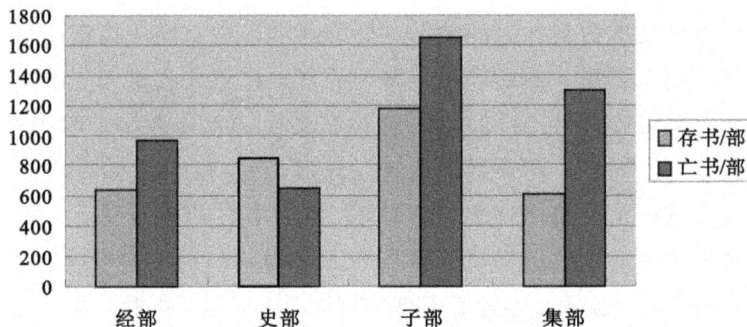

图 3-1　《隋书·经籍志·序》著录图书存亡部数对比图

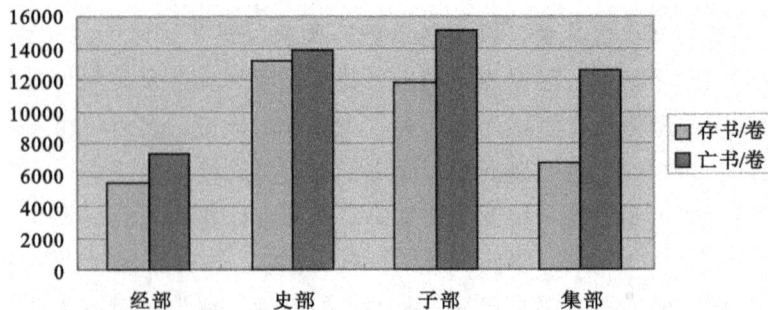

图 3-2　《隋书·经籍志·序》著录图书存亡卷数对比图

---

① 施宁华：《〈隋书·经籍志〉研究》，硕士学位论文，郑州：郑州大学，2007 年，第 20-22 页。

从表 3-3、图 3-1、图 3-2 中可以明确看出，唐代以前无论是在卷数还是在部数上，经史子集四部亡佚图书量，几乎都大于见存图书量，说明图书在流传的过程中，由于种种原因而亡佚的情况十分严重。在众多亡佚因素中，政治因素始终起着明确的损坏作用，无论是政治手段的搜括还是焚书活动，最终都造成图书亡佚的加剧。

> 大抵新朝之兴，必承兵燹以后。其时为粉饰升平计，乃广开献书之路，盛置中秘之藏。然一至王朝颠覆，乱者四起，兵戈水火之余，中秘所藏，民间所庋，必又大受损害。必至继此而起之新朝，始为收罗，以为缀点升平之计。如此循环淘汰，而典籍之受灾日甚，其失传也亦愈速。①

之所以会形成这样的收藏破坏的局面，与中国古代图书收藏所涉及的文化价值思想有着莫大的关联，"专制政治和封建的文化价值观必然导致我国文献收藏活动的重藏轻用。图书深藏在宫中……秘不外传。每一朝代的统治者为了维护其文化统治的垄断地位，都会努力搜集各种典籍文献，并将其视为秘藏之宝物"②。这样封闭式的藏书活动的意义仅仅在于保存了图书的单个载体，却从根本上禁锢了图书所承载的文化知识的传播，从而使得载体的消失导致知识的消失这样典藏悲剧的出现。其根本原因在于古代藏书的文化价值取向在于藏，而不是藏用结合的合理循环，官方的大力搜括对于图书的传播并不起促进作用，而是彰显了一种占有关系，这样的专制思想更加限制了知识的传播，减慢了单个图书的流传速度并缩小了流传范围。在官方收藏受损的情况下，图书的再次搜括面临了相当的困难，无法回归其顶峰状态。唐代的官方收藏以"安史之乱"为界，后期的秘书省收藏就表现出了这样的收藏结果。因此，从另外一个角度来看则是福祸相依，秉持这样的观点来看待唐代官方图书的聚散，乃是笔者的持论所在。

唐代藏书的聚集经历了几代帝王的努力，却总是在顷刻之间毁于战火，因此唐代藏书聚散呈现多次的缓慢升高之后骤然降落，然后重新集聚，重新消散于战火中。唐代的藏书以隋朝旧藏八万卷为增长基础，至唐昭宗迁都之时，仅剩下一万八千卷的藏书，近三百年的数次增长都没有留

---

① 陈登原：《古今典籍聚散考》，上海：华东师范大学出版社 2010 年版，第 122 页。
② 孙玲玲、刘丽斌：《我国文献收藏活动与文化价值观的关系》，《兰台世界》2009 年第 18 期。

下任何积淀，最后"平时载籍，世莫得闻"，可以说唐代官方图书的收藏所呈现的是一个悲剧性的结尾。

唐代秘书省收藏作为官方收藏的一部分，与唐代总体官方收藏形式休戚相关。其原因在于唐代藏书在搜括、购买、分配、复制、庋藏等方面，基本上处于一种整体规划之中，虽然有秘书省校书郎、正字前往不同区域进行图书搜括的记载，但是其所获得的图书归属并不明确。因此，在考察唐秘书省藏品的聚散情况时，笔者将唐代的藏书看作一个整体来分析其聚集散佚的情况，从而反映其中的一个部分——秘书省藏书的聚散。

（一）隋义宁年间—唐武德年间

唐高祖李渊入长安城，仿效汉代入关故事，"命主符郎宋公弼收图籍"①，接收隋在京都长安的官藏。

武德四年（621年），"世民使宇文士及奏请进围东都"，唐高祖诏令李世民收集"乘舆法物，图籍器械"② 等物品。四月，李世民攻入洛阳宫城，令秦王记室房玄龄"尽收其图书及古迹"，并运往长安。

武德五年（622年），"时承丧乱之余，经籍良逸，（秘书丞令狐）德棻奏请购募遗书，重加钱帛，增置楷书，令缮写。数年间，群书略备。"③

（二）唐太宗时期

贞观二年（628年），魏征为秘书监，"上言经籍亡逸，请行购募，并奏引学士校定，群书大备。"④

贞观年间大量的官方修书和献书活动同样充实了秘阁的收藏：

> 贞观五年九月二十日，秘书监魏征撰《群书政要》上之。凡五十卷，诸王各赐一本。⑤

> （贞观）十年春正月壬子，尚书左仆射房玄龄、侍中魏征上梁、陈、齐、周、隋五代史，诏藏于秘阁。⑥

① （宋）王应麟：《玉海》卷六六《律令下》，南京：江苏古籍出版社1987年版，第1244页。

② （宋）司马光：《资治通鉴》卷一八八《唐纪四》，（元）胡三省音注，北京：中华书局1956年版，第5902页。

③ （后晋）刘昫等：《旧唐书》卷七三《令狐德棻传》，北京：中华书局2000年版，第1753页。

④ （后晋）刘昫等：《旧唐书》卷四六《经籍上》，北京：中华书局2000年版，第1366页。

⑤ （宋）王溥：《唐会要》卷三六《修撰》，北京：中华书局1955年版，第651页。

⑥ （后晋）刘昫等：《旧唐书》卷三《太宗本纪下》，北京：中华书局2000年，第31页。

贞观十一年，《礼》成，进爵为子。时承乾在东宫，命师古注班固《汉书》，解释详明，深为学者所重。承乾表上之，太宗令编之秘阁，赐师古物二百段、良马一匹。①

贞观十三年十一月三日，扬州长史李袭誉撰《忠孝图》二十卷，奏之。②

贞观十四年五月二十一日，诏以特进魏征所撰《类礼》，（录数本以）赐太子及诸王，并藏本于秘府。③

贞观十五年正月三日，魏王泰上《括地志》五十卷，……其书宣付秘书。④

贞观十五年十月二十五日，尚书左仆射申国公高士廉等撰《文思博要》成，凡一千二百卷，诏藏之秘府。⑤

（房玄龄）寻与中书侍郎褚遂良受诏重撰《晋书》……至二十年，书成，凡一百三十卷，诏藏于秘府，颁赐加级各有差。⑥

贞观年间，唐太宗出重金搜括法书绘画：

自太宗贞观中搜访王右军等真迹，出御府金帛，重为购赏，由是人间古本，纷然毕进。⑦

《历代名画记》言：

太宗皇帝特所耽玩，更于人间购求。⑧

后世多称赞贞观、开元年间为藏书盛时，而胡应麟认为贞观年间图书搜

---

① （后晋）刘昫等：《旧唐书》卷七三《颜师古传》，北京：中华书局 2000 年版，第 1752 页。
② （宋）王溥：《唐会要》卷三六《修撰》，北京：中华书局 1955 年版，第 651 页。
③ 同上。
④ 同上。
⑤ （宋）王溥：《唐会要》卷三六《修撰》，北京：中华书局 1955 年版，第 656 页。
⑥ （后晋）刘昫等：《旧唐书》卷六六《房玄龄传》，北京：中华书局 2000 年版，第 1662 页。
⑦ （唐）张彦远：《法书要录》卷四《叙书录》，上海：上海书画出版社 1986 年版，第 133 页。
⑧ （唐）张彦远：《历代名画记》卷一《叙画之兴废》，俞剑华注释，上海：上海人民美术出版社 1964 年版，第 10 页。

括的重心在于书法作品，图书编撰倾向于文辞类书，藏书建设名不副实。

> 太宗所骋志文词，所钟嗜翰墨，于经籍盖浮慕焉，未必如
> 隋、宋之竭力搜访也。故贞观中，百事超越前代，此反愧焉。
> 《文思博要》至千二百卷，欧、虞又各自有类书，而秘府二王之
> 迹独冠千古，当时君臣所用力者可见矣。①

（三）唐高宗至唐睿宗统治期间

唐高宗改变了图书抄写的方式，"显庆中，罢雠校及御书手，令工书
人缮写，计直酬佣，择散官随番雠校"②，将秘书省集体作业的图书抄写、
校雠工作，改为计量付酬，并以无职事的散官兼职轮番典校，从而提高了
秘书省的图书抄写效率。

乾封年间（666—668 年），唐高宗展开了对秘书省图书的校勘、抄写
工作。

《唐会要》卷三五：

> 乾封元年十月十四日，上以四部群书传写讹谬，并亦缺少，
> 乃诏东台侍郎赵仁本、兼兰台侍郎李怀俨、兼东台舍人张文瓘
> 等，集儒学之士，刊正然后缮写。③

《容斋随笔·五笔》卷二：

> 后诏东台侍郎赵仁本等充使检校，置详正学士以代散官，此
> 名甚雅，不知何时置去。然秘省自有校书郎、正字，使正名责实
> 足矣。④

从诸多记载中可以看出，唐高宗乾封年间，秘书省开始新一轮的图书

---

① （明）胡应麟：《少室山房笔丛》，中华书局上海编辑所编辑，上海：中华书局 1958 年
版，第 5 页。
② （后晋）刘昫等：《旧唐书》卷一九〇《崔行功传》，北京：中华书局 2000 年版，第
3399 页。
③ （宋）王溥：《唐会要》卷三五《经籍》，北京：中华书局 1955 年版，第 643 页。
④ （宋）洪迈：《容斋随笔》之《五笔》卷二《详正学士》，北京：中华书局 2005 年版，第
853 页。

校勘、抄写活动，并且专门设置了详正学士一职，引李嗣真、吴兢等人入秘书省刊正图书，同时撰写经史传记，将图书的刊正、抄写、编撰集为一体，规模宏大。

唐高宗在位期间，国家藏书数量仍然呈现增长的趋势。持续不断的典校、抄写活动和官方图书编撰活动，增加了秘书省的藏书量。

> 上元中，（刘祎之）迁左史，弘文馆直学士，与著作郎元万顷，左史范履冰、苗楚客，右史周思茂、韩楚宾等，皆召入禁中，共撰《列女传》、《臣轨》、《百僚新诚》、《乐书》，凡千余卷。①

唐高宗时期，官方修书涉及诸多领域，如经书、史书、法律、图谱、方志、医书、类书等。《旧唐书·元万顷传》载"时天后讽高宗广召文词之士禁中修书"，可见当时逐渐出现了"以文仕进"的势头，官员亦编撰图书进献。

> 龙朔三年，皇太子宏遣司元太常伯窦德元进所撰《瑶山玉彩》五百卷上之，诏藏秘府。②

武后时期，官方图书的管理得到加强，"文明元年十月，敕两京四库书，每年正月据旧书闻奏；每三年比部勾覆具官典；及摄官替代之日，据数交领，如有欠少，即征后人。"③ 秘书省在每年的正月，以前一年的图书数量为基本的参照，奏闻新一年的图书种类、数量等参数，并且每三年进行一次在库图书与图书著录（登记）目录的比较，并且确立新的图书著录目录。严明的图书管理制度，保障了图书收藏种类和数量，确保在库图书的完整性。同时在新旧官员交接的时候，按照登记数量进行交接，如果后期图书缺少，则新人负责，杜绝了职官的松懈心理。

武周时期的统治处于一种破立交替的矛盾状态中。武则天建立武周政权，对大唐的诸法采取"破"的同时，树立一种儒学渐衰、文学益盛的社会主流思想意识。"永隆中始以文章选士。及永淳之后，……当时公卿百

---

① （后晋）刘昫等：《旧唐书》卷八七《刘祎之传》，北京：中华书局2000年版，第1929页。
② （宋）王溥：《唐会要》卷三六《修撰》，北京：中华书局1955年版，第657页。
③ （宋）王溥：《唐会要》卷三五《经籍》，北京：中华书局1955年版，第643-644页。

辟无不以文章达，因循遐久，寝以成风。"① 武后时期官方图书编撰活动频繁，如"北门学士"禁中修成"《武后玄览》及《古今内范》各百卷，《青宫纪要》《少阳政范》各三十卷，《维城典训》《凤楼新诫》《孝子列女传》各二十卷，《内范要略》《乐书要略》各十卷，《百僚新诫》《兆人本业》各五卷，《臣范》两卷，《垂拱格》四卷，并文集一百二十卷，藏于秘阁。"② 另外，还有《武后字海》《三教珠英》等书，卷帙繁复。此类充满政治训诫的图书编撰同样充实了武后时期秘书省的收藏。

这一时期也有献书的记载：

> 裴行俭，绛州闻喜人。……永淳元年四月，行俭病卒，年六十四。有集二十卷，……又撰《选谱》十卷，……则天令秘书监武承嗣诣宅，并密收入内。③
>
> 王元感，濮州鄄城人，……长安三年，表上其所撰《尚书纠谬》三十卷，并所注《孝经》、《史记》稿草，请官给纸笔，写上秘书阁。④

官方修书规模巨大，虽然加强了管理措施，但武后时期，宠臣张氏兄弟担任麟台监，监守自盗，以偷梁换柱之法，将内府及秘书省绘画珍品换出：

> 天后朝张易之奏召天下画工，修内府图画，因使工人各推所长，锐意模写，仍旧装背，一毫不差，其真者多归易之。⑤

唐中宗李显"志昏近习，心无远图"⑥，在其短暂的在位时间中图书建设成果丰硕，如景龙三年（709 年）六月，"以经籍多缺，令京官有学

---

① （清）董诰等：《全唐文》卷四七六《词科论》，上海：上海古籍出版社 1990 年版，第 2156 页。

② （后晋）刘昫等：《旧唐书》卷六《则天皇后》，北京：中华书局 2000 年版，第 88 页。

③ （后晋）刘昫等：《旧唐书》卷八二《裴行俭传》，北京：中华书局 2000 年版，第 1899 页。

④ （后晋）刘昫等：《旧唐书》卷一八九《王元感传》，北京：中华书局 2000 年版，第 3375 页。

⑤ （唐）张彦远：《历代名画记》卷一《叙画之兴废》，俞剑华注释，上海：上海人民美术出版社 1964 年版，第 10 页。

⑥ （后晋）刘昫等：《旧唐书》卷七《中宗本纪》，北京：中华书局 2000 年版，第 99 页。

行者，分行天下，搜检图籍"①；搜罗编辑骆宾王诗文作品，郄云卿《骆宾王文集·序》言："中宗朝，降敕搜访宾王诗笔，令云卿集焉。所载者即当时之遗漏，凡十卷"②；召集众儒典校藏书，"在中宗时，尝以禁中书籍编脱谬，诏朝廷文学大官十人绪正之，而公（权若纳）以秩卑名重，特居其选"③。景云二年（711 年）张说《唐昭容上官氏文集·序》总评："中宗景龙之际，十数年间，六合清谧。内峻图书之府，外辟修文之馆。"④ 但这一时期政治动荡，秘书监任职者更替频繁，神龙年间，就有郑普思、李邕、杨睿交三人或以方术，或以宠幸，或以驸马身份得职，旋又去职，后有秘书监附逆坐诛流放，频繁的职位变化，导致省内管理涣散，以致开元初省内图书"散乱讹缺"，官方藏书呈现一种隐性的流失。

（四）唐玄宗时期

郑学檬先生认为，开元天宝年间，"人们生活在相互依存的礼法规范中，……寻求着人与自然的和谐、情感与理智的协调"⑤。在这样积极的社会意识的主导下，玄宗时期的图书建设工作的开展获得了更广阔的思想土壤。

开元五年（717 年）十二月，唐玄宗令褚无量于乾元殿东侧整理内府图书，进行图书的抄写、装裱、排架；同月马怀素上书要求延引学者进秘书省进行图书整理：

> （开元五年十二月）秘书监马怀素奏："省中书散乱讹缺，请选学术之士二十人整比校补。"从之。于是搜访逸书，选吏缮写，命国子博士尹知章、桑泉尉韦述等二十人同刊正……⑥

刚开始，几项图书整理活动并进，秘书省图书整理由秘书监马怀素领

---

① （宋）王溥：《唐会要》卷三五《经籍》，北京：中华书局 1955 年版，第 644 页。

② （唐）郄云卿：《骆宾王文集·序》，载（唐）骆宾王撰《骆宾王文集》，北京：中华书局 1986 年影印版，序。

③ （唐）权德舆：《权德舆诗文集》卷三四《唐故通议大夫梓州诸军事梓州刺史上柱国权公文集序》，郭广伟校点，上海：上海古籍出版社 2008 年版，第 518 页。

④ （清）董诰等：《全唐文》卷二二五《唐昭容上官氏文集·序》，上海：上海古籍出版社 1990 年版，第 1004 页。

⑤ 郑学檬：《贞观之治和盛唐的人文精神》，载荣新江主编《唐研究》第 10 卷，北京：北京大学出版社 2004 年版，第 211-226 页。

⑥ （宋）司马光：《资治通鉴》卷二一一《唐纪二十七》，（元）胡三省音注，北京：中华书局 1956 年版，第 6730 页。

导，褚无量率领另外一班人马在皇宫内乾元殿东厢进行内府图书的整理。

> （开元）六年，乾元院更号丽正修书院，以秘书监马怀素、
> 右散骑常侍褚无量充使。①

后来，秘书省图书整理开始与丽正院图书整理活动发生交集，秘书监马怀素在经过一段时间的图书整理活动后，奏请进行国家图书总目的编撰："望括检近书篇目，并前志所遗者，续王俭《七志》，藏之秘府。"②丽正院官员继续整理、抄写西京内府图书。开元七年（719 年），图书搜括、抄写活动进入高潮，一方面秘书省、丽正院、弘文馆、崇文馆、礼部、国子监、太常寺及其他图书收藏机构之间进行目录的对比，抄写补充秘书省、丽正院图书；另一方面唐玄宗诏令天下官员、庶民进献异本以补充图书，并设立专使进行图书异本的搜访③。

从藏书体量来说，开元天宝年间官方藏书量的增长一方面依赖图书搜访增加单本量，另一方面得益于规模庞大的藏书抄写活动。秘书省原有楷书手九十人，集贤院有御书手一百人，"从天宝三载至十四载，（集贤院）四库续写书又一万六千八百四十三卷"④，百名书手年平均抄写量为 1680卷，依此类推，秘书省楷手的抄写速度也应该相似。从开元初到天宝末40 余年，秘书省的抄写量应该达到 3 万余卷。

秘书省在天宝年间亦进行了多次图书搜括，秘书省官员多以本职充使前往地方进行搜括，如秘书省正字萧颖士、沈校书、秘书省正字李嘉祐，与其他机构共同主导了层层交织的图书搜括行为。从机构来看，诸多官方藏书机构在图书搜括行为中都有或大或小的贡献，其中以集贤院、秘书省两个机构为重要力量；从官员来看，集贤院学士、秘书省官员同样扮演了图书搜括者的重要角色，另外，亦有其他官员被任命参与图书的搜括，如武官左千牛何延之；唐玄宗还任命普通的书画商人充当图书搜括者，赋予其告讦权利，即发现某家藏有名贵书画就可以向官方报告，然后由官方出面提出要求，这样的行为最大限度地保证了搜括的精准度和广度。

唐玄宗时期，官方修书活动频繁。"官修了《开元礼》、《姓族系录》、

---

① （宋）王溥：《唐会要》卷六四《集贤院》，北京：中华书局 1955 年版，第 1118 页。
② （清）董诰等：《全唐文》卷二九六《请编录典籍疏》，上海：上海古籍出版社 1990 年版，第 1324 页。
③ （宋）王应麟：《玉海》卷五二，台湾"商务印书馆"1987 年版载：开元十年九月，张悱改充知图书搜访异本使。
④ （宋）王溥：《唐会要》卷六四《集贤院》，北京：中华书局 1955 年版，第 1119 页。

《群书四部录》、《御刊定礼记月令》、《唐六典》、《开元起居注》、《高宗实录》、《中宗实录》、《睿宗实录》、《今上实录》、《开元实录》等大量史书。"① 另外，还有《初学记》《格式律令事类》等类书，《开元式》《开元令》《开元前格》《开元后格》《开元新格》等法律条文，《开元文字音义》《开元广济方》等书，还有唐玄宗御撰《周易大衍论》、注《孝经》、注《道德经》等书，这些图书涉及内容广泛，卷帙巨大，收藏于内府等藏书机构，增加了藏书的单本量和复本量。

唐开元天宝年间，臣民献书者众。唐人具有深切的传世意识，希望自己的著作能够被纳入官方收藏体系，借助雄厚的国家力量以传示后人，如开元元年（713 年），因事下狱的张鷟，上《陈情表》言：

> 臣……罪应至死，……近来撰集诗赋表记等若干卷，编集拟进，缮写未周，……伏愿陛下遂臣万请之心，宽臣百日之限，集录缮写，奉进阙庭。微愿获申，就死无恨。②

开元天宝年间，文学与政治结合形成了"文儒"阶层，开明的政治文化、强大的国力、崇尚诗文的政治环境为盛唐文士提供了良好的发展土壤。唐代文士乘此千载良机，加以自觉之努力成就了中国古典文学的一段神话。"据《全唐诗》载，盛唐诗人约二百八十人，共留诗约六千余首，虽然诗人及诗作数量盛唐均不及中唐及晚唐，但在一流诗人出现的密度上中唐及晚唐则难望盛唐项背。"③

天宝末年，秘书省管理松懈，导致图书流失。天宝十二载（753 年）十二月二十二日，唐玄宗令左相陈希烈充秘书省图书使，主管秘书省图书：

> 国之载籍，政之本源，故藏于蓬山，……如闻顷者以来，不存勾当。或诠次失序，或钩校涉疏，或擅取借人，或潜将入己。因循斯久，散失遂多。思革前弊，允资盛德。宜令左相兼武部尚书陈希烈充监秘书，令省图书。④

---

① 曹之：《中国出版通史·隋唐五代卷》，北京：中国书籍出版社 2008 年版，第 107 页。
② （清）董诰等：《全唐文》卷一七二《陈情表》，上海：上海古籍出版社 1990 年版，第 771 页。
③ 刘顺：《初盛唐的儒学与文学》，博士学位论文，上海：华东师范大学，2008 年，第 179 页。
④ （清）董诰等：《全唐文》卷三三《命陈希烈兼领秘书诏》，上海：上海古籍出版社 1990 年版，第 157 页。

在任命制书中，唐玄宗罗列了秘书省管理的五种失职表现：其一，"不存勾当"，对图书的入藏、出库情况缺少记载，导致图书收藏情况不明；其二，"诠次失序"，图书排架顺序颠倒，影响了图书的利用；其三，"钩校涉疏"，图书的典校、抄写不认真，致使图书质量下降；其四，"擅取借人"，秘书省官员擅自借藏书与他人；其五，"潜将入己"，朝廷官员偷入书库将官书据为己有。

天宝十四载（755 年）十一月，安禄山反，十二月攻入东都洛阳，次年六月，破京师。唐两京沦丧于叛军之手近两年，公私藏书命运惨烈。

> 盖大兵到日，闾阎邱墟，何况公家之收藏，与夫私人之珍弃！一方则主者奔命之不眼，无瑕计及典守；一方则将帅员卒，大抵多不学之徒，无心念及典藏之可贵。于是昔之嬛媛插架，一霎时化为灰烬矣。①

而安禄山纵容部下大索钱财，"铢两之物无不穷治"②，此类兵匪对藏书的毁坏更彻底：

> 而群盗之行为，……往往掠戮以示威，纵火以逼人，为匪且了解典籍之能力，益较武将为薄弱，因而典籍之受厄者也愈甚。……是则典籍之遭厄于兵匪者，以较政治之厄，有过之无不及焉。③

至德三载（758 年）集贤院学士王维称"顷逆胡凶顽，不识经籍，恣行毁裂，有甚焚烧"④。唐代官藏在兵、匪、盗的尽力破坏下损失殆尽，"禄山之乱，两都覆没，乾元旧籍，亡散殆尽"⑤。需要指出的是，此时担任秘书监职务的正是安禄山的长子安庆宗，天宝十四载（755 年）六月，

---

① 陈登原：《古今典籍聚散考》，上海：华东师范大学出版社 2010 年版，第 121 页。
② （宋）司马光：《资治通鉴》卷二一八《唐纪三十四》，（元）胡三省音注，北京：中华书局 1956 年版，第 6994 页。
③ 陈登原：《古今典籍聚散考》，上海：华东师范大学出版社 2010 年版，第 122 页。
④ （清）董诰：《全唐文》卷三二四《谢御书集贤院额表》，上海：上海古籍出版社 1990 年版，第 1453 页。
⑤ （后晋）刘昫等：《旧唐书》卷四六《经籍上》，北京：中华书局 2000 年版，第 1336 页。

安庆宗与荣义郡主成婚，官职秘书监。同时受损的还有两京内的藏书家的藏品，如韦述"家聚书二万卷，……及禄山之乱，两京陷贼，……经籍资产，焚剽殆尽"①。

（五）唐肃宗至唐德宗时期

《旧唐书·经籍志》载："肃宗、代宗崇重儒术，屡诏购募。"② 战乱后，臣民亦有献书，如韦述上《国史》百卷，张怀瓘载"或有进献，多堆于翰林杂书中"。

《唐会要·修撰》载："唐肃宗乾元二年十一月，四明山人沈若进《广孝经》十卷。"③

《唐故朝议郎行监察御史上柱国郑府君（洵）墓志铭并序》："□（肃）宗初建储，君撰《东宫要录》十卷奉进，存于秘阁。"④

唐代宗李豫于宝应元年（762年）九月联合回纥大败史朝义，初步平定"安史之乱"；广德元年（763年）七月，安、史降将勾结吐蕃势力攻陷长安，吐蕃军占领长安近半月，《法书要录》载："及吐蕃入寇，图籍无遗"⑤。经由肃宗朝搜括的图书再次遭遇浩劫，官藏二次归零。

广德二年（764年）七月，集贤院大学士中书舍人侍郎平章事元载建议："集贤院图书，自经寇乱，坠失颇多。请开赎书之令，得一卷赏一千钱。"⑥ 大历五年（770年）"又命拾遗苗发等使江淮括访"⑦，历时一年，至大历六年（771年）仲夏返回；大历八年（773年）秋，拾遗、集贤直学士崔峒前往江淮搜书，戴叔伦有诗《送崔拾遗峒江淮访图书》，钱起有诗《送集贤崔八叔承恩括图书》；大历九年（774年）秋，拾遗耿湋前往江淮搜书，李端、卢纶有诗《送耿拾遗湋充括图书使往江淮》，大历十年（775年）七月经宣城返回长安，梁肃作《送耿拾遗归朝廷序》："国家……虑有阙文遗编，逸诗坠礼，分命史（使）臣，求之天下。……拾遗耿君于

①　（后晋）刘昫等：《旧唐书》卷一〇二《韦述传》，北京：中华书局2000年版，第2157页。

②　（后晋）刘昫等：《旧唐书》卷四六《经籍上》，北京：中华书局2000年版，第1336页。

③　（宋）王溥：《唐会要》卷三六《修撰》，北京：中华书局1955年版，第659页。

④　徐殿魁：《河南偃师市杏园村唐墓的发掘》，《考古》1996年第12期。

⑤　（唐）张彦远：《法书要录》卷三徐浩《古迹记》，上海：上海书画出版社1986年版，第97页。

⑥　（宋）王钦若等：《册府元龟》卷五十《帝王部·崇儒术二》，北京：中华书局1960年版，第562页。

⑦　（宋）宋祁、欧阳修、范镇、吕夏卿：《新唐书》卷五七《艺文一》，北京：中华书局2000年版，第937页。

是……有江湖之役。黾勉已事，将复命网下。七月乙未，改辕而西。"①

唐代宗时期除以元载为主导的图书搜括活动之外，还有起用道士进行道书的搜括、利用和尚进行佛经的翻译、利用儒生进行九经的校订等图书活动。

《太上黄箓斋仪》卷五三载：

> ……寻值二胡猾夏，正教凌迟，两京秘藏，多遇焚烧。上元年中，所收经箓六千余卷，至大历年申甫先生海内搜扬，京师缮写，又及七千卷。②

大历七年（772年）不空和尚上《进翻译佛经表》：

> 爰自幼年，承事先师大宏三教和尚二十有四载，裹授瑜伽法门。后游五天，……凡得梵本瑜伽真言经论五百余部，……为国译经，助宣皇化。……自开元至今，凡一百一卷七部以闻。③

《全唐文新编》卷四五八张参《五卷文字序例》载：

> （大历）十年夏六月，……诏委国子儒官勘校经本，……参幸承诏旨，得与二三儒者分经钩考而共决之。……卒以所刊，书于屋壁。……乃命孝廉生颜传经收集疑文互体，……分为三卷。……大历十一年六月七日，司业张参序。④

大历年间亦有官方修书、臣民献书：
《封氏闻见记》载：

> 大历十二年，（颜真卿）入为刑部尚书，诣银台门进上之

---

① （宋）李昉等：《文苑英华》卷七二五《送耿拾遗归朝廷序》，北京：中华书局1966年版，第3762页。

② （五代）杜光庭：《太上黄箓斋仪》卷五三《赞导斋坛赞唱仪轨》，明正统道藏本。

③ （清）董诰等：《全唐文》卷九一六《进翻译佛经表》，上海：上海古籍出版社1990年版，第4229页。

④ 周绍良：《全唐文新编（第2部第4册）》卷四五八《五卷文字序例》，长春：吉林文史出版社2000年版，第5383页。

（《韵海镜原》三百六十卷）。奉敕宣付秘阁，赐绢五百匹。①

《资治通鉴》载：

　　　大历十四年八月，沈即济在京协律郎，上《选举志》。②

　　唐德宗建中四年（783 年）十月"泾师之变"，唐德宗仓皇出逃奉天，长安为叛军所占领，内府图书"及德宗艰难以后，又经散失，甚可痛也"③。但值得庆幸的是，在这样的浩劫中，图籍却因伪臣源休得以部分保存，《杜阳杂编》载："朱泚始乱长安，……（源）休乃收图书，贮仓廪，作萧何事业。"④

　　"唐代科举之盛，肇于高宗之时，成于玄宗之代，而极于德宗之世。"⑤ 在唐德宗的刻意推动下，科举逐渐成为入仕的主要途径，更多的士子试图通过自身的学识来实现社会地位的提高，从而进入上层社会。而学识的增多离不开书籍的丰富。科举的昌盛要求经典的版本统一，"贞元二年（786 年）七月，秘书监刘太真上言，请择儒者详校九经于秘书省，令所司陈设，及供奉食物，宰臣录其课效。从之。"⑥

　　唐德宗时期，刘太真、韩洄、包佶相继就任秘书监，积极进行藏书建设，多有图书搜访、校勘与抄写的记载。

　　韦应物《送颜司仪使蜀访图书》："轺架一封急，蜀门千岭曛。……无为久留滞，圣主待遗文。"⑦ 诗歌创作于大历末建中初年，应属唐德宗即位之初。

　　《太中守国子祭酒韩公行状》："（韩洄）迁秘书监，乃奏置五经正本，补群书之阙，蓬阁之中灿然如初，复除兵部侍郎。"⑧ 考韩洄由秘书监迁

① （唐）封演：《封氏闻见记校注》卷二《声韵》，赵贞信校注，北京：中华书局 2005 年版，第 14 页。
② （宋）司马光：《资治通鉴》卷二六《大历十四年》，（元）胡三省音注，北京：中华书局 1956 年版，第 7268 页。
③ （唐）张彦远：《历代名画记》卷一《叙画之兴废》，俞剑华注释，上海：上海人民美术出版社 1964 年版，第 11 页。
④ 周勋初：《唐人轶事汇编（下）》，上海：上海古籍出版社 2006 年版，第 747 页。
⑤ 陈寅恪：《元白诗笺证稿》，上海：上海古籍出版社 1978 年版，第 2 页。
⑥ （宋）王溥：《唐会要》卷六五《秘书省》，北京：中华书局 1955 年版，第 1124 页。
⑦ （清）彭定求：《全唐诗》卷一八九《送颜司仪使蜀访图书》，北京：中华书局 1960 年版，第 1933 页。
⑧ （清）董诰等：《全唐文》卷五〇七《太中守国子祭酒韩公行状》，上海：上海古籍出版社 1990 年版，第 2284 页。

兵部侍郎在贞元五年（789 年）。

《唐故秘书少监陈公行状》：

> 公性陈氏，……讳京。贞元二十一年四月二十五日，终于安
> 邑里妻党之室。……在集贤，奏秘书官六员隶殿内，而刊校益
> 理。……求遗书，凡增缮者，乃作艺文新志，制为之名曰《贞元
> 御府群书新录》。①

唐德宗即位伊始，就加强了秘书省书库的管理。"大历十四年九月二
十七日敕：秘书省书阁内书，自今后不得辄供诸司及官人等，每月两衙及
雨风，委秘书郎典书等同检校，递相搜出，仍旧封闭。"② 该诏令完善了
图书的典藏制度，强化了藏书的按时检校和书库封闭制度。另外，贞元初
秘书监刘太真关于秘书省图书抄写的奏议，清晰地将贞元年间秘书省日常
的运作情况勾勒出来，如纸张、厨料、杂项等供应来源，楷书手的补充，
图书校勘人员的组成，等等。

> （贞元）三年八月，秘书监刘太真奏："准贞元元年八月二日
> 敕，当司权宜停减诸色粮外，纸数内停减四万六千张。续准去年
> 八月十四日敕，修写经书，令诸道供写书功粮钱。已有到日，见
> 欲就功，伏请于停减四万六千张内，却供麻纸及书状、藤纸一万
> 张，添写经籍，其纸写书足日，即请停。又当司准格，楷书八年
> 试优，今所补召，皆不情愿。又准今年正月十八日敕，诸道供送
> 当省写经书，及校勘五经学士等粮食钱，今缘召补楷书，未得解
> 书人，元写经书，其历代史所有欠阙，写经书毕日余钱，请添写
> 史书。"从之。③

贞元年间，臣民献书活动异常活跃，贾耽进所撰《郡国别录》四十
卷、《通录》四卷、《海内华夷图》、《古今郡国县道四夷述》四十卷；贞元
十九年（803 年）二月，淮南节度使杜佑进所撰《通典》二百卷，唐德宗
下诏嘉奖，并命入秘书省内典藏；夏州节度使韩潭进《统载》四十卷；昭

---

① （唐）柳宗元：《柳河东全集》卷八《唐故秘书少监陈公行状》，北京：燕山出版社 2009
　　年版，第 151 页。
② （宋）王溥：《唐会要》卷六五《秘书省》，北京：中华书局 1955 年版，第 1124 页。
③ （宋）王溥：《唐会要》卷六五《秘书省》，北京：中华书局 1955 年版，第 1125 页。

义节度使贺兰正九进《用人权衡佐记》十卷、《举选衡镜》三卷；西川节度使韦皋进《开复西南夷事状》十卷；杭州刺史苏弁进所撰《会要》四十卷。另外，尚有皇帝或者机构下令取某人著作而藏之。

《全唐文》载："清昼，字皎然，俗姓谢氏。……贞元中，敕写其文集入秘阁。"①

《唐故银青光禄大夫守礼部尚书致仕上轻车都尉安城县开国伯食邑七百户赠太子少师陇西李府君墓志铭并序》："德宗皇帝统临万方，注意六义，诏征公制述，令词臣编录，阅览终夕，精微动天，遂以副本藏于天禄石渠之署。"②

唐肃宗至唐德宗时期近半个世纪的官方藏书，呈现驼峰式的发展脉络。"安史之乱"以后唐肃宗从零开始，发布四方求书之使，苦心经营，积累国家藏书，然至唐代宗即位之初，就遭到吐蕃的兵火之祸，呈现第一个驼峰。唐代宗多次任命使者前往江淮、江南、蜀中等地搜访藏书，大历末集贤院藏书已达两万余卷，然泾原兵变再次损毁，唐德宗只能再次重启，振兴国家文化事业。自贞元初至广明之乱，唐代整体局势稳定，官方藏书再次开始聚集，藏书量开始增长。

（六）唐宪宗至唐宣宗时期

唐宪宗雅尚图书，《旧唐书·宪宗本纪下》中史臣曰："宪宗嗣位之初，读列圣实录，见贞观、开元故事，竦慕不能释卷。"③ 史料内虽鲜见图书建设行为，但唐宪宗"留意典坟"④，元和年间官方藏书建设并未停止。白居易有诗《惜玉蕊花有怀集贤王校书起》言："集贤雠校无闲日，落尽瑶花君不知。"⑤ 活跃在宪宗、穆宗两朝的诗人王建亦有诗《宫词》言："集贤殿里图书满，点勘头边御印同。真迹进来依数字，别收锁在玉函中。"⑥ 元和五年（810 年），韩愈在洛阳有《送郑十校理序》言："集贤

---

① （清）董诰等：《全唐文》卷九一七，上海：上海古籍出版社 1990 年版，第 4234 页。

② 王胜明：《新发现的崔郾佚文〈李益墓志铭〉及其文献价值》，《文学遗产》2009 第 5 期。

③ （后晋）刘昫等：《旧唐书》卷十五《宪宗本纪下》，北京：中华书局 2000 年版，第 320 页。

④ （宋）王钦若等：《册府元龟》卷四十《帝王部·文学·好文》，北京：中华书局 1960 年版，第 456 页。

⑤ （清）彭定求：《全唐诗》卷四三六《惜玉蕊花有怀集贤王校书起》，北京：中华书局 1960 年版，第 4833 页。

⑥ （清）彭定求：《全唐诗》卷三〇二《宫词》，北京：中华书局 1960 年版，第 3440 页。

之书盛积，尽秘书所有，不能处其半；书日益多，官日益重。"① 可知唐宪宗时期集贤院的藏书量一直在增长，秘书省藏书也应该处在上升期。

元和年间的图书进呈活动十分活跃：

> 元和二年十二月，李吉甫等撰《元和年国计簿》十卷，上之。
>
> 元和四年四月，给事中冯伉著《三传异同》三卷。
>
> （元和五年）……十一月丙寅，吏部郎中柳公绰献《太医箴》。
>
> 元和八年二月，李吉甫撰《元和州县郡国图》三十卷，《百司举要》一卷，上之。又为《六代略》三十卷，《元和郡国图》（《十道州郡图》）五十四卷。
>
> 元和九年四月，检校左拾遗李渤撰《戎新录》二十卷，上之。
>
> 元和十三年六月，宰臣袁滋撰《云南纪》五卷，上之。
>
> 其年八月，洛阳尉检讨官王彦威撰《元和曲台新礼》三十卷。
>
> 其年十二月，秘书少监史馆修撰马宇撰《凤池录》五十卷，上之。
>
> 元和十三年，处州刺史马总进《武德至贞元年奏议》二十卷。②

元和六年（811年），陈鸿撰编年体《大统纪》三十卷，上之，《全唐文新编》存其书序。

元和七年（812年）七月，尚书王涯上《姓纂》十卷，《全唐文新编》卷七二二载林宝《元和姓纂序》："元和壬辰岁……上谓相国赵公，有司之误，不可再也。宜召通儒硕士，辩卿大夫之族姓者，综修《姓纂》，署之省阁。"③

元和八年（813年）十一月，韩愈等人重修《顺宗实录》，《韩昌黎全

① （清）董诰等：《全唐文》卷五五六《送郑十校理序》，上海：上海古籍出版社1990年版，第2492页。
② （宋）王溥：《唐会要》卷三六《修撰》，北京：中华书局1955年版，第660-661页。
③ 周绍良：《全唐文新编（第3部第4册）》卷七二二《元和姓纂序》，长春：吉林文史出版社2000年版，第8285页。

集》卷三八"表状"载《进顺宗皇帝实录表状》："臣与修撰左拾遗沈传师、直馆京兆府咸阳县尉宇文籍等共加采访，并寻检诏敕，修成《顺宗皇帝实录》五卷。"①

元和九年（814年），僧澄观卒，《宋高僧传》卷五《唐代州五台山清凉寺澄观传》载："澄观，所进《华严》，后分四十卷。……又诏令造疏，遂于终南草堂寺编成十卷，进呈。"②

《唐故银青光禄大夫守礼部尚书致仕上轻车都尉安城县开国伯食邑七百户赠太子少师陇西李府君墓志铭并序》："元和中，因张广乐、赏丽曲，问其所自，知公属词，又两征文集，一见别殿。"③

同时宪宗朝有多次官方修撰行为，或是御制，或是史书修撰，或是在唐宪宗的授意下为资政而编撰：

（元和四年）秋七月乙巳朔，御制《前代君臣事迹》十四篇，书于六扇屏风。

（元和五年）冬十月庚辰，宰相裴垍进所撰《德宗实录》五十卷。

（元和六年）正月丙申，敕谏议大夫孟简、给事中刘伯刍、工部侍郎归登、右补阙萧俛等于半泉寺翻译《大乘本生心地观音经》。④

（元和十二年）冬十月癸酉，内出《元和辩谤略》三卷付史馆。⑤

唐穆宗李恒执政四年间，有图书进献的记载：

长庆元年十一月，商州刺史王公亮进新撰公书一十八卷。

---

①　（唐）韩愈：《韩昌黎全集》卷三八《进顺宗皇帝实录表状》，上海：世界书局1935年版，第448页。

②　（宋）赞宁：《宋高僧传》卷五《唐代州五台山清凉寺澄观传》，范祥雍点校，北京：中华书局1987年版，第105-107页。

③　王胜明：《新发现的崔郾佚文〈李益墓志铭〉及其文献价值》，《文学遗产》2009第5期。

④　（后晋）刘昫等：《旧唐书》卷十四《宪宗本纪上》，北京：中华书局2000年版，第290页、第293-294页。

⑤　（后晋）刘昫等：《旧唐书》卷十五《宪宗本纪下》，北京：中华书局2000年版，第316页。

长庆二年四月，翰林侍讲学士韦处厚、路随撰《六经法言》，上之。①

元稹有《进诗状》："臣某杂诗十卷……右臣面奉圣旨，令臣写录杂诗进来者"②，时长庆元年（821年）二月；六月，元稹再次进《京西京北图经》四卷并《京西京北图》一面。

唐敬宗李湛在位三年，耽于游宴，仅见臣下献书两则：

宝历元年三月，翰林侍讲学士崔偃与高重进《纂要》十卷。
宝历二年五月，秘书省著作郎韦公肃注《太宗文皇帝帝范》一十二篇，上之。③

唐文宗李昂恭俭儒雅，"尚文章，尊典籍"④。大和初郑覃建议校定六经的同时，奏请进行图书的搜括活动，唐文宗听从其建议，令秘书省搜括、抄写图书。官方藏书有了发展，集贤院、秘书省均扩建了新的藏书空间，开成初秘阁藏书达到56476卷，分藏于十二库。

《册府元龟》卷十四载：大和（一作太和）二年（828年）九月，"集贤院奏请创造昭庆门里西墙至集贤院门南廨舍三十九间。许之。"⑤

大和四年（830年）正月，秘书省有《请修书阁奏》：

当司藏书六万余卷，列官三十一员。……今者栋宇敧斜，图籍缺落。臣忝职司辄申，伏乞特下有司，计料修葺，便加功力，庶得完全。⑥

唐文宗在位期间，秘书省图书抄写量相当惊人，几乎复制了整个唐朝的所有官方藏书。《旧唐书·经籍志》载："文宗时……诏令秘阁搜访遗

---

① （宋）王溥：《唐会要》卷三六《修撰》，北京：中华书局1955年版，第661页。
② （唐）元稹：《元稹集编年笺注·散文卷》卷三五，杨军笺注，西安：三秦出版社2008年版，第707-710页。
③ （宋）王溥：《唐会要》卷三六《修撰》，北京：中华书局1955年版，第661-662页。
④ （唐）刘禹锡：《刘禹锡集》卷八《国学新修五经壁本纪》，光孝萱校订，北京：中华书局1990年版，第97页。
⑤ （宋）王钦若等：《册府元龟》卷十四《都邑二》，北京：中华书局1960年版，第161页。
⑥ （清）董诰等：《全唐文》卷九六六《请修书阁奏》，上海：上海古籍出版社1990年版，第4448页。

文，日令添写。"① 以开成元年（836 年）七月为期限，"秘书省、集贤院，应欠书四万五千二百六十一卷，配诸道缮写"②。刘禹锡在大和（一作太和）元年至四年（827—830 年）在京以主客郎中、礼部侍郎兼任集贤院学士，之后在其《苏州谢上表》中提及集贤院抄书数量："在集贤院四换星霜，供进新书二千余卷。"③ 可见当时集贤院每年的抄书数量为五百卷，时集贤院内的御书手八十余员，秘书省楷书手九十员，图书抄写量亦大约五百卷。估算起来集贤院、秘书省于唐文宗在位期间，抄书一万四千余卷，再加上开成元年（836 年）配诸道缮写的图书，唐文宗在位期间共抄书六万余卷，几乎倍增了唐代官府藏书。为了更好地跟踪和掌握秘书省每年的抄书、典校工作量，唐文宗依臣下建议设立新书抄写校勘日历，使秘书省每月申报工作量于御史台、每年总结抄书量，并纳入官员考课之中。

　　开成元年七月，分察使奏："秘书省四库见在杂旧书籍，共五万六千四百七十六卷，并无文案及新写书文历。自今以后，所填补旧书及别写新书，并随日校勘，并勒创立案，别置纳历，随月申台，并申分察使；每岁末课申数并具状闻奏。"敕旨：宜依。④

文宗一代，臣民献书、官方修书活动亦相对频繁。

开成二年（837 年），翰林院勒字撰《九经字样》因有《九经字样序表》：

　　今删补冗漏，一以正之。又于五经文字本部之中，采其疑误旧未载者，撰成《新加九经字样》一卷，凡七十六部四百二十一文。……当开成丁巳岁序谨上。⑤

《旧唐书·文宗本纪》载：

　　开成二年十月，……癸卯，宰臣判国子祭酒郑覃进《石壁九

① （后晋）刘昫等：《旧唐书》卷四六《经籍上》，北京：中华书局 2000 年版，第 1336 页。
② （宋）王溥：《唐会要》卷六五《秘书省》，北京：中华书局 1955 年版，第 1125 页。
③ （唐）刘禹锡：《刘禹锡集》卷十五，光孝萱校订，北京：中华书局 1990 年版，第 186 页。
④ 同注②。
⑤ （唐）唐玄度：《新加九经字样》，北京：中华书局 1985 年版，序（第 1-15 页）。

经》一百六十卷。……诸儒校正讹谬。上又令翰林勒字官唐度复校字体。

（大和八年九月）甲子，郑注进《药方》一卷。

（大和七年）十二月乙亥，刑部详定大理丞谢登新编《格后敕》，令删落详定为五十卷。

（开成三年）四月癸丑，屯田郎中李衢、沔王府长史林赞进所修《皇唐玉牒》一百五十卷。①

太和元年六月，国子直讲徐郿上《周易新义》三卷。

八年四月，集贤学士撰《通选》三十卷。

其年九月，宰相……李德裕进《御臣要略》、《柳氏旧史》。

其年，宰臣李宗闵等撰《五常传》二十卷，并目录一卷，上之。

开元（误，当为开成）二年二月，户部侍郎王彦威，以所撰《唐典》七十卷，上之。

（开成）三年八月，右拾遗韦寿进《唐书》、《唐史解表》，共五通。②

　　唐武宗善于用人，有决断，在限制宦官、削弱藩镇、打击佛教等方面取得了卓越的成绩，但是并不重视文化事业。宋人孙光宪云："（唐）武宗以后，（求书之典）寂寞无闻。"③ 会昌三年（843年）唐武宗下令禁宫内佛经，并对佛教方面的献书出手惩治，日本僧人圆仁于会昌三年（843年）六月十三日记载："太子詹事韦宗卿撰《涅盘经疏》廿卷进，今上览已，焚烧经疏，敕中书门下，令就宅追索草本烧焚，其敕文如左，'敕：……韦宗卿，忝列崇班，合遵儒业，溺于邪说，是扇妖风，……况非圣之言，尚宜禁斥，……宜从左官，犹为宽恩。任成都府尹，驰骤发遣。……其所进经，内中已焚烧讫。其草本委中书门下追索焚烧，不得传之于外。'"④ 唐武宗崇尚道教，"（会昌元年六月）以衡山道士刘玄靖为银青光禄大夫，充荣玄馆学士，赐号广成先生，令与赵归真于禁中修法箓"⑤。

---

① （后晋）刘昫等：《旧唐书》卷十七《文宗本纪》，北京：中华书局2000年版，第376页、第378页、第389-390页。

② （宋）王溥：《唐会要》卷三六《修撰》，北京：中华书局1955年版，第662页。

③ （宋）孙光宪：《北梦琐言》，林艾园点校，上海：上海古籍出版社1981年版，序。

④ ［日］圆仁：《入唐求法巡礼行记》，顾承甫、何泉达点校，上海：上海古籍出版社1986年版，第92页。

⑤ （后晋）刘昫等：《旧唐书》卷十八《武宗本纪》，北京：中华书局2000年版，第400页。

除了道教图书的修撰，武宗朝尚有例行的图书编撰、献书活动：

> 会昌二年七月，李德裕进《异域归忠传》二卷。①
> （会昌四年）十月，宰相监修国史李绅、兵部郎中史馆修撰判馆事郑亚进重修《宪宗实录》四十卷，颁赐有差。②

唐宣宗李忱嗜好读书，认为"天子须博览，不然几错罪人"③。唐宣宗改变了突击式大规模的图书搜括和抄写活动，采用细水长流式的图书增长模式，明文规定每年的抄写卷数与材料用度，并据此进行年终考核：

> 大中三年正月，秘书省据御史台牒，准开成元年七月敕，应写书及校勘书籍，至岁末奏闻者，令勒楷书等，从今年正月后，应写书四百一十七卷。
> 大中四年二月，集贤院奏："大中三年正月一日，以后至年终，写完贮库，及填缺书籍三百六十五卷，计用小麻纸一万一千七百七张。"
> 大中五年正月，秘书省牒报御史台，从今年正月已后，当司应校勘书四百五十二卷。④

宣宗朝规范了秘书省抄书工作，每年正月，先由秘书省牒报御史台，申报本年的工作任务以及杂项费用，然后在年末进行校勘的工作量和花费的总结，大中年间秘书省每年的图书抄写量有章可循，藏书量稳步增长。

大中年间亦有臣民献书、官方修书活动。大中五年（851年）七月，宰相监修国史崔龟从上《唐历》二十二卷；十一月，太子詹事姚康上所撰《通史》三百卷，十二月又上所撰《帝王政纂》十卷；大中七年（853年）十月，尚书崔铉上《续会要》四十卷；大中八年（854年）三月，宰相魏征上《文宗实录》四十卷；大中十年（856年），礼部侍郎郑灏、祠部员外郎赵璘上《诸家科目记》十三卷。虽然大中年间社会接近升平之世，但士人献书活动明显减少，这同样是一种日薄西山的景象。

---

① （宋）王溥：《唐会要》卷三六《修撰》，北京：中华书局1955年版，第662页。
② （后晋）刘昫等：《旧唐书》卷十八《武宗本纪》，北京：中华书局2000年版，第407页。
③ （宋）计有功：《唐诗纪事》卷二《宣宗》，北京：中华书局1965年版，第21页。
④ （宋）王溥：《唐会要》卷三五《经籍》，北京：中华书局1955年版，第646页。

（七）唐懿宗至唐昭宗时期

唐懿宗李漼、唐僖宗李儇在位期间，李唐王朝如风中残烛，覆灭有时。其间黄巢起义、军阀混战，致使长安于广明元年（880 年）冬十二月至中和五年（885 年）三月、中和五年（885 年）十二月两次沦陷。史料记载："初，黄巢焚长安宫室而去，诸道兵入城纵掠，焚府寺民居十六七，王徽累年补葺，仅完一二，至是复为乱兵焚掠，无孑遗矣。"① 在这样的情形下，唐官方经籍何能独存？唐自代宗以来百年所积累的图书，一朝毁于兵火。唐僖宗于中和五年（885 年）三月自蜀返回长安，令相关部门进行宫殿等的营造，"诏尚书右仆射裴璩修复宫省，购辇辂、仗卫、旧章、秘籍"②。秘书省同时也在重金购募图书以期重建书库，在短短的九个月时间内，募集图书两万余卷。中和五年（885 年）十二月，李克用再次攻入长安，刚刚募集而来的图书又面临劫难，但是损失并不惨重，至昭宗时期尚余一万八千卷。光启四年（888 年）三月，唐昭宗李晔即位，志宏文雅，对于经籍之事颇有留意，即位之初，秘书省官员上奏言：

> 常省元掌四部御书十二库，共七万余卷。广明之乱，一时散失。后来省司购募，尚及二万余卷。及先朝再幸山南，尚存一万八千卷。窃知京城制置使孙惟晟收在本军，其御书秘阁见充教坊及诸军人占住。伏以典籍国之大经，秘府校雠之地，其书籍并望付当省校其残缺，渐令补辑。乐人乞移他所。③

唐昭宗一方面令孙惟晟将驻军、艺伎等人移出秘书省，另一方面令御史韦昌范等人前往诸道搜括图书，但收效甚微。天复三年（903）罗衮上疏《请置官买书疏》：

> 臣今伏请陛下出内库财，于都下置官买书，不限经史之集，列圣实录，古今传记，公私著述，凡可取者，一皆市之。部帙俱全，则价有差等。至于零落杂小，每卷不过百钱，率不费千缗，

---

① （宋）司马光：《资治通鉴》卷二五六《唐纪七十二》，（元）胡三省音注，北京：中华书局 1956 年版，第 8318 页。

② （宋）宋祁、欧阳修、范镇、吕夏卿：《新唐书》卷二二五《黄巢传》，北京：中华书局 2000 年版，第 4888 页。

③ （后晋）刘昫等：《旧唐书》卷四六《经籍上》，北京：中华书局 2000 年版，第 1336 页。

可获万卷。傥或稍优其直，则远近趋利之人，必当舍难得之货，载天下之书，聚于京师矣。不惟充足书林，以备宣索，今三朝实录未修，无所依约，便期因此遂有所得。斯又朝廷至切之务也。①

唐昭宗于大顺二年（891 年）诏令编撰三朝实录，但因为资料缺乏未能成书。裴廷裕依据自己所见所闻，撰成《东观奏记》三卷，于景福元年（892 年）奏上，并收藏于秘书省：

谨采宣宗朝耳目闻睹，撰成三卷，非编年之史，未敢闻于县官，且奏记于监国史晋国公，藏之于阁，以备讨论。②

之后，唐朝覆灭，历史进入了更加混乱的五代时期，藏书事业更是进入寒冬期，故宋人程俱曰：

唐季乱离，中原多故，儒雅之风，几将坠地。故百王之书，荡然散失，兰台延阁，空存名号。③

（八）唐代图书聚散曲线图

综合前文唐代秘书省藏书聚散，可大致形成一条发展曲线，如图 3-3 所示。

关于图 3-3 需要说明以下问题。

其一，计算方法。《新唐书·艺文志》载，唐武德初年从隋朝继承图书近八万卷，当时秘书省是唯一的图籍机构，因此全部图书归入秘书省，《唐六典》载："大唐平王充，收其图书，溯河西上，多有漂没，存者犹八万余卷，自是图籍在秘。"④《旧唐书·令狐德棻传》载，武德年间在此

---

① （清）董诰等：《全唐文》卷八二八《请置官买书疏》，上海：上海古籍出版社 1990 年版，第 3867 页。
② （清）董诰等：《全唐文》卷八四一《东观奏记·序》，上海：上海古籍出版社 1990 年版，第 3920 页。
③ （宋）程俱：《麟台故事校证》卷一《沿革》，张富祥校正，北京：中华书局 2000 年版，第 19 页。
④ （唐）李林甫等：《唐六典》卷九《集贤殿书院》，陈仲夫点校，北京：中华书局 1992 年版，第 280 页。

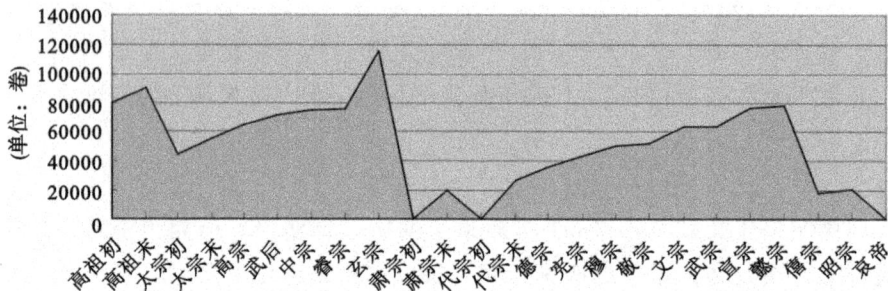

图 3-3　唐代秘书省藏书变化曲线图

八万卷的基础上曾专门增置秘书省楷书手进行图书抄写工作，因此其数量增长明确；之后秘书省内图书抄写人员成为常设职位。除非发生战争等影响图书收藏的事件，秘书省图书在秘书省官吏的努力下，始终处于一种增加或者保持的状态。初唐时期，国力并不发达，因此在物资供应上并不充足，但胜在社会安定，陈登原先生曾言："太宗、高宗以后，虽有武氏之祸，然与其谓为军事的变动，无宁谓为政治的变动，故自贞观元年（627年）讫于玄宗天宝之十三年（754年）此一百三十年中，对外虽有讨伐高丽、突厥等之军事行动，然以国中论之，无大兵祸也。此时殆书之黄金时代欤。"① 因此，唐太宗至唐睿宗时期，秘书省图书数量以每年五百卷左右递增，按照各皇帝在位时间进行乘积，得到图书的大致增长结论。唐玄宗、唐文宗时期，锐意发展图书，图书年增长量远远高于唐其他时期。根据《玉海》《职官分纪》《唐会要》《南部新书》《旧唐书》《新唐书》等诸多图书的记载，大略计算出唐玄宗、唐文宗时期的图书增长量为每年一千卷以上。中晚唐时期，按照唐宣宗大中年间秘书省申台年度工作量，秘书省每年的典校、抄写量大约为四百卷，再乘以各帝王在位时间，得到该帝王在位时的增长量。

其二，唐太宗即位伊始，即建立弘文馆，并于馆内聚书二十余万卷，图书来源当为图书收藏机构秘书省，因此武德九年（626年）秘书省图书收藏量出现一次剧烈的下降；之后高宗、武后、中宗、睿宗四朝在已有的基础上，逐年增加图书收藏数量。

其三，肃宗、代宗朝秘书省藏书两次呈现归零的状态，一次为玄宗末肃宗初的"安史之乱"，一次为代宗初年的吐蕃入侵。

其四，秘书省的图书在中和五年（885年）应该呈现了一次归零的状态，之后经过搜括，至两万卷，后再次损毁。《旧唐书·经籍志》载唐昭

---

① 陈登原：《古今典籍聚散考》，上海：华东师范大学出版社2010年版，第144页。

宗在位期间，秘书省官员的奏章："常省元掌四部御书十二库，共七万余卷。广明之乱，一时散失。后来省司购募，尚及二万余卷。及先朝再幸山南，尚存一万八千卷。"[①] 因此，唐僖宗在位期间图书收藏出现一次直线升降，如图 3-4 所示。

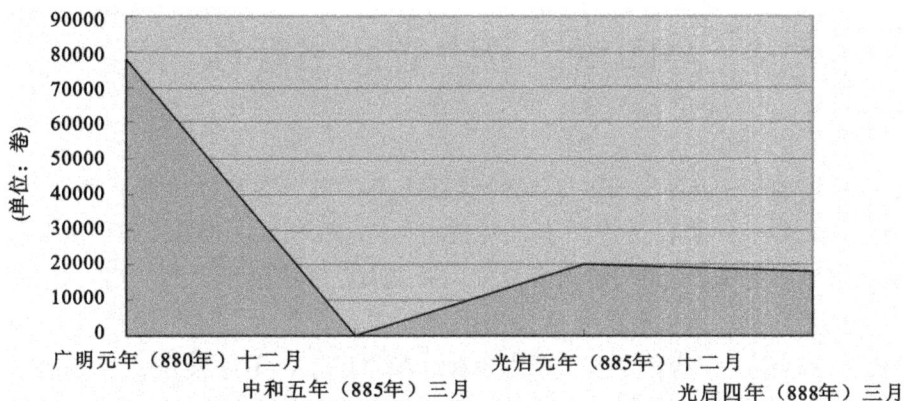

图 3-4　唐僖宗在位期间秘书省图书收藏变化图

其五，需要再次强调的是，绘图的目的在于更加直观地反映唐代秘书省图书收藏规模的大致变化，所采用的数据多为估计数据，并无实际史料价值。

---

① （后晋）刘昫等：《旧唐书》卷四六《经籍上》，北京：中华书局 2000 年版，第 1336 页。

第四章　秘书省图书管理

中国的藏书活动始于先秦时期的夏商周，如《春秋左氏传》言："夫赏，国之典也，藏在盟府，不可费也。"① 有学者认为周朝已经出现专门的图书收藏设施，"周代的藏书设施，据史书记载主要用'匮'（柜）。《尚书·金滕》有'武王有疾，周公作金滕'之说，而'金滕'即'匮'。又《孔子传》云'为清命之书，藏之于匮，缄之以途，不欲人开之'。匮作为藏书工具的出现，是藏书管理设施的一大进步"②。至秦朝时，官方出台专门的图书管理政策，《史记·秦始皇本纪第六》载，"始皇三十四年，丞相李斯曰：'……天下敢有藏《诗》《书》百家语者，悉诣守尉杂烧之；……'"③《秦会要》言："秦律，有敢挟书者，族。"④ 至汉代，律令中已经明确规定官方藏书的管理条例，《汉律类纂》言："私写秘书者论死，借与者免。"⑤ 可知汉代官方藏书在建设之初就形成了严格出入的管理特点。隋炀帝时期，虞绰"私以禁内兵书借杨玄感"，隋炀帝甚为恼怒；杜宝《大业杂记》亦言：隋炀帝"平存之日，爱惜书史，虽积如山丘，然一字不许外出。"⑥ 唐代官方藏书的管理承接了先秦以来"秘而不宣"的保藏理念，其书库管理制度严格，图书制作、校勘出版以"藏"为指导方针，贯穿唐代官方藏书各个业务环节。

---

① （春秋）左丘明：《春秋左传注》，北京：中华书局 1990 年修订本，第 994 页。
② 郑围：《略谈先秦时期的图书管理和特点》，《阴山学刊》1999 年第 1 期。
③ （西汉）司马迁：《史记》卷六《秦始皇本纪》，北京：中华书局 2000 年版，第 181 页。
④ （清）孙楷：《秦会要订补》卷二十《刑法上·禁书》，徐复订补，北京：中华书局 1959 年版，第 316 页。
⑤ 郭锡龙：《图书馆暨有关书刊管理法规汇览》，北京：中国政法大学出版社 1995 年版，第 25 页。
⑥ （唐）韦述、杜宝：《两京新记辑校大业杂记辑校》，辛德勇辑校，西安：三秦出版社 2006 年版，第 57 页。

第一节　书库管理

唐时，图书通过搜括、献书、官修等诸多途径汇集至秘书省，秘书省依据自己的职责所在，对图书进行典校、缮写、装潢、揿印等一系列处理后入库排架，使其成为官方藏书，以作赏赐、官修、御览等用途。为了保障藏书秩序，秘书省设置专门官吏序列对书库进行专职管理，采取严格的出纳管理措施。笔者按照藏书入库的工作流程，从图书入库前的准备工作和入库后的收藏性管理两个方面来探讨书库管理工作。

一、秘书省图书入藏处理

文献通过诸多途径汇集入省后，首先由秘书省主事进行造册登记，唐秘书省新设"主事一人，从九品上；……掌印，并句检稽失"①。初步登记之后，确认秘书省的新到图书，完成图书由外进省的初次交接，然后开始由秘书省官员进行内容和形式上的处理。例如，对图书进行典校，以不同的版本进行对校，刊正文字的舛误，这部分工作由秘书省内专职文字校勘的校书郎、正字来负责，并且由一名秘书少监领导。

> 贞观七年，（颜师古）拜秘书少监，专典刊正，所有奇书难字，众所共惑者，随疑剖析，曲尽其源。②

这一阶段校正工作的主要内容是文字校订。文字本身会随着时代、流通、传抄因素而产生形体、字义的改变，如假借、通假、俗体等形式，在正字的过程中，就需要参酌古今，对文字及其形式进行典校。因此，在唐代产生了许多字样用来指导文字的校勘工作，如颜师古《颜氏字样》、杜延业《群书新定字样》、颜元孙《干禄字书》、玄宗时期《开元文字音义》、文宗时期张参《五经文字》和唐元度《新加九经字样》。这些字样书籍与时俱进，随时修订和改正，以便更好地指导文字校勘工作。字样图书的发展说明唐代正字学是伴随着图书校勘工作的进行而深入发展的，而字样的出现则是以经验总结指导实践。唐代官方藏书机构的官员在对藏书进行文字校勘时，总会遇到文字在社会流传过程中产生的异体，有识之士对这些

---

① （唐）李林甫等：《唐六典》卷十《秘书省》，陈仲夫点校，北京：中华书局1992年版，第298页。

② （后晋）刘昫等：《旧唐书》卷七三《颜师古传》，北京：中华书局2000年版，第1752页。

具象进行总结，形成图书，文字校勘的具体工作和正字学的发展形成一种相辅相成的关系。《唐六典》载，唐代"字体有五：……五曰隶书，谓典籍、表奏及公私文疏所用"①，入省图书首先经由校书郎、正字刊正，然后抄写，以便入库。关于图书缮写的字体问题，唐玄宗之前，新书当由楷书手以楷书字体抄写，而经典则依照本来的字体进行抄写，后唐玄宗认为古体字不好辨认、传抄困难，于是下《今文缮写尚书诏》：

> 朕钦惟载籍，讨论坟典，以为先王令范，莫越于唐虞，上古遗书，实称于训诰。……但以古先所制，有异于当今，传写浸讹，转疑于后学。永言刊革，必在从宜。《尚书》应是古体文字，并依今字缮写施行。永念典谟，无乖于古训，庶遵简易，有益于将来。其旧本仍藏之书府。②

自唐玄宗起，采用通行楷书字体抄写图书，"楷书之名始于唐代。……顾名思义，楷书就是供人们学习模仿的标准字体"③。

在图书形式方面，秘书省对搜括而来的图书同样有相应的处理措施。唐代秘书省对图书装轴之法有着详细的规定，宋人周密曾言："唐四库装轴之法，极其瑰致。"④ 工匠装潢，进行轴、褾、带、帙的质地、颜色的选择，以便区分排架位置、正副本以及是否需要抄写，之后由掌印主事出具秘书省图书印，在特定位置加盖藏书印，秘书省图书入库的流程完毕，图书正式被秘书省收藏。

二、秘书省书库的管理

唐代秘书省书库具有完备的收藏和保管制度，有专职的官员、操作的胥吏；有系统的分类体系，明显的区分方式，以及与之相对应的排架方式；有明确的入库、出库手续，连续的簿录登记。从社会意识来看，唐人在图书管理上有着明确的意识。唐张鷟《朝野佥载》载，景龙末济源尉杜鹏一日暴卒，后复苏，提到在阴府中观当家簿书的情形：

① （唐）李林甫等：《唐六典》卷十《秘书省》，陈仲夫点校，北京：中华书局1992年版，第300页。
② （清）董诰等：《全唐文》卷三二《今文缮写尚书诏》，上海：上海古籍出版社1990年版，第151页。
③ 曹之：《中国出版通史·隋唐五代卷》，北京：中国书籍出版社2008年版，第209页。
④ （宋）周密：《齐东野语》卷六《绍兴御府书画式》，高心露、高虎子点校，济南：齐鲁书社2007年版，第66页。

遂引入一院，题云"户部"，房廊四周簿账山积，当中三间架阁特高，覆以赤黄帏帕，金字牓曰"皇籍"，余皆露架，往往有函，紫色盖之，韦鼎曰："宰相也。"因引诣杜氏籍，书签云"濮阳房"，有紫函四。发开卷，……遂引出，令一吏送还。①

开元之前唐人对于书库排架、分类、管理以及文献保藏等诸多事务，都已经有了鲜明的印象，并反映到文学作品中。

秘书省书库管理采用"秘书郎-典书"官吏设置结构，每库一名秘书郎领两名典书管理库内图书，掌图书的抄写、出纳、名目、排架次序等具体的图书管理工作。唐制，秘书省设秘书郎四人，其职"掌四部之图籍，分库以藏之，以甲、乙、景、丁为之部目"②，品秩从六品上；典书八人，为流外官员，每个书库配备两人。"典"，《说文解字》载"典，五帝之书也，从册在几上"，"典书"的职责，即"馆中有经、史、子、集四部之书，使典之也"③，协助秘书郎进行书库的管理，依照书库制度对藏书进行具体的处理。秘书郎的职责在于统筹管理，而典书属于具体执行人员。

（一）藏书的造册登记

秘书省书库藏书来源多样，因为新进、抄写、调配等，书库库藏变化较多，所以秘书省书库有着相应的造册登记制度。

1. 对于见在书库图书的登记

《隋书·经籍志》载："今考见存，分为四部，合条为一万四千四百六十六部，有八万九千六百六十六卷。"④ 众多学者认为《隋书·经籍志》是秘书监魏征等参考隋朝《大业正御书目》，对照秘书省现有藏书而撰写的贞观年间唐官藏目录。宋《崇文总目》著录有《开元四库书目》十四卷，余嘉锡先生认为此目录当属国家藏书登记簿，欧阳修《新唐书·艺文志》当据此书，宋初尚存。《唐秘阁四部书目》四卷，见于《柳河东全集》

---

① （唐）张鷟：《朝野佥载》，载上海古籍出版社编《唐五代笔记小说大观（上）》，上海：上海古籍出版社 2000 年版，第 77 页。

② （唐）李林甫等：《唐六典》卷十《秘书省》，陈仲夫点校，北京：中华书局 1992 年版，第 298-299 页。

③ （唐）李林甫等：《唐六典》卷八《弘文馆》，陈仲夫点校，北京：中华书局 1992 年版，第 254 页。

④ （唐）魏征等：《隋书》卷三二《经籍一》，北京：中华书局 2000 年版，第 616 页。

卷八所收的《唐故秘书少监陈公行状》之中，明确说明此书目记载了贞元年间秘书省书库见在图书。

2. 对于新增图书的登记

《贞元御府群书新录》载："求遗书，凡增缮者，乃作艺文新志，制为之名曰《贞元御府群书新录》。"① 此书目记载了贞元年间搜括图书所产生的图书增加目录。

《四库搜访书目》一卷。《宋史·经籍志》著录此数目，但不著撰人及时代。余嘉锡先生考证，此书目为唐文宗大和年间搜访图书登记目录。

《唐会要》载，"开成元年七月，分察使奏：'秘书省四库见在杂旧书籍，共五万六千四百七十六卷，并无文案及新写书文历。自今以后，所填补旧书及别写新书，并随日校勘，并勒创立案，别置纳历，随月申台，并申分察使；每岁末课申数并具状闻奏。'敕旨：宜依。"② 可见自唐文宗开成元年（836 年）开始，秘书省建立新增图书的簿历，用以记录每日、每月、每年新增图书。

(二) 藏书的出入记录

唐代秘书省书库藏书是生长的有机体，新书的不断充实、帝王的图书宣索、官方修书的参考、临时性的图书出库、持续的图书抄写等措施，使得唐代秘书省的书库始终处于变化之中。而负责记载这些变化的则是秘书郎以及典书，书库官吏职掌图书的出纳、检校，以记录书库的实际存储情况，具体负责记载图书的进出情况，包括出入图书的具体名目、出入时间、缘由、经手人等，图书的副本情况，以及是否需要抄写、典校、修补等信息。这些记载的信息可谓书库藏书状态的最佳反映，能确切地证明唐秘书省对书库的严格管理。

> 文明元年十月，敕两京四库书，每年正月据旧书闻奏；每三年比部勾覆具官典；及摄官替代之日，据数交领，如有欠少，即征后人。③

---

① （唐）柳宗元：《柳河东全集》卷八《唐故秘书少监陈公行状》，北京：燕山出版社 2009 年版，第 151 页。

② （宋）王溥：《唐会要》卷六五《秘书省》，北京：中华书局 1955 年版，第 1125 页。

③ （宋）王溥：《唐会要》卷三五《经籍》，北京：中华书局 1955 年版，第 643 页。

天宝十一载十月，敕秘书省检覆四库书，与集贤院计会填写。①

大历十四年九月二十七日敕：秘书省书阁内书，自今后不得辄供诸司及官人等，每月两衙及雨风，委秘书郎典书等同检校，递相搜出，仍旧封闭。②

唐代秘书省书库一直处在动态变化中，虽诏令封闭书库进行保藏，但始终有图书利用行为，如开元十八年（730 年），吐蕃使奏云："公主请《毛诗》、《礼记》、《左传》、《文选》各一部"③，玄宗于是下令秘书省抄写赐予吐蕃使者。书库的细微变动都需要记录在案，包括图书入藏数量、图书抄写数量、图书典校数量、图书御览宣索数量、诸修书机构图书利用数量等动态数据，以便掌握真实的库藏。这一点类似于唐代的司藏署，以东宫司藏署为例，"司藏令掌库藏财货出纳、营缮之法式。……其财物之出于库藏，无众寡，皆具其给赐之名数，每月上寺，岁终则以货币出入之数会之"④。由此可知，唐朝对于仓库的物品出纳实行严格的管理制度，并且每月、每年都需要进行审核。秘书省书库作为仓库的一种，其出纳制度之严格可以推知。

（三）书库图书的次序

将文献按照一定的次序摆放，出现于殷商时期；春秋战国时期"先秦诸子私人著述的兴起和学派的创立，也促进了图书分类的发展"⑤；汉成帝时刘向、刘歆父子整理官方藏书，创立了六略三十八种的图书分类体系，藏书开始与目录相关；魏晋时期四部分类体系开始确立，为后世沿用，如隋唐官方藏书的分库排架先按四部，再按《七略》，排架次序与目录编次保持一致。

《唐六典》详细地记载了秘书省书库排架的顺序，并统计了唐开元年间，秘书省所收录的各个部类的图书单本量和卷数，摘录如表 4-1 所示。

---

① （宋）王溥：《唐会要》卷三五《经籍》，北京：中华书局 1955 年版，第 645 页。
② （宋）王溥：《唐会要》卷六五《秘书省》，北京：中华书局 1955 年版，第 1124 页。
③ （后晋）刘昫等：《旧唐书》卷一九六《吐蕃上》，北京：中华书局 2000 年版，第 3559 页。
④ （唐）李林甫等：《唐六典》卷二七《司藏署》，陈仲夫点校，北京：中华书局 1992 年版，第 699 页。
⑤ 李瑞良：《中国目录学史》，台北：文津出版社 1993 年版，第 37-38 页。

表 4-1　　　　　　　　唐开元年间秘书省图书分类统计表

四部	小类	图书单本量、图书卷数
甲部为经，其类有十	一曰《易》，以纪阴阳变化	《归藏》等六十九部，五百五十一卷
	二曰《书》，以纪帝王遗范	《古文尚书》等三十二部，二百三十七卷
	三曰《诗》，以纪兴衰诵叹	《韩诗》等三十九部，四百三十二卷
	四曰《礼》，以纪文物体制	《周官》等一百三十六部，一千六百二十二卷
	五曰《乐》，以纪声容律度	《乐社大义》等三十二部，一百四十三卷
	六曰《春秋》，以纪行事褒贬	《春秋经》等三传九十七部，九百八十三卷
	七曰《孝经》，以纪天经地义	《古文孝经》等十八部，六十三卷
	八曰《论语》，以纪先圣微言	《论语》等并《五经异义》七十二部，七百八十一卷
	九曰图纬，以纪六经谶候	《河图》等十三部，九十二卷
	十曰小学，以纪字体声韵	《说文》等三部，四十六卷
乙部为史，其类一十有三	一曰正史，以纪纪传表志	《史记》等六十七部，三千八十三卷
	二曰古史，以纪编年系事	《纪年》等四十四部，六百六十六卷
	三曰杂史，以纪异体杂记	《周书》等七十部，九百一十七卷
	四曰霸史，以纪伪朝国史	《赵书》等二十七部，三百三十五卷
	五曰起居注，以纪人君动止	《穆天子传》等四十一部，一千一百八十九卷
	六曰旧事，以纪朝廷政令	《汉武故事》等二十部，四百零四卷
	七曰职官，以纪班叙品秩	《汉官解诂》等二十部，三百三十六卷
	八曰仪注，以纪吉凶行事	《汉旧仪》等五十九部，二千零二十九卷
	九曰刑法，以纪律令格式	《律本》等三十五部，七百一十二卷
	十曰杂传，以纪先贤人物	《三辅决录》等二百一十七部，一千二百八十六卷
	十一曰地理，以纪山川郡国	《山海经》等一百三十九部，一千四百三十三卷
	十二曰谱系，以纪氏族继序	《世本》等四十一部，三百六十卷
	十三曰略录，以纪史策条目	《七略》等三十部，二百一十四卷

续表

四部	小类	图书单本量、图书卷数
景部为子，其类一十有四	一曰儒家，以纪仁义教化	《晏子》等三十五部，三百三十六卷
	二曰道家，以纪清静无为	《介子》等四十二部，三百三十一卷
	三曰法家，以纪刑法典制	《申子》等四部，凡六十卷
	四曰名家，以纪循名责实	《管子》等六部，七十二卷
	五曰墨家，以纪强本节用	《墨子》等三部，七十卷
	六曰纵横家，以纪辩说谲诈	《鬼谷子》等二部，六卷
	七曰杂家，以纪兼叙众说	《尉缭子》等九十七部，二千七百二十卷
	八曰农家，以纪播植种艺	《氾胜之书》等五部，一十九卷
	九曰小说家，以纪刍辞舆诵	《燕丹子》等二十五部，一百二十二卷
	十曰兵法，以纪权谋制变	《司马兵法》等一百四部，四百四十六卷
	十一曰天文，以纪星辰象纬	《周髀》等九十七部，六百七十卷
	十二曰历数，以纪推步气朔	《四分历》等一百部，二百六十三卷
	十三曰五行，以纪卜筮占候	《风角占》等二百七十二部，一千零二十二卷
	十四曰医方，以纪药饵针灸	《黄帝素问》等五十六部，四百一十卷
丁部为集，其类有三	一曰《楚词》，以纪骚人怨刺	《楚词》等十部，二十九卷
	二曰别集，以纪词赋杂论	《荀况集》等四百三十七部，四千三百八十一卷
	三曰总集，以纪类分文章	《文章流别集》等一百七部，二千二百一十三卷

在每个小类之下，尚有多种图书，那么小类下的图书按照何种方式进行排列呢？开元六年（718 年）唐玄宗专门下旨规定丽正殿（集贤院前身）的图书排架与编目方法：

> 比来书籍缺亡后多错乱者，良由籍历不明，纲维失序，或须披阅，难可寻寻。今丽正殿写四库书，各于本库每部，别为目录。其与四库目不类者，依刘歆《七略》排为《七志》。其经史子集及天文，以时代为先后，以品秩为次第。①

虽然说的是集贤院的排架，但是秘书省同时也在进行图书整理，其图

---

① （清）董诰等：《全唐文》卷二八《集书目诏》，上海：上海古籍出版社 1990 年版，第 134 页。

书的排列方式，当与集贤院相差不大，推测唐代秘书省图书各小类的排列方式分为三种。

其一，可以明确归入四部图书以及天文历法的书籍，在小类下面首先按照时代先后排列，其次按照著者官品的高低来排列。

其二，对于不能归入四分法的藏品，首先可以依照七分法进行排架，类目下再按照时代、著作进行排列。

其三，对于秘书省所珍藏的书法、绘画真品，别有书架进行收藏，与集贤院收藏方式类似，按照进库流水号进行排列，用玉函来保护真迹。"集贤殿里图书满，点勘头边御印同。真迹进来依数字，别收锁在玉函中。"①

（四）秘书省图书的区分方式

中国自两晋时期进入了纸本时代，而纸的广泛应用催生了图书装帧形式的变革，卷轴装成为两晋南北朝、隋唐时期主要的图书形制。

> 卷轴装书，由四个主要部分组成，即卷、轴、褾、带。卷是卷的本身，即以纸或缣帛作成的；轴是用以旋转便利舒卷的，木质的轴，两端镶以各种材料的轴头；褾是保护卷子免于破裂的，俗称"包首"；带是用作缚扎，有分色的，有定织成的。②

卷轴装这样的图书形制决定了其安放收藏方式，在对卷轴装图书"排架时，卷子书的轴头部分对外对着读者平放，眼前的轴头系着称为签的木片，起着醒目、便于识别提取的作用"③。韩愈《送诸葛觉往随州读书诗》："邺侯家多书，插架三万轴。——悬牙签，新若手未触。"描写的正是卷轴装图书的摆放方式，"插"表明了卷轴图书的叠加，"悬"表明牙签突出于书籍之外。这样的图书装帧和摆放方式催生了唐代特有的四库图书装帧区分方式——以颜色和质地对四库图书进行区分。

在官方藏书库中，卷轴装的轴、带、帙、签等组成部分被充分重视，以颜色、材质的不同来区分不同类别、不同属性的图书，如集贤院四库图

---

① （清）彭定求：《全唐诗》卷三〇二《宫词》，北京：中华书局1960年版，第3440页。

② 邱陵：《书籍装帧艺术简史》，哈尔滨：黑龙江人民出版社1984年版，第21页。

③ ［日］松见弘道：《中国图书与图书馆》，黄宗忠、姜振儒、杨志清译，北京：书目文献出版社1995年版，第202页。

书"其本有正有副，轴带帙签皆异色以别之"①。集贤院作为开元年间兴
起的藏书机构，虽然装帧、用纸更加讲究，但是其典藏方式多在秘书省、
弘文馆、内府等已有的基础上发展而来，其藏书排架分类也应与秘书省相
同。由于秘书省书库内图书的区分并没有确切的史料记载，笔者在此借助
集贤院图书的区分以言秘书省，展示唐代官藏以装帧区分藏书的方法，如
表 4-2② 所示。

表 4-2 唐代集贤院图书装帧表

部类	《集贤注记》				《唐六典》卷九、《旧唐书》卷四七
	轴	带	帙	签	
经库副本	白牙木书轴、紫轴	赤黄晕带	黄牙锦花织竹书帙，绫绿草绿方丈绫为里	脱文	钿白牙轴、黄缥带、红牙签
史库	碧牙木书轴	青晕带	红晕锦花织竹帙	绿碧牙签	钿青牙轴、缥带、绿牙签
子库	紫檀木书轴	紫晕带	脱文		雕紫檀轴、紫带、碧牙签
集库缺本	绿牙木书轴、红色绿牙轴、白牙黄花轴	绯晕带、绿装	绯晕锦花织竹帙	白牙签	绿牙轴、朱带、白牙签
图书	紫檀木书大轴	绿晕交心带			

前文中已明确了轴、带、签的形制用途，表格中的"帙"指代书衣，
用以保护和聚集书卷简帛，将一定数量的卷子用布料或者竹帘进行包裹，
称为"裹"，同"帙"。

> 古书的一裹，大概是五卷或者十卷，《北堂书钞》引阮孝绪
> 《七录》言："大抵五卷以上为一裹"，《隋书·经籍志》载："《周
> 易》一裹十卷。"……不过《法书要录》载梁虞和《论书表》言：
> "二王缣素珊瑚轴，二帙二十四卷，又纸书《飞白章草》二帙十
> 五卷。"③

---

① （宋）宋祁、欧阳修、范镇、吕夏卿：《新唐书》卷五七《艺文一》，北京：中华书局
  2000 年版，第 936 页。
② ［日］池田温：《盛唐之集贤院》，载池田温著《唐研究论文选集》，孙晓林等译，北京：
  中国社会科学出版社 1999 年版，第 201 页。
③ 查猛济、陈彬龢：《中国书史》，北京：知识产权出版社 2012 年版，第 16-17 页。

帙的材质多为细帘一般的斑竹，再把薄薄的布料衬在里面。书衣同样成为区别图书的一项指标，以布料的颜色、花纹、质地区分，史部藏书书衣为"红晕锦花织竹帙"，即衬布质地为锦，织花纹，颜色为红晕色。唐代书库藏书在不同颜色、质地的签、带、帙、轴的区别下一目了然。以经库图书为例，图书的正本是白轴、赤黄带、黄锦竹帙、红签，而其副本则是紫轴、赤黄带、绿绫帙。正副本通过面积最大的轴、帙的材质、颜色进行区别，对比强烈，因为对于书库的管理者来说，明确了解图书正副本的抄写情况是最基本的业务，对比强烈更便于区分图书，保证抄写工作的顺利。

唐代书库除了以颜色、质地区分，还有其他区分方式，如以轴头形状区分副本抄写年代。唐代书库在各个年代都持续不断地进行图书的抄写工作，为了区分抄写年代，书库尚采用同一颜色体系下不同的轴头形制方便管理者辨识。"贞观时，紫白二檀木轴；咸亨年，平头漆书轴、紫檀云花轴、紫檀杵头轴、白檀通身轴、仰心轴，轴一十七种"①。正是由于有系统的区分体系，在开元年间进行秘书省图书编目时，参编者能够明确辨识图书的产生年代，毋嬰《古今书录》就提出了《群书四部录》的收录范围不周，"又新集记贞观之前，永徽已来不取；近书采长安之上，神龙已来未录"②。

(五) 书库设施的维护

唐代书库的图书收纳器具分为柜、架两种。贾思勰《齐民要术》载："书橱中欲得安麝香、木瓜，令蠹鱼不生。"③ 隋炀帝时，东都观文殿的图书采用书橱收藏，"每一间十二宝厨，前后方五香重牀，并装以金玉，春夏铺九曲象簟，秋设凤纹绫花褥，冬则加绵须弥氈"④。唐代官方藏书主要使用书架陈列，开元初东都乾元殿整理完成，"至六年，分部上架毕，制文武百官入乾元殿东廊观察，移时乃出"⑤。"分部上架"表明唐代官方书库使用书架陈列藏书。但是对于珍贵的书籍，也有用书柜、书函收储的记载："唐武宗会昌初，渤海贡玛瑙柜，方三尺深，色如茜，所制工巧无比，用贮神仙之书置之帐侧。"⑥

① (宋) 孙逢吉：《职官分纪》卷十五《集贤院》，北京：中华书局1988年版，第378页。
② (清) 董诰等：《全唐文》卷三七三《撰集四部经籍序略》，上海：上海古籍出版社1990年版，第1677-1678页。
③ (北齐) 贾思勰：《齐民要术》，南京：江苏古籍出版社2001版，第111页。
④ (唐) 韦述、杜宝：《两京新记辑校大业杂记辑校》，辛德勇辑校，西安：三秦出版社2006年版，第46页。
⑤ (唐) 刘肃：《大唐新语》卷十一《褒赐》，北京：中华书局1984年版，第165页。
⑥ 同注④。

　　唐代为了更好地保护图书，防止图书受潮导致文字变形，对书架亦有相应的处理措施。对于集贤院书库内书架，采用"朱蜡染架"的方法进行涂蜡处理，保持木制书架的干燥。唐制："凡五署所修之物须金石、齿革、羽毛、竹木而成者，则上尚书省，尚书省下所由司以供给焉。"① 唐代官司器具营造由少府监统一负责，秘书省与集贤院的书架同属于竹木制品，可以推知秘书省的书架应该也进行了防水防潮的处理。

　　为了防尘，集贤院书库图书"皆以油帕覆之。每朝去帕拂尘，灿然锦绣，夺人目矣"②。秘书省也有同样的防护措施，韦述《两京新记》卷一"秘书省"载："秘阁图书，皆表以牙签，覆以锦帕。"③ 对于书架上的图书，唐代图籍机构通过覆盖丝帕进行防尘，并且每天要去除覆帕用相应的工具拂拭浮尘，进行保洁工作。而负责这些日常保洁工作的则是秘书省内的四员掌固。掌固为流外吏员，"主守当仓库及厅事铺设"④，具体来说，就是负责仓库、厅院的摆设及清洁。书库日常的清洁与除尘工作也应由掌固完成。

（六）书库防蠹的曝书制度

　　陈登原先生曰："可知书卷之保存，全在人工之管理。苟管理之未周，则散佚以外，即果蠹腹。"⑤ 唐代武后至睿宗时期，朝局动荡，因此秘书省管理失察，导致书库内图书受损严重，开元五年（717年），马怀素描述书库"文籍盈漫，皆炱朽蟫断，签轶纷舛"⑥。多年的疏于管理导致秘书省内图书装裱腐朽、轴带断裂、书签坠落、序跋错误，难以利用。相较于战争、火灾等藏书厄难，管理缺失造成的损害是缓慢的，"有慢性病症之蛀，与霉烂焉。……往往毁坏典籍于不易觉察之间"⑦，因此唐代在书库管理上有防蠹的曝书制度。

　　古人非常关注图书的虫蠹霉变，也有相应的应对措施，如简策经过"杀青"，纸张则须"入潢"。另外还可以在藏书处放置药材，《齐民要术》

① （唐）李林甫等：《唐六典》卷二二《少府监》，陈仲夫点校，北京：中华书局1992年版，第572页。
② （宋）孙逢吉：《职官分纪》卷十五《集贤院》，北京：中华书局1988年版，第378页。
③ （唐）韦述：《两京新记辑校》卷一《秘书省》，辛德勇辑校，西安：三秦出版社2006年版，第10页。
④ （唐）李林甫等：《唐六典》卷一《尚书都省》，陈仲夫点校，北京：中华书局1992年版，第13页。
⑤ 陈登原：《古今典籍聚散考》，上海：华东师范大学出版社2010年版，第366页。
⑥ （宋）宋祁、欧阳修、范镇、吕夏卿：《新唐书》卷一九九《马怀素传》，北京：中华书局2000年版，第4357页。
⑦ 同注⑤。

载："书橱中欲得安麝香、木瓜，令蠹鱼不生。"① 皂角、樟脑、花椒、香蒿、芸草等药材亦可防虫，"古人藏书，避蠹用芸。芸，香草也，今人谓之七里香是也。"②

曝书的传统在中国由来已久，最早出现在《穆天子传》中："仲秋甲戌，天子东游次于雀梁，蠹书于羽陵。"晋郭璞注曰："暴书中蠹虫，因云蠹书也。"③ 可见中国早在先秦时期就有曝书的传统，并有固定的日期，当在仲秋时节。两汉时，固定的曝书日期为农历七月初七，汉崔寔的《四民月令》载："（七月七日）曝经书及衣裳不蠹。"④ 魏晋时期曝书时间仍然是七月初七，刘义庆《世说新语·排调》载："郝隆七月七日出日中仰卧。人问其故，答曰：'我晒书。'"⑤ 唐代官方图书收藏机构亦有曝书的规定，清人孙从添《藏书纪要》记载："汉唐时有曝书会。"⑥ 《新唐书·百官志二》载："司籍、典籍、掌籍各二人，掌供御经籍。分四部，部别为目，以时暴凉。"⑦ 可见宫中藏书需要按照时节进行曝晒。目前所见的史料中，并无唐秘书省曝书的记载，但是纵向来看，唐内府图书字画有专人负责晾晒，而秘书省内四部图书由秘书郎、典书分库职掌，并且唐之前有曝书的传统，因此可以推知唐秘书省当有相应的图书曝晒措施。《唐会要·秘书省》载："大历十四年九月二十七日敕：秘书省书阁内书，自今后不得辄供诸司及官人等，每月两衙及雨风，委秘书郎典书等同检校，递相搜出，仍旧封闭。"⑧ 于风雨季节，秘书郎和典书入库检校图书，而非风雨季节，可能就存在图书出库晾晒的行为。横向来看，宋绍兴十四年（1144年）五月七日，采用秘书郎张阐的建议："本省年例人夏曝晒书籍，自五月一日为始，至七月一日止。"⑨ 按宋程俱《麟台故事》论及宋代秘书省制度多延承于唐代，可以推测，唐代也有同样规模的晒书会，并且时间跨度当与宋代相符。

① （北齐）贾思勰：《齐民要术》，南京：江苏古籍出版社2001版，第111页。
② （宋）沈括：《梦溪笔谈》卷三《藏书避蠹用芸》，北京：中华书局2009年版，第53页。
③ （晋）郭璞：《穆天子传》卷五，台北：台湾"商务印书馆"1986年四库全书文渊阁影印本，第31页。
④ 缪桂龙：《四民月令选读》，北京：农业出版社1984年版，第23页。
⑤ （南朝宋）刘义庆：《世说新语》，上海：上海古籍出版社2012年版，第162页。
⑥ （清）孙从添：《藏书纪要》，刘晚荣辑，清光绪十六年（1890年）新会刘氏藏修书屋版，第39页。
⑦ （宋）宋祁、欧阳修、范镇、吕夏卿：《新唐书》卷四七《百官志二》，北京：中华书局2000年版，第806页。
⑧ （宋）王溥：《唐会要》卷六五《秘书省》，北京：中华书局1955年版，第1124页。
⑨ （宋）陈骙、佚名：《南宋馆阁录 续录》，北京：中华书局1998年版，第22页。

第二节　图书制作

本节讨论的焦点是唐秘书省所收藏图书的制作工艺与材料，即图书纸、笔、墨的使用与装潢。

一、秘书省图书用纸

造纸术起源于西汉。"从晋代至唐（3—10 世纪）则是造纸历史中最重要的时期。这表现在发现新的造纸材料，不断改进技术，广泛使用纸用于各种用途并使纸向外传播等方面。"[1] 在唐朝建立之前，纸的制造和加工技术水平有了较大的提高，"唐代纸的打浆度比较高，纤维的分散度大，交结紧密而匀细，……在长宽幅度上，都大于魏晋南北朝纸，其横长有的已接近一米"[2]；造纸的原料多样，麻类、楮皮、桑皮、藤皮、瑞香皮、木芙蓉皮、竹子都成为纸张原料，产纸区域遍布全国，纸张名目众多，特色各异，《唐国史补》载："纸则有越之剡藤苔笺，蜀之麻面、屑末、滑石、金花、长麻、鱼子、十色笺，扬之六合笺，韶之竹简，蒲之白薄、重抄，临川之滑薄。"[3]

唐代政府根据纸张特性与实际需求，按照产地的不同对进贡纸张的品种、数量、规格提出不同要求。比如唐代贡纸主要有"益府之大小黄白麻纸、弓弩弦纸，杭、婺、衢、越等州之上细黄、白状纸，均州之大模纸，宣、衢等州之案纸、次纸，蒲州之百日油细薄白纸"[4]，各地方所需进贡中央的纸张材料、颜色、大小、品质各有不同，明目各异，除此之外，还须遵守一定的进贡要求，《唐会要》载：

> 开元四年五月二十九日敕，每年令当州取紧厚纸，背上皆书某州某年，及纸次第，长官句当同署印。京兆、河南六百张，上州四百张，中州三百张，下州二百张。[5]

① 钱存训：《中国纸和印刷文化史》，郑如斯编订，桂林：广西师范大学出版社 2004 年版，第 42 页。

② 潘吉星：《中国造纸技术史稿》，北京：文物出版社 1979 年版，第 80 页。

③ （唐）李肇：《唐国史补·卷下》，载上海古籍出版社编《唐五代笔记小说大观（上）》，上海：上海古籍出版社 2000 年版，第 197 页。

④ （唐）李林甫等：《唐六典》卷二十《太府寺》，陈仲夫点校，北京：中华书局 1992 年版，第 546 页。

⑤ （宋）王溥：《唐会要》卷六五《秘书省》，北京：中华书局 1955 年版，第 1125 页。

唐代贡纸多用于官府文书和典籍抄写，且唐代对于纸张运用有着严格的规定：

> 故事，中书以黄白二麻，为纶命重轻之辨，近者所出，独得用黄麻，其白麻皆在此院，自非国之重事，拜授将相，德音赦宥，则不得由于斯。①

《翰林志》记载，唐代朝廷赐予、征召、宣索、处分等行政文书均用白藤纸写定，黄藤纸多用于敕旨、论事敕、敕牒等文书，青藤纸用于太清宫道观荐告词文；宰相任命用白麻纸，军事文书与尚书制敕用黄麻纸，对外邦交用各色麻纸；另外尚有其他形制的纸张，如"凡将相告身，用金花五色绫笺"②。面对众多的纸品，因蜀地所产的麻纸质地柔韧、细密而不透水，特别适用于图书的抄写，唐政府选择了白麻纸作为图书抄写用纸。《新唐书》载开元年间"太府月给（集贤院）蜀郡麻纸五千番"③，《唐会要》载：

> 大中四年二月，集贤院奏："大中三年正月一日，以后至年终，写完贮库，及填缺书籍三百六十五卷，计用小麻纸一万一千七百七张。④

由此可知，唐代官方藏书多以白麻纸抄写，但也有例外。贞元年间唐德宗削减各司钱粮用度，秘书省内纸张供应削减了四万六千余张，而当时秘书监刘太真奏请重新典校抄写经部藏书，唐德宗令地方政府专供纸张和钱粮，因此藤纸、状纸、麻纸各类纸张并用，且用纸数量精打细算，量体裁衣。《唐会要·秘书省》记载：

> （贞元）三年八月，秘书监刘太真奏："准贞元元年八月二日敕，当司权宜停减诸色粮外，纸数内停减四万六千张。续准去年八月十四日敕，修写经书，令诸道供写书功粮钱。已有到日，见欲就功，伏请于停减四万六千张内，却供麻纸及书状、藤纸一万

① （清）董诰等：《全唐文》卷四五五《翰林故事记》，上海：上海古籍出版社1990年版，第2058页。
② 傅璇琮、施纯德：《翰学三书·翰院群书》，沈阳：辽宁教育出版社2003年版，第3页。
③ （宋）宋祁、欧阳修、范镇、吕夏卿：《新唐书》卷五七《艺文一》，北京：中华书局2000年版，第936页。
④ （宋）王溥：《唐会要》卷三五《经籍》，北京：中华书局1955年版，第645页。

张，添写经籍，其纸写书足日，即请停。"①

唐代的纸张分为生纸与熟纸两种，生纸就是直接从纸槽抄出经过烘干而成的未加工的纸张，而熟纸则是对生纸进行若干加工处理后得到的便于书写的纸张。

《全唐文纪事》载：

> 唐人用纸，有生、熟两种，熟者妍妙辉光；生者不经洗治，粗涩凝指，非丧中不敢用。韩昌黎曾上陈给事书，急于自辩，遂用生纸，书尾仍叙仓猝不能复俟更写之意。②

唐秘书省开始设置熟纸匠十人，掌纸张的处理工作，这些工匠对诸州进贡的纸张进行加工处理，使之坚薄白滑，尺寸一致，便于书写与装裱。工匠们通过研光、拖浆、加蜡、涂布、施胶等工艺堵塞纸面纤维间的多余毛细孔，以增加纸面的光滑度，增强纸张的受墨性。由上文引用的《唐六典》的内容可知，各地进贡的纸张分为大小两种规格，工匠们对生纸进行裁剪，使之变成一定长度、宽度的纸张。由出土文物可知，现有唐纸的规格为：宽度在25~31厘米之间，长度在36~55厘米之间，个别长达76~86厘米，规格大致统一，便于制作卷轴装图书。

为了防止虫蠹，长久保存，古人多对纸张进行染潢。唐上元二年（675年）专门规定尚书省制敕用黄纸，"制敕施行，既为永式，比用白纸，多有虫蠹。自今以后，尚书省颁下诸司诸州及下县，宜并用黄纸。其承制敕之司，量为卷轴，以备披简"③。《齐民要术》记载了染潢的详细过程："凡潢纸，……（黄）檗熟后漉淬捣而煮之，复捣煮之，……写书经夏然后入潢，缝不绽解。其新写者，须以熨斗缝熨儿潢之。"④ 黄檗汁液含有生物碱，是良好的杀虫防蛀剂，染潢过的纸张可以防虫，有利于长久保存，因此唐秘书省多对纸张进行防蛀的染潢处理。宋赵希鹄《洞天清录集》言："硬黄纸，唐人用以书经，染以黄檗，取其辟蠹。"⑤ 唐代图书亦有黄纸抄写的记载，如开元年间诸王编撰的《内起居注》，以五十幅黄麻

---

① （宋）王溥：《唐会要》卷六五《秘书省》，北京：中华书局1955年版，第1125页。

② （清）陈鸿墀：《全唐文纪事》卷一〇四，北京：中华书局1959年版，第1273页。

③ （清）董诰等：《全唐文》卷十三《改尚书省制敕用黄纸诏》，上海：上海古籍出版社1990年版，第64页。

④ （北齐）贾思勰：《齐民要术》，南京：江苏古籍出版社2001版，第111页。

⑤ （北齐）赵希鹄：《洞天清录集》，北京：中华书局1985年版，第18-19页。

纸为一编，收藏于大内；敦煌现存的写经也几乎都采用黄纸。综上所述，秘书省图书当采用熟纸匠加工、裁剪而成的黄纸，品种多为麻纸，也有藤纸、状纸。

二、秘书省图书用笔、墨

唐人对于笔的使用有着自己的要求，特别是书法家。"欧阳通，询之子，……常自矜能书，必以象牙、犀角为笔管，狸毛为心，覆以秋兔毫，松烟为墨，末以麝香，纸必须坚薄白滑者，乃书之。"① 唐廷对于毛笔质量要求较高，因此贡品中有专门的毛笔制作材料，用以制作笔管和笔毫：

> 河南府、许、卫、怀、汝、泽、潞等州之兔皮，郇、宁、同、华、虢、晋、蒲、绛、汾等州之狸皮，越州之竹管……②

从贞观二十三年（649 年）开始，唐中央文馆机构如弘文馆、集贤院、秘书省、崇文馆，均设置有笔匠制作毛笔，供图书抄写使用。唐秘书省设置笔匠六人，负责毛笔的制作，毛笔的制作材料由太府寺专门配给，可以推测唐代秘书省官吏所使用的毛笔材料当为竹管兔毫。开元年间，集贤院"岁给河间、景城、清河、博平四郡兔千五百皮为笔材"③，由此可知贡品中的狸皮专门供给御用，而兔毫则是一般书手的抄写工具。

西周时期已经出现人造墨，至两汉时期，制墨技术更加成熟。两晋时期，对于墨的制作更加讲究，要求墨色为"一点如漆"，当时涌现出很多制墨名家。隋唐时期，制墨业的规模和区域进一步扩大，唐前期主要的制墨中心为上谷郡和上党郡，又称易州、潞州，唐时易州、绛州以墨为贡品，而潞州墨多为文人所赞咏，如李白有诗赞咏潞州墨："上党碧松烟，夷陵丹砂末。兰麝凝珍墨，精光乃堪掇。"④ 唐人对于墨的成色要求较高，唐人冯贽言"墨染纸三年，字不昏暗者为上"⑤，而唐玄宗更是讲究，曾以芙蓉花汁调香粉作御墨。当时集贤院抄写所用的墨丸来自上谷郡，上谷

---

① （唐）张鷟：《朝野金载》，赵守俨点校，北京：中华书局 1979 年版，第 67 页。

② （唐）李林甫等：《唐六典》卷二十《太府寺》，陈仲夫点校，北京：中华书局 1992 年版，第 546 页。

③ （宋）宋祁、欧阳修、范镇、吕夏卿：《新唐书》卷五七《艺文一》，北京：中华书局 2000 年版，第 936 页。

④ （唐）李白：《李太白全集·酬张司马赠墨》，王琦点校，北京：中华书局 2001 年版，第 748 页。

⑤ （唐）冯贽：《云仙杂记》，北京：中华书局 1985 年版，第 26 页。

郡每年供给三百三十六丸；秘书省的墨同样为贡品，可以说秘书省所使用的墨不出易州、绛州两地所出产的墨丸。

三、秘书省图书装潢

《玉篇》曰："装，裹也。"《通雅》曰："潢，犹池也，外加缘则内为池，装成卷册，谓之装裱，潢即表背也。"① 装潢的意思是将图书字画的原始版本视为池，在其四周、背部镶装绫绢等物，以达到保护和舒展图籍、书法作品的目的。装潢与图书的形制有着不可分割的联系，在纸张成为主要的书写材料，而图书的形制主要是卷轴时，装潢就已成为一种保护措施。古人为了更好地将图书内容连贯起来，就将抄写成的图书纸张按照顺序依次粘连，之后用木轴将其卷起，形成卷子，通过卷舒来查看图书。为了延长卷本的寿命，人们就需要对卷子进行装潢，或曰装裱，即用纸、绫、罗、绢、锦等材料进行托背，以避免反复卷舒造成卷子破裂。北齐贾思勰《齐民要术》就卷轴装图书的装潢问题，曾言："凡开卷读书，卷头首纸，不宜急卷。急则破折，折则裂。以书带上下络首纸者，无不裂坏。卷一两张后，乃以书带上下络之者，稳而不坏。"② 可见魏晋南北朝时期，人们就已经认识到装潢对于图书的保护作用，特别是在阅读过程中因卷轴来回舒展而造成的损害，可以完全通过图书的装潢来避免。

装潢技术发展至唐代，已逐渐成熟。唐代图籍机构大多设置装潢匠负责图书的装潢，如唐秘书省设置装潢匠十人，负责秘书省内图书字画的装潢。唐代的装潢既保护图书，又具有一定的标识作用。正如前文中所提到的唐秘书省、集贤院等图籍机构的书库图书，以轴、带、帙、签的颜色和材质的区别，区分四库和正副本。除为了分类而区分质地、颜色之外，唐代官府藏书的装帧格式也很讲究：

海岳《书史》云：

> 隋唐藏书，皆金题玉躞，锦贉绣褫。金题，押头也；玉躞，轴心也。贉卷首贴绫又谓之玉池又谓之贉。……有引首二色者曰双引首，标外加竹界曰打勰，其复首曰褾褫。……卷之表签曰捡又曰排……③

---

① （明）方以智：《通雅》卷三二《器用》，文渊阁四库全书卷一六四《子部》本，第383页。
② （北齐）贾思勰：《齐民要术》卷三，南京：江苏古籍出版社2001版，第111页。
③ （明）杨慎：《画品》卷一《金题玉躞》，载杜秉庄、杜子熊编《书画装裱技艺辑释》，上海：上海书画出版社1993年版，第379页。

金题是指用泥金书写的题签，而玉躞是指卷轴装外系缚卷轴用的裱带末梢所带的玉别子，用以固定卷轴。唐代卷轴包括天杆、织带、签条、包首、天头、隔水、画心、跋尾、轴杆、轴头等部分，其装潢具有一定的格式，如卷子前面留两行空白，卷末留一行，记录抄书的起讫时间，并且纸张上画有栏界，用于规范书写，《唐国史补》载："宋亳间有织成界道绢素，谓之乌丝栏、朱丝栏，又有茧纸。"① 书画的装潢形式又与图书有所不同，以示区别和珍贵，陶宗仪《南村辍耕录》载："唐贞观、开元间，人主崇尚文雅，其书画皆用紫龙凤绸绫为禄，绿方纹绫为里。紫檀云花杵头轴，白檀通身柿心轴，此外又有青、赤琉璃二等轴，牙签、锦带。"②

按照图书制作的流程，可以考证唐秘书省内藏书产生的过程：搜括而来的图书进入秘书省后，首先，由校书郎、正字进行图书文字的刊正，形成供楷书手抄写的典校本，在此期间，对图书进行分类，确定其四部归属，并进行标注；接着，书手进行图书的抄写，利用笔匠制作的毛笔和分配而来的墨丸，在熟纸匠加工而成的固定规格的纸张上进行书写；然后，将抄写而成的抄本交给装潢匠，装潢匠按照分配好的图书去向确定轴、带、帙、签的质地和颜色，并按照图书所需的篇幅进行装潢，完工后交由各库秘书郎进行入库登记，一本图书在经历了种种流程后融入四库藏书内，成为秘书省收藏的一部分，之后由楷书手进行副本、贮本的抄写，以完善馆藏；最后，装潢匠定期对图书进行修补和换背，以保持书库内图书的整洁。

第三节　秘书省图书校勘职责

唐代以前，图书制作多通过人工抄写，这样在传抄的过程中就会产生舛误，如以伪传伪、字体缺谬、语句脱落、衍文增句等，因此对图书进行校对，起源甚早。在先秦时期就有校书的记载，《国语·鲁语下》载："昔正考父校商之名颂十二篇于周太师，以《那》为首。"③ 至西汉末，刘向、刘歆父子界定"校雠"："一人读书，校其上下，得其谬误为校；一人持本，一人读书，若怨家相对为雠。"④ 而校勘则更具有学术性，《后汉书·

① （唐）李肇：《唐国史补·卷下》，载上海古籍出版社编《唐五代笔记小说大观（上）》，上海：上海古籍出版社2000年版，第197页。
② （元）陶宗仪：《南村辍耕录》，北京：中华书局1959年版，第276页。
③ （战国）左丘明：《国语》卷五《鲁语下》，上海：上海古籍出版社2015年版，第143页。
④ （梁）萧统：《文选·魏都赋》，（唐）李善注引，北京：中华书局1977年版，第106页。

郑玄传》载："郑玄囊括大典，网罗众家，删繁裁芜，刊改漏失。"① 清人段玉裁总结"校勘"，曰：

> 校书何放乎？放于孔子、子夏。自孔、卜而后，汉成帝时，刘向及任宏、尹咸、李柱国，各显所能奏上。向卒，歆终其业。于时有雠有校，有竹有素，盖綦详焉。而千古之大业，未有盛于郑康成者也。②

隋唐时期，校勘成为图籍机构的日常工作之一。具体来说，完整的校勘学包括勘正文字、句读、义例等内容，"或是正其文字，或厘定其句读，或疏证其义例"③。唐秘书省的刊正工作可以分为两个层次：第一层次是由秘书少监带领校书郎、正字完成初步的文字刊正工作，即文字和句读的厘定；第二层次则是校勘，唐代秘书省引学者进行学术校勘，从音韵、训诂的角度对图书进行深层次的义例校勘。"校定书籍亦何容易，自扬雄、刘向方称此职尔。观天下书未遍，不得妄下雌黄。"④ 因此，对于书籍的注疏等校勘工作，秘书省内年轻的校正并不能胜任。

《玉泉子》载：

> 集贤韩泉，名父（韩愈）之子。……及为校理，史传中见说金根车，皆臆断之曰：'岂其误耶？必金银车。'悉改根字为银字。⑤

唐李隐《大唐奇事记》载：

> 唐率府兵曹参军冯光震入集贤院，校文选。尝注：蹲鸱者，今之芋子，即著毛萝葡也。萧之闻之，拊掌大笑。⑥

---

① （南朝宋）范晔：《后汉书》卷三五《郑玄传》，（唐）李贤等注，北京：中华书局 2000 年版，第 814 页。

② （清）段玉裁：《经史杂记序》，载《经韶楼集》卷八，道光七叶衍祥堂本。

③ 梁启超：《清代学术概论》，夏晓虹点校，北京：中国人民大学出版社 2004 年版，第 184 页。

④ （北齐）颜之推：《颜氏家训》卷八《勉学》，长沙：岳麓书社 1999 年版，第 117 页。

⑤ （唐）阙名：《玉泉子》，载上海古籍出版社编《唐五代笔记小说大观（下）》，上海：上海古籍出版社 2000 年版，第 1439 页。

⑥ （唐）李隐：《大唐奇事记》，载（宋）李昉等编《太平广记》卷二五九《鄙嗤二》，北京：中华书局 1961 年版，第 2020 页。

一、唐太宗时期

贞观二年（628 年），魏征任秘书监，奏请对省内图书进行校勘，"贞观二年，迁秘书监，参预朝政。征以丧乱之后，典章纷杂，奏引学者校定四部书"①。唐太宗于秘书省内另设校雠人员二十余员，颜师古、虞世南等人相继任秘书少监负责图书校勘工作。

贞观四年（630 年），"太宗以经籍去圣久远，文字讹谬，令师古于秘书省考定《五经》，师古多所厘正，既成，奏之。"② 贞观七年（633 年），"（颜师古）拜秘书少监，专典刊正，所有奇书难字，众所共惑者，随疑剖析，曲尽其源"③。后来颜师古因为任命校雠人员的标准不为他人认可，被弹劾贬官，"是时多引后进之士为雠校，师古抑素流，先贵势，虽富商大贾亦引进之，物论称其纳贿，由是出为郴州刺史。未行，太宗惜其才，……于是复以为秘书少监"④。颜师古在任秘书少监期间，编定了《颜氏字样》，作为校雠人员与抄写人员字样的详细标准，"（颜）元孙伯祖故秘书监（颜师古），贞观中刊正经籍，因录字体数纸，以示雠校楷书，当代共传，号为颜氏字样"⑤。颜师古在秘书省任职期间还参与了图书深层校勘工作，并与众人进行讨论，对值得记载的讨论内容进行记录，并结合自己典校"五经"、《汉书》的经验，成书《匡谬正俗》，其中后四卷记载了秘书省校勘工作的讨论情形。

贞观七年（633 年）正月，虞世南接替魏征出任秘书监，继续唐秘书省图书校勘的活动，"征徙职，又诏虞世南、颜师古踵领，功不就"⑥。

贞观九年（635 年）四月，唐太宗下敕苑内写一切经，大总持寺僧智通共使人秘书郎褚遂良等，附新译经校定申奏，奉敕施行。⑦

贞观年间，唐太宗曾下令秘书省抄写新翻经书，《全唐文》收有长孙无忌《谢敕秘书省写新翻经论奏》：

① （后晋）刘昫等：《旧唐书》卷七一《魏征传》，北京：中华书局 2000 年版，第 1719 页。
② （后晋）刘昫等：《旧唐书》卷七三《颜师古传》，北京：中华书局 2000 年版，第 1752 页。
③ 同上。
④ 同上。
⑤ （清）董诰等：《全唐文》卷二〇三《干禄字书序》，上海：上海古籍出版社 1990 年版，第 903-904 页。
⑥ （宋）宋祁、欧阳修、范镇、吕夏卿：《新唐书》卷一〇二《崔行功传》，北京：中华书局 2000 年版，第 2126 页。
⑦ 任继愈：《中国藏书楼》，沈阳：辽宁人民出版社 2001 年版，第 1902 页。

臣闻佛教冲元，天人莫测。言本则甚深，语门则难入。……法师当叔叶而秀质，□千载而挺生，陟重阻以求经，履危途而访道，见珍珠俗，具获真文。归国翻宣，若庵园之始说；精文奥义，如金口之新开。①

二、唐高宗、武后、唐中宗时期

唐高宗显庆中，罢免秘书省内额外的校雠与抄写人员，"令工书人缮写，计直酬佣，择散官随番雠校"②。乾封元年（666年），唐高宗下令引学者于秘书省内进行校勘、抄写工作。

《唐会要》载：

> 乾封元年十月十四日，上以四部群书传写讹谬，并亦缺少，乃诏东台侍郎赵仁本、兼兰台侍郎李怀俨、兼东台舍人张文瓘等，集儒学之士，刊正然后缮写。③

之后，李怀俨因检校失职被贬为郢州刺史，崔行功接任兰台侍郎，继续参与图书的校勘工作，《旧唐书·崔行功传》记载："诏东台侍郎赵仁本、东台舍人张文瓘及行功、怀俨等相次充使检校。又置详正学士以校理之，行功仍专知御集。"④

乾封年间至咸亨二年（671年），武后"以韩国夫人之子敏之为士矱嗣，改姓武氏，累拜左侍极、兰台太史，袭爵周国公。仍令鸠集学士李嗣真、吴兢之徒，于兰台刊正经史，并著撰传记。"⑤ 此次经史的刊正当与李怀俨、崔行功负责的秘书省图书校勘相重合，李嗣真、吴兢等人当充任详正学士，于秘书省勘正图书。

仪凤年间，秘书少监刘应道"奉敕于门下省检校四部群书，广召四方

---

① （清）董诰等：《全唐文》卷一三六《谢敕秘书省写新翻经论奏》，上海：上海古籍出版社1990年版，第605页。
② （后晋）刘昫等：《旧唐书》卷一九〇《崔行功传》，北京：中华书局2000年版，第3399页。
③ （宋）王溥：《唐会要》卷三五《经籍》，北京：中华书局1955年版，第643页。
④ 同注②。
⑤ （后晋）刘昫等：《旧唐书》卷一八七《武承嗣传》，北京：中华书局2000年版，第3217页。

硕学之士，刊定讹舛而进御焉"①。虽然这次活动并非秘书省的图书校勘活动，但是由秘书省官员负责，并延引四方学者进行校勘，崇文馆（弘文馆）当在此时设立详正学士一职，《唐会要》记载："仪凤中，以馆中多图籍，置详正学士校理之。"② 而《旧唐书·崔行功传》同样有关于详正学士校理秘书省图书的记载，并且宋《容斋随笔·五笔》卷二载秘书省"置详正学士以代散官"，此中散官当指显庆中负责秘书省新抄图书刊校工作的官员，说明仪凤年间秘书省内同样设置了详正学士负责图书的校勘工作，与崇文馆四部图书校勘工作同步，同样由秘书少监领导，刘应道负责崇文馆部分，李怀俨、崔行功相继负责秘书省部分。

武后圣历年间，引朝内诸司官员入秘书省内进行图书的校勘，太子文学徐坚位列其中，"时秘阁群籍，大抵讹谬，有敕召学士详定，公实在焉，为之刊缉，卷盈二万，时辈绝倒，服其博达。"③

唐中宗李显在国家经籍勘治方面颇有建树，权德舆《唐故通议大夫梓州诸军事梓州刺史上柱国权公文集序》载：

> 公讳若纳，字某，天水略阳人。……拜起居郎。在中宗时，尝以禁中书籍编脱缪，诏朝廷文学大官十人绪正之，而公以秩卑名重，特居其选。④

三、唐玄宗时期

唐玄宗先天年间，秘书少监韦利器、刘子元参与《一切道经音义》的勘定，凡140卷，由太清观主史崇表上，《全唐文》卷九二三有载。

开元五年（717年）十二月，时马怀素任左散骑常侍，并入内侍讲。当时秘书省内图书散落，缺乏条例，因此马怀素上书自荐："愿下紫微、黄门，召宿学巨儒，就校缪缺。"⑤ 唐玄宗因此拜马怀素为秘书监，负责图书校勘整理，并由其推荐人选进入秘书省进行图籍的校勘，马怀素言：

---

① 吴钢：《全唐文补遗（第三辑）》，西安：三秦出版社1994年版，第21-22页。
② （宋）王溥：《唐会要》卷六四《弘文馆》，北京：中华书局1955年版，第1114页。
③ （清）董诰等：《全唐文》卷二九一《大唐故光禄大夫右散骑常侍集贤院学士赠太子少保东海徐文公神道碑铭并序》，上海：上海古籍出版社1990年版，第1306页。
④ （唐）权德舆：《权德舆诗文集》卷三四《唐故通议大夫梓州诸军事梓州刺史上柱国权公文集序》，郭广伟校点，上海：上海古籍出版社2008年版，第518页。
⑤ （宋）宋祁、欧阳修、范镇、吕夏卿：《新唐书》卷一九九《马怀素传》，北京：中华书局2000年版，第4358页。

省中书散乱讹缺，请选学术之士二十人整比校补。

乃诏国子博士尹知章、四门助教王直、直国子监赵玄默、陆浑丞吴绰、桑泉尉韦述、扶风丞马利徵、湖州司功参军刘彦直、临汝丞宋辞玉、恭陵令陆绍伯、新郑尉李子钊、杭州参军殷践猷、梓潼尉解崇质、四门直讲余钦、进士王愭、刘仲丘、右威卫参军侯行果、邢州司户参军袁晖、海州录事参军晁良、右率府胄曹参军毋煚、荥阳主簿王湾及太常寺太祝郑良金等人分部撰次，践猷从弟秘书丞承业、武陟尉徐楚璧是正文字。怀素奏秘书少监卢俌、崔沔为修图书副使，秘书郎田可封、康子元为判官。①

这二十六人②在马怀素的领导下，进行图书的整理、清理、统计、校正、辑补等工作。后马怀素上言：

> 南齐已前坟籍，旧编王俭《七志》，已后著述，其数盈多，《隋志》所书，亦未详悉。或古书近出，前志阙而未编；或近人相传，浮词鄙而犹记。若无编录，难辨淄渑。望括检近书篇目，并前志所遗者，续王俭《七志》，藏之秘府。③

秘书省的校勘工作进入了编目时期。开元六年（718 年）七月二十七日，马怀素去世，唐玄宗诏大理卿元行冲接替马怀素继续图书的整理编目工作，时秘书省的编目工作陷入僵局，"人人意自出，无所统一，逾年不

---

① （宋）宋祁、欧阳修、范镇、吕夏卿：《新唐书》卷一九九《马怀素传》，北京：中华书局 2000 年版，第 4358 页。
② 对于开元五年（717 年）由秘书监马怀素奏引进入秘书省编次图书的名单，《旧唐书·韦述传》有不同的记载："开元五年，韦述为栎阳尉。秘书监马怀素受诏编次图书，乃奏用左散骑常侍元行冲、左庶子齐瀚、秘书少监王珣、卫尉少卿吴兢并述等二十六人，同于秘阁详录四部书。"《旧唐书·马怀素传》载："上于是召学涉之士国子学士尹知章等，分部撰录，并刊正经史，粗创首尾。"考颜真卿《曹州司法参军秘书省丽正殿二学士殷君墓碣铭》："解褐杭州参军，……开元初，举文儒异等，授秘书省学士，寻改曹州司法参军、丽正殿学士。与韦述、袁晖同修王俭《今书七志》，及《群书四录》，流别铨次，皆折衷于君。"《旧唐书·尹知章传》："转国子博士。后秘书监马怀素奏引知章就秘书省与学者刊定经史。"《旧唐书·齐浣传》："秘书监马怀素、右常侍元行冲受诏编次四部群书，乃奏浣为编修使，改秘书少监。"由此可见开元五年（717 年）进入秘书省校勘图书的二十六人当以《新唐书·马怀素传》为基准。
③ （清）董诰等：《全唐文》卷二九六《请编录典籍疏》，上海：上海古籍出版社 1990 年版，第 1324 页。

成。有司疲于供拟，太仆卿王毛仲奏罢内料"①。元行冲接手后，改变了马怀素提倡的七分著录方法，按照秘书省四库藏书采用四分法进行编撰，并借鉴魏征等的《隋书·经籍志》中的类目，确定了目录的编撰体例，重新分工，"令昹、述、钦总缉部分，践猷、悰治经，述、钦治史，昹、彦直治子，湾、仲丘治集"②。开元八年（720 年），元行冲总领秘书省、丽正院，合并两处图书校勘工作，并从秘书省图书校勘二十六人中选取四门助教王直、直国子监赵玄默、桑泉尉韦述、扶风丞马利徵、湖州司功参军刘彦直、恭陵令陆绍伯、新郑尉李子钊、杭州参军殷践猷、四门直讲余钦、右威卫参军侯行果、右率府胄曹参军毋昹、荥阳主簿王湾、太常寺太祝郑良金十三人进入丽正院进行校书工作，并另外奏请六人入丽正院校勘：

> 朝邑丞冯朝隐、冠氏尉权寅献、秘书省校书郎孟晓、扬州兵曹参军韩覃王嗣琳、福昌令张悱、进士崔藏之入校丽正书。由是秘书省罢撰缉，而学士皆在丽正矣。③

之后数十年，鲜见秘书省校书的记载，秘书省在唐代文化建设中的地位大大下降。

四、唐德宗时期

唐德宗在位期间，秘书省进行了多次图书校勘工作。"贞元二年（786年）七月，秘书监刘太真上言：请择儒者详校九经于秘书省"④，但是刘太真的奏请却遭到朝廷议者非议：

> 议者谓：秘书省有校书正字官十六员，职在校理。今授非其人，乃别求儒者详定，费于供应，烦于官寮，太真之请，失之甚矣。寻阻众议，果寝不行。⑤

对于这次争议，赖瑞和先生评价刘太真的做法内行，详校"九经"是一次学术性的古籍整理校勘活动，并非简单的抄经校对，刘太真认为秘书

---

① （宋）宋祁、欧阳修、范镇、吕夏卿：《新唐书》卷一九九《马怀素传》，北京：中华书局 2000 年版，第 4358 页。

② 同上。

③ 同上。

④ （宋）王溥：《唐会要》卷六五《秘书省》，北京：中华书局 1955 年版，第 1124 页。

⑤ 同上。

省内的校书郎、正字年轻识浅，只能做一些普通的校对工作，而对于专深的学术整理工作并不能胜任，但是其他诸司不了解秘书省的官制，主观臆断地想当然，使得唐代秘书省失去了一次校勘图书的机会。但此事并未就此结束，《唐会要·秘书省》载：

> （贞元）三年八月，秘书监刘太真奏："又准今年正月十八日敕，诸道供送当省写经书，及校勘五经学士等粮食钱，……写经书毕日余钱，请添写史书。"从之。①

史料中提到了"校勘五经学士"一职，秘书省内这一职位的出现与贞元二年（786年）七月刘太真校勘"九经"的奏请存在必然联系，可以推断，其他诸司认为校勘"九经"花费巨大，而与秘书监刘太真达成妥协的折中之法，招募儒者进行"五经"的校勘，用以节省诸色供应。刘太真担任秘书监的时间并不长，《刘府君神道碑铭并序》载："贞元元年转刑部侍郎，详刑议狱，无复烦累。改秘书监，遗编脱简，有以刊正。三年拜礼部侍郎。"② 贞元二年至三年（786—787年）刘太真短暂的任期内，秘书省内校勘"五经"的学士，属于临时任命的图书校勘人员。

贞元六年至八年（790—792年），包佶任秘书监。《唐会要·论经义》载："贞元七年十二月，秘书监包佶奏：开元删定《礼记·月令》为《时令》，其音及义疏，并未刊正，其开元所补与《月令》相涉者，请选通儒详定。从之。"③ 但是《册府元龟》载此事时言："会佶卒，其事不行。"④

贞元末，陈京任秘书少监，贞元二十一年（805年）以秘书少监致仕，此时秘书省内仍存有学士与校理官员，且学士地位较高：

> 刊校益理，……求遗书，凡增缮者，乃作艺文新志，制为之名《贞元御府群书新录》。始御府有食本钱，月权其赢以为膳，有余，则学士与校理官分之，学士常受三倍，由公而杀其二。⑤

① （宋）王溥：《唐会要》卷六五《秘书省》，北京：中华书局1955年版，第1125页。
② （清）董诰等：《全唐文》卷五三八《刘府君神道碑铭并序》，上海：上海古籍出版社1990年版，第2421页。
③ （宋）王溥：《唐会要》卷七七《论经义》，北京：中华书局1955年版，第1411页。
④ （宋）王钦若等：《册府元龟》卷六〇八《学校部·刊校》，北京：中华书局1960年版，第7304页。
⑤ （唐）柳宗元：《柳河东全集》卷八《唐故秘书少监陈公行状》，北京：燕山出版社2009年版，第151页。

五、唐文宗时期

唐文宗大和（一作太和）年间，国家藏书机构开始活跃起来，图书搜访和校勘工作开展了多次。

《旧唐书·郑覃传》载：

> （大和）四年四月，拜工部侍郎。……覃从容奏曰："经籍讹谬，博士相沿，难为改正。请召宿儒奥学，校定六籍，准后汉故事，勒石于太学，永代作则，以正其阙。"从之。①

《册府元龟》载：

> 周墀为起居舍人、集贤殿学士，开成元年正月，中书门下奏墀及监察御史张次宗，礼部员外郎孔温业，兵部员外郎、集贤殿直学士崔球等，同就集贤院勘校《经典释文》。②
>
> 初，文宗诏，国子监《九经》石本，所司校勘尚有舛误。……宜令率更令韩泉允详定石经。官就集贤审校勘，仍旋送国子监上石。③

唐文宗为了配合图籍的校勘工作，令秘书省搜访遗文，日夜抄写，在抄书的过程中，日常的典校工作当然必不可少：

> 开成元年七月，分察使奏："自今以后，所填补旧书及别写新书，并随日校勘，并勒创立案，别置纳历，随月申台，并申分察使；每岁末课申数并具状闻奏。"敕旨：宜依。④

唐文宗时期秘书省等藏书机构外聘学者进行校勘，但由于图书校勘任务繁重，藏书机构间校正人员存在驰援现象：

---

① （后晋）刘昫等：《旧唐书》卷一七三《郑覃传》，北京：中华书局 2000 年版，第 3056 页。
② （宋）王钦若等：《册府元龟》卷六〇八《学校部·刊校》，北京：中华书局 1960 年版，第 7304 页。
③ 同上。
④ （宋）王溥：《唐会要》卷六五《秘书省》，北京：中华书局 1955 年版，第 1125 页。

　　文宗太和三年三月癸亥，集贤院奏应校勘宣索书及新添写经籍，令请秘书省、春坊、崇文校正共一十八员，权抽作番次，就院同校勘前件书，其厨料等请度支准本官例支给。从之。①

　　太和五年正月，集贤殿奏：应校勘宣索书籍等，伏请准前年三月十九日敕，权抽秘书省及春坊、宏文馆、崇文馆见任校正，作番次就院同校。②

第四节　秘书省图书出版

　　在印刷术普及之前，图书制作主要依靠手工抄写，即所谓的写本，宋代之前，抄写仍然是社会主流的图书生产方式。《太平御览》载，战国时期已经出现佣书活动，"张仪、苏秦二人同志，遂剪发以相活，或佣力写书"③。至汉武帝"开献书之路，置写书之官"④，官方书手出现。两汉时期对官方抄写人员有一定的管理措施，待其年老之后，当由他人代之，《桓子新论》云："高君孟颇知律令，自伏写书，著作郎署哀其年老，欲代之，不肯。"⑤ 南朝官方抄写者或曰工书人，或曰内书生。陈朝于秘书省之外设立弟子和正字，弟子是专业写书人员，正字负责校对，其抄写、校对的图籍用以充实陈朝秘阁及其他藏书机构。隋炀帝大业初，秘书省内加置楷书郎员 20 人（从九品），唐代秘书省将图书抄写人员自从九品的流内官员降为流外，并增至 90 人，曰楷书手。其抄写活动一方面满足秘书省副本建设需求，另一方面赋予了秘书省部分出版职能。

一、藏书复制

　　秘书省作为唐代官方主要图籍机构，其抄写活动可以分作两个部分来论述：一是以保存为目的的图书抄写，二是其他目的的图书抄写。

①　（宋）王钦若等：《册府元龟》卷六〇八《学校部·刊校》，北京：中华书局 1960 年版，第 7304 页。

②　（宋）王溥：《唐会要》卷六五《秘书省》，北京：中华书局 1955 年版，第 1121 页。

③　（晋）王嘉：《拾遗记》，（梁）萧绮录，北京：中华书局 1981 年版，第 103-104 页。

④　（唐）魏征等：《隋书》卷三二《经籍一》，北京：中华书局 2000 年版，第 614 页。

⑤　（隋）虞世南：《北堂书钞》卷一〇一《艺文部七》，孔广陶校注，台北：宏业书局 1974 年版，第 448 页。

（一）以保存为目的的图书抄写

1. 图书抄写活动

唐代多次组织大型的图书抄写活动以扩充国家藏书，规模较大的有以下几次：

武德五年（622 年），秘书丞令狐德棻奏曰："今乘丧乱之余，经籍亡逸，请购募遗书，重加钱帛，增置楷书，专令缮写。"① 唐高祖听从了令狐德棻的建议，重金购求图书，并置吏专掌抄写，补录秘书，数年后，群书略备。

贞观年间，在秘书省引学士校勘图书的同时，唐太宗"命秘书监魏征写四部群书，将进内贮库，别置雠校二十人、书手一百人。征改职之后，令虞世南、颜师古等续其事，至高宗初，其功未毕"②。魏征在任期间，精选图书抄写人员，《新唐书·艺文一》载："选五品以上子孙工书者为书手，缮写藏于内库"③。贞观年间的抄书活动规模巨大，动员了众多抄书人员，其规模远远大于《唐书》中的记载，宋人周辉《清波别志》言："（贞观间）秘书省增置百二十员，善书者凡二千人，致所得文籍，历代为盛。"④ 所谓的善书者二千人，当属不实，唐贞观年间增加了秘书省内书手的编制来赶抄图书，而非雇用，因此秘书省必须提供更多场地，而秘书省位于皇城之内，具有一定的规划，并不能容纳二千人同时进行抄写。因此，这则史料可以这样理解：从贞观三年至贞观二十三年（629—649年），秘书省的图书抄写持续了二十年的时间，任职于秘书省的书手当有二千人次。唐代墓志铭中记载了两名由秘书省书手入流的官员任职经历。

《大唐故登仕郎丁君墓志铭并序》：

> 君讳范，字师则，……弱冠知名，召补兰台书手。……诏授登仕郎。⑤

---

① （宋）王溥：《唐会要》卷三五《经籍》，北京：中华书局 1955 年版，第 643 页。

② （后晋）刘昫等：《旧唐书》卷一九〇《崔行功传》，北京：中华书局 2000 年版，第 3399 页。

③ （宋）宋祁、欧阳修、范镇、吕夏卿：《新唐书》卷五七《艺文一》，北京：中华书局 2000 年版，第 936 页。

④ （宋）周辉：《清波别志》卷二"汉志七略条"，文渊阁四库全书本，第 38 页。

⑤ 周绍良：《全唐文新编（第 5 部第 4 册）》卷九九四《大唐故登仕郎丁君墓志铭并序》，长春：吉林文史出版社 2000 年版，第 14487 页。

《大周故前尚方监兼检校司府少卿中山县开国伯王公墓志铭》：

> 府君讳基，……年十有四，以贞观十一年擢为兰台书手，……以十八年随碟授岐州岐阳县尉。①

可以看出，秘书省的书手任职处于一种流动状态。

唐高宗即位初期，延续了唐太宗时期的抄书工作，但制度的弊端减慢了秘书省图书抄写的速度。因此在显庆中，"罢雠正员，听书工写于家，送官取直"②，唐高宗删减机构书手和校正，招募社会工书人，允许在家抄写，并按量计酬，由无职事的散官按照一定的次序轮班进行图书的刊正，这些举措提高了抄写效率，但图书的质量难以控制，"（兰台侍郎李怀俨）受制检校写四部书进内，以书有汗，左授郓州刺史"③。乾封元年（666 年），唐高宗下令对秘书省藏书进行校勘、整理及抄写，以补充秘阁藏书。《唐会要》载："乾封元年十月十四日，上以四部群书传写讹谬，并亦缺少，乃诏东台侍郎赵仁本、兼兰台侍郎李怀俨、兼东台舍人张文瓘等，集儒学之士，刊正然后缮写。"④ 唐高宗年间秘书省图书的抄写工作一直在持续，开元年间集贤院有"贞观、永徽、麟德、乾封、总章、咸亨奉敕缮写"的藏书，这些图书均为唐高宗年间延续图书抄写的证据。

唐玄宗开元五年（717 年）十二月，"秘书监马怀素奏：'省中书散乱讹缺，请选学术之士二十人整比校补。'从之。于是搜访逸书，选吏缮写……"⑤ 这次秘书省图书抄写工作与东都乾元殿的图书抄写活动同步进行。开元七年（719 年），"秘书省、司经局、昭文、崇文二馆，更相检雠，采天下遗文以益阙文"⑥。秘书省与其他图书机构相互检校，查漏补缺，充实馆藏，在这一过程中，图书抄写工作更是不间断地进行。开元九年至天宝十四载（721—755 年），秘书省图书抄写的数量惊人，虽不能比

① 周绍良：《全唐文新编（第 1 部第 4 册）》卷二〇五《大周故前尚方监兼检校司府少卿中山县开国伯王公墓志铭并序》，长春：吉林文史出版社 2000 年版，第 2345-2346 页。
② （宋）宋祁、欧阳修、范镇、吕夏卿：《新唐书》卷二〇一《崔行功传》，北京：中华书局 2000 年版，第 4393 页。
③ （后晋）刘昫等：《旧唐书》卷五九《李怀俨传》，北京：中华书局 2000 年版，第 1574 页。
④ （宋）王溥：《唐会要》卷三五《经籍》，北京：中华书局 1955 年版，第 643 页。
⑤ （宋）司马光：《资治通鉴》卷二一一《开元五年》，（元）胡三省音注，北京：中华书局 1956 年版，第 2598 页。
⑥ （宋）宋祁、欧阳修、范镇、吕夏卿：《新唐书》卷二〇〇《褚无量传》，北京：中华书局 2000 年版，第 4362 页。

肩集贤院，但亦规模巨大。

"安史之乱"以后，唐朝国力受到了极大的损伤，对于文化事业往往有心无力，大规模抄写活动次数减少，但常规抄写活动不断：

> （贞元）三年八月，秘书监刘太真奏："今缘召补楷书，未得解书人，元写经书，其历代史所有欠阙，写经书毕日余钱，请添写史书。"从之。①
>
> 长庆三年四月，秘书少监李随奏：当省请置秘书阁图书印一面，……自兵难以来，书印失坠。今所写经史，都无记坠，伏请铸造。敕旨依奏。②

唐文宗时期，秘书省才重新进行了大规模的图书搜括与抄写活动。"文宗时，……诏令秘阁搜访遗文，日令添写。"③ 除了中央图籍机构，唐文宗还发挥全国地方官府的力量进行图书的抄写，"开成元年九月，敕秘书省、集贤院，应欠书四万五千二百六十一卷，配诸道缮写"④。

唐武宗、唐宣宗、唐懿宗时期，秘书省的抄写工作艰难进行，每年的抄写量与开元鼎盛时期相比，减少一半，《唐会要》记载，大中年间，集贤院、秘书省两处每年图书抄写总量不到一千卷：

> 大中三年正月，秘书省据御史台牒，准开成元年七月敕，应写书及校勘书籍，至岁末奏闻者，令勒楷书等，从今年正月后，应写书四百一十七卷。
>
> 大中四年二月，集贤院奏："大中三年正月一日，以后至年终，写完贮库，及填缺书籍三百六十五卷，计用小麻纸一万一千七百七张。"
>
> 大中五年正月，秘书省牒报御史台，从今年正月已后，当司应校勘书四百五十二卷。⑤

---

① （宋）王溥：《唐会要》卷六五《秘书省》，北京：中华书局1955年版，第1125页。
② 同上。
③ （后晋）刘昫等：《旧唐书》卷四六《经籍上》，北京：中华书局2000年版，第1336页。
④ 同注①。
⑤ （宋）王溥：《唐会要》卷三五《经籍》，北京：中华书局1955年版，第645-646页。

2. 图书抄写模式

唐代官府为了在短时间内扩充官藏，组织了多次大规模的图书抄写活动，各时期组织规模、抄写人员、组织方式存在差别。抄写模式可分为三种：机构内抄写模式、"机构内＋机构外"抄写模式、"中央＋地方"抄写模式。

第一种，机构内抄写模式。以藏书机构为主导，招募书手、校雠人员，进入机构从事图书生产，将其纳入职官体系，可考课入流，集中时间、人力对图书进行大规模抄写，图书与人员处于相对封闭的状态中，抄写完毕的图书仍旧进入藏书库房，不存在传播的可能性，该模式是汉魏时期主流的官方图书生产方式。唐初武德年间和贞观年间的图书抄写即采取了此种模式。在开元天宝年间，机构内抄写模式进一步发展，中央各文化机构协同校雠抄写，多馆两地同时进行图书生产，但图书与人员仍然固定、封闭。该模式可以有效保证图书抄写质量以及藏书的保密性，但大规模地将书手纳入官吏体系，易造成吏员冗余，抄写效率低下。

第二种，"机构内＋机构外"抄写模式。为了提高图书的抄写效率，尽快补充秘书省、弘文馆、内府、史馆等机构的藏书，高宗显庆年间，唐代官藏图书生产模式发生改变，出现了以藏书机构为主导，招募社会书手在外抄写，以散官为校雠人员，以机构职官为检校人员的抄写模式。高宗显庆中，政府改变了引入书手定额抄书的方法，删减额外设立的书手和校雠人员职位，招募社会上的工书者进行图书抄写，散官进行典校。这种模式提高了抄书效率，却对管理者提出了更高的要求，抄写质量不易控制，后负责人兰台侍郎李怀俨"受制检校写四部书进内，以书有汗，左授郢州刺史"[1]。

第三种，"中央＋地方"抄写模式。"安史之乱"以后，机构内日常的图书抄写不能填补因战乱而损失惨重的官府藏书，因此引入地方官府力量进行图书抄写，"中央＋地方"抄写模式应运而生。此模式的产生分为两个阶段：第一阶段，唐德宗贞元初年中央机构负责图书抄写，地方官府提供纸张、粮食、笔墨等财物支持；第二阶段，唐文宗时期，秘书省联合中央文化机构与地方官府力量进行图书抄写，"开成元年七月，敕秘书省、集贤院，应欠书四万五千二百六十一卷，配诸道缮写"[2]。"中央＋地方"抄写模式的第一阶段以中央力量为主，地方官府并不参与具体的图书生

---

① （后晋）刘昫等：《旧唐书》卷五九《李怀俨传》，北京：中华书局 2000 年版，第 1574 页。

② （宋）王溥：《唐会要》卷六五《秘书省》，北京：中华书局 1955 年版，第 1125 页。

产，人员、图书均由藏书机构掌握，类似于机构内模式运作，图书与人员均可控；第二阶段地方官府直接参与到图书的抄写活动中，由于中央财政吃紧，官制改革，胥吏精简，抄写人员补充困难①，无法承担大量的图书抄写任务，因此由地方官府出人出力进行图书缮写，且地方官府有能力、有物力、有人力来完成图书抄写任务。

（二）其他目的的图书抄写

在印刷术发明、推广之前，手工抄写是图书主要的传播途径，因此秘书省抄书活动有多种用途，如"（一）补充国家藏书。秘书监、集贤院、弘文馆、史馆等机构的藏书大多是唐代官方组织抄写的。（二）对外交往。……赠赐图书成为外交活动的重要内容。……（三）赐于臣民。……（四）标准样本。不少图书版本各异，令人莫衷一是。为了纠讹谬而定一尊，国家专门颁行标准样本"②。后三种用途使得唐代秘书省图书抄写成为官方图书出版活动的一部分。

1. 对外交往

贞观二十二年（648年），唐太宗赐新罗使所制《晋书》。

垂拱二年（686年）二月十四日，新罗王金政明遣使请《礼记》一部，并杂文章，令有司写《吉凶要礼》并《文馆词林》，采其词涉规诫者，勒成五十卷，赐之。③

开元十八年（730年），吐蕃使奏云："公主请《毛诗》、《礼记》、《左传》、《文选》各一部"，唐玄宗制令秘书省抄写与之。④《唐会要》载："开元十九年正月二十四日，命有司写《毛诗》、《礼记》、《左传》、《文选》，以赐金城公主，从其请也。"秘书正字于休烈上表抗议，言："臣忝列位职，刊校秘籍，实痛经典，弃在夷狄。昧死上闻，伏惟陛下深察。"⑤

开元二十六年（738年）六月二十七日，渤海遣使求写《唐礼》及

---

① （宋）王溥：《唐会要》卷七四《明经》，北京：中华书局1955年版，第1375页载：大和八年（834年）正月敕，"吏部疏理诸色入仕人等，令勘会诸司流外令史、府史、掌固、礼生、楷书、医工及诸司流外令史等，总一千九百七十二员，六百五十七员请权停"，楷书减员的同时延长诸色入仕者的入流年限，并在年限满之后，另外要求候选三年，增加了从流外入仕的难度，导致楷书手应征者少，中央图籍机构无法补充抄写人员。
② 曹之：《中国出版通史·隋唐五代卷》，北京：中国书籍出版社2008年版，第241-242页。
③ （宋）王溥：《唐会要》卷三六《蕃夷请经史》，北京：中华书局1955年版，第667页。
④ （后晋）刘昫等：《旧唐书》卷一九六《吐蕃上》，北京：中华书局2000年版，第3559页。
⑤ 同注③。

《三国志》《晋书》《三十六国春秋》，许之。①

2. 赐于臣民（太子、亲王、臣下）

在古代社会，帝王赐书于臣下，或褒赏，或警戒。自唐太宗起，唐廷亦有多次赐予图书的记载，多为赐予皇帝的诸子以及大臣，赐书当由秘书省抄写。

贞观元年（627年），唐太宗赐李大亮《汉纪》，以规劝其读经史：

> 卿立志方直，竭节至公，处职当官，每副所委。方大任使，以申重寄，公事之闲，宜观典籍。赐卿荀悦《汉纪》一部。此书叙致简要，论议深博，极为政之体，尽君臣之义。今以赐卿，宜加寻阅。②

贞观五年（631年），唐太宗赐诸王《群书政要》：

> 贞观五年九月二十日，秘书监魏征撰《群书政要》上之。凡五十卷，诸王各赐一本。③

贞观十四年（640年），唐太宗赐诸王魏征编《类礼》二十卷：

> 贞观十四年五月二十一日，诏以特进魏征所撰《类礼》，（录数本以）赐太子及诸王，并藏本于秘府。④

贞观二十三年（649年），唐太宗赐皇太子《帝范》十三篇：

> 贞观二十三年正月二十二日，太宗撰《帝范》十三篇赐皇太子。⑤

贞观年间，唐太宗诏令秘书省书手抄写《遗教经》赐予臣下：

---

① （宋）王溥：《唐会要》卷三六《蕃夷请经史》，北京：中华书局1955年版，第667页。
② （清）董诰等：《全唐文》卷九《赐李大亮荀悦汉纪诏》，上海：上海古籍出版社1990年版，第41页。
③ （宋）王溥：《唐会要》卷三六《修撰》，北京：中华书局1955年版，第651页。
④ 同上。
⑤ 同上。

　　宜令所司，差书手十人，多写经本，务在施行。所须纸笔墨
等，有司准给。其官宦五品以上，及诸州刺史，各付一卷。①

调露二年（680年），唐高宗赐皇太子《政典》：

　　调露二年二月一日，诏故符玺郎李延寿撰《政典》一部写两
本，一本赐皇太子，一本付秘书省。②

武后时期，赐章怀太子《少阳政范》及《孝子传》：

　　则天又尝为贤撰《少阳政范》及《孝子传》，以赐之。③

开元十九年（731年），唐玄宗赐太子及庆王《瑶山往则》《维城前轨》：

　　开元十九年十二月十一日，侍中裴光庭上《瑶山往则》《维
城前轨》各一卷，上赐以皇太子及庆王。④

　　元和年间，贬谪外地的柳宗元写信给京兆尹许孟容言："家有赐书三
千卷，尚在善和里旧宅。宅今久易主，书存亡不可知。"⑤可知柳宗元在
贞元年间为官期间，得赐书3000卷，数量惊人，相当于秘书省数年的抄
书工作量。德宗、顺宗时期，图书赐予臣下的数量巨大。

　　3. 标准样本（颁布定本，推广图书）

　　唐代图书制作的主要方式仍然是手工抄写，即使是官府推广也是有司
抄写，付诸地方官员进行传抄，进而通过层层行政机构进行推广。官方图
书的颁行，多是由秘书省等藏书机构抄写多个本子，交付各地方官员，然
后进行推广，可以说唐代众多图书版本的推行，盖依赖于此。

　　贞观七年（633年），颜师古于秘书省内定"五经"毕，唐太宗"颁

---

①　（清）董诰等：《全唐文》卷九《佛遗教经施行敕》，上海：上海古籍出版社1990年版，
　　第41页。
②　（宋）王溥：《唐会要》卷三六《修撰》，北京：中华书局1955年版，第657页。
③　（后晋）刘昫等：《旧唐书》卷八六《高宗中宗数子·章怀太子贤》，北京：中华书局
　　2000年版，第1917页。
④　（宋）王溥：《唐会要》卷三六《修撰》，北京：中华书局1955年版，第658页。
⑤　（唐）柳宗元：《柳河东全集》卷三十《寄许京兆孟容书》，北京：燕山出版社2009年
　　版，第602页。

其所定之书于天下，令学者习焉"①。

贞观十一年（637 年）正月甲寅，房玄龄进"五礼"，"诏所司行用之"②。

贞观十五年（641 年），吕才等人刊定阴阳书成，唐太宗"诏颁行之"③。

永徽四年（653 年）三月壬子，唐高宗"颁孔颖达《五经正义》于天下，每年明经令依此考试"④。

显庆三年（658 年）正月戊子，长孙无忌修《新礼》成，"诏颁行于天下"⑤。

武后垂拱元年（685 年）三月，"颁下亲撰《垂拱格》于天下"⑥。

开元十一年（723 年）十一月己巳，"颁上撰《广济方》于天下"⑦。

"开元十六年六月二日，上注《孝经》颁于天下及国子学。"⑧

开元二十年（732 年）九月乙巳，中书萧嵩上《开元新礼》一百五十卷，"制所司行用之"⑨。

开元二十三年（735 年），上注《老子》并修疏义八卷，并制《开元文字音义》三十卷，颁示公卿。⑩

开元二十五年（737 年）九月壬申，"颁新定《令》《式》《格》及《事类》一百三十卷于天下"⑪。

开元年间，唐玄宗《颁示道德经注孝经疏诏》："仍令集贤院具写，送付所司，颁示中外。"⑫

天宝初，《请颁赐〈洞灵〉三经奏》："其《洞灵》等三经，望付所司，各写十本，校定讫，付诸道采访使颁行。"⑬

① （后晋）刘昫等：《旧唐书》卷七三《颜师古传》，北京：中华书局 2000 年版，第 1752 页。
② （后晋）刘昫等：《旧唐书》卷三《太宗下》，北京：中华书局 2000 年版，第 31 页。
③ （后晋）刘昫等：《旧唐书》卷七九《吕才传》，北京：中华书局 2000 年版，第 1838 页。
④ （后晋）刘昫等：《旧唐书》卷四《高宗上》，北京：中华书局 2000 年版，第 49 页。
⑤ （后晋）刘昫等：《旧唐书》卷四《高宗上》，北京：中华书局 2000 年版，第 53 页。
⑥ （后晋）刘昫等：《旧唐书》卷六《则天皇后》，北京：中华书局 2000 年版，第 78 页。
⑦ （后晋）刘昫等：《旧唐书》卷八《玄宗上》，北京：中华书局 2000 年版，第 124 页。
⑧ （宋）王溥：《唐会要》卷三六《修撰》，北京：中华书局 1955 年版，第 658 页。
⑨ （后晋）刘昫等：《旧唐书》卷八《玄宗上》，北京：中华书局 2000 年版，第 132 页。
⑩ 同注⑧。
⑪ （后晋）刘昫等：《旧唐书》卷九《玄宗下》，北京：中华书局 2000 年版，第140 页。
⑫ （清）董诰等：《全唐文》卷三二《颁示道德经注孝经疏诏》，上海：上海古籍出版社 1990 年版，第 153 页。
⑬ （清）董诰等：《全唐文》卷九六四《请颁赐〈洞灵〉三经奏》，上海：上海古籍出版社 1990 年版，第 4440 页。

贞元十二年（796 年）正月乙丑，"上制《贞元广利药方》五百八十六首，颁降天下。"①

（三）图书抄写管理

藏书机构的抄写活动不仅扩充了藏书体量，还承担了部分国家出版职能。为了保障抄写质量，官方从人员、物料、程序三个方面对图书抄写进行了行之有效的管理。

1. 人员管理

唐代中央藏书机构将各机构内的楷书、楷书手、御书手等吏员的职责定义为图书抄写，这主要依据《唐六典》《旧唐书·职官志》《新唐书·百官志》等资料总结而来。唐代秘书省改变了书手的流内地位，将其降等为流外官，基本职责为"抄写御书"②，其他机构书手的设置和职责与秘书省类似，只在名称或者员额多少方面存在区别。从名称上来说，秘书省称图书抄写人员为楷书、楷书手或书手，集贤院称其为御书手、写御书、书直，史馆称其为楷书、楷书手、写国史楷书手，其他省部之中也有文书抄写人员，或称为书手、能书、群书手几类。这些名称之间并不是可以通用的，如"元和四年正月，减集贤写御书一十人，付史馆收管。史馆奏，当馆旧制，例只有楷书，无御书各（名）额，请改正楷书。从之"③。学者考证"'书手'是一般的称谓，它可以代表其他几类书手，楷书手、楷书是指以楷书见长的书手，御书手自然是'皆经御简'的御用书手，而能书、书直是其中比较特殊的一类，属于直官系列"④。从书手的员额来讲，各机构各时期也大有不同，以秘书省、集贤院、弘文馆、史馆为例，列表 4-3 考证。

表 4-3　　　　　　　唐代中央各藏书机构书手员额

机构员额时期	秘书省（注）	集贤院	弘文馆	史馆
初唐	80＋100 （《旧唐书· 崔行功传》）		30 （《旧唐书》 卷四三）	25 （《旧唐书》 卷四三）

---

① （后晋）刘昫等：《旧唐书》卷十三《德宗下》，北京：中华书局 2000 年版，第 260 页。
② （唐）李林甫等：《唐六典》卷十《秘书省》，陈仲夫点校，北京：中华书局 1992 年版，第 297 页。
③ （宋）王溥：《唐会要》卷六四《集贤院》，北京：中华书局 1955 年版，第 1108 页。
④ 周侃：《唐代书手研究》，博士学位论文，北京：首都师范大学，2007 年，第 22 页。

续表

机构员额时期	秘书省（注）	集贤院	弘文馆	史馆
盛唐	80＋5＋2 （《唐六典》 卷十）	100 （《唐六典》 卷九）	25 （《唐六典》 卷八）	25 （《唐六典》 卷八）
中晚唐	10＋5 （《新唐书》 卷四七）	90（《新唐书》 卷四七）/ 2（《唐会要》 卷六四）	12 （《新唐书》 卷四七）	55 （《新唐书》 卷四七）

注：由于楷书手在秘书省内著作局、太史局均有设置，故取其总数，并不区分各下辖机构。

唐代处于雕版印刷术发明与推广的交替时期，书法艺术的勃兴、书法教育的系统化等，使得唐代官方图书抄写者的选任、考课等方面的管理措施十分严谨。

从教育的角度来说，唐代书法教育是在统治者重教的大前提下展开的。唐高祖、唐太宗尊学重教，建立起从地方到中央完备的教育体系，中央设置"一监六学两馆"，其中书学教育兴起与发展规模空前，遍布官学和私学两大领域，书法教育与科举入仕联系起来，书手多由此获得晋身技艺。书学首设于隋文帝时期，唐初废止后，贞观初复置书学，显庆三年（658年）再废，书学博士隶属于秘书省，龙朔二年（662年）复置于国子监，次年改隶属于秘书省。同时国子监内亦设置书学博士两人，教授"文武官八品已下及庶人子之为生者，以《石经》、《说文》、《字林》为专业，余字书亦兼习之。《石经》三体书限三年业成，《说文》二年，《字林》一年"①。每年招生三十人（元和年间改为十三人）。弘文馆置学生三十人，由京内五品以上官子孙充，学习楷书。无论是官私书学学生，还是国子监书学学生、弘文馆生，其书法学习的主要内容均是楷书和隶书，均须达到"皆得正样"的标准，而达到了这一标准，就可以去参加科举和应选书手。

从出身来说，唐代的书手来自社会各个阶层，进入仕途有着不同的机遇，基本可总结为官府招募、门荫、科举、官府雇佣等几种方式，如集贤院的写御书与书直主要来源是"前资、常选、三卫、散官五品已上子孙"②。唐武德年间、贞观年间、显庆年间、开元天宝年间，社会招募形

① （唐）李林甫等：《唐六典》卷二一《国子监》，陈仲夫点校，北京：中华书局1992年版，第561页。
② （唐）李林甫等：《唐六典》卷九《集贤殿书院》，陈仲夫点校，北京：中华书局1992年版，第280页。

式多有出现，唐玄宗曾广招天下能书者参与图书的抄写工作；门荫主要针对五品以上以及中下级官员子孙中善书者。贞观元年（627年），唐太宗下敕"见任京官文武职事五品已上子有性爱学书及有书性者，听于馆内学书"，并由书法家虞世南、欧阳询教授楷书。贞观三年（629年），秘书监魏征选五品以上京官子孙中善书者为秘书省书手，后以门荫进入书手行列成为一种入仕选择。但官品的规定并不严格，如《唐文拾遗》卷四十九《大唐故左卫翊卫武骑尉王府君墓志铭并序》墓主人官七品，其次子义端则门荫任秘书省御书手。前资是指以前曾担任过某种职事官，因考满或其他原因停官待选者，书手成为其待选期间的一种出仕选择。无论是通过何种途径，均须接受书法的考核，或是已经有学习经历，如弘文馆学生，或是经过"御简"（皇帝当面考核），通过者充任书手。经过数次考课，其中集贤院、史馆、弘文馆书手五考入流，秘书省书手八考入流。书手进入流内任官，如《大周故前尚方监兼检校司府少卿中山县开国伯王公墓志铭并序》："府君讳基，并州太原人也。……年十有四，以贞观十一年擢为兰台书手……以十八年随牒授岐州岐阳县尉。……以廿三年授蒲州猗氏县尉。……以永徽五年，授汾州盐山县丞。……以咸亨元年授宋州司法参军事。……以四年制除□事郎，守司府寺主簿，寻加宣义郎，……以上元二年除文昌台事。……以仪凤三年除奉义郎、少府监员外丞同正员，寻加承议郎，行本任。……以永淳二年除朝散大夫、守都水使者兼检校左右藏出纳。……以垂拱元年除中大夫、守尚方少监兼检校东郡苑总监、中山县开国男，食邑三百户。……寻加正议大夫、中山县开国伯、兼检校司府少卿、兼司农事，余并如故。……以永昌元年除尚方监，余并如故。……春秋七十有六，以长寿元年十月二日卒于私第。"[1] 王基以秘书省书手八考入流，首任正九品下县尉。与中唐时期白居易，三十一岁得中进士，授秘书省校书郎，三年后考制科，得授周至县尉相比，在唐代成为书手也是一种很好的入仕手段。至少在初唐、盛唐时期，书手竞争非常激烈，非真有才者不能入列，如秘书省书手丁范擅长草书与隶书，"每国有纶册，命君濡翰，累侍簪橐，有简帝心"[2]。

　　虽然唐代官方机构书手在考核年度上有所差别，如秘书省八考、集贤院五考，其余史馆、弘文馆等均在争取五考等情况变换，此外还会依据书

①　周绍良：《全唐文新编（第1部第4册）》卷二〇五《大周故前尚方监兼检校司府少卿中山县开国伯王公墓志铭并序》，长春：吉林文史出版社2000年版，第2345-2346页。

②　周绍良：《全唐文新编（第5部第4册）》卷九九四《大唐故登仕郎丁君墓志铭并序》，长春：吉林文史出版社2000年版，第14487页。

手的出身，进行区别对待，"各有年限，依资甄叙"①，但在考核方面，其程序和标准基本是确定的。首先依据任职时间确定是否参加当年年考，以二百日为界，以上者参加，以下者当年免考。书手的考核标准为"行能功过"，简单来说，就是任职机构按照当年实际的工作表现，将其列为四等，"清谨勤公，勘当明审为上；居官不怠，执事无私为中；不勤其职，数有愆犯为下；背公向私，贪浊有状为下下"②。每年的考核结果当面确认后，做成簿册上报尚书省，年考的结果与其俸禄、前途紧密相关，"凡考，中上以上，每进一等，加禄一季中中，守本禄中下以下，每退一等，夺禄一季"③，考下下，直接解任。年考以后就是任考，任考合格后，就可以入流充选。除了正常的考核要求外，书手还要遵循一些道德标准，如敦煌文书中曾记载了一员书手因为酗酒、欠债与口出恶言而被免职的事件。

> 写孝经判官安和子。右件人，在于行（？）累，负（？）众别行，昨十□□商□致局席设末儿悉给赞诸蕃判官等差□着酒半瓮，至今不与。又酒家征撮，比日之前，手写大乘，口常秽言不断，皆是牵万翁婆祖父羞耻耆年。先因局席上众言，后有秽言，罚得（？）问局席。安和为（违）众例，还道媱母，别有人犯者，并甘心受罚。唯有安和云：我有口言说自由，扦你别人何事。慈乌耳亦犹有乳步（哺）之恩，父母养儿艰辛至甚。去有此言，媱母者，果何言欤。请详察免众例，请处分。④

据学者考证，判官安和子为吐蕃丝绵部落人，为官方抄写大乘佛经和《孝经》，因其行为不当，受到他人举报，或被处分了事。

2. 物料管理

唐代图书抄写活动分为日常抄写和非常规抄写，因此在物资的供应上也呈现出两种不同情况，即日常的供应，以及非常规状态下的供应。前文已讨论了唐代藏书机构笔、墨、纸等物料的日常供应，厨食由本司公廨本

---

① （唐）李林甫等：《唐六典》卷九《集贤殿书院》，陈仲夫点校，北京：中华书局1992年版，第280页。
② （唐）李林甫等：《唐六典》卷三《尚书吏部》，陈仲夫点校，北京：中华书局1992年版，第41页。
③ （宋）宋祁、欧阳修、范镇、吕夏卿：《新唐书》卷四六《百官志一》，北京：中华书局2000年版，第784页。
④ 唐耕耦、陆宏基：《敦煌社会经济文献真迹释录（第5辑）》，北京：书目文献出版社1986年版，第1-2页。

钱生息供应，木炭由司农寺供应，《唐六典》载："其中书、门下、尚书省、御史台、史馆、集贤院别敕定名使并吏部、兵部入宿令史，中书、门下令史，诸楷书手写书课，皆有炭料"①，其余笔、墨、纸、砚以及装潢材料由少府、司农日常供应，集中的图书抄写活动的物资是由专项专人来供应的。开元年间，唐玄宗发起内府、秘书省等机构的图书大整理活动，其物资供应主要由太仆寺负责，后因为秘书省图书整理活动数年无功，"有司疲于供拟，太仆卿王毛仲奏罢内料"②。"内料"一词就说明其供应渠道不同于以往由太府寺供应，而是专项专供，由于长期无结果，太仆寺长官申请停止物资供应。

"安史之乱"以后，中央财政吃紧，秘书省、集贤院等机构专门设置捉钱人以满足日常厨料等开销。元和二年（807年），集贤院的校书郎、正字归入秘书省，裁减直官五人、御书手十人，同年十月，财政仍然难以为继，集贤院大学士武元衡奏请置捉钱人满足集贤院日常开支，"以（集贤院）厨料欠少，更请本钱一千贯文，收利充用，置捉钱四人"③。大和（一作太和）五年（831年）集贤院需要开展图书校勘活动，校书郎、正字从秘书省等处抽调，厨料物资则需要另外供应。捉钱人职位的设置并不是面向所有机构的，需要提出申请，当然秘书省由于无任何额外收入的可能性，其设置此类筹钱职位是必须的。

贞元元年（785年），礼部尚书李齐运奏："当司本钱至少，厨食阙绝，请准秘书省、大理寺例，取户部阙职官钱二千贯文充本收利，以助公厨。"允之。④

元和十年（815年）正月，御史台奏："秘书省等三十二司，除疏理外，见在食利本钱，应见征纳及续举放，所收利钱，准敕并充添当司廨宇什物及令史驱使、官厨料等用……"⑤

中唐以后，秘书省开展的大型图书校勘抄写活动的物料供应也开始精打细算起来。朝廷除了考虑是否可行之外，还要考核岗位设置的必要性等

① （唐）李林甫等：《唐六典》卷十九《司农寺丞》，陈仲夫点校，北京：中华书局1992年版，第520页。
② （宋）宋祁、欧阳修、范镇、吕夏卿：《新唐书》卷一九九《马怀素传》，北京：中华书局2000年版，第4358页。
③ （宋）王溥：《唐会要》卷六四《集贤院》，北京：中华书局1955年版，第1121页。
④ （宋）王溥：《唐会要》卷九三《诸司诸色本钱上》，北京：中华书局1955年版，第1677页。
⑤ （宋）王溥：《唐会要》卷九三《诸司诸色本钱下》，北京：中华书局1955年版，第1682页。

因素，如贞元二年（786年）秘书监刘太真选择学者入省校勘"九经"，议者认为"费于供应，烦于官寮"①予以拒绝。后刘太真选择了地方特供这样的方式，物资使用"锱铢必较"，如地方诸道供应的原本用来抄写和校勘经书的粮钱纸张，图书写足时，尚有部分余钱，刘太真专门奏请用于史部图书的抄写供应。

（贞元）三年（787年）八月，秘书监刘太真奏："又准今年正月十八日敕，诸道供送当省写经书，及校勘五经学士等粮食钱，……写经书毕日余钱，请添写史书。"从之。②

3. 程序管理

秘书省书库管理严格，有秘书郎-典书这样的官吏组合，有图书入库造册制度、出入库记录以及阶段性的点库制度，将这些制度与图书抄写结合起来，就可以推测出唐代图书抄写的基本程序。

点库：秘书省新进图书入库后，根据正副本制度，它应被复制为三册，"凡四部之书，必立三本，曰正本、副本、贮本，以供进内及赐人。凡敕赐人书，秘书无本，皆别写给之"③。根据这一制度，秘书郎与典书对应抄写图书种类和数量进行登记，提供给秘书省负责人安排抄写工作。秘书省负责人接收到数据后，上报工作量，提请物资支援等，年末奏闻，并以此考核楷书手等流外官吏。

> 开成元年七月，分察使奏："秘书省四库见在杂旧书籍，共五万六千四百七十六卷，并无文案及新写书文历。自今以后，所填补旧书及别写新书并随日校勘，并勒创立案，别置纳历，随月申台，并申分察使，每岁末课申数并具状闻奏。"敕旨：宜依。④

唐文宗开成以前，秘书省新到图书、新写图书以及校勘图书并没有单独设立文案，但的确有年终统计。如唐玄宗时期集贤院对天宝年间的新增图书的统计，"从天宝三载至十四载。四库续写书又一万六千八百三十二卷"⑤，但可能与原有图书一并造簿登记，料秘书省应如是。唐文宗委派

① （宋）王溥：《唐会要》卷六五《秘书省》，北京：中华书局1955年版，第1124页。
② （宋）王溥：《唐会要》卷六五《秘书省》，北京：中华书局1955年版，第1125页。
③ （唐）李林甫等：《唐六典》卷十《秘书省》，陈仲夫点校，北京：中华书局1992年版，第297页。
④ 同注②。
⑤ （宋）王溥：《唐会要》卷六四《集贤院》，北京：中华书局1955年版，第1119页。

分察使进入秘书省考核其官吏任职情况，建议秘书省的图书抄写、图书修补、图书典校等职能活动的开展应该各自有案历记录，每月申报给御史台及相关御史分察使，年终考课的结果奏闻时，须标注具体的数字来佐证。开成元年（836 年）对中央藏书机构的整顿卓有成效，"（开成元年）九月，敕秘书省、集贤院，应欠书四万五千二百六十一卷，配诸道缮写"①。秘书省、集贤院等机构向御史台奏明每年应写书的数量，以及未能完成的数量，以此为依据来确定经费的使用和职责的履行。

> 大中三年正月，秘书省据御史台牒，准开成元年七月敕，应写书及校勘书籍，至岁末闻奏者，令勒楷书等。从今年正月后，应写书四百一十七卷。
>
> （大中）四年二月，集贤院奏，大中三年正月一日以后至年终，写完贮库，及填缺书籍三百六十五卷，计用小麻纸一万一千七百七张。
>
> （大中）五年正月，秘书省牒报御史台，从今年正月已后，当司应校勘书四百五十二卷。②

抄写人员根据藏书装裱时轴、带、帙、签等的区别，明确四库内应该抄写的图书，经过一定的手续，书手从书库中领取自己要抄写的图书，进行抄写出库记录，大致包括所抄写图书的借出时间、书名、卷数、归还时间、抄写人等内容。图书抄写完成后，校书郎、正字等官员对其进行校正处理，然后经过相关人员的确认，根据抄写时间进行标记，如"贞观、永徽、麟德、乾封、总章、咸亨年奉诏缮写"③，之后入库收藏，并经过相关登记标识等库房管理手续的处理，确认已抄写副本。虽然秘书省的日常工作缺少史料记载，抄写流程无法确定，但敦煌文书中保留了由唐代官方组织抄写的部分宗教经书，从中我们可以管窥唐代中央藏书机构对于抄写工作的管理。

敦煌文书中有多篇唐代官方书手抄写的宗教文书，以图 4-1 为例，抄写标识表明，该文书由秘书省楷书在唐高宗上元三年（676 年）五月十三日书写完成，为《妙法莲华经》卷五，用纸二十一张，装潢手解集，初校化度寺僧法界，再校化度寺僧法界，三校化度寺僧法界，详阅太原寺大德

---

①　（宋）王溥：《唐会要》卷六五《秘书省》，北京：中华书局 1955 年版，第 1125 页。

②　（宋）王溥：《唐会要》卷三五《经籍》，北京：中华书局 1955 年版，第 646 页。

③　（宋）王溥：《唐会要》卷三五《经籍》，北京：中华书局 1955 年版，第 644 页。

神符，详阅太原寺大德嘉尚，详阅太原寺主慧立，详阅太原寺上座道成，判官司农寺上林署令李德，使朝散大夫守尚宫奉御阎玄道监。这篇文书是武后为其母杨氏做功德抄写佛经的一部分。咸亨元年（670 年）九月，杨氏去世，武后发愿抄写《金刚经》《妙法莲华经》各三千部。为了完成这一工程，她把长安修祥坊中的杨氏旧宅舍改为太原寺，调慧立任寺主，调道成任上座，即文书中所出现的第三、第四详阅的担任者。这次佛经的抄写规模巨大，所抄经卷数达到二万四千卷，时间从咸亨初持续到仪凤年间。武后任命虞昶、阎玄道等人相继为使，数名官员为判，调集门下省、秘书省、弘文馆、左春坊等行政机构与文化机构的书手负责抄写工作，同时又调集西明寺、大总持寺等长安城中至少十七座寺院的僧人担任经卷的初校、再校、三校，还专门由宫廷调集或新制一批厚潢砑光麻纸作抄经之用，笔、墨及装潢用料或由皇家供给。唐廷抄书有一定的规制，需要在卷末仔细书写抄经的时间、抄经者、用纸数量、装潢者、初校者、再校者、三校者、详阅者、监制者，如唐高宗时期 35 篇《妙法莲华经》抄本，虽成篇时间相差六七年，但所记载的抄写活动的责任分工、署名顺序几乎同样严谨，无一遗漏，由此可知，唐代经书抄写程序管理严格，因此版本信息清晰明确。从这些清晰的抄写信息中，我们可以看出唐代图书抄写程序大致是，抄写—校对—详阅—装潢—判—监。抄写者一定，由各机构书手抄写署名，并标明用纸多少，之后进行三次校对，校对主要针对文字。经书多由佛寺僧人校对，道经多由道士校对，如伯号 3233《太上洞渊神咒经誓魔品第一》与伯号 2444《洞渊神咒经卷第七》，也有其他书手、令史等吏员或国子监学生进行校对的情况，如伯号 3278《金刚般若经》由书手程君度书写，群书手敬海进行初校、再校和三校；北新字号 657 义净《新译药师琉璃光七佛本愿功德经》由秘书省楷书令史臣杜元礼写，秘书省楷书令史臣杨乾僧典；伯号 3725《老子道经卷上唐玄宗注》由国子监学生进行初校与再校。详阅多由高级僧人、基层官员担任，如《金刚经》《妙法莲华经》详阅多由寺院大德、寺主和上座来进行，也有主事、参军等基层官员参与详阅的，如伯号 3233、伯号 2444、伯号 3725 分别由专使右崇掖卫兵曹参军事蔡崇节、宣德郎行主客主事专检校写书杨光乔详阅。装潢则由机构装潢手根据所抄写图书卷数，"量为卷轴，以备披检"①，根据其内容选择不同材质、不同颜色的轴、带、帙、签进行图书制作。之后交由中层官员（如著作佐郎、写书判官等）进行检查，最后由高级官员

---

① （后晋）刘昫等：《旧唐书》卷五《高宗下》，北京：中华书局 2000 年版，第 69 页。

（如写书使、秘书监等）进上入库，整个程序严格、缜密，分工明确，保障了唐代图书抄写活动的顺利进行。

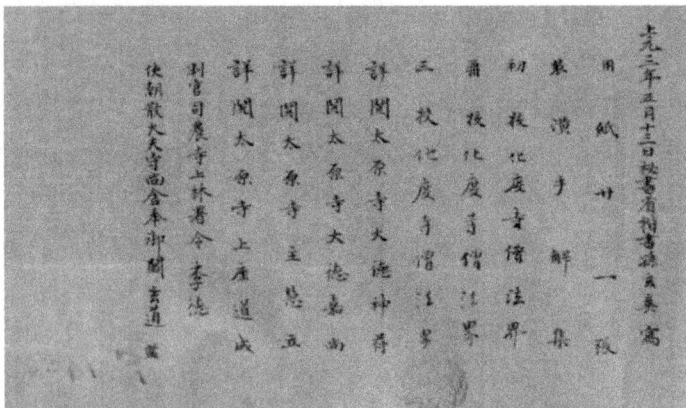

图 4-1　敦煌文书《妙法莲华经》

二、出版管理职能

秘书省职掌邦国经籍图书之事，通过引导、查禁、审核三种途径实现国家对出版活动的管理。

（一）引导社会出版

唐代的文化政策比较宽松，主要通过官方出版活动来引导民间出版活动。唐廷重视流通图书的版本，多次征集专家、学者，对诸类典籍进行校勘，形成定本，然后通过秘书省、集贤院等图籍机构抄写、颁布定本，以及推行选官制度，进行引导传播。贞观七年（633 年），颜师古于秘书省内定"五经"毕，唐太宗"颁其所定之书于天下，令学者习焉"[1]；永徽四年（653 年）三月壬子，唐高宗"颁孔颖达《五经正义》于天下，每年明经令依此考试"[2]；贞观十一年（637 年）正月甲寅，房玄龄进"五礼"，"诏所司行用之"[3]；显庆三年（658 年）正月戊子，长孙无忌修《新礼》成，"诏颁行于天下"[4]；贞观十五年（641 年），吕才等人刊定阴阳书成，唐太宗"诏颁行之"[5]。对于官方所确定的定本，通过选官制度加以推行，

---

[1]　（后晋）刘昫等：《旧唐书》卷七三《颜师古传》，北京：中华书局 2000 年版，第1752 页。

[2]　（后晋）刘昫等：《旧唐书》卷四《高宗上》，北京：中华书局 2000 年版，第 49 页。

[3]　（后晋）刘昫等：《旧唐书》卷三《太宗本纪下》，北京：中华书局 2000 年版，第 31 页。

[4]　（后晋）刘昫等：《旧唐书》卷四《高宗上》，北京：中华书局 2000 年版，第 53 页。

[5]　（后晋）刘昫等：《旧唐书》卷七九《吕才传》，北京：中华书局 2000 年版，第 1838 页。

如唐代先后将"五经"及《五经正义》《孝经》《道德经》等官方校勘定本纳入国家科举考试的指定用书，"开元十六年六月二日，上注《孝经》颁于天下及国子学"①，拓展了国家版本的图书需求，引导商业出版为了盈利而出版国家定本，从而对社会出版形成牵引效果。

　　（二）销毁违禁图籍

　　唐廷虽然文化政策宽松，允许社会上出现参议朝政的著作和诗篇，但是对于妖书、天文、谶纬、兵书、占卜等类图书却严禁出版和传播。《唐律疏议》卷十八"贼盗"第八律规定："诸造妖书及妖言者，绞。造，谓自造休咎及鬼神之言，妄说吉凶，涉于不顺者。传用以惑众者，亦如之；传，谓传言。用，谓用书。其不满众者，流三千里。言理无害者，杖一百。即私有妖书，虽不行用，徒二年；言理无害者，杖六十。"②唐初除法律明文禁止以上几个类别的图书外，政府还颁布了多个诏令，明令禁止部分图书的出版发行，如《老子化胡经》《三皇经》；禁止民间出版佛经；禁止记载风闻访闻之事的无名文书出版；禁止私自编撰出版国史；禁止私自出版历书；等等。

　　在这些禁止出版的事件中，秘书省扮演了重要的角色，负责销毁违禁出版图籍。贞观二十年（646年），吉州司法参军吉辨偶然在犯人处翻出一本《三皇经》，书中涉及谋乱字眼，有关方面火速上报。五月十五日，唐太宗做出裁决："《三皇经》文字既不可传，又语妖妄，宜并除之。即以老子《道德经》替处。有诸道观及百姓人间有此文者，并勒送省除毁。"③唐太宗诏令中提及的负责《三皇经》销毁行动的即是秘书省，明令各地全力搜寻《三皇经》，并于年终随年贡送至京城，于礼部尚书厅前当众销毁。

　　（三）审核部分图书出版

　　献书作为一种古代图书流通方式，在唐代尤其流行，甚至有鬼怪介入献书事，唐宰相牛僧孺《玄怪录》载：

　　　　大历九年春，中书侍郎平章事元载早入朝，有献文章者，令

① （宋）王溥：《唐会要》卷三六《修撰》，北京：中华书局1955年版，第658页。
② （唐）长孙无忌等：《唐律疏议》，刘俊文点校，北京：中华书局1983年版，第345页。
③ （唐）道世：《法苑珠林》，台北：中华电子佛典协会大正新修大正藏经2007年版，第717页。

左右收之。……人言："若不能读，请自诵一首。"诵毕不见，方
知非人耳。①

唐代对于臣下所献图书有一定的处理程序，所献图书经由专家、学士
认可后，才能入藏秘书省等机构。在这一过程中，秘书省作为图籍机构，
其职官应参与审核图书的过程。献书审核过程表明，秘书省作为一个图籍
机构，通过对他人献书的审核，表达认可与否的态度，间接地对他人的图
书出版流通形成了干预和管理。唐太宗曾明确拒绝谶纬之书：

> 贞观五年，有人上注解图谶。太宗曰："此诚不经之事，不
> 能爱好。朕伏德履义，救天下苍生，蒙上天眷命，为四海主，安
> 用图谶。"命焚之。②

这样的拒绝收藏措施表达了官方对于谶纬之学的排斥态度，导致了唐
宋之际谶纬之学的断代衰亡。笔者以《隋书·经籍志》内收录的十三部唐
初尚存的谶纬图书，对《旧唐书·经籍志》《新唐书·艺文志》进行对比
检索，发现两者的著录中仅存"郑学"一门的谶纬之书六部，他说尽废，
他书尽佚。

第五节　图书利用

古人对于图书的借阅活动抱有一种非常矛盾的心理，唐人李匡乂总结
众人的借书心理时说：

> 借借。书籍俗曰："籍一痴，借二痴，索三痴，还四痴。"又
> 按《王府新书》，杜元凯遗其子书曰："书勿借人。古人云：古
> 谚：借书一嗤，还书二嗤（嗤，笑也。）。"③

可见古人对于借书活动并不鼓励，甚至反对。有藏书家甚至将借书与

---

① （唐）牛僧孺：《玄怪录》，北京：中华书局 2006 年版，第 123-125 页。
② （唐）吴兢：《贞观政要集校》卷六《慎所好第二十一》，谢保成集校，北京：中华书局
　　2003 年版，第 334 页。
③ （唐）李匡乂：《资暇集》卷下，北京：中华书局 1985 年版，第 19 页。

仁义大道相关联，唐人杜暹（678—740 年）家藏万卷，其在每部书卷的后面都题上家训曰："清俸买来手自校，子孙读之知圣教，鬻及借人为不孝。"①《酉阳杂俎》续集记载了杜兼与宰相贾耽的借书故事：

> 今人云，借书还书等为二痴。据杜荆州书告耽云：知汝颇欲念学，今因还车致副书，可案录受之，当别置一宅中，勿复以借人。②

私人藏书已然如此，官方藏书的借阅更是困难。古代的最高统治者将典籍与政治进行联系，将图书看作一种十分重要又十分危险的特殊物品，万不可轻易外传而为人所用。因此秦朝有了焚书之举，汉律中有禁止图书借阅的条例，《汉律类纂》言："私写秘书者论死，借与者免。"③ 汉成帝时，东平王刘宇奏求《太史公书》及诸子各家书，王凤认为这些书籍内的知识"皆不宜在诸侯王"④，汉成帝听从建议，予以拒绝。历代统治者依据这样的思想，紧闭官藏大门，但封闭是理论上的封闭，历代史料中不乏利用官方藏书的例子，如外借、阅览等。

一、外借

唐代官方藏书并不面向臣民开放，因此从制度上来讲任何外借活动都是非法的，唐廷为了防止国家藏书机构外借图书，曾多次出台禁令。

武后时期制定严格的书库图书清点工作与职官交接制度，甚至规定了数字不对，问责后官，《唐会要》载："文明元年十月，敕两京四库书，每年正月据旧书闻奏；每三年比部勾覆具官典；及摄官替代之日，据数交领，如有欠少，即征后人。"⑤唐玄宗于天宝十二载（753 年）十二月二十二日，亲自写诏任命陈希烈为秘书省图书使，对秘书省图书进行整理，诏曰："如闻顷者以来，不存勾当。或诠次失序，或钩校涉疏，或擅取借人，或潜将入己。因循斯久，散失遂多。思革前弊，允资盛德。宜令左相兼武

---

① （宋）王辟之：《渑水燕谈录》，吕友仁点校，北京：中华书局 1981 年版，第 71 页。
② （唐）段成式：《酉阳杂俎》，上海古籍出版社校点，上海：上海古籍出版社 2000 年版，第 741 页。
③ 郭锡龙：《图书馆暨有关书刊管理法规汇览》，北京：中国政法大学出版社 1995 年版，第 3 页。
④ （汉）班固：《汉书》卷八十《东平思王刘宇传》，（唐）颜师古注，北京：中华书局 2000 年版，第 2478 页。
⑤ （宋）王溥：《唐会要》卷三五《经籍》，北京：中华书局 1955 年版，第 643-644 页。

部尚书陈希烈充监秘书，令省图书。"① 左相陈希烈为专使，对秘书省的图书管理进行督察，并对书库进行严格管理，禁止藏书外借。唐德宗即位之初，同样对秘书省书库进行严格管理，"大历十四年九月二十七日敕：秘书省书阁内书，自今后不得辄供诸司及官人等，每月两衙及雨风，委秘书郎、典书等同检校，递相搜出，仍旧封闭"②。

根据以上史料，武后、玄宗、德宗三位君主再三下令强调封闭秘书省书库门户，禁止私下借阅，禁止提供给其他机构和官员使用，加强书库检校。秘书省书库有着严格的管理措施，但各级官吏在执行的时候，必有徇私或破例事件，存在"擅取借人""辄供诸司及官人"现象，导致管理混乱，因而才有杜绝图书外借的诏令。李敬玄，亳州谯人，贞观末，高宗在东宫，马周启荐之，召入崇贤馆，兼预侍读，"借御书读之"③。所谓御书，此处有两种解释：一是新设立的太子东宫内崇贤馆内图书以及收藏在皇宫内府的图书；二是秘书省内御本，因为在唐代秘书省内正本图书可称为御本。

> 长庆三年四月，秘书少监李随奏："当省请置秘书阁图书印一面，伏以当省御书正本，开元天宝以前，并有小印印缝。"④

史料中记载为"借"，说明有图书转移的活动，而非直接在秘书省内阅读。

唐代著名史学家刘知几（661—721 年）在其著作《史通》中回忆早年读书生涯时言："其所读书，多因假赁"⑤；并谈及其游学京洛之间，经常借阅官私图书，"游京洛，颇积公岁，公私借书，恣情披阅"⑥。据统计，"刘知几在《史通》中，共列举了史家 265 人，史书 249 部，其中先秦两汉史家 43 人，史书 60 部；魏晋十六国史家 94 人，史书 87 部；南北朝史家 79 人，史书 80 部；隋唐史家 49 人，史书 22 部"⑦。刘知几研究了

---

① （清）董诰等：《全唐文》卷三三《命陈希烈兼领秘书诏》，上海：上海古籍出版社 1990 年版，第 157 页。

② （宋）王溥：《唐会要》卷六五《秘书省》，北京：中华书局 1955 年版，第 1124 页。

③ （后晋）刘昫等：《旧唐书》卷八一《李敬玄传》，北京：中华书局 2000 年版，第 1862 页。

④ （宋）王溥：《唐会要》卷六五《秘书省》，北京：中华书局 1955 年版，第 1125 页。

⑤ （唐）刘知几：《史通通释》卷十，浦起龙通释，上海：上海古籍出版社 2009 年版，第 288 页。

⑥ （唐）刘知几：《史通通释》卷十，浦起龙通释，上海：上海古籍出版社 2009 年版，第 289 页。

⑦ 曹之：《中国出版通史·隋唐五代卷》，北京：中国书籍出版社 2008 年版，第 129 页。

自远古至唐开元年间近 3000 年的史学史，博览群书，这自然与其"三为史臣，再入东观"的任职经历有关。刘知几自圣历二年（699 年）起，曾任著作佐郎、左史、凤阁舍人、著作郎、秘书少监，兼任修文馆学士，兼修国史十余年，在这段时间他利用职务之便，纵览史馆、修文馆、秘书省三大藏书机构的藏书，为《史通》的撰写奠定了扎实的资料基础。不可否认的是，青少年时期的"公私借书"也为刘知几一生的史学追求奠定了学术基础。

二、阅览

古代官方藏书秘禁甚严，基本处于封闭状态，但是任职于图籍机构的官吏多可凭借职务之便阅览图书，从而提高他们自身的文学修养。因此史书中多记载为读书而求秘书省官者。

《太平御览》载："左思，专思《三都赋》，杜绝人事。自以所见不博，求为秘书郎。"[1]《梁书》曰："张缵，字伯绪，为秘书郎。固求不迁，欲遍观阁内图籍。"[2]

唐代多有任官秘书省，以求阅览图书者，如裴孝源、李邕、韦述、段成式等人。

贞观十三年（639 年）八月，裴孝源在汉王李元昌的支持下编撰了《贞观公私画史》，其序文中言：

> 起于高贵乡公，终于大唐贞观十三年，秘府及佛寺并私家所蓄，共二百九十八卷，屋壁四十七所，目为《贞观公私画录》。[3]

书中详细罗列了贞观十三年（639 年）以前唐秘书省内收录的书画，并说明其来源。如非亲自前往秘书省察看检验，不能撰成此书，而裴孝源历任中书舍人、吏部员外郎、度支郎中，并无省官任职，其能进入秘书省查阅绘画作品，编撰画史，是得到了汉王李元昌的支持。唐初秘书省门禁并不严格，甚至有外人游览秘书省的记载。唐高宗咸亨四年（673 年），卢照邻有《同崔少监作双槿树赋》，其在序文中叙说了其游览秘书省并参

---

① （宋）李昉等：《太平御览》卷二三三《职官部三十一·秘书郎》，北京：中华书局 1960 年版，第 1108 页。

② （宋）李昉等：《太平御览》卷二三三《职官部三十一·秘书郎》，北京：中华书局 1960 年版，第 1109 页。

③ （清）董诰等：《全唐文》卷一五九《贞观公私画史》，上海：上海古籍出版社 1990 年版，第 717 页。

与著作局内文会的情景：

> 日昨于著作局，见诸著作兢写《双槿树赋》。蓬莱山上，即对神仙；芸香阁前，仍观秘宝。金悬秦市，杨子见而无言；纸贵洛城，陆生闻而罢笑……①

《新唐书·李邕传》：

> 李邕，字泰和，扬州江都人。父善，有雅行，……累擢崇贤馆直学士兼沛王侍读，为《文选注》，……邕少知名，即冠，见特进李峤，自言"读书未遍，愿一见秘书"。峤曰："秘阁万卷，岂时日能习邪？"邕固请，乃假直秘书。未几辞去，峤惊，试问奥篇隐帙，了辩如响。②

颜真卿《赠尚书左仆射博陵崔孝公陋室铭记》：

> 公讳沔，字若冲，博陵安平人。……公与江夏李邕友善，为（麟台）校书郎时，引邕馆于秘阁之下，读书者累年，邕由是才名益盛。③

考李邕生于上元二年（675 年），其弱冠之年，为 695 年左右，时李峤任秘书少监；考崔沔卒于开元二十七年（739 年），春秋六十七岁，当生于咸亨四年（673 年），其墓志言"公廿四，乡贡进士擢第"④，登第时间当为 697 年，次年（698 年）授麟台校书郎，之间引李邕入秘书省读书，时间点是三人履历重合之时，当为武后神功圣历年间。

开元五年（717 年）十二月，秘书监马怀素受诏编次秘书省图书，因此奏引栎阳尉韦述等二十六人于省内分部详录图书，韦述因此得观秘书省图书：

---

① （清）董诰等：《全唐文》卷一六六《同崔少监作双槿树赋》，上海：上海古籍出版社 1990 年版，第 743 页。

② （宋）宋祁、欧阳修、范镇、吕夏卿：《新唐书》卷二〇二《李邕传》，北京：中华书局 2000 年版，第 4405 页。

③ （唐）颜真卿：《颜鲁公集》卷十四《赠尚书左仆射博陵崔孝公陋室铭记》，文渊阁四库全书本，第 178 页、第 183 页。

④ 周绍良、赵超：《唐代墓志汇编·下册》《有唐通议大夫守太子宾客赠尚书左仆射崔公墓志》，上海：上海古籍出版社 1992 年版，第 1799 页。

述好谱学，秘阁中见常侍柳冲先撰《姓族系录》二百卷，述
于分课之外手自抄录，暮则怀归。如是周岁，写录皆毕，百氏源
流，转益详悉。①

韦述在完成工作任务后偷偷抄录藏书，并于晚上将藏书藏在怀里拿
走，从侧面说明开元年间秘书省对于图书的出入管理相当严格。

开元二十八年（740 年）五月，扬州长史萧颖士有著名的谒见文《赠
韦司业书》，自陈原为秘书官，遍览秘书省藏书："尝愿得秘书省一官，登
蓬莱，阅典籍"②。可见秘书省官员可阅览省内藏书之事，属于当时的任
官"潜规则"了。

段成式（约 803—863 年），字柯古，临淄人，初以门荫得授秘书省校
书郎，以此机会，"研精苦学，秘阁书籍，披阅皆遍"③，撰有《酉阳杂
俎》三十卷、《庐陵官下记》二卷，并有诗文存世。其中"书名'酉阳'，
乃取梁元帝之赋'访酉阳之逸典'，以示取材秘珍"④，书中分门别类，鲁
迅先生称其"或录秘书，或叙异事，……所涉既广，遂多珍异"⑤，因此
可以知道段成式充分利用任职秘书省的机会，辑录图书珍异之事，并进行
分类以成书。书中段成式还记载了同僚讨论的情形："予在秘丘，尝见同
官说俗说楼罗，因天宝中，进士有东西棚，各有声势，稍伧者多会于酒楼
食毕罗，故有此语。予读梁元帝《风人辞》云：'城头网雀，楼罗人着。'
则知楼罗之言，起已多时。"⑥ 可知当时秘书省内气氛轻松，校书郎在刊
正图籍的同时，还可与同僚讨论典故和渊源，与颜师古《匡谬正俗》中记
载的秘书省内刊正文字时的答问形式相同。

三、官方编撰

官方藏书系统自两汉成形之后，鲜有开放之日，但是古代有众多官方
修书活动被允许利用藏书，如律令、类书、史书等的图书编撰活动，这些

---

① （后晋）刘昫等：《旧唐书》卷一〇二《韦述传》，北京：中华书局 2000 年版，第 2156 页。
② （清）董诰等：《全唐文》卷三二三《赠韦司业书》，上海：上海古籍出版社 1990 年版，第 1449 页。
③ （后晋）刘昫等：《旧唐书》卷一六七《段成式传》，北京：中华书局 2000 年版，第 2976 页。
④ （唐）段成式：《酉阳杂俎》，上海古籍出版社校点，上海：上海古籍出版社 2000 年版，第 551 页。
⑤ 鲁迅：《中国小说史略》，沈阳：春风文艺出版社 2020 年版，第 55 页。
⑥ （唐）段成式：《酉阳杂俎》，上海古籍出版社校点，上海：上海古籍出版社 2000 年版，第 741 页。

编撰活动大多需要大量的图书资料作为依据，因此皇帝大多下令图籍收藏机构对此类活动大开方便之门，或者直接将编撰场所设在图籍收藏机构之内，或图籍收藏机构官员参与编撰，方便其利用藏书。

（一）初唐至盛唐时期

唐武德四年（621年）十一月，起居舍人令狐德棻上《请修近代史表》，唐高祖然其奏，并于武德五年（622年）十二月下诏修史。参与修史的秘书省官员有：著作郎殷闻礼参修魏史，秘书丞令狐德棻参修周史，前秘书丞魏征修齐史，秘书监窦琎修陈史。同时秘书省承担了类书《艺文类聚》的编撰任务，秘书丞令狐德棻同样参与其中，武德七年（624年）九月十七日成书100卷，由给事中欧阳询进上。书中引用唐前古书1431种，《四库全书总目提要》评价此书："然隋以前遗文秘籍，迄今十九不存，得此一书，尚略资考证。"① 因此，可以说《艺文类聚》的编撰多依赖唐初官藏，而武德年间图书尽收于秘书省，《艺文类聚》极有可能是在秘书省内，参考秘书省图书修撰而成的。

贞观三年（629年）闰十月，唐太宗于中书置秘书内省，提供图籍资料，以修五代史，诸多秘书省、著作局官员参与五代史的修撰，如贞观三年（629年）诏内，有秘书丞令狐德棻、秘书郎岑文本修周史，著作郎姚思廉参与修梁史、陈史，秘书监修隋史，另有秘书省校书郎孙处约、直秘书内省敬播参与修史。因此，可以认为贞观年间史书的修撰与秘书省存在千丝万缕的联系，《五代史志》更是依托秘书省的丰富藏书才得以完成。其中《隋书·经籍志》的编撰更多地体现了秘书省藏书的作用，其序言载："其《目录》亦为所渐濡，时有残缺。今考见存，分为四部，合条为一万四千四百六十六部，有八万九千六百六十六卷。其旧录所取，文义浅俗、无益教理者，并删去之。其旧录所遗，辞义可采，有所弘益者，咸附入之。"② 后世学者多认为《隋书·经籍志》的编撰依照当时唐代的官藏图书，对唐之前图书的存亡情况进行了总结，秘书省作为当时的主要藏书机构，对《隋书·经籍志》的成功编撰起到了重要的数据参考和资料参考作用。

贞观四年（630年），"太宗以经籍去圣久远，文字讹谬，令师古于秘

---

① （清）永瑢、纪昀：《四库全书总目提要》卷一三五《类书类一》，周仁等整理，海口：海南出版社1999年版，第689页。
② （唐）魏征：《隋书》卷三二《经籍一》，北京：中华书局2000年版，第617页。

书省考定《五经》，师古多所厘正，既成，奏之。"① 在"五经"校定的过程中，颜师古参考秘书省内图书，对其内容多有厘清和改正。唐太宗诏众臣对颜师古所勘定的"五经"进行议论，时南北经学对立，众人多有诘难，颜师古"——辨答，取晋宋古本以相发明，所立援据，咸出意表，诸儒皆惊所未闻，叹服而去"②。

贞观五年（631年），魏征等编成《群书治要》，参与者虞世南官著作郎、褚遂良官秘书郎、萧德言官著作佐郎，俱任职秘书省，因此这次的编撰活动当在秘书省内进行，并依托省内图书，采撷成篇。《群书治要·序》载具体的成书过程：

> 皇上以天纵之多才，运生知之睿思，……故爰命臣等，采撷群书，翦截浮放，光昭训典，……爰自六经，讫乎诸子，上始古帝，下尽晋年，凡为五帙，合五十卷。本求治要，故以治要为名。③

《旧唐书·高士廉传》：

> （太宗）诏士廉与御史大夫韦挺、中书侍郎岑文本、礼部侍郎令狐德棻等刊正姓氏，于是普责天下谱牒，仍凭据史传考其真伪，忠贤者褒进，悖逆者贬黜，撰为《氏族志》。④

由《旧唐书·韦述传》可知，秘阁内收藏了大量的谱学图书，因此贞观年间高士廉领撰的《氏族志》参考天下谱牒，所凭借的图书即秘书省自武德五年（622年）以来搜括的天下图书。

《唐会要·修撰》载："贞观十五年十月二十五日，尚书左仆射申国公高士廉等撰《文思博要》成，凡一千二百卷，诏藏之秘府。"⑤《全唐文》

---

① （后晋）刘昫等：《旧唐书》卷七三《颜师古传》，北京：中华书局2000年版，第1752页。

② （宋）王钦若等：《册府元龟》卷六〇一《学校部·辩博》，北京：中华书局1960年版，第7217页。

③ （清）董诰等：《全唐文》卷一四一《群书治要·序》，上海：上海古籍出版社1990年版，第629页。

④ （后晋）刘昫等：《旧唐书》卷六五《高士廉传》，北京：中华书局2000年版，第1648页。

⑤ （宋）王溥：《唐会要》卷三六《修撰》，北京：中华书局1955年版，第656页。

载高士廉撰《文思博要·序》：

> 皇帝……□绅先生聚蠹简于内，□轩使者采遗篆于外。刊正
> 分其朱紫，缮写坿于邱山。外史所未录，既盈太常之藏；中经所
> 不载，盛积秘室之府。……顿天网于蓬莱，纲目自举；驰云车于
> 策府，辙迹可寻。……讨论历载，琢磨云毕，勒成一家，名《文
> 思博要》，一百二十帙一千二百卷，并目录一十二卷。①

此序文叙说了《文思博要》的编撰体例、编撰目的、编撰方法等，明
确提出卷帙博大的《文思博要》依据唐太宗精心搜括的秘书省图书编撰，
其中"秘室""蓬莱""策府"，多为秘书省的代称。

永徽四年（653 年）二月二十四日，长孙无忌有《进五经正义表》：
"上禀宸旨，傍摭群书，释左氏之膏肓。翦古文之烦乱，探曲台之奥趣，
索连山之元言，囊括百家，森罗万有"②，叙说了《五经正义》重新刊正
的过程中，参考了秘书省内图籍，以"曲台""连山"代指秘书省。

高宗时期官方图书编撰活动频繁，以文选、类书为主，资料多依赖秘
书省藏书。显庆三年（658 年）十月二日，许敬宗等撰成《文馆词林》一
千卷，选录自汉至唐太宗时之诗文；"龙朔元年六月二十六日，许敬宗等
撰《累璧》六百三十卷"③；"龙朔元年，命中书令太子宾客许敬宗、侍中
兼太子右庶子许圉师、中书侍郎上官仪、太子中舍人杨思俭等于文思殿博
采古今文集，摘其英词丽句，以类相从，名曰《瑶山玉彩》"④。此三部大
型图书需要征引大量的古今文集，其图书来源一定会涉及秘书省。

武后时期官方图书编撰不停，多延引文学之士为之，如《三教珠英》
的编撰始于久视元年（700 年），由麟台监张昌宗领衔，延引文学之士李
峤、阎朝隐、徐彦伯、薛曜、员半千、魏知古、于季子、王无竞、沈佺期
等二十六人同撰于秘书省内。《黄口赞·序》曰：

> 圣历中，余时任通事舍人，有敕于东观修书。夏日南轩，诸

---

① （清）董诰等：《全唐文》卷一三四《文思博要·序》，上海：上海古籍出版社 1990 年
　版，第 596 页。
② （清）董诰等：《全唐文》卷一三六《进五经正义表》，上海：上海古籍出版社 1990 年
　版，第 604 页。
③ （宋）王溥：《唐会要》卷三六《修撰》，北京：中华书局 1955 年版，第 567 页。
④ （后晋）刘昫等：《旧唐书》卷八六《高宗中宗诸子孝敬皇帝弘传》，北京：中华书局
　2000 年版，第 1914 页。

公共见黄口飞落铅椠间。奉宸主簿李崇嗣，命余小竖苍子采花哺之。河东薛曜邀余为赞。①

（二）　中晚唐时期

唐文宗大和年间，李德裕上《大和新修辩谤略》，言："臣等顺天聪，缀缉旧典，发东观藏书之室，得元和辩谤之文，辞过万言，书成十卷。"②《辩谤略》乃唐德宗时期夔州刺史唐次所著，初为三卷，唐宪宗诏翰林学士沈传师等扩充为《元和辩谤略》十卷，之后唐文宗大和七年（833年），李德裕入京任官，刊辑秘书省旧典，得《元和辩谤略》十卷，"有合箴规，特立新编，裁成三卷"③，乃《大和新修辩谤略》。序中李德裕提到《元和辩谤略》乃秘书省藏书，为讽谏文宗而简略。

唐代规模大小不等的立法活动，不下三十次，陈灵海先生总结共有十次修律、七次修令、十五次修格、七次修式、十次修敕、一次立典、一次修疏、三次颁例活动。日本学者仁井田陞区分唐代律令格式等时，言："律是一般的刑罚制裁的法律，令则是一般的命令、禁止的法律，……违反命令，刑罚就会接踵而来。同时律令都属于根本法，却并非一成不变的法律。……式为规定许多与律令相关事项细目的法律。"④ 从中可以看出唐代的法律体系是一个流动的生长体，多次的立法活动对法律形成了补充，新的立法必然参考以前的法令和案例。而这些都收藏在秘书省内，开元二十七年（739年）撰成的《唐六典》载秘书省收藏有律本三十五部，七百一十二卷。《新唐书·刑法志》载："天下疑狱谳，大理寺不能决，尚书省众议之，录可法者送秘书省。"⑤ 可见唐代秘书省承担了部分档案馆的职责，成为唐案例库，在历次立法活动中扮演重要的角色，提供修订依据——已经成形的判决案例。

---

① （唐）沈佺期、宋之问：《沈佺期宋之问集校注》卷五《黄口赞》，北京：中华书局2001年版，第292页。
② （清）董诰等：《全唐文》卷七〇七《大和新修辩谤略》，上海：上海古籍出版社1990年版，第3218页。
③ 同上。
④ ［日］仁井田陞：《敦煌发现的唐〈水部式〉研究》，载陈灵海著《唐代刑部研究》，北京：法律出版社2010年版，第165页。
⑤ （宋）宋祁、欧阳修、范镇、吕夏卿：《新唐书》卷五六《刑法》，北京：中华书局2000年版，第927页。

第五章　唐代秘书省的历史表现与作用
——兼论唐代官方藏书

从东汉末至隋初的近四百年内，国家经历了汉末军阀混战至三国鼎立，西晋统一至东晋十六国分离，再到南北朝政权的对峙，短暂的少数民族政权与汉族政权交错并立，南北各族、各政权之间的交流渐兴渐长。少数民族政权为了获得稳固的统治局面，自身的民族特性"不得不消解在被统治的广大地域和众多人口之中，甚至不得不接受和利用被统治地区原有的发达的政治结构和制度形式"[①]；与此同时，统治阶层为了加强政权统治，不断调整官制，在民族传统和历史变迁中寻找平衡点。就此而言，自汉经魏晋南北朝至隋唐的历史，既是一部分裂、杀伐、动乱、苦难的黑暗斗争史，也是统治阶级在动荡中努力寻找和尝试的政治制度变革史。在这一时期，中央和地方的政治制度不断调整、融合，在变化中去除弊端，在动荡中获得验证，逐渐酝酿出隋唐时期三省六部二十四司制度的基本轮廓，推动了唐代高度发达的政治文明局面的出现。在这样的历史维度中，笔者将以唐代秘书省这一官方藏书机构为焦点，分析其在滚滚洪流中的历史表现，并以此为契机，结合有关社会学、政治学的基本理论，分析唐代官方藏书建设，进而评价唐代官方藏书事业在整个历史发展中所发挥的或显性或隐性的作用。

---

① 王小甫、张春海、张彩琴：《创新与再造：隋唐至明中叶的政治文明》，北京：北京大学出版社 2009 年版，第 3-4 页。

第一节　唐代秘书省的历史表现

一、藏书制度的逐渐成熟

（一）制度上的集大成者

陈寅恪先生认为，隋唐继承了北周宇文泰所实行的"关中本位政策"，创建霸业，成就了极盛之世①，其政治制度渊源与来自东北的东魏-北齐系统、西北的西魏-北周系统以及南方的梁陈系统承接集成，陈寅恪先生还通过大量的文献引证，将政治制度渊源与官制演变联系起来②，认为"唐代官制，近因（北）齐隋，远祖汉魏"③，集魏晋南北朝以来官制演变之大成，并将之固定化而成。秘书省作为中央六省之一，在制度上集成汉魏六朝数百年的发展与革新。

从机构设置来看，隋唐秘书省统摄著作、太史两局，是历史发展演变的结果。汉制，多以他官兼著作之名，而未正其官。至魏明帝太和中，才设置了著作郎一职，并隶属于中书省。晋惠帝元康二年（292年），诏曰："著作旧属中书，而秘书既别典文籍，今改中书著作为秘书著作。"④ 这条诏令厘清了著作和秘书之间的联系，著作又别自名省，隶秘书监（省）之下，此后南北朝时期均因之不改。隋制，秘书省领著作、太史两曹。武德四年（621年），改著作曹为著作局，依旧隶属于秘书省。太史本职掌天文历法，独立于秘书省之外，北周宇文泰效仿西周六官，将职掌图书的外史下大夫与职掌历法的太史中大夫同归春官府统辖，隋因此将太史曹归入秘书省领导。

从人员建制来看，唐代秘书省内设秘书监一人、秘书少监两人、秘书丞一人、秘书郎四人、校书郎十人、正字六人，其职官渊源依次与东汉末、隋大业年间、三国曹魏、北魏、北齐等时期相关。由此可看出，隋唐秘书省职官制度远接汉魏，近承北朝，以北周官制之形式，结合南朝之实践，杂糅而建立。

---

① 陈寅恪：《隋唐制度渊源略论稿（外二种）》，石家庄：河北教育出版社 2002 年版，第 210 页。
② 王永兴：《陈寅恪先生史学述略稿》，北京：北京大学出版社 1998 年版，第 153 页。
③ 陈寅恪：《隋唐制度渊源略论稿（外二种）》，石家庄：河北教育出版社 2002 年版，第 99 页。
④ （唐）李林甫等：《唐六典》卷十《秘书省》，陈仲夫点校，北京：中华书局 1992 年版，第 301 页。

（二）图籍职责逐渐明朗

东汉桓帝延熹二年（159 年），"秘书监"一职出现，职掌图书保管及古今图书文字勘定，因其负责的图书属于禁中图书，故又称"秘书"，隶属于太常之下，职位并不独立，并且存续时间较短，史言"后省"。秘书职位再次出现的时间是汉献帝建安二十一年（216 年），大丞相曹操出任魏王，并于王府设置秘书令一职，掌国家尚书奏事，兼掌图书秘籍。魏文帝曹丕黄初年间，改秘书监为中书监，职掌中央中枢决策文书，另外建立秘书监，属少府，掌"艺文图籍之事"，负责搜集经籍、文书、奏章等文献资料，秘书监在曹魏时期开始成为专掌图书文献的机构。及西晋"武帝以秘书并中书省"①之后，晋惠帝永平元年（291 年）"复置秘书监，其属官有丞，有郎，并统著作省"②，强调秘书监的"掌三阁图书""别典文籍"的图书管理职责，并脱离中书省的治辖，成为独立的图籍机构，南北朝基本承袭这一制度。至隋，秘书省辖太史、著作两曹，并掌国家图籍搜集、管理、校勘等活动。虽然唐初秘书省继承了隋朝的机构设置，但在这之后，逐渐经历了著作局罢史职、太史局独立两项变动，唐代秘书省图籍职责逐渐明朗纯粹。

二、机构性质的历史变迁

（一）政治性逐渐消失

从图籍职责来看，伴随着唐代秘书省图籍职责的逐渐明朗，秘书省初建之时的政治色彩逐渐消失。曹魏秘书监的建立源于魏王曹操对汉献帝朝廷内尚书台的职权的夺取，虽然魏文帝黄初年间将秘书分割为中书与秘书，但是曹魏秘书监仍然与政治联系紧密，用于收藏曹魏的重要诏令。据《三国志·魏书》载：

（黄初三年）冬十月甲子，表首阳山东为寿陵，作终制曰：

---

① （唐）房玄龄等：《晋书》卷二四《职官志》，北京：中华书局 2000 年版，第 475 页。
② 同上。

"礼，国君即位为椑，……其以此诏藏之宗庙，副在尚书、秘书、
三府。"①

发展至唐朝，行政文书归中书、门下②收讫，秘书省内多收藏图书、
字画、拓本等图籍文献资料，与政治渐行渐远。

从机构设置来看，著作局掌修国史，隶属秘书省。中国古代朝代更替
中，"国亡史成"的原则一直存在，史书编撰具有强烈的政治色彩，而贞
观年间，著作局罢史任，使得秘书省更加远离政治活动。太史局的逐渐独
立同样使得秘书省成为纯粹的图籍管理机构。

从秘书省任职来看，唐初秘书监多参与政事。至中晚唐时期，虽然秘
书监一职依旧保持了其清贵地位，但逐渐出现了短暂迁转、年老致仕、获
罪贬斥等任职情况，秘书省长官在政局中逐渐被边缘化。

（二）职官任命学术性依旧保持

秘书省职官多属于学术官员，虽然在唐代各个时期的官职迁转中，呈
现不同的特点，但总体上保持了任命上的学术性。在具体的职官任命时要
考虑个人的学识修养，例如，开元年间，著作郎崔沔因"道冠儒林"迁任
秘书少监，秘书少监李诫更因"才盛名高，与职位俱"得授秘书省官职，
"论者谓公（李诫）以文学政事取"③；在秘书省官职的迁转中，虽然中晚
唐时期，秘书省高级官职与尚书省六部官员的迁转增多，但是始终存在与
国子监、起居郎、起居舍人等学术官职迁转的记载。

（三）机构地位渐与权力休戚相关

随着历史的发展，唐代中央政治组织体系从三省制向中书门下制转
型，君主压制一切政治集团力量成为绝对的政治一元化权力核心。中央各
官司的政治权力大小、地位高低之变化，"一方面取决于部门长官受皇帝宠
信的程度，及其个人的政治参与能力，另一方面取决于不同时段各个权力机

---

① （晋）陈寿：《三国志》卷二《魏书二·文帝纪》，（南朝宋）裴松之注，北京：中华书局
2000年版，第60页。
② 《唐六典》卷一《尚书都省》曰："凡文案既成，勾司行朱讫，皆书其上端，记年、月、
日，纳诸库。"卷八"门下省"条："凡下之通于上，其制有六：……皆审署申覆而施行
焉。覆奏画可讫，留门下省为案。更写一通，……署送尚书省施行。"
③ （唐）独孤及：《毗陵集》卷十一《唐故朝散大夫中书舍人秘书少监顿丘李公墓志》，梁
肃编，文渊阁四库全书本，第10页。

构的合作和斗争态势。一旦较长时期缺乏受宠于君主的强力型官员，……（部门）权能既渐被剥夺或转移，流于趋炎附势或空壳化"①。这种情况同样出现在唐代秘书省之内，秘书监魏征具有高超的参政议政能力，虞世南的才识品德颇受唐太宗认可，颜师古亦以学识立身，因此在贞观年间，秘书省具有广阔的活动空间，部门权力与职能均处于"满值"状态。唐高宗时期，秘书省缺乏领军人物，历任长官均不突出，兰台太史（秘书监）依次由外戚权贵充任，如长孙冲、贺兰敏之、武承嗣等，甚至出现兰台侍郎（秘书少监）李怀俨失职被贬事件。武则天及唐中宗时期，秘书省长官任免混乱，出现内宠、方士、宗室等充任秘书监的现象，使得秘书省的地位逐渐下降。玄宗初期，马怀素主动请缨，出任秘书监，使得秘书省参与到开元初期大规模的图书整理活动之中，但是集贤院的出现，将原本属于秘书省的图书搜括、整理、收藏、编撰之职接手，秘书省的地位再一次回落，开元末甚至出现御史台侵占廨舍事件，"开元二十一年十一月，（御史）大夫崔琳奏割秘书省东北地，回改修造。二中丞遂各别厅。"② 中晚唐时期，国家经济实力下降，图籍文化建设脚步放缓，具有浓郁政治色彩的翰林院兴起，取代了集贤院的参政议政的职能，集贤院内职官建制遭到数次削减，秘书省逐渐恢复职掌图籍的搜访、整理、编撰工作，但因部门长官的影响力逐渐下降，地位较初唐，已无法比拟。

从领导机构来看，唐初虽将秘书省作为六省之一进行建设，但并非平列，而是隶属于三省之一的中书省。秘书省下原设太史、著作两局，天宝初，太史改局为监，独立于秘书省之外，唐肃宗乾元元年（758 年），又改名司天台，职官建制与秘书省平等并列。著作局虽一直隶属秘书省管辖，但贞观初，史馆的建立，分割了著作局掌修国史的职责，著作局成为专掌修撰碑志、祝文、祭文的闲司。

从官员任职来看，秘书省因掌图籍之事，其职官性质自唐武德年间就被定义为"清而不要"，名望虽优，但并不适合具有强烈的政治意图的人任职。《太平广记》引韦述《两京记》记叙了开元以前秘书省官员的任职情况，曰："唐初，秘书省唯主写书贮掌勘校而已，自是门可张罗，迥无统摄官署，望虽清雅，而实非要剧。权贵子弟及好利夸侈者率不好此职，流俗以监为宰相病坊，少监为给事中中书舍人病坊，丞及著作郎为尚书郎病坊，秘书郎及著作佐郎为监察御史病坊，言从职不任繁剧者，当改入此

---

① 陈灵海：《唐代刑部研究》，北京：法律出版社 2010 年版，第 62 页。
② （宋）王溥：《唐会要》卷六十《御史中丞》，北京：中华书局 1955 年版，第 1050 页。

省。然其职在图史，非复喧卑，故好学君子厌于趋竞者，亦求为此职焉。"① 开元以后，科举逐渐成为官员任职的重要途径，而京城内各文化机构内设置的校正官则成为士子起家之良选，"时辈皆以校书、正字为荣"②。天宝中，封演的《封氏闻见记》更是将进士、制策出身，后起家校书郎、正字，迁畿尉、赤尉，入监察御史、殿中侍御史等一系列的迁官佳径列出，言，"仕宦自进士而历清贯，有八隽者：一曰进士出身，制策不入；二曰校书、正字不入；三曰畿尉、（赤尉）不入；……言此八者尤加隽捷，直登宰相，不要历缩余官也。朋僚迁拜，或以此更相讥弄"③。权德舆在《送许校书赴江西使府·序》中亦说明了唐代士人对于进士出身、授官校正的追逐："绅冕之士角逐于名声者，必以射策东堂，校交石渠为称首。"④ 中晚唐时期诗人符载《送袁校书归秘书省·序》："国朝以进士擢第为入官者千仞之梯，以兰台校书为黄绶者九品之英。其有折桂枝，坐芸阁，非声名衰落，体名辖轲，不十数岁，公卿之府，缓步而登之。"⑤ 秘书省校正一职在初唐之后被赋予了更多的仕进含义，导致"进士非科第者不授校正，校正欠资考者不署畿官"的官职任命，甚至形成了规章制度。

三、藏书职能的集成发挥

（一）藏书制度完善

　　滥觞于商周时期的中国官方藏书制度，西汉时期逐渐成形，官方藏书具有专门的图书搜集途径，朝廷也营建了功能各异的藏书处所，设置了系统的职官专门负责图书的校勘、编目、抄写等工作，并建立了严格的图书典藏制度。东汉末年，秘书监一职的出现，标志着中国官制中出现了专门职掌图书的官员，官方藏书进入了新的发展阶段。经过魏晋南北朝的制度革新，隋唐时期，伴随着官方藏书数量上的丰富，秘书省所执行的官方藏书制度逐渐完善，正所谓"收藏之量愈富，措理之术愈精"⑥。

---

① （宋）李昉等：《太平广记》卷一八七《秘书省》，北京：中华书局1961年版，第1405页。

② （清）董诰等：《全唐文》卷二三三，上海：上海古籍出版社1990年版，第1039页。

③ （宋）王谠：《唐语林》卷八《八隽》，北京：中华书局2008年版，第717页。

④ （唐）权德舆：《权德舆诗文集》卷三九《送许校书赴江西使府·序》，郭广伟校点，上海：上海古籍出版社2008年版，第580页。

⑤ （清）董诰等：《全唐文》卷六九〇《送袁校书归秘书省·序》，上海：上海古籍出版社1990年版，第3132页。

⑥ 陈登原：《古今典籍聚散考》，上海：华东师范大学2010年版，第231页。

从藏品搜集途径来看，自两汉时期起，官方藏书的途径主要集中于社会购募、行政文书、官方修撰、个人献书、机构抄写等，并未有其他显而易见的途径。

从职官设置来看，自东汉以来，秘书省职官制度逐步完善，逐渐复杂，但以监、少监、郎、校正为主体，主事、典书等下层吏员为辅，以书手等技术人员为补充的职官建制从未改变。

从典藏制度来看，自西晋确立四部藏书体系以后，官方藏书绵延数千年至清末，依旧沿袭了经史子集的图书分库典藏制度。隋唐时期乃古代写本书发展的鼎盛时期，唐代秘书省的藏书主要以卷轴装的形制出现，并在隋朝三品区分图书的方法上更进一步，以图书装帧的轴、带、签、帙的颜色、材质、形状来进行图书四部、正副本、年代的区分。唐秘书省内图书实行严格的贮本、正本、副本制度，分别用以收藏、进内、赏赐等。

从图书管理来看，秘书省藏书因官藏的身份，形式十分讲究，遴选书法优秀之人采用区别于社会流通的纸张、笔墨进行书写，钤盖官方藏书印，并采用特殊装帧方式，既区别于社会图书，又利于防止藏书的流失，这一点同样为宋代所继承。

（二）图籍收藏丰富

隋唐时期出现的大一统的局面，促使社会经济稳步发展，催生了举世闻名的隋唐文化，图书编纂活动繁盛，形成了"尚文"的社会风气，促进了图书的产生、流通与利用，再加上隋唐统治者推行的文治国策，科举制的确立，雕版印刷术的发明等，众多因素共同造就了唐代官方藏书的兴盛，秘书省图籍收藏在这一时代背景下同样得到扩充与发展。宋人王谠《唐语林》卷四"企羡"条载：

> 开元二十三年，加荣王已下官，敕宰臣入集贤院，分写告身以赐之。侍中裴耀卿因入书库观书，既而谓人曰："圣上好文，书籍之盛事，自古未有。朝宰充使，学徒云集，官家设教，尽在是矣。前汉有金马、石渠，后汉有兰台、东观，宋有总章，陈有德教，周则虎门、麟趾，北齐有仁寿、文林，虽载在前书，而事皆琐细，方之今日，则岂得扶轮捧毂哉！"①

---

① （宋）王谠：《唐语林》卷四《企羡》，北京：中华书局1987年版，第385-386页。

裴耀卿列举了两汉以来的官方图书收藏机构，并与集贤院的图书规模进行了隐性对比，认为集贤院图书规模有过之而无不及。结合古人历来"崇古"的思想，裴耀卿做出了如此的判断，排除谄媚因素，可见当时集贤院书籍之盛，已经震惊了这位鸿学大儒。甚至后晋时期编纂的《旧唐书·经籍志·序》认为，唐代藏书以开元年间最为兴盛，因此"录开元盛时四部诸书，以表艺文之盛"①。

（三）馆阁藏书制度逐渐形成

"馆阁"虽然是宋代藏书机构的总称，其历史渊源却主要是唐代秘书省与诸中央文馆制度。文馆制度开始于魏晋南北朝时期，出于统治的需要，统治者为了更好地笼络社会上各类知名人士，包括各有所长的文士担任顾问、侍从，采取了设置不同文馆的做法，"后汉有东观，魏有崇文馆，宋有玄、史二馆，南齐有总明馆，梁有士林馆，北齐有文林馆，后周有崇文馆，皆著撰文史，鸠聚学徒之所也"②。唐代承袭了旧制并且对文馆制度进行了发展，设立了功能侧重不同的文馆，如弘文馆、史馆、集贤院、崇文馆、广文馆、崇玄馆、翰林院。文馆在设立之初，是资政问询、撰史著述、聚徒讲学之所，并不承担图籍的庋藏职能。隋朝大业年间，隋炀帝将王府学士以儒林郎、文林郎的增置职官归入秘书省下，"体现出文馆与国家藏书机构之间的渗透"③。唐代文馆在设置之初，同样不具备图书收藏的职能，唐太宗武德九年（626 年）九月，"太宗初即位，大阐文教，于宏文殿聚四部群书二十余万卷，于殿侧置宏文馆"④。自此，文馆图书收藏职能出现。唐高宗"仪凤中，以（弘文）馆中多图籍，置详正学士校理之"⑤。唐玄宗以图书整理为契机设立了纯粹的文化机构——集贤院，"掌刊缉古今之经籍，……凡天下图书之遗逸，贤才之隐滞，则承旨而征求焉"⑥。文馆逐渐参与到国家藏书管理之中，甚至在某些时段，因帝王因素，取代秘书省成为唐代最主要的图籍收藏机构，"秘书，御府也，天子犹以为外且远，不得朝夕视，始更聚书集贤殿，别置校雠官曰学士，曰

---

①　（后晋）刘昫等：《旧唐书》卷四六《经籍上》，北京：中华书局 2000 年版，第 1336 页。
②　（后晋）刘昫等：《旧唐书》卷四三《职官志二》，北京：中华书局 2000 年版，第 1261 页。
③　李更：《宋代馆阁校勘研究》，南京：凤凰出版社 2006 年版，第 35 页。
④　（宋）王溥：《唐会要》卷六四《弘文馆》，北京：中华书局 1955 年版，第 1114 页。
⑤　同上。
⑥　（唐）李林甫等：《唐六典》卷九《集贤殿书院》，陈仲夫点校，北京：中华书局 1992 年版，第 280-281 页。

校理。集贤之书盛积，尽秘书所有，不能处其半"①。

在秘书省之外设置宫廷藏书处所，并非起源于唐代，两汉魏晋南北朝时期，已经具有内外三阁制度，但隋朝之宫廷藏书处所——观文殿，并没有设置专门职官对藏书进行管理，具体的管理措施仍由秘书省职官执行。唐代弘文馆、史馆、集贤院等文馆内，不仅收藏有大量的图籍书画，还设置有完备的图书校勘、书库管理人员，承担国家性的图书整理任务，成为官方藏书体系的重要组成部分。唐代的文馆职责与秘书省藏书职责的重合，藏书人员的职官设置系统的完善，以及其他众多因素为五代时期馆阁制度的形成、宋代馆阁制度的完善奠定了基础。

第二节　唐代官方藏书建设的历史分析

对于唐代秘书省的研究，笔者是从两个方面展开的，本章第一节"唐代秘书省的历史表现"主要着眼于秘书省的历史客观条件，讨论它的存在与发展以及对未来的作用。本节从一个更广阔的视野——唐代官方藏书建设的角度来认知，将秘书省融入官藏建设这一政治文化活动中，讨论的方向从"秘书省"这一实体，转向官方藏书建设的理论基础、官方藏书建设发展的原因及历史局限性。以历史的、发展的、批判的眼光来分析和讨论以秘书省、集贤院、弘文馆等机构为发展表象的唐代中央官方藏书建设活动。

一、唐代官方藏书建设的理论基础

文献作为知识的载体，其产生、传播、聚集与散佚均与社会活动紧密关联，因而，文献的聚集与收藏的理论基础应投射于知识社会学、政治学与历史学三个方面，具体到中国古代官方的文献收藏，其理论基础的寻找应当基于以下问题：官方藏书的社会基础是什么？文献为什么被聚集？它具有怎样的价值与功能？藏书活动与社会活动之间是怎样相互影响的？谁承担了文献的传播与传承职能？其组织方式和社会路径是什么？以问题为导向，唐代官方藏书建设事业的理论基础可从知识的社会性、群臣制衡的标准和社会思想的一贯性三个方面来进行构建。

---

① （清）董诰等：《全唐文》卷五五六《送郑十校理序》，上海：上海古籍出版社 1990 年版，第 2492 页。

（一）知识社会学：知识的社会性

"知识"作为图书馆学领域中的核心概念，为多数基础理论学者所关注，它与图书馆、文献、信息共同构成了图书馆学研究的逻辑起点。在这条逻辑线条中，图书馆作为藏书机构是最为表象的存在，文献是进一步的客观存在，而信息与知识则是文献的承载内容，尤其以组织化、有序化的知识——客观知识为本质核心，知识作为图书馆学研究的底层基础，普遍为学术界所接受。在此理论前提下，古代官方藏书建设的理论基础也应以讨论知识的属性为开端。

在知识论的领域中，知识的本质和价值被哲学研究者广泛讨论，无论是知识的本质还是知识的价值都可以追溯到古希腊时期的柏拉图的对话与探索，从这些讨论中我们可以了解到以下公论：①知识是另有条件的真信念；②知识并不等于真信念；③知识是有价值的，而且知识比仅仅只是真的信念更有价值。基于以上"知识"的属性，我们可以认为知识的被接受是有条件的，它的认知价值也会受到某条件的约束。古代藏书建设的本质是知识的聚集，这些知识被聚集的前提条件是什么？是知识的共同价值还是对知识另有条件的价值判断？后者则可总结为知识的社会性。

马克斯·韦伯曾以"教养社会"一词来形容战国以后的中国，其中教养即指文字知识的习得，"我们可以指出孔子本身虽未明言但却是不证自明地认定：（他本身即拥有的）古典教养是成为统治身份团体之一员的决定性前提"①。其中所谓的古典教养在先秦时期指的是文献知识，即书写于文献上的知识。西汉武帝"罢黜百家独尊儒术"之后，儒家成为被认可的知识体系，对于儒家经典的通晓和书法、文体的学习成为绝对性的教育内容，中国古典教育被局限在经典作品及其集解注疏等形式所展现的固定规范中，极度封闭且墨守经典，忽视数学、自然科学、地理学、天文学等方面的知识，这就造成了中国古代知识产出的社会性。知识的产生与流传多集中在经、史、集三个部分，子部之中的天文、历法、工艺等类目的文献生产与流传均相对较少。以《四库全书总目》所收文献为例，总目著录古籍数为 3461 种 79309 卷，其中"天文算法类算书之属"著录图书 25 种 210 卷，存目古籍为 6793 种 93565 卷，天文算法类算书 28 种 166 卷，易

---

① ［德］马克斯·韦伯：《中国的宗教：儒教与道教》，康乐、简惠美译，桂林：广西师范大学出版社 2016 年版，第 86 页。

类则著录 166 种 1769 卷，存 318 种 2372 卷①。显著的数字落差证明了古代知识的社会性，这种社会性投射到官方藏书建设方面同样明显。学者陈曙认为，"我国的官府藏书尤以历史和政治为最。……涉及技艺方面内容的藏书不多，至于商业的，则几乎没有"，而西方的官方藏书"尤以宗教和自然科学类为最"②。

（二）政治学：君臣制衡的标准

虽然知识的产生与流传会因受到社会活动的影响而具有社会性，但是知识的存在要求藏书活动的产生，也就是说，藏书活动是应人类保存知识的需求而产生的。美国图书馆史学者 E.D. 约翰逊提出两个疑问："图书馆是因为大众有保存知识的意愿而产生，抑或主要是靠一些个人的努力（因为自利或为大众利益）而产生？在任何社会之中，是否曾有大多数民众起而要求设立图书馆（公共图书馆、免费图书馆、图书馆服务），就像他们起而反对暴政、税捐，而赞同自由或新的宗教一样？"③ 答案都是否定的，无论是西方还是东方，图书馆的设立与使用均是经由少数人的努力而实现的，这些少数派身份多为君王、学者或贵族官僚，在探寻官方藏书建设理论基础的时候，对君王和仕宦阶层的关注与分析成为必须探讨的方向。

在古代藏书事业建设中，人的因素始终是最重要的。在文献的产生、制作、传播、收藏、散佚等各个生态环节，人的因素占据着绝对地位。在中国，无论是甲骨文书、简帛文书还是卷轴装、册页装、蝴蝶装等纸质文书，均被少数人关心，这些人还设计与之相适应的文献收藏方式，从搜集途径、校雠整理、分类保藏等诸多方面进行思考与改进，可以说，少数人的努力推动了中国古代藏书事业的发展。这部分人可分为两种层次：一种是君，代表国家最高权力的君王；一种是士，或任职于政府机构的仕宦，或归隐于乡间的士子。两个阶层的人共同参与了古代藏书建设，尤其是官方藏书建设。

君，是一个历史范畴，"中国君主制度明显地分为前后两大历史类型。前者是中国君主制度的原生形态，可以称之为'宗法等级式君主政体'；

---

① 白福春、刘琨：《〈四库全书总目〉收录古籍数量及卷数订正》，《图书馆学刊》2016 年第 4 期。

② 陈曙：《中外官府藏书之比较》，《山东图书馆学刊》1992 年第 1 期。

③ ［美］E.D. 约翰逊：《西洋图书馆史》，尹定国译，台北：台湾学生书局 1983 年版，第 21 页。

后者是中国君主制度的发展形态，可以称之为'中央集权式君主政体'"①。前者为夏商周时期的君主制度，后者为春秋战国以后的君主制度，而官方藏书建设主要集中在后一时期。此时君权至上成为该制度的构建法则，皇帝成为国家政治制度的化身，"世俗的权威和宗教的权威皆握于一人之手"②，民众普遍将帝王看得高于一切，即马克斯·韦伯所认为的"卡理斯玛支配"，在这一原则下，民众对帝王产生一种完全效忠和献身的情感皈依，但如果帝王在很长一段时间内无法创造奇迹和成功，或者无法使追随者受益，他的"卡理斯玛支配"可能会消失，这也是中国帝王观念中尊君-罪君思想范式的情感解释。从政治思想来讲，中国的尊君-罪君思想是一种普遍的政治意识，几乎所有的思想家都涉及这种意识的言论，如论证君主的必然性、合理性、永恒性等是为尊君，而为君权的存续和行使设置条件和规范，进而为制约、评价甚至非议、反对君主提供价值尺度，是为罪君，两者相互渗透牵连，构成了古代的道义价值，即使是至高无上的君主也必须遵从并迎合这种价值判断。"作为最具一般意义的政治规范，道义的约束对象和内容最为广泛，它在一定意义上行同宪法，……力图把帝王置于自己的规约之下"③，帝王通常也承认这种制约，并会使用这把双刃剑来为自己的统治服务。如西汉武帝选择儒家的"天人感应"作为皇权与神权的关联，同时也选择了"天"作为评价一切思想、政治、行为的根本标准。君王之位，是为治统，圣人之教，是为道统，"天下以道而治，道以天子而明"④，学者认可道义的最尊地位，但也认同有位才能行道，坚持圣王合一的思想。在这样的政治思想的指导下，孔孟之道及汉唐经学、程朱理学成为最终的道统外在，而承载这些思想的文献则被君臣双方认为是资治教化的必由之路。《隋书·经籍志·序》言："夫经籍也者，机神之妙旨，圣哲之能事，所以经天地，纬阴阳，正纪纲，弘道德，显仁足以利物，藏用足以独善。学之者将殖焉，不学者将落焉。大业崇之，则成钦明之德；匹夫克念，则有王公之重。其王者之所以树风声，流显号，美教化，移风俗，何莫由乎斯道。"⑤汉唐以来，帝王按照儒家经典中的礼仪与伦理来行使权力，儒家经典以及皇帝认可的注疏图书成为名义上的宪法，对帝王的权力进行约束，对皇帝的任职资格进行判

① 张分田：《中国帝王观念》，北京：中国人民大学出版社 2004 年版，第 7 页。
② ［德］马克斯·韦伯：《中国的宗教：儒教与道教》，康乐、简惠美译，桂林：广西师范大学出版社 2016 年版，第 65 页。
③ 张分田：《中国帝王观念》，北京：中国人民大学出版社 2004 年版，第 571 页。
④ （清）王夫之：《读通鉴论》卷十五《文帝》，北京：中华书局 1975 年版，第 503 页。
⑤ （唐）魏征等：《隋书》卷三二《经籍志一》，北京：中华书局 2000 年版，第 616 页。

断。不仅如此，其也成为民众能否进入士大夫阶层的直接考核标准，尤其在隋唐以后，对于经典内容的学习、书写成为任官考核的内容。获取官职，或者进入士大夫阶层的机会对社会开放，民众只需证明自己对经典的掌握和应用达到认可的标准，就能提升自己的社会地位，这些人在一般民众的眼中，就成为有资格参与到政治与礼制中的人。士大夫通过学习君王所钦定的经典参与国家考试入仕做官，皇帝则遵循经典中对君权的论证和规范，遵循礼仪和伦理，任命精通经典的士人为官，两者在经典文献之上达成一致。

在君臣两个层面建构中，经典文献均成为不可替代的评判标准。经典具有绝对的准则性威信和正统的纯粹化形式，因而对于文献聚集的重视也成为一种必然的选择，古代君臣"发现自身处于一种绝对权力的地位，并独揽庶务和神职的功能时，除了抱持一种注重典籍的传统主义心态之外，别无其他选择。只有典籍的神圣性本身可保证秩序——支持此一阶层地位秩序——的正当性"①。

（三）历史学：社会思想的一贯性

印度图书馆学家阮冈纳赞曾提出图书馆学五定律，其中有一条定律是"书是为了用的"。但是在中国古代藏书活动中，官方藏书本质是藏大于用，并不是说官方藏书完全排斥利用，但它的利用局限于特别少的一部分人，普通大众无缘得见。单方面的图书建设如何得到民众的认可和支持？朝廷所倡导的一次又一次的图书征集活动，除非战乱等因素干扰，均得到了国内各阶层的响应。图书从民间聚集至中央，而后又因为多种因素散入民间，聚而又散，散而又聚，官方藏书的聚集很大程度上生长于大众积极参与的土壤之中。因此，对于社会风气和民众心理的探讨成为官方藏书建设另一需要思量的方向。

在中国古代哲学体系中，首先肯定的是"人"的因素。基于人与自然的关系提出各种思想，如古代伦理学所涉及的人性、道德、礼义与衣食、义理与理欲、志功等方面，诸子百家有回答，历史朝代同样也用史实演绎。不同的学说、不同的历史表现影响了社会风气的形成和展现，而社会风气则是某个时期"流行性的群体行为的价值观实质"②，政府通过导向、

---

① ［德］马克斯·韦伯：《中国的宗教：儒教与道教》，康乐、简惠美译，桂林：广西师范大学出版社 2016 年版，第 229 页。
② 阳海鸥、汤瑶、冷树青：《社会风气研究的深化与创新》，《九江学院学报（社会科学版）》2018 年第 3 期。

示范、规范、惩戒等措施来左右社会思想，此所谓"教化"。顾炎武认为："教化者，朝廷之先务；廉耻者，士人之美节；风俗者，天下之大事。朝廷有教化，则士人有廉耻；士人有廉耻，则天下有风俗。"① 顾炎武将社会风俗的形成追溯至朝廷的教化作为，那么朝廷通过何种手段来进行风俗的引导呢？手段之一就是图书典籍。第一种途径是通过经典内容的传播，将典籍中所包含的知识和意识，通过蒙学、类书、俗文学等途径，从社会精英阶层传播至民众阶层，将"知识人的知识"转化为实际的、日常的知识和集体记忆，让其"进入一般人的思想和生活领域，成为一种通俗文化，进而影响他们的思维方式和社会行为"②。知识被再次生产，经典知识被附着新的观念和信息，传播至民众阶层的日常生活中，转化为通俗文化概念，融入社会大众的风气与传统之中。第二种途径是图籍内容与载体的控制，包括图籍的聚集、图籍的定本、图籍的颁布等措施。如图籍的聚集一般发生在一个朝代新建时期或者一个新的统治者上台伊始，正如牛弘所上《请开献书之路》所言："经邦立政，在于典谟矣。为国之本，莫此攸先。今秘藏见书，亦足披览，但一时载籍，须令大备。不可王府所无，私家乃有。……若猥发明诏，兼开购赏，则异典必臻，观阁斯积，重道之风，超于前世，不亦善乎！"③ 政府通过图书的聚集来彰显"崇儒重教"的政治理念，尤其在一个朝代刚刚建立的时期，"正是重新收聚图籍、弘扬文化的好时节"④。通过下诏搜集图书，一方面可以试探士子阶层对新政权的态度，另一方面也可以彰显重文的施政理念。唐太宗自贞观四年（630 年）起，聚集学者在秘书省内考订"五经"，颁布《五经正义》作为经典定本推广。唐玄宗两次亲注《孝经》，开元十年（722 年）颁于天下及国子学；天宝二载（743 年）又颁于天下；"其载十二月，敕：自今已后，宜令天下家藏《孝经》一本，精勤教习；学校之中；倍加传授；州县官长；明申劝课焉"⑤；天宝四载（745 年）营造"石台孝经"，亲题刻石立于太学流传后世。多项举措之深意均体现在唐玄宗亲撰的《孝经·序》中，唐玄宗刻意颁布的还有《道德经》《金刚经》等，三部典籍分别属于儒释道三家，"它们以官方的名义加以注释，并且被要求士庶普遍阅读，

① （清）顾炎武：《日知录校注》卷十三《名教》，陈垣校注，合肥：安徽大学出版社 2007 年版，第 734 页。
② 余欣：《中古异相：写本时代的学术、信仰与社会》，上海：上海古籍出版社 2015 年版，第 54 页。
③ （唐）魏征等：《隋书》卷四九《牛弘传》，北京：中华书局 2000 年版，第 868 页。
④ 郭伟玲：《中国秘书省藏书史》，武汉：武汉大学出版社 2015 年版，第 256 页。
⑤ （宋）王溥：《唐会要》卷三五《经籍》，北京：中华书局 1955 年版，第 645 页。

这本身是否已经就暗示了知识与思想的风气"①，皇帝亲自注疏各家经典并颁布天下要求民众阅读的行为，反映了知识与权力之间的密切关系。政府通过图籍搜集、定本、颁布的方式对知识的传播进行干预，通过集中、规范等措施，"使对知识的控制成为可能，保证了对知识的挑选"②，通过控制和挑选来引导社会风气和社会思想。

社会心理的形成，一方面源于政府占据优势地位，自上而下对其进行指导和组织；另一方面源于民众自下而上的对权威与主流思想的认可与向往，这种认可体现为底层民众对教育的态度，以及渴望通过接受教育获得改变的心理预期。唐高祖立朝伊始，崇儒重教，建立从中央到地方的官学体系，之后数位帝王均以"释奠"的形式和兴教的作为来表示对教育的重视。唐代教育资源丰富，受教育者不仅限于贵族子弟，庶民阶层也可以通过官学和私学等多种途径享有教育资源。教育的普及面也空前扩大，以敦煌文书中的内容为证，唐代的教育体系遍布全国，深入县、乡、里等基层地区，教育进一步社会化。"西方思想史家塔伯特认为，什么人实际受到教育，什么人适应改变了的教育体制，教育的目标使社会风尚有什么样的改变，这些都将对知识史和思想史产生相当深刻的影响。"③ 教育机会增多，民众对于教育的接受与认可度达到空前的高度，尤其是底层民众通过教育改变自身阶层成为可能。如唐代通俗诗人王梵志所写诗歌："世间何物贵？无价是诗书。"④ "黄金未是宝，学问胜珠玑。"⑤ 唐代民众将图籍看作远胜于黄金珠宝的无价之物，是源于他们对通过接受教育进入仕途的渴望，现实生活的残酷使得他们渴望通过对典籍知识的学习，跳出自己的阶层，成为士阶层。因此在诗歌中多有劝学和警戒之语，平白近乎责骂，如"男儿不学问，如若一头驴。（北图生字 27 号）""男儿不学读诗书，恰似园中肥地草。（伯 2564）""之（诸）男在（不）学闻（问），观（官）从何处来。（北图玉字 91 号背）"⑥ 部分寒门士子成功"跃入龙门"激励和

① 葛兆光：《中国思想史》第二卷《七世纪至十九世纪中国的知识、思想与信仰》，上海：复旦大学出版社 2001 年版，第 27 页。
② ［法］米歇尔·福柯：《必须保卫社会》，钱翰译，上海：上海人民出版社 1999 年版，第 169 页。
③ 赵国权、孟亚：《权力、教育与思想世界——论唐代科举考试制度对知识、思想世界的影响》，《河南大学学报（社会科学版）》2005 年第 6 期。
④ （唐）王梵志：《王梵志诗校注》，项楚校注，上海：上海古籍出版社 1991 年版，第 744 页。
⑤ （唐）王梵志：《王梵志诗校注》，项楚校注，上海：上海古籍出版社 1991 年版，第 483 页。
⑥ 赵楠：《从敦煌遗书看唐代庶民教育》，《社会科学评论》2008 年第 4 期。

刺激了民众，他们对于典籍、教育与科举的狂热远远超过贵族阶层，直白地将图籍与黄金珠宝相比，通过民众朴素的价值观，将经典的学习转化为一种"学习、应试、做官"功利化明显的价值取向，"仕人作官职，人中第一好"①，从而形成了一种对图籍的关注和认可。这种重书重教思想虽然表现得较为世俗化和功利化，但的确进入了当时思想和信仰的中心，成为社会思想的表现，因此，官方藏书事业建设得到了最底层民众的支持。

在前文中，笔者提出关于官方藏书建设的理论基础应该回答的问题。综合知识社会学、政治学、历史学等领域的相关概念和理论后，我们可以看出：官方藏书的社会基础来源于各阶层对于图籍的期许，统治者借助图籍这一知识载体完成其合法性和权威性的认可；仕宦阶层设定以知识为标准的阶层准入条件，通过对图籍的掌控保证阶层地位的正当性；而平民阶层则迎合上层思想意识，试图通过接受教育，来获得进入仕宦阶层的机会。知识、经典、教育三者相互影响，君、臣、民三个阶层相辅相生。知识的社会性造就了中国古代社会的经典，经典所承载的内容信息经过皇权的干预和选择，仕宦阶层的神圣化，以及大众的无条件信服和接受，成为一种社会风气和社会思想。因此，文献不只表现为一种知识的载体，官方藏书也不仅仅是一种藏书的聚集行为，而是具备了更多的政治学、历史学的意义。

二、唐代官方藏书建设发展的原因

中国官方藏书滥觞于夏、商、周时期。经过了秦汉时期制度的建立和完善，汉朝藏书机构可分内外两种七个藏处。魏晋时期由于图书载体和形制的改变，南北文化、胡汉文化的交融冲突以及统治阶层的重视，官方藏书的管理体制逐渐形成，藏书的搜集途径、装裱形制、抄写校雠、典藏制度等方面已然成熟。在此基础上隋唐南北统一，官方藏书建设更是进入了一个飞速发展时代。尤其是唐代近三百年，官方藏书屡现高峰，总结其原因，主要集中在文化政策、藏书制度、图书思想、知识产生以及人的因素等多个方面。

（一）文化政策：唐代官方藏书政策的持续性

"文化政策"于 20 世纪 70 年代由西方学者提出，文化、经济、政治三种学科背景的交叉，使得文化政策的研究更多地将目光投向"文化政策

---

① （唐）王梵志：《王梵志诗校辑》，张锡厚校辑，北京：中华书局 1983 年版，第 168 页.

现实背景框架下文化、社会权力交织的复杂性"①。尤其是从政治角度来看，"文化政策是统治阶级实施文化管理和意识形态统治所采取的规章制度、原则要求、战略策略的总称，直接表现了统治阶级在特定历史时期的文化自觉、文化意志与政治利益"②。唐代的文化政策的制定交织着经济、历史、文化、皇权等多种因素，而它的持续、贯彻、一致、开放等实施特点则造就了古代文化的高峰。在这样的文化与政治背景下，唐代官方藏书事业受益于唐代文化政策的确立与执行。

唐朝鉴于南北朝政权长期对立和隋朝南北文化的正面碰撞，在文化政策的选择上十分谨慎。唐高祖以尊儒重教和修史重书两种途径划定了唐朝基本的文化政策。唐太宗也明确提出"朕虽武功定天下，终当以文德绥海内"③，奠定了唐朝"偃武修文"的文化基调。唐高宗、武后虽有微调，但基本上延续了唐初所确定的以儒学为中心兼容释道的文化政策。初唐百年，李氏王朝文化政策的传承和持续保持了一贯性。至于唐玄宗，"在承继唐前期文化政策的基础上，重新调整了三教顺序，复兴学校教育，崇尚科举而用人才，扩大和健全了文化管理的机构，以开放多元、自由宽松的文化政策直接推动了盛唐文化的兴盛与繁荣"④。中唐以后，政局不稳，国力颓败，或有部分君王无暇文教，或有部分君主根据时势对政策进行调整，如武宗灭佛，但总体上可以判定李氏皇族仍然延续了唐初的文化政策，努力推动文化政策的实施。如唐文宗、唐宣宗、唐昭宗即位之后也同样"尊礼大臣，详延道术，意在恢张旧业"⑤，战乱之余，不忘图籍文教。唐代文化政策呈现出近三百年的一贯性和持续性，这种特性也同样反映在唐代官方藏书建设上，各个时期的君主重视文教，积极推动官方藏书事业发展。与之前的王朝相比，唐朝的藏书建设一是历时性较长，从唐高祖武德初到唐昭宗天复年间，官方藏书一直受到统治者的关注与重视；二是参与者众，之前如两汉魏晋等朝代，虽然也有藏书建设行为，但多集中在某一任皇帝在位期间（萧梁与杨隋例外），而唐代对于图籍的重视，虽以唐太宗、唐玄宗、唐文宗三位皇帝为最，但其他君王在位期间均有官方藏书建设的记载，如唐高宗、武后、唐中宗、唐德宗、唐宪宗、唐宣宗、唐昭

①　肖博文、陈露：《文化政策研究：概念演变、学科分析与未来展望》，《人文天下》2018年第 19 期。

②　钱国旗：《历代文化政策及其得失》，《青岛大学师范学院学报》2007 年第 4 期。

③　(宋) 王溥：《唐会要》卷三三《破阵乐》，北京：中华书局 1955 年版，第 612 页。

④　梁红仙：《盛唐文化政策的调整与改革》，《宁夏大学学报（人文社会科学版）》2012 年第 6 期。

⑤　(后晋) 刘昫等：《旧唐书》卷二十《昭宗本纪》，北京：中华书局 2000 年版，第 497 页。

宗等，时间长、参与多成就了唐代官方藏书事业的空前辉煌。

（二）藏书制度：唐代官方藏书制度的灵活性

唐代官方藏书制度处于一种成熟与探索的阶段。其成熟方面表现为藏书机构的制度定型，如秘书省的机构设置、职官建制、藏书职能等方面日臻成熟。某藏书机构内可执行的藏书制度的成熟，也为唐代次第出现的弘文馆、史馆、集贤院、翰林院等文化机构的建设奠定了良好的基础，只需朝廷配备人力、物力、财力，新的文化机构很快就可以出现，甚至会在接下来的一段时期暂代秘书省的图籍职责，这就是唐代官方藏书制度的成熟之处。从另一个层次来看，唐代官方藏书制度也有其不成熟之处，即探索的方面。新的文化机构持续出现、旧的机构职能的转移和废置，或许可以看作宋代馆阁制度的历史前端。各种因素造成了多个机构并立的状况，使得唐代中央藏书管理制度一直处在一种变化之中，这就是唐代官方藏书制度的不成熟之处。与任何事物的发展类似，任何制度都有一定的生命周期，这是一个产生、发展、完善并转化替代的客观过程，可被称为"制度变迁"。它包括两种形式，即制度进化和制度变革，其中"制度进化指一项制度通过自身的修正和改良逐步走向优化的过程"①，制度变革是指一种制度形式对另一种制度形式的替代。官方藏书制度发展至唐代，在历史进程上属于前者，多个藏书机构并立的制度适应了当时的历史背景，制度本身的进化和变革使其更好地促进了唐代官方藏书事业的兴盛。

官方藏书制度自夏商周三代至两汉魏晋经历了一个产生、发展的漫长过程，隋唐时期随着藏书事业的勃兴，其制度也在不断地完善。从制度的内在性来说，凡是效率为正的制度都存在修正和改善的可能，在外部变量的参与下制度原有的平衡被打破，制度自身通过不断完善达到更高层次的平衡，实现制度效益的最大化。唐代官方藏书制度也是基于此种理论而不断完善的，自魏晋以来建立的官方藏书制度根据机构地理位置的不同划分内外，内由内府（皇家私人府库）来运作，宫人掌管，外则由秘书省内官吏职掌。六朝后期，文馆的出现打破了该内外制度的平衡。隋大业年间，文馆的藏书职责进一步被强化，制度内出现了打破平衡的变量。之后，唐太宗的即位风波及其对朝局力量的掌控，是弘文馆这一机构出现的外部因素，弘文馆内藏二十万卷图书，是唐代官方藏书制度中藏书机构职能的首

---

① 李怀：《制度生命周期与制度效率递减——一个从制度经济学文献中读出来的故事》，《管理世界》1999 年第 3 期。

次进化，藏书—学士—皇帝—参政议政，弘文馆成为藏书制度为了适应政治咨询职能而做出调整的产物。之后史馆的出现，则是为了让国家把控修史的权力。集贤院的演变与命名，是盛唐图书大整理与文化集大成的成果，也是原有藏书制度修正自身弊端的结果。开元初，内府藏书因管理不善而利用困难，秘书省藏书散乱讹缺，弘文馆的职能流于形式，官方制度未能达到唐玄宗对于藏书的预期，因此他开展图书整理活动，引入新的变量——集贤院，使得唐代官方藏书制度向一种更有效的方向演进。因此我们可以认为，唐代官方藏书制度的变迁与探索，机构的设立与废置，藏书职能的迁移和替代，并没有阻碍唐代藏书事业的发展，反而其根基的开放性，使得唐代藏书制度朝着有利于"帕累托最优"的方向前进，产生了一种更适合当时藏书状况的多个机构并立的藏书制度，因为"在集权体制下，只要社会是开放的，允许外部变量进入，即使维护传统制度的势力再大，制度变迁由低效率向高效率进化的方向总是不可逆的"①。

（三）图书思想：藏书资治作用的提出与实践

图书收藏活动与历史的产生同时同源，人类开始记录历史之时，也就是图书产生之日，随之出现的就是记录载体的保存了，藏书也就出现了。中国的藏书活动始于官方，夏商周三代之时，学在王官，贵族垄断知识的书写和保藏。春秋战国时期，虽有私人藏书，但图书的拥有仍然与政治密不可分。秦汉时期，官府有意识地主动关注图书的作用，或禁止或提倡，甚至开始大规模地聚集图书于宫廷内，形成了自觉的官方藏书建设活动，但这个时期藏书仍然以实践为主，藏书思想少有记载。魏晋时期，国家动乱，朝代更迭，国家藏书随聚随失，但是政府和私人已经逐渐开始关注藏书建设，"对国家藏书的意义和价值都有一定的认识"②，在朝代初建或者朝局稳定时，多有藏书建设举措。南朝梁元帝萧绎所著的《金楼子·聚书》，记录自梁武帝天监十四年（515年）至太清三年（549年）近三十五年的聚书经过，总结了梁元帝重新规划国家藏书的五种途径，虽"透露了其聚书行为的多样性和掠夺性"③，但仍可算作一部藏书建设专著。隋开皇三年（583年）秘书监牛弘上书《请开献书之路》，从图书馆学意义上

① 李怀：《制度生命周期与制度效率递减——一个从制度经济学文献中读出来的故事》，《管理世界》1999年第3期。

② 徐雁：《我国古代藏书实践和藏书思想的历史总结——中国古代藏书学述略》，《四川图书馆学报》1986年第1期。

③ 郭伟玲：《中国秘书省藏书史》，武汉：武汉大学出版社2015年版，第128页。

讲，该奏表从学术上条分缕析古今藏书之变迁，提出"五厄"说，从总结历史的角度阐明国家藏书在保存文化、提供经验、维护政权上所具有的巨大作用。后人将牛弘这一藏书思想称为"国本论"，认为"弘之所言，在历史上有权威矣"①，这一文献的出现标志着隋唐之际藏书的"资治"思想开始形成。

唐贞观年间，魏征所书的《隋书·经籍志·序》作为唐以前图书事业发展的总结性文献，集中反映了他的官方藏书思想。魏征在前人理论的基础上，对以往的公私藏书进行梳理，提出了"藏用为治"的经籍藏用观和政治与藏书相生相克的藏书兴衰观。他认为图籍乃君臣纪言惩劝的产物，将图籍与治理、教化、古今通变关联，在牛弘"国本论"的基础上，进一步将图籍与政治关联，认为图籍乃"政化之黼黻"，从巩固政权和维护伦理的角度总结各类图籍在教化世人方面的不同作用，提出与时俱进的"藏用为治"经籍藏用观。从历史发展的角度，他提出图书收藏利用应该"其教有适"，达到"其用无穷"的通晓古今、"弘道设教"的政治目的。《隋书·经籍志·序》总结了自古至唐代的藏书情况，将图书馆事业发展与文化政策、士人阶层、社会思想等因素关联，总结了藏书的兴衰交替，认为藏书勃兴之后，往往会伴随更大规模的藏书厄运，提出政治与藏书之间相生相克的历史兴衰观。魏征倾向于强调国家在藏书事业建设中的积极作用，提出应该从政治、制度、人员、政策等方面加强文献的搜集、整理和典藏，进而促使国家藏书成为国家治理、礼义教化、修身治国的具体工具。

魏征的图书资治思想为唐人所认可，图书除了具有知识载体这一本质属性之外，承担了更多的政治功能。唐代统治者多次以图书为媒介来行政治之事，通过校勘经典、颁布定本、规定收藏等措施，推行国策；另外，图书在行政管理、皇权争夺、个人仕进等方面的作用均有相应的史料记载。无论是作为一种工具，还是作为一种象征，在唐代图书的作用都被充分利用，图书的收藏是以政治为主、文化为辅的历史行为。

（四）知识产生：藏书建设源头的开拓

在中国文化史上，唐文化呈现出繁盛、开放、融合等特点。它脱胎于汉魏六朝的学术文化的交流与融合，中外文化交流与南北学术融合促成了它空前的繁荣，也成就了唐代社会知识产生与传播的空前活跃。

---

① 陈登原：《古今典籍聚散考》，上海：上海书店1983年版，第10页。

　　文化作为一个概念，与民族、时代、国家相关联，它包括"某一社会人类活动的物质的、技术的、智慧的和艺术的诸方面的总和"①。唐文化与唐代近 300 年的历史相关联，它的繁盛与唐代的法律、经济结构、巫术、宗教、艺术、知识、教育等因素密切相关。因此在选择唐文化作为唐代图书事业发展的背景时，我们更需要关注唐代具体的学科知识的产生与成就。首先是文学领域知识的创造与传播，钱穆先生曾说，唐代在整个中国学术史上，实仅可称一文学时代；"美国学者包弼德从对面说，唐代的思想文化仍然是一种'文学'文化（literary culture）"②。唐代文学创作将思想、学术、社会融合在一起，形成了特有的文学生长模式。唐朝政府对学术的中立态度，唐人思想的开放、对知识的兼容并收等因素更是促成了唐代文学领域知识产生或创作活动的勃兴。以诗歌为例，"诗歌的创作和普及没有哪个朝代像唐朝那样广泛和深入，成为上至皇帝，下至百姓的重要文化生活内容"③，学者根据《全唐诗》《〈全唐诗〉补编》统计，唐朝存世诗歌至少 56212 首，作者 3700 余人④，其作品与作者数量超过其他朝代多矣！除诗歌之外，唐代文学的创作还包括散文、传奇、词、诗文评等文学形式，其总体创作状况，在整个中国文学史上堪称伟大与奇迹。所有人，包括帝王、士大夫、士子、僧尼、道士甚至歌妓、庶民，都参与到文学领域中，他们热衷于写诗、读诗、唱诗、买诗，无论是官员还是平民，"优雅的散文文体是他们一切交往所必须的"⑤。唐代文学通过行吟、题壁、传抄、酬唱、印刷、谏诤、讲学、歌咏等形式进行知识的同时传播，知识的历时传播则更多地依靠图书这一形式进行，文学创作以著作的形式得以流传，多数文人也有明确的传世意识，刻意编撰自己或他人的文集用以传播和保存。如白居易《题文集柜》："破柏做书柜，柜牢柏复坚。收贮谁家集？题云白乐天。我生业文字，自幼及老年。前后七十卷，小大三千篇。诚知终散失，未忍遽弃捐。自开自锁闭，置在书帏前。身是邓伯道，世无王仲宣。只应分付女，留与外孙传。"⑥ 唐代文人作品结集非常普遍，

---

①　王黔首：《"文化"概念的古今对峙与美学的抉择——兼论文化、美学与"三俗"之关系》，《贵州大学学报（社会科学版）》2012 年第 3 期。

②　李浩：《唐代"诗赋取士"说平议》，《文史哲》2003 年第 3 期。

③　王士菁：《唐代文学史略》，长沙：湖南师范大学出版社 1992 年版，第 26 页。

④　程富季：《〈全唐诗〉收诗知多少》，《咬文嚼字》2011 年第 8 期。

⑤　[美] 傅汉思：《唐代文人：一部综合传记》，载 [美] 倪豪士编选《美国学者论唐代文学》，黄宝华等译，上海：上海古籍出版社 1994 年版，第 1 页。

⑥　（唐）白居易：《白居易全集》，丁如明、聂世美校点，上海：上海古籍出版社 1999 年版，第 463 页。

"别集（特别是唐诗别集）的编撰尤为繁荣"，根据《唐音癸签》统计，总共有 691 家，8392 卷。"唐代文人生前或死后，编撰别集，似已成为一条不成文的规定"①，唐人清晰地认识到"为书而知者，可以化乎天下矣，可以传于后世矣"②。因此繁荣的唐代文学创作引发了唐代文学图书的增多，推动了图书事业的繁荣，也为图书收藏提供了源头之水。如此分析同样适用于唐代的儒学、史学、艺术、绘画、佛学、医学、音乐等领域，这些领域的学者在唐代开放宽松的学术氛围中，积极创新、改革与创作，据学者冯敏统计，有著述流传于今的学者有 430 人③。图籍作为知识产生和传播的成果与媒介，在推动社会各阶层、各地域之间的知识交流过程中扮演了重要角色，如敦煌文书 P. 2675《新集备急灸经》写本题记："《灸经》云：'四大成身，一脉不调，百病皆起，或居偏远州县路遥；或隔山河村坊草野，小小灾疾耳，难求性命之忧，如何所治？'今略诸家灸治用济不愚兼及年月日等人神并诸家杂忌用之。请审详神验无比。"④《灸经》图书的传抄目的在于满足偏远乡野小病的自我诊断的需求，图籍因世俗化需求而流传更广。知识下行，造就了空前繁荣的唐代文化，也成为唐代藏书事业发展的一个重要原因。

（五）人的因素：不同阶层对图籍的神化推崇

前文中讨论文化政策的部分，稍有涉及唐代官方藏书建设之中人的因素，但主要关注君王这一阶层对于重书政策的延续与实践，本部分则是将目光稍微下移，主要关注官方藏书建设的具体实施者——士大夫阶层，在官方藏书事业中起到的强大推动作用。

与西方固定的、泾渭分明的社会阶层等级秩序不同，中国古代社会虽然有上、中、下的表述方式，但阶层之间并不固定。"王侯将相，宁有种乎""朝为田舍郎，暮登天子堂""眼见他起高楼，眼见他宴宾客，眼见他楼塌了"等诗文证明了社会阶层之间的流动性为世人所认可并接受。在这样的背景下，唐代的科举制更是加速了下层民众与士大夫阶层之间的流动，"科举制使得士绅的流动呈现出开放的状态，消灭了中国等级秩序内

①　曹之：《唐代别集编撰的特点》，《图书馆论坛》2004 年第 6 期。
②　（清）董诰等：《全唐文》卷六八四《上韩昌黎第二书》，上海：上海古籍出版社 1990 年版，第 3105 页。
③　冯敏：《唐代学者的地理分布》，北京：阳光出版社 2013 年版，第 80 页。
④　黄永武：《敦煌宝藏（123 册）》，台北：新文丰出版公司 1986 年版，第 244 页。

存在的不公正因素"①。这就导致对唐代社会阶层的分析需要摒弃与其身份变化相关的纠缠因素，而更多地关注某一阶层的同一性和同质性，以及他们在所谓的特定场域中发挥的作用。场域可以按地理范畴划分，也可以按功能发挥区域划分，比如本书所讨论的藏书领域。

正因为唐代社会阶层的流动性，我们才放弃对其进行静止的限定。他们只是因为类似的经历而具有共同的经验，并通过文化方式展现出其群体意识。唐代社会的中间阶层被科举、官职、功名等标准界定，这个界定标准是自我定义的，士子创造出官职的概念与体系，并站在他们的立场上来看，认为"只有那些身受人文教育熏陶的人，才有资格担任行政"②。他们一方面为了自身的利益，辅佐君王成为合格的统治者，另一方面他们"觉得他们自己是个一体的身份团体，他们要求同样的身份荣誉，同时由于感受自身为同构性的中国文化之唯一担纲者而结合起来"③。他们或因家族，或因科举，或因名望进入某一阶层，正如司马光所言："或门胄高华，或科举自进，居三省台阁，以名检自处"④；他们不仅不排斥下层民众进入他们的阶层，反而推动科举制发展，制定进阶的标准，"强调'文'是治理天下的终极手段"。该观念与进士词科等科举制度相配合，逐渐形成了社会主流思想，认同这一观念的人士可以来自不同社会阶层和地域，"只要凭借文学科第的成功和符合'文'的理念的履历，他们就有可能进入这一群体，成为新成员"⑤。这种价值观与唐代文化政策、皇帝的政治角色和官僚体系内的迁转等结合，使得唐人依据"文"的价值观念进行思维的跟进和调整，进而获得权力的认可。这一过程一方面是潜移默化的，另一方面则是有迹可循的，如进士科的尊崇地位、职官的繁剧清要、清流群体的判定等历史现象均说明某一群体的价值观对政治、历史的"意识影响论"。以中晚唐时期为例，"以大明宫为中心的文化想象，以代朝廷立言为最高目标的文学实践和以翰林学士等词臣为重要身份象征的政治文化精英"，再加上进士出身及其礼仪，构成了士之清流的进入标准。这些标准

①　杨念群：《中层理论：东西方思想会通下的中国史研究》，北京：北京师范大学出版社2016年版，第138页。

②　〔德〕马克斯·韦伯：《中国的宗教：儒教与道教》，康乐、简惠美译，桂林：广西师范大学出版社2016年版，第163页。

③　〔德〕马克斯·韦伯：《中国的宗教：儒教与道教》，康乐、简惠美译，桂林：广西师范大学出版社2016年版，第164页。

④　（宋）司马光：《资治通鉴》卷二六五《唐纪八十一》，（元）胡三省音注，北京：中华书局1956年版，第8643页。

⑤　陆扬：《清流文化与唐帝国》，北京：北京大学出版社2016年版，第225页。

的背后，是君臣的身份限定，君主被定义为调和阴阳、衡定天下的功能人设，臣子则成为传达君王意旨的媒介。臣子通过替朝廷代言的创作，将文学创作和政治书写均包含其中，其"'文章'才具有了'体国经野'的化成力量（transformation power）"①。清代学者章学诚亦言："文字之道，百官以文治。而万民以之察，而其用已备矣。是故圣王书同文以平天下，未有不用之于政教典章，而以文字为一文著述之也。"② 承载文章的图籍也成为他们推崇的物质对象。正如马克斯·韦伯所说："典型的儒教徒运用他自己以及家族的财富来获取典籍的教养，并接受训练以应付考试，以此，他取得了一个教养阶层地位的基础。"③

三、唐代官方藏书建设的历史局限性

著名图书馆学家谢灼华先生在《中国图书馆学史序论》一文中界定古代图书馆学，将其具体化为古代图书馆工作，即本节所讨论的藏书建设。他认为："古代社会图书馆工作的内容是以保藏为主，即表现出来的特点是管理程序与制度的集中、严密和封闭性。所以，汉至五代，图书馆工作主要是搜求—整理—编目，就是在雕版印刷术盛行以后，图书馆工作仍旧是以内部整理为主、提供使用为辅。"④ 古代藏书建设主要集中在管理与制度、藏书聚散、图书典校以及编目等领域。学者们对其的认知也较为固定，提及古代藏书的时候均认为其存在种种不足，当然这种不足是基于现代图书馆学的角度，对古代藏书的搜集、利用、典藏等管理活动与制度建设提出的批判，唐代官方藏书活动亦处于这种批判性眼光的审视之下。前文对官方藏书的历史表现和发展原因已做总体分析，本部分主要关注的是官方藏书之形成、利用、管理等"术"之因素与官方藏书价值观之"理"。

虽然官方藏书的起源可以追溯至夏商周三代时期，但秦汉以前的图书建设均属于官府内部的"自产自销"，藏书以典法则等文书档案、史书为主体。直至西汉，汉高祖入关收秦图书，立国后令"萧何次律令，韩信申军法，张苍为章程，叔孙通定礼仪"⑤，汉初百年，"天下遗文古事靡不毕

---

① 陆扬：《清流文化与唐帝国》，北京大学出版社 2016 年版，第 244 页。
② （清）章学诚：《文史通义》卷一《诗教下》，上海：上海书店 1988 年版，第 21 页。
③ ［德］马克斯·韦伯：《中国的宗教：儒教与道教》，康乐、简惠美译，桂林：广西师范大学出版社 2016 年版，第 325 页。
④ 谢灼华：《中国图书馆学史序论》，《武汉大学学报（社会科学版）》1985 年第 3 期。
⑤ （汉）司马迁：《史记》卷一三〇《太史公自序》，北京：中华书局 2000 年版，第 2507 页。

集太史公"①。《汉书·艺文志》记载汉武帝入藏书之所，看到"书缺简脱，礼坏乐崩"，喟然而叹，"于是建藏书之策，置写书之官，下及诸子传说，皆充秘府。至成帝时，以书颇散亡，使谒者陈农求遗书于天下。诏光禄大夫刘向校经传诸子诗赋，步兵校尉任宏校兵书，太史令尹咸校数术，侍医李柱国校方技"②。历史的进程，"若激水然，一波才动万波随"③，汉武帝之叹开启了统治阶层对于藏书的关注，官方藏书建设进入了自觉时代，之后东汉、三国两晋南北朝、隋等历史时期均有官方藏书活动的记载，本书不再赘述。唐官方藏书建设较前代又上一新的台阶，贞观、开元、太和年间均可算官方藏书建设的新高峰。古代的官方藏书建设尤其如此，呈现出一种螺旋式前进的轨迹，"大抵新朝之兴，必承兵燹以后。其时为粉饰升平计，乃广开献书之路，盛置中秘之藏。然一至王朝颠覆，乱者四起，兵戈水火之余，中秘所藏，民间所庋，必又大受损害。必至继此而起之新朝，始为收罗，以为缀点升平之计"④。从整个历史进程来看，藏书事业的发展与建设呈现循环往复的态势，民间之书通过求书诏令汇集到宫中，但"秘书"却"藏之秘府……无人得见"⑤。藏书聚集的途径单一且封闭、藏书布局的不均衡、藏书利用的局限、藏书机构的叠加出现与重复建设，以及藏书价值观的局限则成为官方藏书事业的历史局限性。

（一）藏书聚集的途径单一且封闭

汉武帝建藏书之策，从图书抄写、民间搜集两个方面来扩充秘府藏书，之后朝代或有继承前朝图籍的机会，或重新从零开始。至唐代，图书聚集的途径可总结为继承、抄写、民间搜集、购募、官修和献书六个方面，相比西汉，藏书聚集途径并没有太多扩充，且藏书的重新聚集多依靠民间搜集与机构抄写。如武德初"购募遗书""增置楷书"；贞观初秘书监魏征"请行购募""工书人缮写"；景龙初"令京官有学行者，分行天下，搜检图籍"；开元天宝年间"搜访逸书，选吏缮写"；唐肃宗、唐代宗"屡诏购募"；太和年间"诏令秘阁搜访遗文，日令添写"；大中年间严格秘书省、集贤院等机构的图书抄写申报制度；武宗之后，虽搜访图书诏令稀

① （汉）司马迁：《史记》卷一三〇《太史公自序》，北京：中华书局 2000 年版，第 2507 页。
② （汉）班固：《汉书》卷三十《艺文志》，（唐）颜师古注，北京：中华书局 2000 年版，第 1351 页。
③ 梁启超：《中国历史研究法》，北京：中国人民大学出版社 2012 年版，第 108 页。
④ 陈登原：《古今典籍聚散考》，上海：上海书店 1983 年版，第 122 页。
⑤ （清）顾炎武：《日知录校注》卷十八《秘书国史》，陈垣校注，合肥：安徽大学出版社 2007 年版，第 994 页。

少，但日常抄写并未停止；唐僖宗广明年间，有司奏报尚提到"省司购募"；唐昭宗即位后一方面令诸道地方购募图书，另一方面拟出内府之钱帛于京城置官买书。唐代官方藏书来源或可以把献书、修书等活动计入，因其并不常见，所以此类图籍活动记录详尽，时间、人物、图书均可考证。但其主要扩充手段还是面向民间的有偿或无偿的购募征集，以及机构内外的书手抄写，这两种途径直接继承自西汉藏书之策。唐以前的历朝历代均有关于图书搜集和抄写的记载，官方藏书聚集途径相对单一且封闭。

以民间购募、搜访为例，这一活动存在一"有无"假设的大前提，每次丧乱之余，朝廷往往下诏从民间搜集图书，存在一定的"天威"思维定式。首先，朝廷将民间所藏之书称为"遗书""逸书"，即遗失、散逸之书，图书拥有者是政府，不过短暂遗散在民间，民间私人所藏之书应该归为国有，正如牛弘所指，图书"不可王府所无，私家乃有"①，这并非正常现象。因此在搜集的过程中，首先要以"天威"震慑，然后以"微利"诱导，务必保证典籍充积秘书省，其图书搜集姿态是居高临下的恩赐姿态。其次，丧乱之余，官方藏书经历数次书厄，民间藏书则默认为可避过战火。因此建国伊始，进行图书征集活动，期望能够将散逸之书重新收归官方书库，这是一种想当然的图书建设理念。官方藏书建设在此类思维定式的指导下进行，朝廷期待民间之书皆归天子所有，下诏在民间征集图书或效果显著，如隋开皇初购求图书，一两年间，"民间异本，往往间出"；或效果不佳，武德初重金购募民间遗书，数年之后仅"图典略备"。由此可知，民间征集并不是官方藏书建设起死回生的"仙丹"，投入与产出并不成正比，却一再被新朝依赖，一方面是思维定式，另一方面则是项庄舞剑，意在教化。

究其原因，首先，民间藏书更易散逸，主客观原因、大小环境、内外因素等，使得私藏更难保持。例如，私人藏书家以仕宦阶层为主体，容易受到政治风云和军事动乱的影响，唐中宗时薛谡之败，其家藏均为簿录所得；唐顺宗时柳宗元被贬，家中藏书三千卷去向不明。其次，民间藏书不足以支撑一次又一次的搜集行为。唐代王方庆乃王羲之后代，家藏法书却所存无几。

　　　　神功元年五月，上谓凤阁侍郎王方庆曰："卿家多书，合有

---

　　①　（唐）魏征等：《隋书》卷四九《牛弘传》，北京：中华书局 2000 年版，第 868 页。

右军遗迹。"方庆奏曰:"臣十代再从伯祖羲之书,先有四十余卷。贞观十二年,太宗购求,先臣并以进讫。惟有一卷见在,今亦进讫。臣十一代祖导、十代祖洽、九代祖珣、八代祖昙首、七代祖僧绰、六代祖仲宝、五代祖骞、高祖规、曾祖褒、并九代三从伯祖晋中书令献之已下二十八人书,共十卷。"上之。上御武成殿,示群臣,仍令中书舍人崔融为《宝章集》,以叙其事。复赐方庆,当时以为荣。①

民间并不能成为取之不尽用之不竭的图书海洋,私人藏书同样需要"成长"的过程。"藏书家之藏书形成,古今中外莫不累积渐进而成。稳定的社会环境、浓郁的文化风尚、富足的经济生活,是滋长私人藏书的肥沃土壤。"② 唐代私人藏书事业较前代得到了全面快速的发展,但藏书家的地域分布不均衡,以陕西为最多,出身上以文人、官宦为主体,而唐代历次政治和军事动乱,陕西因是都城所在之处,损失也是最多的。唐代私人藏书家以官宦人家为主,而政治风云也会影响私人藏书的聚散。比如唐中宗时期的薛谡之败,其家藏均为簿录所得;唐顺宗时期,柳宗元被贬,其家藏三千卷均留在京城,去向不明。诸多的因素影响私人藏书的聚散,这是其一。其二,官方的民间藏书搜集活动,并不会面向普通大众,而是面向文士阶层。文士阶层在唐代处于生产期,并不如宋时完备,因此唐代搜集活动会有数年无功的状况发生。其三,唐代图书出版市场不完备,图书的生产与制作水平制约着民间藏书的发展。唐代处于抄本与印本交替的时期,"此一时期,手抄笔录仍然是生产和复制图书的主要方式"③。私人藏书也是以抄本为主,这是因为印本的内容以阴阳杂记、占梦、相宅、九宫五纬、字书、小学等为主,实用性和普及性强,这是由图书出版发行的商品性质决定的,只有这些实用性的图书在社会上有大量的需求,而藏书家并不青睐此类图书,他们倾向于搜集经史的善本、孤本,图书收藏兼顾内容与形制。技术处于起步阶段的印本在他们看来是"雕版印纸,侵染不可知晓"④,因此雕版印刷术对于私人藏书的促进作用并不明显。

唐代官方藏书聚集的另一途径是机构内外的抄写,但抄写这一行为改

---

① (宋)王溥:《唐会要》卷三五《书法》,北京:中华书局1955年版,第647-648页。
② 傅璇琮、谢灼华:《中国藏书通史(上)》,宁波:宁波出版社2001年版,第227页。
③ 陈德弟:《唐代私家藏书文化述略》,载天一阁博物馆编《天一阁文丛(第九辑)》,宁波:宁波市天一阁博物馆2011年版,第13页。
④ 曹之:《唐代图书发行考略》,《图书情报知识》1994年第1期。

变的是藏书数量，而不是藏书种类。因此，唐代官方藏书量增长模式单一且不可持续，藏书量增长以卷数总数量为指标，而不是品种数量，图书抄写对于藏书的作用是封闭性的而不是增益性的。

（二）藏书布局的不均衡

中国的历史是由政治和文化两个方面建构而成的，而两者又可以统一到具体的社会统治之中，进一步说明，职官、政策等操作层面的具象对人文、传统、思想等抽象的影响尤为深远，如图籍的实用原则。中国的士人阶层及其创造发展的官僚体制结构，是其世俗教养的直接反映。士人为了经世致用去著述、教学、出仕、归隐，这种思考属于"主智主义的理性主义"，中国士人的眼光集中在对人间世道、社会大同等方面的探索。在中国的文化体系中，"没有理性的科学、没有理性的艺术活动、没有理性的神学、法律学、医药学、自然科学或工艺学"①，这正是西方文明与东方文明的区别。这种区别制约着中国古代的藏书建设，反映在私人藏书与官方藏书的内容布局上，两者的建设重点均以修身治天下的经典图书为主。尤其是官藏书，对于内容的关注更加严格，统治者会根据国家、政治、社会等因素的需求限定某类图书的入藏，即使是对经典内容的演绎，也会进行选择，将政治与藏书合为一体。

基于隋朝牛弘将图籍与经邦立政的国家统治进行联系，唐代魏征的经籍乃经天纬地、移风易俗、弘道设教的路径的思想，官方藏书的行为与政治统治结合起来，书籍成为教化之本、治乱之源，因而对于藏书内容进行限定成为一种必须。在唐代，对藏书内容的限定主要通过以下措施实现。

第一，入藏管理。唐代官方藏书的内容限定标准较为模糊，除了前文"出版管理职能"部分中明确谶纬之书不入藏之外，尚有具体情况需要具体分析，对臣民所献之书进行公开讨论，决定是否入藏。当然这种标准容易受到其他因素的影响，比如贞观十五年（641年），校书郎王玄度上《尚书》《毛诗》注，唐太宗"诏礼部集诸儒详议"②；长安年间王元感上所撰《书纠谬》《春秋振滞》《礼绳愆》等凡数十百篇文章，乞入秘书省，诏令两馆学士议可否，"祝钦明、郭山恽、李宪等本章句家，见元感诋先

---

① ［德］马克斯·韦伯：《中国的宗教：儒教与道教》，康乐、简惠美译，桂林：广西师范大学出版社2016年版，第212页。
② （后晋）刘昫等：《旧唐书》卷七四《崔仁师传》，北京：中华书局2000年版，第1770页。

儒同异，不怿，数沮诘其言"①；开元十四年（726 年），元行冲上《类礼义疏》五十卷，丞相张说认为魏征《类礼》一书曾遭诸儒非议，元行冲以魏征书所撰的义疏，恐不可用，《旧唐书·元行冲传》载："帝然之。……行冲恚诸儒排己，退而著论以自释，名曰《释疑》。"②

第二，著录排斥。唐初魏征领衔撰写《隋书》，其《经籍志》所著录图书主要依据唐初旧藏以及其他留存书目。在其中，他明确提出对于某些图书的排斥，"其旧录所取，文义浅俗、无益教理者，并删去之。其旧录所遗，辞义可采，有所弘益者，咸附入之"③。这一做法得到了后人的认可，如开元年间毋煚在批评《群书四部录》的编撰缺点时，明确指出书目的编纂应以"邦政所急，儒训是先，宜垂教以作程，当阐规而开典"④ 为指导原则。这样有目的的选择性著录对某些图书的流传十分不利，如《新唐书》所言："《六经》之道，简严易直而天人备，故其愈久而益明。其余作者众矣，质之圣人，或离或合。然其精深闳博，各尽其术，而怪奇伟丽，往往震发于其间，此所以使好奇博爱者不能忘也。然凋零磨灭，亦不可胜数，岂其华文少实，不足以行远欤？"⑤

第三，搜集排斥。唐初历次官方搜集活动，首先提到搜集的藏书为"经籍"，魏征在《隋志·经籍志·序》中定义经籍的内容主要是《诗》《书》《礼》《易》《乐》《春秋》等儒家经典和诸子典籍，据此可以了解唐代的图书搜集内容以经典为主。唐玄宗提到图书搜集行为的时候，亦强调："国之载籍，政之本源，故藏于蓬山，缄以芸阁者，以为义府之代睿。三五以还，皆率兹道也，故每加求购，冀补逸遗。"⑥唐朝末期，官方图书搜集困难，罗衮上《请置官买书疏》："臣今伏请陛下出内库财，于都下置官买书，不限经史之集，列圣实录，古今传记，公私著述，凡可取者，一皆市之。"⑦ 罗衮明确提出图书搜集的范围要扩大，不能仅限于经史，而

① （宋）宋祁、欧阳修、范镇、吕夏卿：《新唐书》卷一九九《王元感传》，北京：中华书局 2000 年版，第 4347-4348 页。

② （后晋）刘昫等：《旧唐书》卷一〇二《元行冲传》，北京：中华书局 2000 年版，第 2155 页。

③ （唐）魏征等：《隋书》卷三二《经籍志一》，北京：中华书局 2000 年版，第 616 页。

④ （清）董诰等：《全唐文》卷三七三《撰集四部经籍序略》，上海：上海古籍出版社 1990 年版，第 1677-1678 页。

⑤ （宋）宋祁、欧阳修、范镇、吕夏卿：《新唐书》卷五七《艺文一》，北京：中华书局 2000 年版，第 935 页。

⑥ （清）董诰等：《全唐文》卷三三《命陈希烈兼领秘书诏》，上海：上海古籍出版社 1990 年版，第 157 页。

⑦ （清）董诰等：《全唐文》卷八二八《请置官买书疏》，上海：上海古籍出版社 1990 年版，第 3867 页。

且公私著述中凡可取的均要购买，以充馆藏。这就说明以往的图书购募活动，对图书内容的要求是经史之类，因此才有很多臣民因自己或先人著述而进行献书活动，希望通过入藏秘书省的方式获得认可。

在诸多措施的限制下，唐代官方藏书布局以经、史为重，对于诸子方伎等书的收藏必然不足。唐人将儒家之学视为治国之策，而将方伎术数看作治身之术，对此类图书的评价较低，认为："近古涉乎斯术者，鲜有存夫贞一，多肆其淫僻，厚诬天道。或变乱阴阳，曲成君欲，或假托神怪，荧惑民心。遂令时俗妖讹，不获返其真性，身罹灾毒，莫得寿终而死。艺成而下，意在兹乎？"① 因此在官方藏书的政治色彩浓郁的情况下，方伎图书的收藏必然受到排斥。如农家、法家之类图书，《唐六典》中仅收农家图书五部、法家图书四部，而《礼》收一百三十六部图书，对比悬殊。

（三）藏书利用的局限

古代藏书"重藏轻用"的价值取向，已经得到学术界的普遍认同。即使是文化思想颇具开放性的唐代，藏书利用的不完备、不充分也是其历史局限性之一，这是毋庸置疑的，本小节主要分析如何与因何两个方面。

唐代官方藏书利用的不完备虽是总体上的定论，但相对于之前朝代，唐代已然向前走了一大步。第一，唐代各藏书机构之间相互对比抄写，补充藏书，此开放活动始于贞观，盛于开元，各机构藏书在皇令之下，互通有无。第二，鼓励小范围内藏书的在馆利用，唐代藏书机构众多，不乏鼓励藏书利用的措施。以弘文馆为例，其二十万卷藏书的建设，即缘于唐太宗欲与馆内学士商讨经义，议论国事，馆内藏书对馆内学士和学生开放，并鼓励学生留宿馆中，"开元二年正月，宏文馆学士直学士学生，情愿夜读书，及写供奉书人、揭书人，愿在内宿者，亦听之"② 。史馆、集贤院亦不排斥机构内任职者对藏书的利用，即使是底层的吏员，如开元时期，阳城以集贤院写书吏的身份在院内窃读六年。第三，对官员的有条件开放。部分图书的开放，如唐代规定各朝实录修撰完毕后，收入秘书省内，允许朝内三品以上官员进行抄录；特殊时期的被动开放，如唐玄宗天宝年间和唐德宗大历末年，曾提及官员和宫人借阅秘书省藏书，以及许多可查考的利用其他机构藏书的个案与特例。以上三种情形的出现，说明唐代藏书具有一定的开放性，但是相对于它的封闭性，开放性不足称道。如唐玄

---

① （唐）魏征等：《隋书》卷七八《艺术传》，北京：中华书局2000年版，第1186页。
② （宋）王溥：《唐会要》卷六四《弘文馆》，北京：中华书局1955年版，第1115页。

宗、唐德宗提到图书借阅之后，用"弊"字来形容，说明在他们看来，官方藏书不应该供官员和宫人使用，应该保持封闭状态，只有在特赦的情况下才允许官员进入藏书机构。如开元六年（718年）内府图书整理完毕，"制令中书门下及文武百官，入乾元殿就东廊观书"①，唐玄宗令群臣观书，其本质是夸耀文德而非开放，他们被允许停留的时间很短，"移时乃出"②。历史上可找到的图书流通的例子很多，涉及阅览、外借、赐书、对外交流等方面，但所有的利用并没有制度保障，而源于君王的意志，甚至有时候君王想要利用藏书做一些事情，都会遭到官员的反对。如《唐会要》载："开元十九年正月二十四日，命有司写《毛诗》、《礼记》、《左传》、《文选》，以赐金城公主，从其请也。"秘书正字于休烈上表抗议，言："臣忝列位职，刊校秘籍，实痛经典，弃在夷狄。昧死上闻，伏惟陛下深察。"③

古代藏书封闭性的根源在于藏书建设的目的。中国古代官方藏书建设的目的不在于使用，而在于拥有，不在于推广，而在于保存。这正是中西方藏书建设本质上的不同。西方图书馆自创始之日起，即以传播思想为目的，如一般认为古希腊及希腊-罗马图书馆的历史，是以亚历山大城的缪斯殿堂的创立为开端的，后亚历山大图书馆出现，这些图书馆的创立，"实际情况应当是，有意识地收集图书以形成一个图书馆和研究中心，作为对埃及进行希腊化的一个步骤"④。经历了数位皇帝的经营，图书馆成为公元前文学和学问的研究院，面向公民开放，参与并推动图书的生产，这些措施促使亚历山大城成为希腊化世界的文学生活中心，这是西方图书馆的发展道路。中国古代的官方藏书建设规模并不亚于世界著名的亚历山大图书馆，且存在时间长，参与建设者众，但它并没有成为文化的促进者，反而在一定程度上，对图籍的散佚负有部分责任。究其原因主要在于以下三个方面。

其一，它的建设并不是为了推动思想的传播，而是作为朝廷文教政策实施的媒介。牛弘、魏征等人的国本论、经籍论等藏书理念旁证了官方将藏书建设作为一种施政手段，最终目的在于彰显教化、控制思想。图书作为知识的载体，被用于控制而非推广，这与西方图书馆并不相同，西方将

---

① （宋）孙逢吉：《职官分纪》卷十五《集贤院》，北京：中华书局1988年版，第376页。
② （唐）刘肃：《大唐新语》卷十一《褒赐》，北京：中华书局1984年版，第165页。
③ （宋）王溥：《唐会要》卷三六《蕃夷请经史》，北京：中华书局1955年版，第667页。
④ ［英］弗雷德里克·G.凯尼恩：《古希腊罗马的图书与读者》，苏杰译，杭州：浙江大学出版社2012年版，第63页。

图书馆定义为"一批经过编排、易于取用，由熟悉编目之人员管理，且供多人应用的文字资料"①，这种"藏用结合，以用为本"的定义适用于最初的图书馆雏形——宗教及政府档案室。而中国如何定义藏书的缘起呢？自班固至魏征均将图籍的搜集与国家的兴衰关联，如班固云"汉兴，改秦之败，大收篇籍，广开献书之路"，魏征言经籍"实仁义之陶钧，诚道德之橐籥也"，收之则兴，散之则败，这一思想一脉相承。明代邱濬《大学衍义补·图籍之储》认为"人君之治之道，非一端，然皆一世一时之事，惟夫所谓经籍图书者"，"是以圣帝明王，……莫不以是为先务焉"②。这充分说明了藏书与统治秩序之间的紧密关系，只有重视藏书，国家统治才能历千百年。这一思想就使得藏书概念化，他们以藏书的规模为荣，但其实并不关心藏书所能发挥的作用，抑或他们要控制藏书所能发挥的作用。

　　其二，官方藏书建设后，图书属性发生改变，不再是知识载体，而是说明了归属权。各朝各代统治阶层通过种种手段将散藏于民间的图书聚集至官府，藏书不仅发生了地理空间转移，更是发生了物权的转移和属性的变化，统治者将官府藏书认定为一种财富，将其封闭在深深贡院之内。"在上者以书籍自私，不复公之于天下"③，图书一旦进入官方藏书机构，少与他人共享，成为帝王府库之中的珍宝，他人无法利用。如两汉时期"霍山以写书而获愆；东平以求书而见斥"；隋炀帝藏书三十万卷，"虽积如山丘，然一字不许外出"④；甚至南朝梁元帝萧绎在城破国亡之日，宁愿焚毁，也不愿让图书落入北周之手。这样的私人占有心理让统治者制定种种制度保证图书的安全，同时也维持了官方藏书的封闭性。

　　其三，藏书的封闭性得到了整个社会的认可。古人对于图书的借阅活动抱有一种非常矛盾的心理，宁愿偷抄或者购买他人逸散藏书，也不愿明确提出借阅，甚至朋友之间对借书活动也较为排斥。如贞观四年（630年），王绩欲编撰隋史向陈叔达借其所撰《隋纪》，"前舍弟及家人往，并有书借，咸不见付"⑤，而陈叔达则避无可避，才缮写后送至；古人也将

① ［美］E. D. 约翰逊：《西洋图书馆史》，尹定国译，台北：台湾学生书局1983年版，第13页。
② 胡先媛：《传统文化影响下的私人藏书特点》，《武汉大学学报（哲学社会科学版）》1998年第5期。
③ 程焕文：《学术者天下之公器也——论刘光汉的公共藏书楼思想》，《图书馆建设》2003年第6期。
④ （唐）韦述、杜宝：《两京新记辑校大业杂记辑校》，辛德勇辑校，西安：三秦出版社2006年版，第57页。
⑤ （清）董诰等：《全唐文》卷一三一《与陈叔达重借隋纪书》，上海：上海古籍出版社1990年版，第580页。

借书、还书称为"痴（嗤）"，他们对借书行为的不认可由此可知。学者方嘉珍①将藏书封闭性的心理根源与儒家文化之孝道、竞争、为名、歧视等方面进行联系，认为古代士人心安理得地封闭自己的藏书。孔子曾提出行为的"藏"与"行"，士人通过读自己所藏之书，在朝堂乡野之间，进则事君，退则修身，因此唐代李袭誉罢官之后认为藏书是留给后代的财富，"江都书，力读可进求宦"②。皮日休《读书》言"家资是何物，积帙列梁�柤"。无论入仕者还是归隐者，均将图书视为财富，而财富不可共享借阅。在这样的社会共识下，藏书的封闭性占据了古代主流思想，不是说没有提倡藏书开放者，而是相对于提倡封闭藏书、私人占有者，提倡藏书开放者少之又少。20 世纪 20 年代梁启超发出无限感慨："中国公共收藏机关之缺乏，为学术不能进步之极大原因也。"③

（四）藏书机构的叠加出现与重复建设

本书第一章以秘书省、内府、弘文馆、史馆、集贤院五个机构为唐代官方藏书之始篇，介绍了除秘书省之外的其他四个藏书机构的建立、发展、兴盛与衰落，也分析了唐代藏书机构之间的相互依存与相互竞争关系，这种相辅相成的合作与竞争在一定程度上为官方藏书建设注入了新的力量，改变了已有的藏书布局，推动了唐代官方藏书的发展，但更多地使得唐代官方藏书建设呈现出往复状的发展道路。无论是弘文馆还是集贤院，均是在已有的藏书基础上进行图书的复制，少有改变唐代官方藏书的整体布局，藏书机构之间职能的交替变化并没有使藏书制度呈现质的飞跃，反而因为图籍职能的迁移造成了某一时间段藏书建设的顾此失彼，因此可以说唐代藏书机构的不成熟也是唐代官方藏书发展的历史局限性。

究其原因，首先，可以从制度方面来说。"制度"一词，有广义和狭义的不同解释，但制度决定者和运作者是人，因此人的因素在制度研究中必不可缺。唐代官方藏书机构的建立，有制度的因袭，如唐代秘书省承袭自东汉末年的秘书监一职，内府作为君王的私库，其历史渊源也颇为久远；也有君主的意志，如弘文馆、集贤院起初是因为帝王的某种提议和需求而建立，进而发展成了一个新的机构，接替了原有机构的部分职能。但制度的研究同样需要客观，唐代新藏书机构的出现，除了人的因素之外，

---

① 方嘉珍、史芳树：《古代藏书楼封闭性的思想根源探析》，《新世纪图书馆》2013 年第 8 期。
② （宋）宋祁、欧阳修、范镇、吕夏卿：《新唐书》卷九一《李袭誉传》，北京：中华书局2000 年版，第 3059 页。
③ 梁启超：《中国历史研究法》，北京：中国人民大学出版社 2012 年版，第 61 页。

尚有历史的必然性，如文化整合、官制改革、权力集中等因素，这些不在本书的讨论范围内，但我们需要确定一点，唐代各种藏书机构的交替出现，是由历史的主客观因素决定的，有其偶然性与必然性。值得关注的是，图籍往往会成为官制改革最先的突破口，从秦汉时期的御史大夫，到汉武帝时期职掌秘籍书奏的尚书，还有曹魏时期的秘书令与中书令，图籍在天子最可决定的事务范围内，被天子用于扩张自己的权力，藏书的政治性由此可知。其次，中国古代官制常有叠床架屋之弊，新的机构和官职产生后，原有机构和官职并不废除，反而呈现共存状态。如开元年间的集贤院与秘书省，秘书省的图籍职责在开元天宝之间被集贤院接替，《唐六典》言集贤院"其职具秘书省"，但是秘书省仍然存在，且同样具有图籍职责。此外，两者之间职责的履行会受到君恩的影响，如开元天宝年间以集贤院为主，但中唐以后，集贤院逐渐没落，裁官减员时有发生。最后，虽然制度包括成文之法和不成文之法，但人际关系仍然影响着两者的转化。如皇帝为了掌控权力，往往会支持自己的近臣获取更大的权力，因此产生了"官随人转"的情况，即皇帝认可某人的时候，即使他所担任的职官没有此项职责，往往也会被赋予更多的权力空间，"彼居甲官则甲官之职重要，居乙官则乙官之职重要"[1]，成文之法被不成文之法替代。这种情况亦可扩展至机构职责，如弘文馆在贞观年间深受唐太宗信任，到了高宗、武后时期则逐渐衰落；集贤院在开元天宝年间为"一枝独秀"，到中唐以后，与弘文馆等机构比肩，权力和职责逐渐缩小和转移，官职架构亦随之改变。但这种局面会随着某一任长官获得认可而稍有改变，如唐宣宗大中年间，尚书、左仆射、门下侍郎平章事崔铉任弘文馆大学士，弘文馆因承担了《续会要》的编撰任务而再次登上历史舞台。

新旧藏书机构的交叉与叠置，使得唐代秘书省的图籍管理职责数次迁转和分流，造成了各藏书机构在藏书布局上无任何分工可言，没有开辟新的领域，只在原有领域中进行权力转移。这种状况对于官方藏书事业的发展并没有太大的推动作用，反而会因为某一时期的权力旁落，使某一机构内藏书不能得到有效维护，如内府藏书的管理不当，如弘文馆、集贤院、秘书省均曾出现过书库年久失修、物资供给不足等情况。各藏书机构没有围绕自己的机构特色和职能形成藏书建设的分工，新机构的藏书大部分是旧机构的副本而已，官方藏书无布局无配合。因此我们可以将唐代数个藏

---

[1]　郑钦仁：《帝国遗规两千年——中国政治制度的特色》，载郑钦仁主编《立国的宏规》，台北：联经出版事业公司 1982 年版，第 23 页。

书机构的并立看作宋代馆阁制度的萌芽状态，新生事物需要更多的发展空间，它们并没有推动唐代官方藏书建设更上一层楼，反而因为数次的图书抄写浪费了人力、物力等社会资源，成为唐代官方藏书事业发展的短板。

（五）藏书价值观的局限

虽然前文中一直强调唐代君臣对于官方藏书的重视与建设成就，但他们的图书价值观还是拘囿于当时的历史条件。在藏书建设的执行层次，他们在藏与用方面，没有跳出之前的藩篱，而是在已有的框架中，进行藏书搜集、管理和利用，这些缺点在前文中已有提及，本部分主要关注的是意识层次。唐代君臣过于重视官方藏书数量，而忽视质量；重外观而轻内在；过于关注藏书这一活动，而鲜少积极发挥藏书的工具作用。

首先，数量与质量的认知误区。"唐代秘书省图书收藏"一节总结了唐代秘书省藏书聚散图，可以看出唐代官方藏书建设曾出现了三次小高峰，分别是唐太宗贞观年间、唐玄宗开元年间以及唐文宗大和年间。其藏书扩充的主要途径是抄写和民间购募，另外还有官方编撰、献书等，其中抄写是原有图书的复制，购募、编撰、献书等属于种类的增加。唐太宗时期以秘书省抄写供应弘文馆，官方藏书数量大增；民间购募则以书画作品为主，"故内府图书谓之大备"①，但实际上藏书种类没有增加。明人胡应麟认为："文皇初年，亦似留意经籍。……然迄贞观中，未闻增益，诸臣亦绝无目录之修，何也？盖太宗所骋志文词，所钟嗜翰墨，于经籍盖浮慕焉，未必如隋、宋之竭力搜访也。故贞观中，……秘府二王之迹独冠千古，当时君臣所用力者可见矣。"② 唐玄宗时期的藏书建设，初期主要是对内府及秘书省内已有藏书进行整比、分类、排架、典校，开元七年（719 年）以后，丽正院与秘书省等机构间相互抄写、广搜天下异本等增加某一机构藏书种类的图书建设活动，使得图书种类大增。开元后期和天宝年间，多有官员充任搜访异书使，如左千牛卫何延之、集贤院学士太子中允张悱、右拾遗徐浩、秘书省正字萧颖士、沈校书、正字李嘉祐等人，此类活动虽以书画搜访记录最为详细，但书籍同样涉及，因此开元末毋煚《古今书录》与《内外经录》著录图书 5560 部 62352 卷，这与唐初 14466 部 89666 卷见存图书相差甚远。究其原因可能是唐初藏书多集中于秘书

---

① （唐）张彦远：《历代名画记》卷二《论鉴识购求阅玩》，沈阳：辽宁教育出版社 2001 年版，第 22 页。

② （明）胡应麟：《少室山房笔丛》，中华书局上海编辑所编辑，上海：中华书局 1958 年版，第 5 页。

省，统计简单，而开元时期，藏书分布于集贤院、秘书省、弘文馆、史馆、内府、国子监等各处，毋庸仅统计集贤院一处藏书，因此数量相对较少。天宝十一载（752 年），唐玄宗再次下令，集贤院与秘书省相互计会填写，借以增加集贤院藏书数量。文宗时期，集贤院馆舍增加三十九间，秘书省书库由四个扩充为十二个，图书抄写和图书搜访并重，最终藏书总共有单本 56476 卷，分藏于十二库，相对于开元末并没有太多增长，只是配诸道缮写的 40000 余卷的增长促使各机构增加库房数量。从以上史料的梳理中可以看出，唐代官方藏书的建设以已有藏书的抄写复制为主，多以数量为重，对于单本量的增长并不过度关注。需要指出的是，唐代君臣论及藏书建设的时候，首先关注数量增长，且是通过抄写复制方式获得的增长，对于入藏图书种类的增长，反而会在购募、献书、著述等环节进行限制，如对某些图书的不采、不收、不藏，对唐人文集与文学作品的限制，对经史之书的推崇，将有争议的经史注疏、新的宗教典籍等雪藏入内府等，围绕着唐代君臣需求而进行图书建设。藏书的扩充是通过在限制范围内进行复制、购募实现的，藏书不以图书种类齐全、收罗丰富为建设目的，而是追求量的增长，这是唐代君臣在藏书建设上的一个认知局限。

其次，重视图书制作与忽视图书校勘形成对比。唐代处于抄本和印本并存的时代，但藏书以抄本为主。唐代官方藏书对于图书形制的坚持是一贯的，但对于图书内容的典校却是阶段性的。这种错误的图书价值观只存在于官方藏书之中，私人藏书均强调藏书家的亲自典校等活动，内容远大于形式，如韦述"家聚书二万卷，皆自校定铅椠"，苏弁"聚书至三万卷，皆手自刊校"，韦处厚"聚书逾万卷，多手自刊校"，陆龟蒙"值本即校，不以再三为限。朱、黄二毫，未尝一日去于手"，杜暹"清俸买来手自校"。但官方藏书的管理方式不同于私人藏书，首先图书的典校需要学者去进行，而各藏书机构所置校正官员多为官场新人，职责履行要求不高，只能应付图书抄写校对，不能进行学术典校，内容校勘需要延请学者进行。而这种活动一方面花费巨大，另一方面效果并不显著，如开元年间秘书省典校活动因耗时长久却成效不显，被太仆卿奏罢停止物料的供应，当时秘书监马怀素延引学者二十人充秘书学士典校藏书；贞元初秘书监刘太真奏请学者入省校勘"九经"，当时有官员认为秘书省设置有校正人员，无须另请他人。唐代图书外观的制作则可得到保障，如各藏书机构设置有熟纸匠、装潢匠、笔匠、拓书手等专业技术吏员，对于外观机构可以自己把握，因此在外观上，官方藏书向来优于私人藏书。在内容上，私人藏书绝对比官方藏书更重视校勘步骤，这一点直接源于官方藏书的管理制度和当时的图书制作方式。

最后，虽然唐代官方藏书建设活动密集，但利用活动鲜少。学者顾炎武评价官方藏书建设有"密于禁史而流于作人，工于藏书而拙于敷教"①等言，一语中的地说明唐代帝王重视藏书只是止步于建设阶段，对于藏书的利用却重视不足。如唐太宗花费大量的人力、物力推动弘文馆藏书建设，藏书却只对馆内学生和学士开放，学士任命严苛，学生出身贵勋，藏书的普及面十分狭窄。唐玄宗大力进行图书建设，却只会在书成之日，令群臣前往观赏，而无任何开放措施，即使是藏书机构任职人员，也只能偷偷地抄写馆内藏书。如韦述典校秘书，"秘阁中见常侍柳冲先撰《姓族系录》二百卷，述于分课之外手自抄录，暮则怀归。如是周岁，写录皆毕"②，韦述并未在秘书省内任职，由秘书监马怀素延引典校图书，看到自己喜欢的图书，还不能公开查阅，只能在完成每天的任务之后，偷偷抄录，傍晚藏在怀中拿回家，花了一年的时间才抄录完毕。史料中为了查阅藏书而求为官吏的例子很多，说明唐代官方藏书建设，既不为官，也不为民，也许为国，也许只是一种标识，一种途径，一种象征。

古代中国官方藏书的封闭性是一贯的，这种一贯性来源于它们的倡导者和创建者的图书观念。西方图书馆是由公共图书馆、大学图书馆、宗教图书馆、私人图书馆四个部分组成的，其中古巴比伦与亚述时期、古埃及时期、古希腊时期、古罗马时期的公共图书馆由皇帝和政府支持，在创立伊始，就对学者或公众开放。如前 7 世纪古巴比伦国王亚塞班尼波所建立的图书馆引入学者进行图书的编纂修订整理工作，并对公职者和平民开放。前 3 世纪至前 2 世纪，除亚历山大图书馆之外，其余地区建设的图书馆，均有面向学者或者聘请著名学者等记载，如安提阿城图书馆（前 250 年左右）、帕蒙城图书馆（前 197—前 159 年）。在古希腊时期，学者们将图书馆的存在视为理所当然，"譬如艾辛尼斯（Athenaeus）记述亚历山大图书馆时称：'关于书卷之书目，该馆兴建之始末，艺术女神宫所藏之珍品，人们皆铭记心中，余何必饶舌辞费?'"③ 这一点与古代中国完全不同，古代中国官方藏书甚至是逐步走向封闭的。两汉时期宫中秘书官员等尚可阅览、利用藏书，但发展至清朝，已经是完全文化专制，图书政策进

---

① （清）顾炎武：《日知录校注》卷十八《秘书国史》，陈垣校注，合肥：安徽大学出版社 2007 年版，第 995 页。
② （后晋）刘昫等：《旧唐书》卷一〇二《韦述传》，北京：中华书局 2000 年版，第 2156 页。
③ ［美］E. D. 约翰逊：《西洋图书馆史》，尹定国译，台北：台湾学生书局 1983 年版，第 61 页。

一步封闭，变相焚书与"文字狱"，"使帷囊同毁，空闻《七略》之名；家壁皆残，不睹《六经》之字"①。其原因为何，也许需要比较图书馆学学者进一步的探索和关注。

笔者从藏书聚集途径、馆藏布局、藏书利用、藏书机构、藏书观念五个方面分析了唐代官方藏书建设的历史局限性，得出基本关联于有关史实的观点。意大利历史学家贝纳代托·克罗齐认为"一切历史都是当代史"，藏书史的研究也不例外。所有关于藏书历史的研究，研究者都是立足于现代图书馆学的观念来进行分析、总结的，如模式、布局、利用、价值等名词，古代学者虽然提及，但不会如此表达，因此本部分的观点或许不是首创，但好在出发点是基于图书馆学的理论和原则。笔者对唐代官方藏书建设提出的批判，主要是受到自己世界观、价值观和专业背景的影响，并不意味着唐代官方藏书必然如此。历史文本或许是被主观感知并叙述的，但历史一定是客观存在的，无论我们如何分析和批判唐代官方藏书事业，作为光辉璀璨的唐文化的组成部分，它曾受到唐代君臣的重视，并让唐代君臣为之努力，这种客观存在不会消失，它一直会在历史中存在。笔者囿于浅薄的学识如此认知，本节文字可作为引玉之用，希望能有更多的学者关注唐代藏书，关注藏书史的研究，对其进行更加科学、透彻的分析。

第三节　唐代官方藏书事业的历史作用

唐朝时期被誉为中国古代文化之辉煌灿烂时期，唐文化不仅是魏晋南北朝文化的一个阶段性总结，还是后期文化的一种开启，以阶段性、集大成、开放性等为显著特点。唐代藏书事业作为唐文化的重要组成部分，也有其优秀的历史表现，唐代官方藏书，以秘书省为例，在藏书制度的完善、机构性质的学术化、职能的充分发挥等方面发挥了不可磨灭的作用。推及整个官方藏书事业，唐代在古今中外图书馆史上，与唐文化的定义相似，散发着自己的璀璨光彩。

对于唐代制度与唐文化的研究，诸多前辈学者硕果累累。唐代处于中国历史的转折期，在图书文化方面，唐代正处于抄本时代向印本时代转折的关键期。历史的转折或带来顶峰的辉煌，或带来黯然的谢幕。唐代官方

---

① （清）顾炎武：《日知录校注》卷十八《秘书国史》，陈垣校注，合肥：安徽大学出版社2007年版，第995页。

藏书事业，处于抄本时期国家藏书建设的顶峰，之后雕版印刷术的普及给宋代的国家藏书带来了新的发展方式和方向，唐代抄本的辉煌不会重现。6—9 世纪，西方正处于古典时期的结束之时，欧洲历史进入中世纪早期，这一时期有一专有名词"黑暗时期"（Dark Ages）。教会控制了文化，神学处于绝对统治地位，在这样的氛围下，古罗马图书馆逐渐消失。古典时期罗马城的最后一座图书馆毁于何时，无法确定，5 世纪或有一两座，但到了 6 世纪基本已经毁灭。政治、人才、经济、宗教、战争等因素造成了古罗马图书馆的关闭和书卷的散佚，罗马学术的伟大时代已经结束。书卷在漫长的中世纪，在西班牙、英国、法国以及东欧等地的角落里，散发着星星之光。唐代文化之璀璨，图书事业之兴盛，西方文明之淹没，图书事业之散佚，中西方形成了鲜明的对比，正是这种悬殊的对比，更加衬托了唐代图书事业在整个世界图书馆史上的卓越地位。

　　历史是客观的，但历史文本或是主观的。无论我们站在现代图书馆学的立场上如何定义和研究唐代官方藏书事业，只要客观地从历史发展的古今中西方向上进行分析，就能发现唐代官方藏书事业有其积极和消极的两面性，在政治、思想、文化等领域发挥了或推动或阻碍的历史作用。

一、政治作用

　　在中国历史上，藏书活动向来不是简单的图书聚集，它甚至不是一种文化活动，而是与政治相关联。因此在讨论官方藏书事业时，我们应该认同一种观点，即官方藏书是统治阶层在藏书层面、图书典籍方面所做的深层思考，这种思考决定了古代中国官方藏书事业不可避免的政治性，主要表现为图书与政治、君王、士人等各种元素之间长久的紧密关联。

（一）图书与政治

　　自西汉起，图书与政治相关联的思想普遍为世人所接受。如史书产生于"君举必记"①，《诗》源自王官采民风，礼书乃"所以总一海内而整齐万民"②，乐书用以"补短移化，助流政教"③。《史记·太史公自序》载"周道废，秦拨去古文，焚灭诗书"④，上古时期图书的产生、作用、流传均与政治密切关联，因此《汉书》言："六艺者，王教之典籍，光圣所以

---

① （唐）魏征等：《隋书》卷三二《经籍志一》，北京：中华书局 2000 年版，第 616 页。
② （汉）司马迁：《史记》卷二三《礼书第一》，北京：中华书局 2000 年版，第 1023 页。
③ （汉）司马迁：《史记》卷二四《乐书第二》，北京：中华书局 2000 年版，第 1037 页。
④ （汉）司马迁：《史记》卷一三〇《太史公自序》，北京：中华书局 2000 年版，第 2507 页。

明天道，正人伦，致至治之成法也。"① 历代统治者重视图籍，建设藏书，并不限于一项文化措施，而是更多地将其作为一种权力工具和政治工具来使用。对于图籍的重视，往往会出现在一个新的王朝建立之时，或者一个新的君王即位之时，已有情况的变动往往会引起各种群体的不安，因此新的统治者为了宣传或者安抚，会宣称支持一种经典的意识形态。在中国古代，这种意识形态集中在儒家经典图籍之中，对经籍的搜集、整理与典藏，就是对"文治"统治方式的妥协和追随，魏征《隋书·经籍志·序》明确指出："夫仁义礼智，所以治国也，方技数术，所以治身也；诸子为经籍之鼓吹，文章乃政化之黼黻，皆为治之具也。"② 无论是儒家所宣称的仁义礼智，还是诸子百家学说、经籍文章，均是封建政治统治的一种表现，一种途径，一种工具，这才是藏书事业有所发展的根本原因，也是官方藏书所能起到的政治作用。

（二）图书与君王

君王是古代社会中的核心人物，也是古代思想论说的一个核心概念，"在中国古代思想史上，几乎找不到毫不涉及帝王的政治命题"③。一方面，帝王作为古代政治的焦点，成为诸子百家关注的重点，因此为君者经常通过阅读来获得治理国家的理念和措施；另一方面，臣民通过对"君"的议论，树立对君权的认知和制约，如"道"这一概念，臣民通过对"道"的诠释与信仰，形成了"得道者多助，失道者寡助"、"从道不从君"、诛灭无道等非君政治理念，并形成对无上君权的隐形制约。古代社会以"天"为名义，以"道"为价值标准，论证关于政治与统治的理想状态，古代社会借助君心民意等政治情感来完成对社会的治理。

在这种思想的影响下，君臣不约而同地选择了"通经致用"这一理念作为双方政治认知的统一点，即双方均通过对经典的学习和致用，达到思想认可的统一。君王掌握了封建社会的绝对权力，但他必须依据古代经典中的礼仪和伦理规制进行统治；士子学习经典，参加国家考试，从而获得任官资格，与君共治天下，即"皇帝与士大夫共治天下"的政治体制。秦汉以来，中国社会已经建立了书写与权威之间的对应关系，发展至隋唐时期，图书与权力进一步关联，经典之中的各种政治观念和君主规范成为社

---

① （汉）班固：《汉书》卷八八《儒林传》，（唐）颜师古注，北京：中华书局 2000 年版，第 1351 页。

② （唐）魏征等：《隋书》卷三二《经籍志一》，北京：中华书局 2000 年版，第 616 页。

③ 张分田：《中国帝王观念》，北京：中国人民大学出版社 2004 年版，第 11 页。

会普遍意识，并在民间叙事中以圣王故事、先哲名言等形式在社会上进行政治思想传播，这些内容塑造了臣民对君主角色的期待。图书及其文本成为权力获得、权力行使、权力失去的一个判断标准。

《资治通鉴》卷二四七记载了一件有趣的事，会昌三年（843 年）六月癸酉，宦官仇士良致仕，私下告诉其党徒固权宠之术："天子不可令闲，常宜以奢靡娱其耳目，使日新月盛，无暇更及它事，然后吾辈可以得志。慎勿使之读书，亲近儒生，彼见前代兴亡，心知忧惧，则吾蕈疏斥矣。"①仇士良以"勿让天子读书"这一秘诀来告知其党徒，可见天子多依赖图籍的阅读这一途径来获取统治的真理。古人认为一切治国的大道和真理都蕴藏在经典中，唐太宗尤其同意此观点，身体力行，无论政策的制定、政令的颁布，还是人才的选拔均遵循经典的指引。

> 贞观二年，太宗问黄门侍郎王珪曰："近代君臣治国，多劣于前古，何也？"对曰："古之帝王为政，皆志尚清净，以百姓之心为心。近代则唯损百姓以适其欲，所任用大臣，复非经术之士。汉家宰相，无不精通一经，朝廷若有疑事，皆引经决定，由是人识礼教，治致太平。近代重武轻儒，或参以法律，儒行既亏，淳风大坏。"太宗深然其言。自此百官中有学业优长，兼识政体者，多进其阶品，累加迁擢焉。②

一方面，君王通过对经典的学习和尊崇获得治国的认可；另一方面，经典图书也对君王读书行为加以记录和赞赏。以《旧唐书》《新唐书》为例，帝王本纪中有对皇帝读书的记录与赞赏，如唐太宗、唐玄宗、唐肃宗、唐顺宗、唐宪宗、唐文宗、唐宣宗、唐昭宗等皇帝。宋代司马光等人编撰《资治通鉴》一书，"伏望陛下宽其妄作之诛，察其愿忠之意，以清闲之宴，时赐省览，监前世之兴衰，考当今之得失，嘉矜恶，取是舍非，足以懋稽古之盛德，跻无前之至治"③。

---

① （宋）司马光：《资治通鉴》卷二四七《唐纪六十三》，（元）胡三省音注，北京：中华书局 1956 年版，第 7985 页。
② （唐）吴兢：《贞观政要集校》，上海：上海古籍出版社 1978 年版，第 14 页。
③ （宋）司马光：《进书表》，载司马光编著《资治通鉴·后序》，北京：中华书局 1956 年版，第 9607-9608 页。

（三）图书与士人

在中国古代，士人典籍中创造出"官职"的概念，并确定了相应的竞争标准，人们认为只要熟读经书，就可以学会管理国家事务。"以学为业，以仕为道"①，这一理念不仅为士人所尊崇，更为民众所接受，书写能力和文献知识成为士阶层统一性的最大保障。按照马克斯·韦伯的观点，中国的士子阶层本质上是温和的，他们追求政权内部的安宁、稳定，如果新的统治者能够积极学习士人所认可的经典，遵循士人对礼仪的推崇，那么整个阶层就会屈服于新的统治者。中国士人认为学习可以让人更加完美，君王也需要学习经典，成长为"圣王"型的统治者。士人对君王的认可，与其说是认可君王个人的品德和权力，不如说是认可其用"经"治理国家的美好愿景。士阶层通过对"通经致用"思想的认可和想象，将其与成长为圣君的步骤进行联系，满足于君王对于典籍的重视，这种认可投射到君王对藏书的搜集、编撰、整理、典藏等具体措施中，形成了对美好政治的幻想和想象，进而相信自己的仕宦生涯是"功在社稷、德行天下"的。

图书作为知识的载体，与社会思想、政治教化紧密相关。古代的官方藏书建设的目的从来不是简单地保管图书、传播思想，而是借助藏书这一行为来宣称重视文化建设的为政理念。藏书与政治统治紧密关联，藏书建设既成为宣扬新政权合法性的途径，又作为工具用以了解新政权内的各种学术流派与政治思想，进而通过经典图书的整理与颁布，认可或否定图书内容，销毁与雪藏禁书，实现统一思想、控制舆论、教化易俗的政治目的。

二、思想作用

唐代鉴于魏晋南北朝之儒释道三教思想的冲突与融合，于立朝初期形成了三教并用的基本政策。李唐皇室立足于国家统治和政治稳定的目的，根据儒释道三教思想的特点与功能，结合君王的政治理性与信仰感性，形成了以儒为主、道佛为辅的"重儒、崇道、尊佛"②思想政策。其中，重儒就是通过将儒家与政权结合、经学与科举结合、经典与教育结合等方式确立儒学的主体地位，儒家思想成为国家意识形态正统和民族主体信仰。统治者接受通经致用的方法论，借助儒学进行治国理政；臣民认可儒学的

---

① （清）王夫之：《读通鉴论》卷十九《隋炀帝》，北京：中华书局1975年版，第646页。
② 韩星：《初唐儒家话语下的三教关系》，《社会科学》2017年第12期。

权威地位，并用其指导政治、社会甚至私人的发展与抉择。崇道是唐代统治者为加强统治的合法性，以道家李耳为家族始祖，提升李姓的血统地位而做出的选择，将道教与家族天下相关联，提升道家地位，完成宗教与地位、姓氏和统治的统一。尊佛是统治者认同佛教作为民间信仰的基础教化地位，从政治治理角度，确定佛家思想的位置，如李世民所言"今李家据国，李氏在前，释家治化，则释门居上"①。儒释道三教的并立并用、冲突融合形成了唐代思想的多元并存、开放包容的历史特点。从国家政策的选择和实施，到社会思想的形成与认可，这一思想进程经历了百余年时间。三教格局的构建始于隋末唐初，经高祖、太宗奠基巩固，高宗、武后、中宗、睿宗等调整适应，至盛唐时期最终确立。唐初统治者通过屡下诏令、建设学校、发展教育、校订经典、科考取士等实际措施复兴儒学，通过编撰族谱、拔高地位、尊崇道教、兴建道观、推广道经等措施来确定道教的国教位置，通过限制佛寺、以法治教、官译佛经等措施对佛教兴盛进行抑制，最终完成了国家意识形态体系和民间信仰体系的构建，并得到了社会普遍认可。在这一过程中，唐代统治者或以强硬的政治诏令手段，或借助春风化雨的个人感召，或用釜底抽薪式的图籍手段，对唐代的思想体系进行干预，其中图书作为一种长期的政策承载物发挥了巨大的作用。

（一）引导

本书虽然讨论藏书，但唐代的图书政策不仅限于藏书机构和藏书活动，它们只是重书政策的外在表征，官方藏书的丰富则是一种必然结果，具体的重书政策的实施过程才是其发挥思想的引导作用的体现。唐代的重书政策的实行基于政治目的，因此对图书的重视并不意味着对图书的一视同仁。唐代的统治阶层会依据三教并立的文化思想政策，对各类图书进行区别对待，或重视，或忽视，或雪藏，通过不同的处理方式来引导阶层行为，进而影响社会思想的形成。

中国著名学者费孝通认为："社会上为其成员规定的行为模式，……（它）是经过世世代代不断积累和修改传习下来的成规。通过上一代对下一代的教育，每个人'学而时习之'获得他所处社会中生活的权利和生活的方式。"② 社会成员之间的传习可以通过两种途径来进行，一种是隐性

---

① （唐）释道宣：《集古今佛道论衡校注》卷丙，刘林魁校注，北京：中华书局 2018 年版，第 229 页。

② 费孝通：《乡土中国生育制度》，北京：北京大学出版社 1998 年版，第 325 页。

知识，一种是显性知识，后者在古代多指承载思想和知识的图籍。图籍在社会思想的传承与引导中扮演了不可或缺的角色。唐代统治者深谙经籍之道，通过图书政策的实施引导社会思想。如对儒学经典、《道德经》等道经的重视，唐初高祖、太宗认为释道为末，儒学为本，要崇本息末、崇尚儒宗，并建礼作乐，偃武修文，锐意经籍，重视儒学——经典图籍的传承。贞观四年（630 年），太宗令颜师古、孔颖达修订《五经正义》，作为天下传习定本，后编撰《群书治要》等儒家图书；之后高宗、玄宗、德宗、文宗均有开展对儒家经典进行官方校勘的活动，文宗开成年间更将《周易》《尚书》《诗经》《周礼》《仪礼》《礼记》《春秋左传》《春秋公羊传》《春秋谷梁传》《孝经》《论语》《尔雅》十二经刻石列于国子监内。另外，李唐皇室将老子作为道教始祖，并借助神权提高李姓地位。初唐多以兴建道观、礼遇道士的方式来崇道，后积极推广《道德经》，如贞观二十年（646 年）五月十五日，太宗裁决《三皇经》事件："《三皇经》文字既不可传，又语妖妄，宜并除之。即以老子《道德经》替处。有诸道观及百姓人间有此文者，并勒送省除毁。"① 玄宗于开元二十三年（735 年）、天宝十四载（755 年）两次亲自注疏《老子（道德经）》并疏义，颁示公卿，下令地方传播抄写，并御赐各地道观。相对于对儒家经典的数次典校以及对道教经书的搜罗、抄写和典校，唐代统治者对于佛经的传播采取的是选择性的推广，如高宗时期，"沙门佛陀波利。……北印度罽宾国人。……取得经来……天皇赏其精诚崇斯秘典，遂诏鸿胪寺典客令杜行顗及日照三藏于内共译，译讫……经留在内。波利因乃垂泣奏曰：'委弃身命志在利人，请布流行是所诚望。'帝愍其专至。遂留所译之经还其梵本任将流布"②。

对于三教图书，唐代统治者选择区别对待，但并不能一概而论，每个领域之内的图书，他们依据内容的不同选择不同的处理措施。或销毁，如对道教经书《老子化胡经》的数次辩论和销毁，对《三皇经》的彻底销毁，对图谶之说的焚毁；或禁绝，如载初元年（690 年）对相书、计朔家书的禁绝；或雪藏、拒收，如元行冲受命为《类礼》一书义疏，后因版本问题，雪藏内府，未能在学官中进行推广，又如贞元年间"抚州山人张洪骑牛冠履，献书于光顺门，书不足采，遣之"③。这些对待图书的不同措

---

① （唐）道世：《法苑珠林》，台北：中华电子佛典协会大正新修大正藏经 2007 年版，第717 页。

② （唐）沙门智升：《开元释教录》卷九，钦定四库全书本，子部十三·释家类。

③ （后晋）刘昫等：《旧唐书》卷十四《宪宗本纪上》，北京：中华书局 2000 年版，第289 页。

施影响了唐代的官民图书编撰和进献行为，据《唐会要》《旧唐书》《新唐书》史料统计，唐代臣民献书多集中在经、史两类，个人文集之类的作品，除非皇帝特意宣召，臣民并不特意进献。如裴行俭著文集二十卷、《选谱》十卷，他死后"（武）则天令秘书监武承嗣诣宅，并密收入内"①；贞元中，敕写诗僧皎然文集十卷入藏集贤院；穆宗因闻元稹诗名，令元稹进所写诗，元稹有《进诗状》："臣某杂诗十卷……右臣面奉圣旨，令臣写录杂诗进来者"②。唐代文学成就斐然，但在当时诗文集的出版与流传并不受唐人重视，"在唐代，对儒家经典所作的那种认真的版本考订工作未能真正运用到文集上，社会上对文学作品的复制也没有一定的规范可言"③，国家搜集藏书的时候重视经史而忽视个人文集的情况一直持续至晚唐时期。这种做法有着深厚的社会思想渊源，唐人认为知识有贵贱轻重之分，其中经史是贵重，而诗文则轻浮，将"诵当代之诗"④ 的情况认定为"学之不得其道也"⑤，会使士人德行败坏，以逐利求名为最终目的，进而放弃士人的社会责任，造成世风不古。因此唐人并不鼓励诗文作品的创作，而是推崇"代朝廷立言"的"词章之学"，掌握社会话语权的仕宦阶层，在选择藏书的时候，更是以政治需求为核心，排斥纯粹的文学创作。这种倾向影响了唐人对于当代文学作品的编撰和流传观念，唐人文集的编撰不追求作品的完整性，而是以体现编撰者的某种需求为导向进行选择性的收录和编辑。这种编撰需求往往带有政治性，即对文章的重视程度远高于文学，任何与政治相关的文字均搜罗入内，而文学作品则根据结集意图进行删减。

（二）统一

唐太宗李世民认为"功成设乐，治定制礼"，推行文治政策，首先就要完成礼乐典制的统一，唐代统治者为了确保统治地位的合法性，选择儒学作为其治国理政的依据。唐太宗总结两晋南北朝及隋的灭亡，认为其根

---

① （后晋）刘昫等： 《旧唐书》卷八四《裴行俭传》，北京：中华书局 2000 年版，第 1900 页。
② （唐）元稹：《元稹集编年笺注·散文卷》卷三五，杨军笺注，西安：三秦出版社 2008 年版，第 707-710 页。
③ 陆扬：《清流文化与唐帝国》，北京：北京大学出版社 2016 年版，第 364 页。
④ （后晋）刘昫等： 《旧唐书》卷一一九《杨绾传》，北京：中华书局 2000 年版，第 2330 页。
⑤ （清）董诰等：《全唐文》卷六六九《对才识兼茂明于体用策》，上海：上海古籍出版社 1990 年版，第 3014 页。

本原因在于君王信仰影响了儒学的核心地位，"下之所行，皆从上之所好。至如梁武帝父子志尚浮华，惟好释氏、老氏之教……百寮皆大冠高履，乘车扈从，终日谈论苦空，未尝以军国典章为意。……此事亦足为鉴戒"①。他认为必须从国家层面上加强对儒学的重视，统一经学，改变南北朝以来儒学多门、章句繁杂的情况，因此令颜师古、孔颖达等人对儒家经典进行注疏，选择一种注本加以阐释，作为官方的定本推广，作为开科取士的依据。对经典图书的校勘整理，其政治意义远远大于学术意义，其思想意义远远大于现实意义。唐太宗通过图书收藏、典校、颁布等行为，开启了唐文化的整理和统一，这场由唐太宗发起的文化整合运动，历时百年，从贞观、永徽、显庆，再至武后执政，一直到玄宗开元年间修撰《开元礼》《唐六典》方才结束。其主要表现为以政府为主导，以编撰、整理图籍为方式，在进行文化整合的过程中，同时也改造着唐王朝整个统治阶层和士阶层的思想活动。中国的学术与思想，绝大多数时候会随着帝王的意志而浮沉转移，唐代帝王以图书收藏和典校为途径，以国家颁布和御制文书方式实现国家对思想领域的辖制，"文人士子为利禄所诱，靡然成风"②，思想跟随国家的指挥棒完成统一。

三、文化作用

文化，从广义上来讲，"是社会发展过程中人类创造物的总称，包括物质技术、社会规范和观念精神"③。唐代文化以其开创性、世界性、统一性、适应性闻名于世，其中文化的统一性与政治的统一密切关联，这种特性投射到社会认知和社会实践中以后，文字及其载体——图书始终出没于唐文化统一性的构建过程之中。马克斯·韦伯认为帝国的统一往往要通过文化的统一展现出来，文化的统一包括身份与习尚的统一、宗教与礼仪的统一、阶层的统一三个方面。唐文化的辉煌灿烂植根于唐廷近 300 年的执政历史，李唐王朝的统一亦得益于唐文化的核心凝聚力，两者相互成就。在唐文化统一特性的形成过程中，图书更具体一些，落脚到本部分研究对象——唐代官方藏书事业，在推动唐代文化的凝聚和统一上起到了积极作用，本部分主要从阶层身份、朝廷礼制两个方面讨论唐代官方藏书事

---

① （唐）吴兢：《贞观政要集校》卷二一《慎所好》，谢保成集校，北京：中华书局 2003 年版，第 332 页。

② 邢义田：《奉天承运——皇帝制度》，载郑钦仁主编《立国的宏规》，台北：联经出版事业公司 1982 年版，第 71 页。

③ 曾小华：《文化定义现象述论》，《中共杭州市委党校学报》2003 年第 5 期。

业在文化方面的促进作用。

（一）身份认同

春秋战国时期，士子以其知识和能力登上了历史舞台，成为一种新的阶层，这一阶层与国家官僚体制相结合，形成了中国古代社会文化的核心群体。这一阶层以对经典、礼仪、文字等知识的掌握为判断标准，阶层并非世袭或者封闭性的，在历史变迁的不同语境中，其确切含义和成员组成均有所变化，但无论如何，对于图书的认同和学习，是他们的根本辨识方式之一。陈寅恪先生推论，唐代近 300 年的历史可分为前后两个阶段，"前期结束南北朝相承之旧局面，后期开启赵宋以降之新局面，关于政治社会经济者如此，关于文化学术者亦莫不如此"①。唐代前期对于社会阶层的判断，受到了魏晋时期郡望和官品等评判标准的影响，而随着李唐皇室对于士族政治的逐渐分解，阶层的晋升从以家族为单位发展到了以个人为单位，个人的才识与任官相结合，成为新的判断标准。在新的政治文化观形成过程中，书写与权力相关联，文章与政治共存，科举考试成为一种身份的认可机制，通过这一机制的认可成为多数唐代士人的追求。对于典籍的拥有成为一种进入社会上层的资本，士人借助家族的力量获得典籍，获取学习的机会，"典籍既是名门借以自我标榜的工具又是保持其家学与门风的不可或缺的重要手段。丰富的书籍为后代的教育提供了极其便利的条件，后代读书蔚然成风"②，当知识与政治相关联时，士阶层除了重视典籍之外，没有任何其他途径来维持自己的阶层地位和秩序，因此唐代的私人藏书较前代也有了较大发展。图籍被赋予了更多的政治和文化意味，藏书也成为整个统治阶层的必然选择。官方藏书的兴盛则是政治安稳、文化发达的一种表征，同时官方藏书事业的发展也增强了士阶层对皇室文治政策的认同，强化了帝国统治阶层的核心文化凝聚力。国家文化建设趋于统一，帝国统治也更加安稳。

（二）典制生成

汉代以后，儒学成为统治者构建政治制度的核心思想。儒家学者借助礼制和教育两种途径进行学说权威性的塑造和巩固，国家统治者则根据统治的合法性与权威需要对典制进行新的建设和统一，以便形成文化权威，

---

① 陈寅恪：《论韩愈》，载陈寅恪著《金明馆丛稿初编》，上海：上海古籍出版社 1980 年版，第 269 页。
② 张华滨：《唐代文化名门的典籍收藏与保存》，《泰山学院学报》2006 年第 2 期。

进而构建国家权威。唐朝初立，李渊父子开始关注国家文化体系的构建，选择崇儒重教作为统治手段，兴建中央和地方学校。在此历史背景下，唐太宗开始了"建礼作乐"的国家典制建设。以"释奠礼"为例，贞观二年（628年），唐太宗通过朝议的形式，使孔子替代周公作为"先圣"，成为国家教育制度的核心人物，并通过对"配享""从祀"人员的确定，明确君权在国家文化体系中的支配地位，君王掌握了文化建设中的话语权。唐太宗将汉魏以来对儒家经典进行注疏的大师纳入从祀名单中，把先秦儒家圣贤从神坛上拉下，组建圣贤团队，团队的成员"地位决定于皇权，从而大大提升了专制君权的绝对地位，强化了君权在学校教育和文化传播中的绝对控制权"[1]。国家制度的改革与图书的编撰先后展开，如《贞观礼》《显庆礼》《开元礼》等礼书的编撰，以及《五经正义》的定本与推广等措施，使得图书建设与国家文化建设相结合，图书成为新的朝廷典制的载体。国家文化新制度通过图书的传播进行普及，从而得到士人和社会各阶层的认可。图书的编撰与朝廷新的文化机构的成立相结合，如贞观初年唐太宗设立弘文馆，弘文馆承担资政、教育、修撰、藏书等职能。其中修撰职能就是利用藏书，对王朝文化进行整合，如贞观四年（630年），唐太宗命令统一"五经"版本；贞观七年（633年），颜师古领衔，弘文馆学士孔颖达等参与制定"五礼"；贞观十二年（638年），弘文馆学士开始编撰《五经正义》；开元九年（721年）后丽正院主导的中央藏书整理完成，院内学士开始将工作重心转向朝廷典制图书的编撰，如《唐六典》《耤田仪注》《封禅仪注》，丽正院由此改为集贤院，成为盛唐时期文馆之集大成者。由此可知，唐代的典制建设的表现形式之一就是相关图书的修撰，而这些图书的修撰无一不是在官方藏书整合建设后才能进行的，所以官方藏书事业在朝廷典制建设方面所发挥的基础作用主要源于此。

新王朝典制的建设是一个漫长的过程，不能一蹴而就。正如《开元礼》的编撰基础是《贞观礼》《显庆礼》，唐代统治者也会应时而动，改变原有的看法，如《唐会要·修撰》载："（贞观）十四年五月二十一日，诏以特进魏征所撰《类礼》赐皇太子及诸王，并藏本于秘府。初，征以礼经遭秦灭学，戴圣编之，条流不次，乃删其所说，以类相从，为五十篇，合二十卷。上善之，赐物一千段。"[2] 后开元十四年（726年），元行冲受诏为魏征所撰《类礼》一书集义作疏，成《类礼义疏》五十卷，将立学官，

---

[1]　盖金伟、孙钰华：《论"释奠礼"与唐代文化权威的构建》，《新疆大学学报（哲学人文社会科学版汉文版）》2007年第1期。

[2]　（宋）王溥：《唐会要》卷三六《修撰》，北京：中华书局1955年版，第651页。

但丞相张说认为："今之《礼记》，是前汉戴德、戴圣所编录，历代传习，已向千年，著为经教，不可刊削。……今行冲等解征所注，勒成一家，然与先儒第乖，章句隔绝，若欲行用，窃恐未可。"① 结果元行冲所著《类礼义疏》雪藏于内府。虽然贞观年间魏征编撰的《类礼》获得唐太宗认可，但到了开元年间西汉戴圣编撰的《礼记》回归，贞观年间魏征所编的类书形式的《礼记》被排斥，这既是图书之争，也是文化之争，图书作为争论的表象，是否入藏和列于国子监教材之中成为争论的焦点，官方藏书事业始终发挥其文化建设作用。

　　综上所述，笔者从政治、思想、文化三个方面来探讨唐代官方藏书的历史作用，通过追踪唐代官方藏书事业在政治、思想、文化等领域的历史痕迹，表明这些历史细节是怎样对政治、文化、思想发挥作用的，分析藏书与各方面的内在联系，确定它在历史脉络中的定位，使得唐代官方藏书事业不仅出现在图书馆史的研究之中，更与唐代这一历史时期进行紧密关联，构成一贯的整体。历史贵在检讨与反思，笔者不能将唐代藏书的历史作用无限夸大，但也不能忽视官方藏书事业作为唐代历史的重要表现所发挥的作用。借助对中国古代藏书事业作用的分析，笔者承认唐代官方藏书事业的客观存在，认可其辉煌成就，承认其存在的局限，从中形成藏书理论思索。如将藏书与政治关联，图书收藏与政策紧密联系，让藏书活动进入政治家的视野，并成为其制定政策的考量因素；重视藏书的传播功用，不是单本图书的传播，也不是追求速度的短期传播，而是整体性的、可构建的、长时间的潜移默化的隐形传播方式；发挥图书馆的文化服务中心职能，从收藏者到利用者的转变，从接收者到发布者的转化等，都可以从"唐代官方藏书事业的历史作用"一节中得到启发，但也只能是一种侧面的提议和启示。如何让藏书事业在政治、伦理的层面上，获得范围更广的价值关怀，是图书馆人要研究追求的，绝非一次的思考所能完成的。

　　虽然关于唐代官方藏书历史作用的探讨是必须的，但作用的分析也是模糊的、矛盾的。在本章节"唐代官方藏书事业的历史作用"的行文过程中，出现了多次概念的转换和模糊，如唐代官方藏书、国家图书政策、唐代藏书事业等名词的区域界定出现了偏差，因此在文本的叙述中，笔者简单地将其归纳为"唐代官方藏书事业"一词，来涵盖藏书政策、藏书活动、藏书机构等诸多方面。在历史作用的归纳中，力不从心的感觉常常出

---

① （后晋）刘昫等：《旧唐书》卷一〇二《元行冲传》，北京：中华书局 2000 年版，第 2155 页。

现，笔者试图通过叙述、想象、建构等方式来完成本章节的书写，但是视角与方法的转换反而会遗失最初的方向，那么我们是否要坚持历史的传统，在求真的同时"借古鉴今"，让历史研究具备让人们鉴往知来的政治道德功用？笔者在努力，却因为种种原因，处于一种"回报递减"的窘境中。从某些意义上来说，一切历史研究都是比较研究，我们立足于当代，意识到自身时代与研究时代之间的差异，却努力地使自己置身于过去，真切地感知和体验过去，即"设身于古之时势，为己之所躬逢"。希望本部分对历史作用的探讨，能够引发更多的同人去探寻思考。

附录　唐代秘书省大事记

唐高祖李渊：武德元年至武德九年（618—626 年）

武德元年（618 年）　五月甲子，唐高祖李渊即位，国号唐。

秘书省机构与建制皆依隋旧。《旧唐书·职官志》："高祖发迹太原，官名称位，皆依隋旧。及登极之初，未遑改作，随时署置，务从简便。"其职官多延续隋朝任职，《大唐故赵府君墓志铭》："君讳意，字如意，襄州襄阳人也。……去隋大业十一年诏授秘书省守司辰师。……又至大唐武德二年五月，诏授秘书省太史兼司辰师。"部分新任职官，并未因官选任。秘书监：夏侯端。《旧唐书·忠义上》："夏侯端，寿州寿春人，……高祖龙潜时，与其结交。……高祖入京城，释之，引入卧内，与语极欢，授秘书监。"秘书丞：魏征。《资治通鉴》卷一八六："高祖武德元年十一月，……魏征……乃自请安集山东，上以为秘书丞。"

义宁年间，李渊入京城，仿效汉代入关故事，"命主符郎宋公弼收图籍"（《玉海·律令下》）。

十一月四日，于秘书省内别立小学教育功勋子弟。《旧唐书·儒学上》："武德元年十一月四日，诏皇族子孙及功臣子弟，于秘书外省别立小学。"

武德三年（620 年）　秘书监：萧璟。《旧唐书·萧瑀传》："瑀兄璟，武德中为黄门侍郎，累转秘书监，册封兰陵县公。"

武德四年（621 年）　李世民围东都，令房玄龄尽收图书与古迹。唐高祖对前来请示的宇文士及言："归语尔王（秦王）：今取洛阳，止于息兵，克城之日，乘舆法物，图籍器械，非私家所须者，委汝收之。"（《资治通鉴》卷一八八）杜宝《大业杂记》："武德四年，东都平后，观文殿宝厨新书八千许卷将载还京师，……于河值风覆没，一卷无遗。"

改秘书少令为秘书少监。《新唐书·百官志》："武德四年改少令曰少监。"改太史监为太史局。

武德五年（622 年）　秘书丞令狐德棻奏请重金购募遗书，并置书手抄写。《旧唐书·令狐德棻传》："时承丧乱之余，经籍良逸，（秘书丞令狐）德棻奏请购募遗书，重加钱帛，增置楷书，令缮写。数年间，群书略备。"

武德七年（624 年）　废止秘书少监。《唐会要·秘书省》："少监，武德初因隋制，号秘书少令。七年省。"

韦述《两京记》："唐初，秘书省唯主写书贮掌勘校而已，自是门可张罗，迥无统摄官署，望虽清雅，而实非要剧。权贵子弟及好利夸侈者率不好此职，流俗以监为宰相病坊，少监为给事中中书舍人病坊，丞及著作郎为尚书郎病坊，秘书郎及著作佐郎为监察御史病坊，言从职不任繁剧者，当改入此省。"

唐太宗李世民：武德九年至贞观二十三年（626—649 年）

武德九年（626 年）　九月，"于弘文殿聚四部群书二十余万卷，于殿侧置弘文馆"，唐太宗"命秘书监魏征写四部群书，将进内贮库，别置雠校二十人、书手一百人。征改职之后，令虞世南、颜师古等续其事，至高宗初，其功未毕"（《旧唐书·崔行功传》）。

贞观二年（628 年）　魏征为秘书监。《旧唐书·经籍志》："上言经籍亡逸，请行购募，并奏引学士校定，群书大备。"

贞观三年（629 年）　唐太宗于中书省内设置秘书内省，以修五代史。《唐会要》："贞观三年，于中书置秘书内省以修五代史"。闰十二月，著作郎罢史任，史馆独立。《旧唐书·职官志》："贞观三年闰十二月，始移史馆于禁中，在门下省北，宰相监修国史，自是著作郎始罢史职。"

贞观四年（630 年）　《旧唐书·颜师古传》："太宗以经籍去圣久远，文字讹谬，令师古于秘书省考定《五经》，师古多所厘正，既成，奏之。"秘书少监：虞世南。《唐会要·秘书省》："贞观四年十一月，复置一员，以虞世南为之。"

贞观七年（633 年）　秘书监：虞世南。《旧唐书·太宗本纪》："（七年正月）庚寅（十二日），秘书监、检校侍中魏征为侍中。"虞世南接任，并赐爵永兴县子。秘书少监：颜师古。《旧唐书·颜师古传》："（颜师古）拜秘书少监，专典刊正，所有奇书难字，众所共惑者，随疑剖析，曲尽其源。"

贞观九年（635 年）　废秘书内省。《长安志》："又置史馆以编国史，寻废秘书内省。"《唐会要·史馆》："贞观三年闰十二月。移史馆于门下省北。……及大明宫初成。置史馆于门下省之南。"第一次史馆移于门下省北之时，与秘书内省的成立几乎同时，因此，秘书内省的废除当不在此时，因此可以认为秘书内省的废除当与史馆的第二次移置有关联，考大明宫初成于贞观九年（635 年）正月。

贞观十三年（639 年）　张彦远《法书要录》："贞观十三年，敕购求右军书，并贵价酬之，四方妙迹，靡不毕至。"

贞观十七年（643 年）　秘书监：颜师古（《全唐文·授颜师古秘书监制》）。秘书少监：萧德言。

贞观二十年（646 年）　秘书监：岑景倩（《旧唐书·礼仪》）。秘书省内焚毁《三皇经》。《法苑珠林》："五月十五日，太宗裁决：'《三皇经》文字既不可传，又语妖妄，宜并除之。即以老子《道德经》替处。有诸道观及百姓人间有此文者，并勒送省除毁。'"

贞观年间，唐太宗曾下令秘书省抄写新翻经书，《全唐文》收有长孙无忌《谢敕秘书省写新翻经论奏》。

唐高宗李治：永徽元年至弘道元年（650—683 年）

永徽元年（650 年）　秘书少监：上官仪。《旧唐书·上官仪传》："高宗嗣位，迁秘书少监。"

显庆二年（657 年）　唐高宗改革秘书省图书抄写模式。《旧唐书·崔行功传》："显庆中，罢雠校及御书手，令工书人缮写，计直酬佣，择散官随番雠校。"

显庆三年（658 年）　唐高宗确实有派遣使臣前往西域地区进行风俗、物化、图书的采风行动。《玉海·地理异域图书》："西域平，高宗遣使分往康国、吐火罗，访其风俗、物产、书画以闻，诏史官撰次，许敬宗领之。显庆三年上。"

龙朔二年（662 年）　《旧唐书·职官志》："二月甲子，改百司及官名。"秘书省为兰台，秘书监为兰台太史，秘书少监为兰台侍郎。《旧唐书·职官志》：龙朔二年，改"秘书省为兰台，监为太史，少监为侍郎，丞为大夫。著作郎为司文郎，太史令为秘阁郎中。七日，改著作佐郎为司文郎，太史丞为秘阁郎"。其中著作局改为司文局。《旧唐书·百官志》："自高宗之后，官名品秩，屡有改易。"

乾封元年（666 年）　秘书省开始新一轮的图书校勘、抄写活动，并且专门设置了详正学士一职，引李嗣真、吴兢等人入省刊正图书，并同时撰写经史传记。《唐会要·经籍》："乾封元年十月十四日，上以四部群书传写讹谬，并亦缺少，乃诏东台侍郎赵仁本、兼兰台侍郎李怀俨、兼东台舍人张文瓘等，集儒学之士，刊正然后缮写。"《旧唐书·武承嗣传》："乾封年，……乃以韩国夫人之子敏之为士矱嗣，改姓武氏，累拜左侍极、兰台太史，袭爵周国公。仍令鸠集学士李嗣真、吴兢之徒，于兰台刊正经史，并著撰传记。"

咸亨元年（670年）　《旧唐书·职官志》"十二月诏：龙朔二年新改尚书省、百司及仆射已下官名，并依旧。"兰台复名秘书省。

上元三年仪凤元年（676年）　秘书少监：刘应道。

仪凤二年（677年）　仪凤年间，秘书少监刘应道奉敕召儒学之士，校勘门下省崇文馆四部书。《大唐故秘书少监刘府君墓志铭并序》："府君讳应道，……上元三年，迁秘书少监，……仪凤中，……俄又奉敕于门下省检校四部群书，广召四方硕学之士，刊定讹舛而进御焉。"

永淳元年（682年）　四月，秘书监：武承嗣。《旧唐书·裴行俭传》："永淳元年四月，行俭病卒，年六十四。有集二十卷，……又撰《选谱》十卷，……则天令秘书监武承嗣诣宅，并密收入内。"

唐中宗李显：嗣圣元年，唐睿宗李旦：文明元年、光宅元年（684年）

文明元年（684年）　九月五日，秘书省改名麟台，其余职官并如旧。《唐会要·秘书省》："光宅元年九月五日，（秘书省）改为麟台，监等并随名改。"十月，制定秘书省年度检校制度和职官交接制度。《唐会要·经籍》："文明元年十月，敕两京四库书，每年正月据旧书闻奏；每三年比部勾覆具官典；及摄官替代之日，据数交领，如有欠少，即征后人。"684年，由于唐中宗李显、唐睿宗李旦先后即位，存在嗣圣、文明、光宅三种年号，但朝廷的主要大权当掌握在武后手中，因此诸多政令应归于武则天的制下。

武后武则天：垂拱元年至长安四年（685—704年）

武后垂拱年间　《旧唐书·则天皇后》："令撰《武后玄览》及《古今内范》各百卷，《青宫纪要》《少阳政范》各三十卷，《维城典训》《凤楼新诫》《孝子列女传》各二十卷，《内范要略》《乐书要略》各十卷，《百僚新诫》《兆人本业》各五卷，《臣范》两卷，《垂拱格》四卷，并文集一百二十卷，藏于秘阁。"

神功元年（697年）　诏令规定从流外、视品官出身的官员，不能就任校书、正字等流内官。《唐会要·杂处置》："……校书，正字，詹事府主簿，协律郎，奉礼，太祝等，出身入仕，既有殊途，望秩常班，须从甄异。其有从流外及视品官出身者，不得任前官。"

圣历元年（698年）　秘书省图书校勘，徐坚由杨府功曹迁官。《全唐文·大唐故光禄大夫右散骑常侍集贤院学士赠太子少保东海徐文公神道碑铭并序》："俄迁太子文学，时秘阁群籍，大抵讹谬，有敕召学士详定，公实在焉，为之刊缉，卷盈二万，时辈绝倒，服其博达。"

圣历二年（699 年）　沈佺期等人在秘书省内修书，沈作《黄口赞》，其序言："圣历中，余时任通事舍人，有敕于东观修书。夏日南轩，诸公共见黄口飞落铅椠间。"圣历年以后，张易之、张昌宗相继为麟台监，于秘书省内修《三教珠英》，成书一千三百余卷，李峤、阎朝隐、张说、徐彦伯、宋之问、崔湜等二十六人参与其中。

久视元年（700 年）　太史局改名，不隶属秘书省。《唐会要》卷四十四载："久视元年五月十九日，改太史局为浑天监，不隶秘书省。……至七月六日，又改为浑仪监。"

长安二年（702 年）　太史局名如旧，隶属秘书省。《唐会要·太史局》："长安二年八月二十八日，献辅卒，浑仪监依旧为太史局，隶秘书省，监官并废。"

长安年间　麟台监张易之整理内府书画。《历代名画记》："天后朝张易之奏召天下画工，修内府图画，因使工人各推所长，锐意模写，仍旧装背，一毫不差，其真者多归易之。"

唐中宗李显：神龙元年至景龙四年（705—710 年）

神龙元年（705 年）　秘书监：郑普思。《旧唐书》："神龙元年四月一日，太白山人郑普思以方术除秘书监。"二月五日，麟台复改为秘书省，职官并改回。《唐会要·秘书省》："神龙元年二月五日，复改为秘书监如旧。"

景龙二年（708 年）　秘书少监：刘知几。《史通·自序》："驿征入京，专知史事，仍迁秘书少监。"六月二十六日，太史局改名，不隶属于秘书省。《唐会要·太史局》："至景龙二年六月二十六日，改为太史监，罢隶秘书省。"

景龙三年（709 年）　三月，侍中苏瓌充西京留守，时秘书监郑普思谋为妖逆，……遂配流普思于岭外。《唐会要·经籍》："以经籍多缺，令京官有学行者，分行天下，搜检图籍"。

景龙四年（710 年）　八月，秘书少监郑愔附谯王李重福为逆，坐族诛。郗云卿《骆宾王文集·序》："中宗朝，降敕搜访宾王诗笔，令云卿集焉。所载者即当时之遗漏，凡十卷。"

景龙年间，起居郎权若纳参与整理禁中书籍，权德舆《唐故通议大夫梓州诸军事梓州刺史上柱国权公文集序》："公讳若纳，字某，天水略阳人。……拜起居郎。在中宗时，尝以禁中书籍编脱缪，诏朝廷文学大官十人绪正之，而公以秩卑名重，特居其选。"

唐睿宗李旦：景云元年至先天元年（710—712 年）

景云元年（710 年）　太史局数次改名，隶属于秘书省。《唐会要·太史局》："景云元年七月二十八日，又改为太史局，隶秘书省；八月十日，改又为太史监；十一月二十一日，又改为太史局。"

景云二年（711 年）　太史局改名，隶属关系不变。《唐会要·太史局》："二年闰九月十日，又改为浑仪监。"

景云三年（712 年）　秘书监：吴师道；秘书少监：阎朝隐。《唐开元占经·天体浑宗》："自景云三年奉敕，重令修造，使……荆州都督、兼秘书监、兼右卫率薛玉，银青光禄大夫、检校秘书监吴师道，正议大夫、行秘书少监阎朝隐等，首末共营，各尽其思。至先天二年岁次赤奋若成。"秘书少监：崔琳。《唐会要·秘书省》："太极元年二月（秘书少监）加一员以崔琳为之。"《旧唐书·职官志》："太极元年，光禄、大理、鸿胪、太府、卫尉、宗正，各增置少卿一员。秘书少监、国子司业、少府少监、将作少匠、左右台中丞，各增置一员。雍、洛二州及益、并、荆、扬四大都督府，各增置司马一员，分为左右司马。"因此秘书少监在这样的情况下被增置一员，并不是基于职责的需要，而是与其他官司一样，俱增加了副职的员额。

张说《唐昭容上官氏文集·序》言："自则天久视之后，中宗景龙之际，十数年间，六合清谧。内峻图书之府，外辟修文之馆，搜英猎俊，野无遗才。"

唐玄宗李隆基：开元元年至天宝十四载（713—755 年）

开元二年（714 年）　太史局改名，不隶属于秘书省。《唐会要·太史局》："开元二年二月二十一日，又改为太史监。"

开元三年（715 年）　内府图书整理工作开始。《唐会要·经籍》："开元三年，右散骑常侍褚无量、马怀素侍宴，言及内库及秘书坟籍。上曰：'内库书，皆是太宗高宗前代旧书。整比日，常令宫人主掌。所有残缺，未能补缀，篇卷错乱，检阅甚难。卿试为朕整比之。'"

开元五年（717 年）　十一月，于秘书省、昭文馆内选拔书手，入乾元殿抄写内府御书。《唐会要·集贤殿》："开元五年十一月，敕于秘书省、昭文馆，兼广召诸色能书者充，皆亲经御简。"十二月，秘书监马怀素奏请整理秘书省藏书。《旧唐书·马怀素传》："开元初，为户部侍郎，加银青光禄大夫，累封常山县公，三迁秘书监，兼昭文馆学士。"《新唐书·马怀素传》："开元初，有诏句校秘书。……怀素建自：'愿下紫薇、黄门，召宿学巨儒，就校缪阙。……即拜怀素秘书监。'"《资治通鉴·唐纪二十七》："（开元五年十二月）秘书监马怀素奏：'省中书散乱讹缺，请选学术之士二十人整比校补。'从之。于是搜访逸书，选吏缮写，命国子博士尹知章、桑泉尉韦述等二十人同刊正，以左散骑常侍褚无量为之使，于乾元殿前编校群书。"《新唐书·马怀素传》："乃诏国子博士尹知章、四门助教王直、直国子监赵玄默、陆浑丞吴绰、桑泉尉韦述、扶风丞马利征、湖州司功参军刘彦直、临汝丞宋辞玉、恭陵丞陆绍伯、新郑尉李子钊、杭州参军殷践猷、梓潼尉解崇质、四门直讲余钦、进士王惬、刘仲丘、右威卫参军侯行果、邢州司户参军袁晖、海州录事参军晁良、右率府胄曹参军毋煚、荥阳主簿王湾及太常寺太祝郑良金等人分部撰次，践猷从弟秘书丞承业、武陟尉徐楚璧为正文字。怀素奏秘书少监卢俌、崔沔为修图书副使，秘书郎田可封、康子元为判官。"对于开元五年（717 年）由秘书监马怀素奏引进入秘书省编次图书的名单，《旧唐书·韦述传》有不同的记载："开元五年，韦述为栎阳尉。秘书监马怀素受诏编次图书，乃奏用左散骑常侍元行冲、左庶子齐瀚、秘书少监王珣、卫尉少卿吴兢并述等二十六人，同于秘阁详录四部书。"《旧唐书·马怀素传》："上于是召学涉之士国子学士尹知章等，分部撰录，并刊正经史，粗创首尾。"考颜真卿《曹州司法参军秘书省丽正殿二学士殷君墓碣铭》："解褐杭州参军，……开元初，举文儒异等，授秘书省学士，寻改曹州司法参军、丽正殿学士。与韦述、袁晖同修王俭《今书七志》，及《群书四录》，流别铨次，皆折衷于君。"《旧唐书·尹知章传》："转国子博士。后秘书监马怀素奏引知章就秘书省与学者刊定经史。"《旧唐书·齐浣传》："秘书监马怀素、右常侍元行冲受诏编次四部群书，乃奏浣为编修使，改秘书少监。"由此可见，开元五年（717 年）进入秘书省校勘图书的二十六人当以《新唐书·马怀素传》为准，这二十六人在马怀素的领导下，首先进行图书的整理、清理、统计、校正、辑补等工作，与此同时秘书省还进行图书的搜括活动，因此任命两名秘书少监为修图书使，两名秘书郎为图书判官，来处理搜括图书。唐玄宗十分看重这次图籍整理活动，并有《赐褚无量马怀素诏》："朕于百事，考之无如文籍，先王要道，尽在于斯。是欲令经史详备，听政之暇，游心观览。"

开元六年（718 年）　秋七月，秘书监马怀素卒（《旧唐书·玄宗本纪》）。时秘书省的编目工作陷入僵局，《新唐书·马怀素传》："（马）怀素不善著述，未能有所绪别。怀素卒后，诏秘官并号修书学士，草定四部，人人意自出，无所统一，逾年不成。有司疲于供拟，太仆卿王毛仲奏罢内料。"褚无量推荐大理卿元行冲继续秘书省内的图书整理工作，并言：

"修撰有条,亦得大儒综治。"元行冲接手后,改变了马怀素所提倡的七分著录方法,并借鉴魏征等的《隋书·经籍志》中的类目,确定了目录的编撰体例;重新分配了秘书省内众人的工作,"令煚、述、钦总缉部分,践猷、惬治经,述、钦治史,煚、彦直治子,湾、仲丘治集"。

开元七年（719年）　唐玄宗下令各藏书机构进行异本抄写,并借京中各司及仕宦百姓等私人藏书中的异本进行抄写。《册府元龟·帝王部·崇儒术》:"（开元七年）五月,丽正殿写四库书。敕秘书、昭文、礼部、国子监、太常寺及诸司官人百姓等,所有异书,就借写之。"同时,秘书省、司经局、昭文馆、崇文馆等四个机构负责搜访天下书,并相互检校、校勘、抄写,以补藏书空缺。《新唐书·褚无量传》:"秘书省、司经局、昭文、崇文二馆,更相检雠,采天下遗文以益阙文。"

开元八年（720年）　褚无量去世,元行冲总领秘书省、丽正院。《册府元龟·学校部·目录》载"（元行冲）表请通撰古今书目,名为《群书四录》",大肆进行人事改革,罢免无治术者,从二十六人中选取四门助教王直、直国子监赵玄默、桑泉尉韦述、扶风丞马利征、湖州司功参军刘彦直、恭陵丞陆绍伯、新郑尉李子钊、杭州参军殷践猷、四门直讲余钦、右威卫参军侯行果、右率府胄曹参军毋煚、荥阳主簿王湾、太常寺太祝郑良金十三人进入丽正院进行校书活动。并从外面奏请"朝邑丞冯朝隐、冠氏尉权寅献、秘书省校书郎孟晓、扬州兵曹参军韩覃王嗣琳、福昌令张悱、进士崔藏之入校丽正书。由是秘书省罢撰缉,而学士皆在丽正矣"（《新唐书·马怀素传》）。

开元九年（721年）　《群书四部录》奏上,《唐会要·修撰》:"开元九年十一月十三日丙辰,左散骑常侍元行冲,上《群书四录》二百卷,藏之内府。凡二千六百五十五部,四万八千一百六十九卷。"考《群书四部录》奏上时间,《旧唐书·玄宗本纪上》《旧唐书·经籍志·序》《资治通鉴》《唐会要》记载奏上时间为开元九年（721年）十一月,而《新唐书·马怀素传》《集贤注记》却载时间为开元八年（720年）春,此书从《旧唐书》载。

开元十年（722年）　秘书监姜皎"泄禁中语"而被杖责流放。同年,唐玄宗"诏以（张悱）其家所著《魏书》《说林》入院,缀修所阙。累擢知图书括访异书使。"

开元十一年（723年）　徐坚由地方刺史五考迁秘书监。

开元十四年（726年）　贺知章以工部侍郎兼任秘书监同正员。《旧唐书·贺知章传》:"俄属惠文太子薨,有诏礼部选挽郎,知章取舍非允，……由是改授工部侍郎，兼秘书监同正员，依旧充集贤院学士。俄迁太子宾客、银青光禄大夫兼正授秘书监。"史载贺知章"晚年尤加纵诞，无复规检，自号四明狂客，又称'秘书外监'"，自开元十四年（726 年）至开元二十六年（738 年），贺知章在秘书监任上，之前秘书省罢撰辑职能，仅剩藏书职能，其余职能被集贤院替代，数年无闻。

开元十五年（727 年）　太史局改名，隶属于秘书省。《唐会要·太史局》："十五年正月二十七日，改为太史局，隶秘书省。"

开元十八年（730 年）　吐蕃使奏云："公主请《毛诗》、《礼记》、《左传》、《文选》各一部"，唐玄宗制令秘书省抄写与之。《唐会要·蕃夷请经史》："开元十九年正月二十四日，命有司写《毛诗》、《礼记》、《左传》、《文选》，以赐金城公主，从其请也。"秘书正字于休烈上表抗议，言："臣泰列位职，刊校秘籍，实痛经典，弃在夷狄。昧死上闻，伏惟陛下深察。"

开元二十一年（733 年）　秘书省省舍为御史台侵占，《唐会要·御史中丞》："开元二十一年十一月，（御史）大夫崔琳奏割秘书省东北地，回改修造。二中丞遂各别厅。"秘书监：崔沔。《大唐通议大夫守太子宾客赠尚书左仆射崔孝公墓志》："二十一年迁秘书监，修撰如故，属耕籍田，为居守。"

开元二十三年（735 年）　秘书监：王迥质。《太平广记·张果》："开元二十三年，……秘书监王迥质、太常少卿萧华尝同造焉。"

开元二十四年（736 年）　秘书监：慕容珣。《唐代墓志汇编续集·唐中散大夫守秘书监致仕上柱国慕容公墓志并铭》："公讳珣，昌黎棘城人也。……就拜同州刺史，又迁秘书监。锡以半秩，仍许归闲。开元廿四年六月廿四日，终于东都殖业里第，春秋六十有八。"

开元二十六年（738 年）　正月二十八日，秘书省校书郎减四员，正字减一员，著作局著作郎减两员（《唐会要·秘书省》）。

开元二十八年（740 年）　秘书省减秘书郎一员。《唐会要·秘书省》："秘书郎本四员，开元二十八年减一员。"

天宝元年（742 年）　秘书正字萧颖士前往卫赵之地搜访图书。《新唐书·文艺中》记载：萧颖士"奉使括遗书赵、卫间，淹久不报，为有司劾免，留客濮阳"。萧颖士《登临河城赋并序》："天宝元年秋八月，奉使求遗书于人间，越来月，届于临河之旧邑，览物增怀，泫然有赋……"十月，太史局改名，不隶属秘书省。《唐会要·太史局》："至天宝元年十月三日，改为太史监，罢隶秘书省。"自唐高祖武德年间至唐肃宗乾元年间百余年内，太史局的机构名称变换了十五次左右，与秘书省的隶属关系也在是与否之间来回变换了十次，其循环变化次数之多，频率之密，令人惊讶，变化原因并非内因，多是受到政治因素的影响。

天宝四载（745 年） 秘书省抄书数量与集贤院相类。《唐会要》载集贤院"从天宝三载至十四载，四库续写书又一万六千八百四十三卷"。在开元天宝年间优渥的物资供应下，秘书省的图书抄写量应该保持相似速度，其原因在于抄写人员相差无几，秘书省楷书手九十员，而集贤院写御书自开元二十八年之后为一百员，因此相似的人数，定有相似的抄写成果。

天宝五载（746 年） 沈校书前往吴中搜书。《全唐诗》卷一三九储光羲有诗《送沈校书吴中搜书》："郊外亭皋远，野中歧路分。苑门临渭水，山翠杂春云。秦阁多遗典，吴台访阙文。君王思校理，莫滞清江濆。"考储光羲生平仕宦经历，储光羲（702？—766？），唐代著名山水田园诗人，润州延陵人，储光羲于开元十四年（726 年）登进士第，与崔国辅、綦毋潜同榜。释褐后应先任下邽尉，时在开元十五年（727 年）；开元十八年（730 年）又转安宜尉，大约在开元十九年（731 年）或二十年（732 年）在安宜尉任上弃职归隐（先回故乡，然后到太行山附近的淇上赋闲）；他任汜水尉当在开元二十二年（734 年）左右，此后可能任冯翊尉；开元末到天宝初储光羲隐居终南山；其拜太祝的时间，应在天宝五载（746 年）以后，位至监察御史。"安史之乱"受伪官下狱，后遇赦，死于肃宗、代宗之际。考储光羲的生平，其释褐后多任地方官员，后隐居终南山，因此开元年间不可能参与送别沈校书并赋诗，因此《送沈校书吴中搜书》一诗可能的创作时间应该是天宝五载（746 年）后储光羲再次入仕担任太祝以后，因此将沈校书搜书的时间限定为天宝五载（746 年）后。

天宝十载（751 年） 秘书省正字李嘉祐前往江南之地搜书。《全唐诗》卷二九三司空曙有诗《送李嘉祐正字括图书兼往扬州觐省》："不事兰台贵，全多韦带风。儒官比刘向，使者得陈农。……"考李嘉祐："字从一，赵州人，天宝七载杨誉榜进士，为秘书正字。"（《唐才子传校笺》）按唐代进士释褐授官的时间，李嘉祐应该在天宝十载（751 年）得授秘书省正字。秘书监：班景倩。《旧唐书·班宏传》："父景倩，秘书监。"

天宝十一载（752 年） 秘书省藏书与集贤院藏书对比填写。《唐会要·秘书省》："天宝十一载十月，敕秘书省检覆四库书，与集贤院计会填写。"

天宝十二载（753 年） 十二月二十二日，唐玄宗令左相陈希烈充秘书省图书使，整顿秘书省。唐玄宗亲写诏令《命陈希烈兼领秘书诏》："国之载籍，政之本源，故藏于蓬山，……故每加求购，冀补逸遗。四部名目，悉索而来；七略条流，兼该颇尽。……如闻顷者以来，不存勾当。或诠次失序，或钩校涉疏，或擅取借人，或潜将入己。因循斯久，散失遂多。思革前弊，允资盛德。宜令左相兼武部尚书陈希烈充监秘书，令省图书。"秘书省自开元中以来，地位持续下降，其职能被集贤院替代，秘书监常年失职，导致省内管理混乱，典藏制度不能执行。尤其是天宝十一载（752 年）与集贤院对比藏书，问题显现，因此唐玄宗任命左相陈希烈整顿省内秩序。

天宝十三载（754 年）　正月十三日，秘书省校书郎恢复为八员，正字恢复为两员（《唐会要·秘书省》）。开元末年，秘书省持续减员的现象说明秘书省职能的替代，其职官设置随之减少；后天宝末，唐玄宗检覆秘书省藏书，发现管理混乱，开始重视秘书省藏书，因此恢复了秘书省的职官员额。

天宝十四载（755 年）　十一月，安禄山反，十二月攻入东都洛阳，次年六月，破京师，唐两京沦丧于叛军之手近两年，公私藏书毁于一旦。《旧唐书·经籍志》："禄山之乱，两都覆没，乾元旧籍，亡散殆尽。"此时担任秘书监职务的正是安禄山的长子安庆宗，天宝十四载（755 年）六月，安庆宗与荣义郡主成婚，官职秘书监。

唐肃宗李亨：至德元年至上元二年（756—761 年）

至德二载（757 年）　九月，官兵收复长安，唐肃宗任命徐浩充任图书使，搜括图书，侍御史、集贤学士史惟则兼职搜括图书。《法书要录·古迹记》："初收城后，臣又充使搜访图书，收获二王书二百余卷。……侍御史、集贤直学士史惟则奉使晋州，推事所在，博访书画，悬爵赏待之。"太常少卿于休烈奏请在全国范围内搜访唐实录、国史、典章，"至德二载十一月二十七日，修史官太常少卿于休烈奏曰：'……望委御史台推勘史馆所由，并令府县搜访。有人收得国史实录，能送官司，重加购赏；若是官书，并舍其罪，得一部超授官，一卷赏绢十匹。'数月惟得一两卷。"《旧唐书·经籍志》："肃宗、代宗崇重儒术，屡诏购募。"但需要强调的是，肃宗、代宗两朝图书搜访的职官并不是秘书省官员，而多以他官充任，或者以集贤院、史馆等其他机构的名义进行图书搜访，这并不意味着秘书省机构湮灭。《唐故朝议郎行监察御史上柱国郑府君（洵）墓志铭并序》："□（肃）宗初建储，君撰《东宫要录》十卷奉进，存于秘阁。"按《新唐书·肃宗本纪》载，唐肃宗册封太子的时间为乾元元年（758 年）

十月，因此郑洵献书时间当在此后，秘书省仍然是唐代主要的藏书机构。

唐代宗李豫：宝应元年至大历十四年（762—779年）

宝应元年（762年）　唐代宗李豫联合回纥对抗安史叛将。《资治通鉴·唐纪三十八》："回纥入东京，肆行杀掠，死者万计，火累旬不灭。"东都洛阳遭遇毁灭性破坏，其中应包括东都洛阳秘书省等地藏书。

广德二年（764年）　安史叛将勾结吐蕃，攻入长安，经由肃宗朝搜括的图书再次遭遇浩劫，毁于一旦。《法书要录·古迹记》："及吐蕃入寇，图籍无遗。"《太上黄箓斋仪》："寻值二胡猾夏，正教凌迟，两京秘藏，多遇焚烧。"七月，集贤院大学士中书舍人侍郎平章事元载建议："集贤院图书，自经寇乱，坠失颇多。请开赎书之令，得一卷赏一千钱。"（《册府元龟·帝王部·崇儒术》）

大历五年（770年）　秋，拾遗苗发前往江淮一带搜括图书，历时一年，至大历六年（771年）仲夏返回。

大历八年（773年）　秋，拾遗、集贤院学士崔峒前往江淮搜书，戴叔伦有诗《送崔拾遗峒江淮访图书》，钱起有诗《送集贤崔八叔承恩括图书》。

大历九年（774年）　秋，拾遗耿湋前往江淮搜书。耿湋自大历九年（774年）秋从长安出发，前往江南搜括图书，沿路有诗载其行程。从《奉和第五相公登鄱阳郡城西楼》《春日洪州即事》《发南康夜泊灨石中》《晚登虔州即事寄李侍御》《发绵津驿》《登钟山馆》《常州留别》《宣城逢张南使》等诗中可以看出其行程：秋天自京城出发，冬天到达江西境内（鄱阳郡今为江西鄱阳县），在江西停留至次年春天（洪州今为江西南昌县，南康今为江西赣州南康区，虔州今为江西赣州），春末夏初前往浙江（严州今为浙江建德，越州今为浙江绍兴，湖州今为浙江湖州吴兴区），停留至七月间，时杨凭、杨凝兄弟并旧友陆涓来游，遂与皎然等宴集联唱。然后七月间取道江苏（钟山今为江苏南京中山门外紫金山，常州今为江苏常州），至常州时，梁肃有诗送，其《送耿拾遗归朝廷序》曰："国家方偃武事、行文道，命有司修图籍；且虑有阙文遗编，逸诗坠礼，分命史臣，求之天下。……拾遗耿君，于是乎拥轻轩，奉明诏，有江湖之役。黾勉已事，将复命阙下。七月乙未，改辕而西。用广夫天禄石渠之籍，托讽于吟咏情性之作。"最后转道安徽返回（宣城今为安徽宣城）。可见耿湋这次经过了四个省区，即江西、浙江、江苏、安徽，江西、浙江两地是其搜括图书的重点区域，停留时间最长，这次出使耿湋有专门的轩车相随，出使时间将近一年，自大历九年（774年）秋出发，至大历十年（775年）秋天返京，斩获颇丰。

《全唐诗》载韦应物诗《送颜司仪使蜀访图书》："辂架一封急，蜀门千岭曛。……无为久留滞，圣主待遗文。"经考证此诗作创作于大历末年。

唐德宗李适：建中元年至贞元二十年（780—804 年）

大历十四年（779 年） 唐德宗六月即位，九月下令对秘书省书库进行严格管理。《唐会要·秘书省》："大历十四年九月二十七日敕：秘书省书阁内书，自今后不得辄供诸司及官人等，每月两衙及雨风，委秘书郎典书等同检校，递相搜出，仍旧封闭。"

建中元年（780 年） 初见代宗大历年间图书搜访之功。《旧唐书·蒋乂传》："蒋乂字德源，常州义兴人也。弱冠博通群籍，而史才尤长。其父在集贤时，以兵乱之后，图籍溷杂，乃白执政，请携乂入院，令整比之。宰相张镒见而奇之，乃署乂为集贤小职。乂编次逾年，于乱中勒成部帙，得二万余卷。"考宰相张镒建中初拜中书侍郎同平章事，因此蒋乂入集贤院进行图书整理的时间当为唐德宗即位之初。集贤院内所整理出的二万余卷图书，多为唐代宗时期所搜括，可见其图书建设之功。

建中四年（783 年） 十月"泾师之变"，唐德宗出逃奉天，长安图籍却因源休得以保存，《新唐书·逆臣传》："源休……导泄僭号，为调兵食，署拜百官，事一咨之。休顾令言曰：'成秦之业，无辈我者。我视萧何，子当曹参可矣。'即收图籍，贮府库，效何者，人皆笑谓为'火迫鄡侯'。"

贞元元年（785 年） 唐德宗裁减诸司用度，停减诸色粮，其中秘书省纸张停减四万六千张。《唐会要·秘书省》：秘书监刘太真奏，"准贞元元年八月二日敕，当司权宜停减诸色粮外，纸数内停减四万六千张"。本年，根据礼部尚书李齐运奏，得知秘书省取户部阙职官钱二千贯文充本收利，作为机构内厨食花费。《唐会要·诸司诸色本钱上》：贞元元年，礼部尚书李齐运奏，当司本钱至少，厨食阙绝，请准秘书省、大理寺例，取户部阙职官钱二千贯文充本收利，以助公厨。允之。

贞元二年（786 年） 秘书省藏书校勘抄写。《唐会要·秘书省》："贞元二年（786 年）七月，秘书监刘太真上言，请择儒者详校九经于秘书省，令所司陈设，及供奉食物，宰臣录其课效。从之。"但是这次图书典校活动经历了一次波折，刘太真的奏请遭到朝廷议者非议："议者谓，秘书省有校书、正字官十六员，职在校理。今授非其人，乃别求儒者详定，费于供应，烦于官寮，太真之请，失之甚矣。寻阻众议，果寝不行。"但根据下文来看，这次典校"九经"活动还是进行了的，只不过物料由地方政府提供。八月十四日，唐德宗下令"修写经书，令诸道供写书功粮钱。"

贞元三年（787 年）　秘书省在削减供应、书手缺员的情况下，即将完成经书的典校、抄写，另外申请抄补史部藏书。《唐会要·秘书省》："（贞元）三年八月，秘书监刘太真奏，'伏请于停减四万六千张内，却供麻纸及书状、藤纸一万张，添写经籍，其纸写书足日，即请停。又当司准格，楷书八年试优，今所补召，皆不情愿。又准今年正月十八日敕，诸道供送当省写经书，及校勘五经学士等粮食钱，今缘召补楷书，未得解书人，元写经书，其历代史所有欠阙，写经书毕日余钱，请添写史书。'从之。"贞元三年（787 年），秘书监刘太真迁礼部侍郎，裴度《刘府君神道碑铭并序》："贞元元年转刑部侍郎，详刑议狱，无复烦累。改秘书监，遗编脱简，有以刊正。三年拜礼部侍郎。"

贞元四年（788 年）　秘书监韩洄奏请补五经正本。《太中守国子祭酒韩公行状》："（韩洄）迁秘书监，乃奏置五经正本，补群书之阙，蓬阁之中灿然如初，复除兵部侍郎。"考韩洄由秘书监迁兵部侍郎在贞元五年（789 年）。

贞元五年（789 年）　秘书监：韦建。《全唐诗》："贞元初，官太子詹事。五年，授秘书监致仕。"《全唐诗》存诗二首。

贞元六年（790 年）　秘书监：穆宁。《旧唐书·穆宁传》："贞元六年，就拜秘书监致仕。"

贞元七年（791 年）　秘书监包佶奏请典校《月令》。《唐会要·论经义》："贞元七年十二月，秘书监包佶奏：开元删定《礼记·月令》为《时令》，其音及义疏，并未刊正，其开元所补与《月令》相涉者，请选通儒详定。从之。"但是《册府元龟》载此事时言："会佶卒，其事不行。"

贞元八年（792 年）　秘书省内分割校书郎四员、正字两员，充集贤院校正。《唐会要·秘书省》："贞元八年六月十三日，割校书四员、正字两员属集贤院。"《唐会要·集贤院》："（贞元）八年六月十三日，置集贤院校书四员正字两员，仍于秘书省见任校书正字中量减，秘书省所减官员，便据数停之。"

贞元十二年（796 年）　御史台简勘秘书省的本钱，为四千七十贯文，集贤院四千四百六十八贯六百文，崇元馆五百贯文，弘文馆七百二十六贯二百文，史馆一千三百一十贯四百文。从数量上来看，秘书省高于其他文化机构的诸色本钱，在京内衙寺中，仅次于尚书都省、中书省、御史台、鸿胪寺、司农寺以及六部，其地位当若是。

贞元十六年（800 年）   秘书监张荐充入吐蕃使（《旧唐书·窦群传》）。

贞元十九年（803 年）   白居易、元稹等任秘书省校书郎。白居易《代书诗一百韵寄微之》曰："忆在贞元岁，初登典校司。身名同日授，心事一言知。"句下注曰："贞元中，与微之同登科第，俱授秘书省校书郎，始相知也。"

贞元二十年（804 年）   秘书少监陈京搜访遗书，编成《贞元御府群书新录》，同时改革了省内福利分配方式，学士与校理官同等待遇。《唐故秘书少监陈公行状》："公性陈氏，……讳京。贞元二十一年四月二十五日，终于安邑里妻党之室。……求遗书，凡增缮者，乃作艺文新志，制为之名曰《贞元御府群书新录》。始御府有食本钱，月权其赢以为膳，有余，则学士与校理官分之，学士常受三倍，由公而杀其二。"

唐宪宗李纯：元和元年至元和十五年（806—820 年）

元和二年（807 年）   秘书省校正员额改回十六员。《唐会要·集贤院》：元和二年七月，集贤院奏，"至贞元八年，判院事官陈京始奏停校理，分校书郎四员、正字两员，为集贤殿校理正字。今诸校书郎、正字并却归秘书省。"

元和三年（808 年）   放宽了校正人员的任职资格，不再以登科入判为标准，并且强调校正迁出并不一定是畿县尉簿。《唐会要·秘书省》："秘书省、宏文馆、崇文馆、左春坊、司经局校书、正字，宜委吏部，自今以后，于平留选人中，加功访择，取志行贞退艺学精通者注拟。综核才实，惟在得人，不须限以登科及判入等第。其校书、正字，限考入畿县尉簿，任依常格。"

元和五年（810 年）   韩愈在洛阳有《送郑十校理序》言："集贤之书盛积，尽秘书所有，不能处其半；书日益多，官日益重。"序言中韩愈强调集贤院的藏书在元和初多于秘书省，或是文学修辞，或是实际情况，因为中唐时期难以见到各藏书机构具体的藏书数字，无法判断。

元和七年（812 年）   秘书少监：李益。王建《寄李益少监送张实游幽州》，考此诗写于元和七年（812 年）。

元和八年（813 年）   因元和三年（808 年）放宽了校正的任职资格，导致选人宁愿守选，也要谋求校正职位，吏部建议提高校正的任职要求，避免侥幸。《唐会要·开元礼举》：元和八年（813 年）四月吏部奏："应开元礼及学究一经登科人等，旧例据等第高下，量人才授官。近日缘校书、正字等名望稍优，但沾科第，皆求注拟，坚待员阙，或至逾年。若无科条，恐长侥幸。起今已后，等第稍高，文学兼优者，伏请量注校、正。其余习开元礼人，太常寺官有阙，相当注。"

元和九年（814 年）　秘书省诸色本钱减至三千三百八十四贯五百文。《唐会要·诸司诸色本钱下》："元和九年十月，户部奏，准八月十五敕，诸司食利本钱，出放已久，散失颇多，各委本司勘会。……据秘书省等三十二司牒……秘书省三千三百八十四贯五百文。"自贞元十二年（796年）至元和九年（814 年）共 18 年时间，秘书省本钱减少了六百八十四贯五百文。

元和十年（815 年）　秘书省诸色本钱生息充作厨食杂用。按《唐会要·诸司诸色本钱上》："元和十年正月，御史台奏：秘书省等三十二司，除疏理外，见在食利本钱，应见征纳及续举放，所收利钱，准敕并充添当司廨宇什物及令史驱使、官厨料等用，……"

元和年间，《册府元龟·帝王部·文学·好文》载："帝以天下无事，留意典坟，每览前代兴亡得失之事，皆三复其言。"唐宪宗在位期间，官方修撰活动与臣民献书活动频繁，而秘书省机构活动缺少记载，但这并不意味着官方藏书事业停滞。白居易诗《惜玉蕊花有怀集贤王校书起》曰："集贤雠校无闲日，落尽瑶花君不知。"

唐穆宗李恒：长庆元年至长庆四年（821—824 年）

长庆元年（821 年）　夏四月甲戌，秘书监蒋乂卒。十月，以秘书监许季同为华州刺史。

长庆二年（822 年）　四月癸未，以武宁军节度使崔群为秘书监，分司东都；丁亥，以秘书监严誉为桂管观察使。

长庆三年（823 年）　秘书少监李随请奏铸造秘书省藏书印。《唐会要·秘书省》："长庆三年四月，秘书少监李随奏：'当省请置秘书阁图书印一面，伏以当省御书正本，开元天宝以前，并有小印印缝。自兵难以来，书印失坠。今所写经史，都无记坠，伏请铸造。'敕旨依奏。"《旧唐书·穆宗本纪》："（长庆三年）五月，秘书少监李随奏请造当司图书印一面，从之。"从史料中可知，唐穆宗时期，秘书省抄写工作继续，产有新本，因此奏请藏书印揿印之。

唐文宗李昂：大和（一作太和）元年至开成五年（827—840 年）

大和元年（827 年）　三月十七日，白居易自杭州刺史入为秘书监。有诗《初授秘监并赐金紫闲吟小酌偶写所怀》言："紫袍新秘监，白首旧书生。"十月十日，秘书监白居易作为儒家代表，"与僧惟澄、道士赵常盈对御讲论于麟德殿"。

大和三年（829 年）　　秘书省校正支援集贤院。《册府元龟·学校部·刊校》："太和三年三月癸亥，集贤院奏应校勘宣索书及新添写经籍，令请秘书省、春坊、崇文校正共一十八员，权抽作番次，就院同校勘前件书，其厨料等请度支准本官例支给。从之。"

大和四年（830 年）　　工部侍郎郑覃建议校勘"九经"，并勒石太学。《旧唐书·郑覃传》："（大和）四年四月，拜工部侍郎。覃长于经学，稽古守正，帝尤重之。覃从容奏曰，'经籍讹谬，博士相沿，难为改正。请召宿儒奥学，校定六籍，准后汉故事，勒石于太学，永代作则，以正其阙。'从之。"《旧唐书·经籍志》："文宗时，郑覃侍讲禁中，以经籍道丧，屡以为言。诏令秘阁搜访遗文，日令添写。"秘书省藏书数量此时呈现爆发式增长，因此《全唐文》载大和四年（830 年）正月秘书省有《请修书阁奏》："当司藏书六万余卷，列官三十一员。廨署倾危，秘阁摧破，久未修葺，渐恐费功。伏当陛下文明之朝，天下宗圣，万方观德之日，海内崇儒之时。今者栋宇欹斜，图籍缺落。臣忝职司辄申，伏乞特下有司，计料修葺，便加功力，庶得完全。"秘书省申请修建书库，才有秘阁十二库之说，"当省元掌御书十二库"。

大和五年（831 年）　　秘书省校正再次支援集贤院。《唐会要·集贤院》："太和五年正月，集贤殿奏，应校勘宣索书籍等，伏请准前年三月十九日敕，权抽秘书省及春坊、宏文馆、崇文馆见任校正，作番次就院同校。"刘禹锡在大和元年至四年（827—830 年）在京以主客郎中、礼部侍郎兼任集贤院学士，其《苏州谢上表》曰："在集贤院四换星霜，供进新书二千余卷。"可知集贤院每年抄写图书 500 卷。与此同时，秘书省也在积极搜访图书，日夜抄写，其数目应不少于集贤院。开成初，秘书省图书已达到 56476 卷，分藏于十二库。

开成元年（836 年）　　五月，张仲方自华州刺史入为秘书监。《旧唐书·张仲方传》："开成元年五月，入为秘书监。"七月，分察使建议秘书省建立抄写校勘日历制度，便于跟踪和掌握秘书省每年抄书、典校工作量，每月申报工作量于御史台，每年总结抄书量并将其纳入官员考课之中。《唐会要·秘书省》："开成元年七月，分察使奏：'秘书省四库见在杂旧书籍，共五万六千四百七十六卷，并无文案及新写书文历。自今以后，所填补旧书及别写新书，并随日校勘，并勒创立案，别置纳历，随月申台，并申分察使；每岁末课申数并具状闻奏。'敕旨：宜依。"《旧唐书·文宗本纪》："秋七月戊辰朔，御史台奏，'秘书省管新旧书五万六千四百七十六卷，长庆二年已前并无文案。大和五年已后，并不纳新书。今请创立簿籍，据阙添写卷数，逐月申台。'从之。"九月，将秘书省、集贤院无力承担的抄写任务，配给地方政府抄写。《唐会要·秘书省》："九月，秘书省、集贤院，应欠书四万五千二百六十一卷，配诸道缮写。"从文宗即位开始，至开成元年（836 年）七月，近十年时间集贤院、秘书省已经欠写 45000余卷，每个机构每年大概欠写 2200 卷，再加上每年可完成的抄写数量，按照文宗的规定，秘书省每年的定额应该在 3000 卷左右，才能达到要求，依照当时唐廷的国力供给，这个数量，即使是开元时期，也只能完成一半。

开成二年（837 年）　四月，秘书监张仲方卒于任上。《旧唐书·张仲方传》："二年四月卒。"秘书监：归融。《旧唐书·文宗本纪》："（开成二年三月）丙寅，罢曲江宴。"《旧唐书·归融传》："时两公主出降，府司供帐事殷，又俯近上巳，曲江赐宴奏请改日。……月余，授秘书监。"

唐宣宗李忱：大中元年至大中十三年（847—859 年）

大中三年（849 年）　秘书省重启开成元年（836 年）校勘抄写奏问制度。《唐会要·经籍》："大中三年正月，秘书省据御史台牒，准开成元年七月敕，应写书及校勘书籍，至岁末奏闻者，令勒楷书等，从今年正月后，应写书四百一十七卷。"唐宣宗宣称"以法制威天下"，重视朝廷法度，宣宗朝对于秘书省的抄书事业亦有规律可循，每年正月，先由秘书省牒报御史台，申报本年的工作任务，以及杂项费用，然后年末进行工作量的校勘和花费的总结，从而规范秘书省的抄写工作，如果没有完成任务，那么将直接追究秘书省楷书手的责任，这样的管理方法使宣宗大中年间秘书省每年的图书抄写量能够保持稳定，因此图书数量于抄写一途实现稳步增长。《唐会要·经籍》的记载，仅有大中三年（849 年）、大中四年（850 年）（集贤院）、大中五年（851 年）的申报记录，但宣宗在位十三年，政局稳定，制度应该可持续下去，以此假设为前提，计算大中年间，秘书省抄写校勘量应达到四千余卷。

大中四年（850 年）　二月，集贤院奏："大中三年正月一日，以后至年终，写完贮库，及填缺书籍三百六十五卷，计用小麻纸一万一千七百七张。"

大中五年（851 年）　正月，秘书省牒报御史台，从该年正月以后，当司应校勘书四百五十二卷。

唐僖宗李儇：乾符元年至文德元年（874—888 年）

广明元年（880 年）　冬十二月，黄巢进入长安，焚烧长安城，官方藏书散失。《旧唐书·经籍志》："常省元掌四部御书十二库，共七万余卷。

广明之乱，一时散失。"韦庄《秦妇吟》："柏台多士尽狐精，兰省诸郎皆鼠魅。……内库烧为锦绣灰，天街踏尽公卿骨。"

中和五年（885年） 三月，唐僖宗自蜀返京。《新唐书·逆臣传》："诏尚书右仆射裴璩修复宫省，购辇辂、仗卫、旧章、秘籍。"在短短的数月，购募图书两万余卷，《旧唐书·经籍志》："后来省司购募，尚及二万余卷。"中和五年（885年）十二月，李克用联合其他方镇讨伐田令孜，再次攻入长安，唐僖宗再次出逃山南。《旧唐书·经籍志》："及先朝再幸山南，尚存一万八千卷。"

唐昭宗李晔：龙纪元年至天祐元年（889—904年）

乾宁三年（896年） 凤翔节度使兼山南西道节度使李茂贞七月率军逼近京师，唐昭宗幸华州，李茂贞军进入长安。《新唐书·艺文志·序》："昭宗播迁，京城制置使孙惟晟敛书本军，寓教坊于秘阁及徙洛阳，荡然无遗矣。"

乾宁五年（898年） 八月，唐昭宗返回长安，重新经营唐室。《旧唐书·经籍志》："秘书省奏请，窃知京城制置使孙惟晟收在本军，其御书秘阁见充教坊及诸军人占住。伏以典籍国之大经，秘府校雠之地，其书籍并望付当省校其残缺，渐令补辑。乐人乞移他所。并从之。"唐昭宗一方面令孙惟晟将驻军、艺伎等人移出秘书省，另一方面"有诏还其书，命监察御史韦昌范等诸道求购"（《新唐书·艺文志》）。但这次图书求购活动收效甚微。罗衮《请置官买书疏》："臣伏念秘阁四部，三馆图书，乱离已来，散失都尽。一为坠阙，二十余年。陛下追踪往圣，劳神故实，岁下明诏，旁求四海。或遣使搜访，或购以官爵，亦已久矣。然而一编一简，未闻奏御。加以时玩武事，不急文化。若非别降圣谟，无因可致。"

天复三年（903年） 罗衮上疏。《请置官买书疏》："臣今伏请陛下出内库财，于都下置官买书，不限经史之集，列圣实录，古今传记，公私著述，凡可取者，一皆市之。部帙俱全，则价有差等。至于零落杂小，每卷不过百钱，率不费千缗，可获万卷。傥或稍优其直，则远近趋利之人，必当舍难得之货，载天下之书，聚于京师矣。不惟充足书林，以备宣索，今三朝实录未修，无所依约，便期因此遂有所得。斯又朝廷至切之务也。"

天祐元年（904年） 春正月，迁都洛阳。《旧唐书·昭宗本纪》："己酉，全忠率师屯河中，遣牙将寇彦卿奉表请车驾迁都洛阳。……丁巳，车驾发京师。"按《旧唐书·经籍志》《新唐书·艺文志·序》，唐代官方藏书经此后，荡然无存。"及迁都洛阳，又丧其半。平时载籍，世莫得闻。""及徙洛阳，荡然无遗矣"。

参 考 文 献

[1] (宋)宋祁,欧阳修,范镇,等.新唐书[M].北京:中华书局,2000.

[2] (后晋)刘昫等.旧唐书[M].北京:中华书局,2000.

[3] (唐)李林甫等.唐六典[M].陈仲夫,点校.北京:中华书局,1992.

[4] (宋)王溥.唐会要[M].北京:中华书局,1955.

[5] (唐)魏征等.隋书[M].北京:中华书局,2000.

[6] (清)董诰等.全唐文[M].上海:上海古籍出版社,1990.

[7] (清)彭定求.全唐诗[M].北京:中华书局,1960.

[8] (南朝宋)范晔.后汉书[M].(唐)李贤,等注.北京:中华书局,2000.

[9] (梁)沈约.宋书[M].北京:中华书局,2000.

[10] (北齐)魏收.魏书[M].北京:中华书局,2000.

[11] (唐)李百药.北齐书[M].北京:中华书局,2000.

[12] (唐)李延寿.北史[M].北京:中华书局,2000.

[13] (唐)姚思廉.梁书[M].北京:中华书局,2000.

[14] (唐)房玄龄等.晋书[M].北京:中华书局,2000.

[15] (宋)王应麟.玉海[M].南京:江苏古籍出版社,1987.

[16] (宋)王钦若等.册府元龟[M].北京:中华书局,1960.

[17] (宋)孙逢吉.职官分纪[M].北京:中华书局,1988.

[18] (宋)李昉等.太平御览[M].北京:中华书局,1960.

[19] (唐)杜佑.通典[M].北京:中华书局,1988.

[20] (唐)吴兢.贞观政要集校[M].谢保成,集校.北京:中华书局,2003.

[21] (唐)张九龄.张九龄集校注[M].熊飞,校注.北京:中华书局,2008.

[22] (唐)白居易.白居易集[M].北京:中华书局,1979.

[23] (唐)刘肃.大唐新语[M].北京:中华书局,1984.

[24] (唐)刘知几.史通通释[M].浦起龙,通释.上海:上海古籍出版社,2009.

[25] (唐)王方庆.魏郑公谏录[M].北京:中华书局,1985.

[26] (唐)张彦远.法书要录[M].上海:上海书画出版社,1986.

[27] (唐)张彦远.历代名画记[M].俞剑华,注释.上海:上海人民美术出版社,1964.

[28] (唐)韦述.两京新记辑校[M].辛德勇,辑校.西安:三秦出版社,2006.

[29] (唐)杜宝.大业杂记辑校[M].辛德勇,辑校.西安:三秦出版社,2006.

[30] (唐)权德舆.权德舆诗文集[M].郭广伟,校点.上海:上海古籍出版社,2008.

[31] (唐)柳宗元.柳河东全集[M].北京:燕山出版社,2009.

[32] (唐)元稹.元稹集编年笺注·散文卷[M].杨军,笺注.西安:三秦出版社,2008.

[33] (唐)刘禹锡.刘禹锡集[M].光孝萱,校订.北京:中华书局,1990.

[34] (唐)张鷟.朝野佥载[M]//上海古籍出版社.唐五代笔记小说大观(上).上海:上海古籍出版社,2000.

[35] (唐)苏鹗.杜阳杂编[M]//上海古籍出版社.唐五代笔记小说大观(下).上海:上海古籍出版社,2000.

[36] (唐)李肇.唐国史补[M]//上海古籍出版社.唐五代笔记小说大观(上).上海:上海古籍出版社,2000.

[37] (唐)冯贽.云仙杂记[M].北京:中华书局,1985.

[38] (唐)段成式.酉阳杂俎[M].上海古籍出版社,校点.上海:上海古籍出版社,2000.

[39] (唐)封演.封氏闻见记校注[M].赵贞信,校注.北京:中华书局,2005.

[40] (唐)颜真卿.颜鲁公集[M].文渊阁四库全书本.

[41] (唐)长孙无忌.唐律疏议[M].北京:中华书局,1983.

[42] (五代)王定保.唐摭言[M].西安:三秦出版社,2011.

[43]　(宋)李昉等.文苑英华[M].北京:中华书局,1966.

[44]　(宋)宋敏求.长安志[M].北京:中华书局,1991.

[45]　(宋)王谠.唐语林[M].北京:中华书局,2008.

[46]　(宋)洪迈.容斋随笔[M].孔凡礼,点校.北京:中华书局,2005.

[47]　(宋)李昉等.太平广记[M].北京:中华书局,1961.

[48]　(宋)马端临.文献通考[M].北京:中华书局,1986.

[49]　(宋)司马光.资治通鉴[M].(元)胡三省,音注.北京:中华书局,1956.

[50]　(宋)计有功.唐诗纪事[M].北京:中华书局,1965.

[51]　(宋)程俱.麟台故事校证[M].张富祥,校正.北京:中华书局,2000.

[52]　(清)永瑢等.四库全书总目[M].北京:中华书局,1965.

[53]　(清)纪昀等.钦定四库全书总目提要[M].整理本.北京:中华书局,1997.

[54]　(清)劳格,赵钺.唐尚书省郎官石柱题名考[M].徐敏霞,王桂珍,点校.北京:中华书局,1992.

[55]　(清)钱大昕.二十二史考异[M].南京:江苏古籍出版社,1997.

[56]　(清)徐松.登科记考[M].赵守俨,点校.北京:中华书局,1984.

[57]　(清)陈鸿墀.全唐文纪事[M].北京:中华书局,1959.

[58]　周绍良,赵超.唐代墓志汇编续集[M].上海:上海古籍出版社,2001.

[59]　周绍良.唐代墓志汇编[M].上海:上海古籍出版社,1997.

[60]　吴刚.全唐文补遗(第三辑)[M].西安:三秦出版社,1994.

[61]　周绍良.全唐文新编[M].长春:吉林文史出版社,2000.

[62]　任继愈.中国藏书楼[M].沈阳:辽宁人民出版社,2001.

[63]　周少川.藏书与文化:古代私家藏书文化研究[M].北京:北京师范大学出版社,1999.

[64]　傅璇琮,谢灼华.中国藏书通史[M].宁波:宁波出版社,2001.

[65]　吉林省图书馆学会,四川省图书馆学会,成都东方图书馆学研究所.谢灼华论文选[M].成都:成都东方图书馆学研究所,1988.

[66]　陈寅恪.隋唐制度渊源略论稿(外二种)[M].石家庄:河北教育出版社,2002.

[67] 曹之.中国印刷术的起源[M].武汉:武汉大学出版社,1994.

[68] 曹之.中国出版通史[M].北京:中国书籍出版社,2008.

[69] 李家驹.中国古代藏书管理[M].台北:花木兰文化出版社,2005.

[70] 李健祥.南宋馆阁典籍考[M].台北:花木兰文化出版社,2005.

[71] 陈登原.古今典籍聚散考[M].上海:华东师范大学出版社,2010.

[72] 孙国栋.唐代中央重要文官迁转途径研究[M].上海:上海古籍出版社,2009.

[73] [日]圆仁.入唐求法巡礼行记[M].顾承甫,何泉达,点校.上海:上海古籍出版社,1986.

[74] [日]池田温.盛唐之集贤院[M]//池田温.唐研究论文选集.孙晓林,等译.北京:中国社会科学出版社,1999.

[75] 赵永东.谈谈唐代的秘书省[J].文献,1987(1):268-273.

[76] 吴夏平.唐代秘书省社会地位变迁考论[J].兰台世界,2008(8):52-54.

[77] 曹之.唐代秘书省群僚考略[J].图书与情报,2003(5):25-27,50.

[78] 刘栋.唐秘书监少监考[D].西安:陕西师范大学,2008.

[79] 赖瑞和.唐代校书郎考释[J]."中央研究院"历史语言研究所集刊,2003(3):527-583.